Substituição Processual Sindical

ADRIANA CAMPOS DE SOUZA FREIRE PIMENTA

Mestre em Direito Político e Econômico pela Universidade Presbiteriana Mackenzie.
Especialista em Direito e Processo do Trabalho pela Universidade Presbiteriana Mackenzie.
Juíza do Trabalho Titular da 4ª Vara do Trabalho de Coronel Fabriciano/MG.

Substituição Processual Sindical

LTr
75

LTr®
EDITORA LTDA.

Rua Jaguaribe, 571
CEP 01224-001
São Paulo, SP — Brasil

Fone (11) 2167-1101

Produção Gráfica e Editoração Eletrônica: RLUX
Projeto de capa: RPT TIEZZI
Impressão: ESCOLAS PROFISSIONAIS SALESIANAS
LTr 4352.9
Maio, 2011

Visite nosso site
www.ltr.com.br

Dados Internacionais de Catalogação na Publicação (CIP)
(Câmara Brasileira do Livro, SP, Brasil)

Pimenta, Adriana Campos de Souza Freire
Substituição processual sindical / Adriana Campos de Souza Freire Pimenta. — São Paulo : LTr, 2011.

Bibliografia.
ISBN 978-85-361-1732-4

1. Direito do trabalho 2. Direito do Trabalho — Brasil 3. Sindicatos 4. Sindicatos — Brasil I. Título.

11-01517 CDU-34:331.88(81)

Índice para catálogo sistemático:

1. Brasil : Direito sindical 34:331.88(81)

Aos meus queridos filhos, Felipe e Natália.
Porque amor de mãe é assim: a maior coisa do mundo.
E eu gostaria que eles crescessem num mundo mais justo,
menos violento, menos desigual, com mais união...

AGRADECIMENTOS

A Deus, que sempre foi muito bom comigo e me proporcionou ter nascido onde nasci, com os pais e a irmã que tenho, aos quais também agradeço pelo amor, respeito e incentivo constantes.

Ao José Roberto, pelo amor, incentivo e apoio incondicionais e tão importantes para que eu conseguisse implementar este livro.

Ao meu Orientador no Mestrado em Direito Político e Econômico da Universidade Presbiteriana Mackenzie/SP, Professor José Francisco Siqueira Neto, não só pela brilhante orientação, mas também por ter sido essencial para que eu entendesse de forma mais abrangente a substituição processual sindical e o que ela representa (e pode representar) para a aquisição, pelos trabalhadores brasileiros, da cidadania plena.

Aos Professores Mauricio Godinho Delgado e Gianpaolo Poggio Smanio, que me honraram ao integrar as bancas de qualificação e defesa do mestrado e que muito enriqueceram este livro com as valiosas ponderações que fizeram naquelas oportunidades.

Aos Professores do Mestrado da Universidade Presbiteriana Mackenzie/SP, que, com a excelência e a profundidade de suas aulas, fizeram com que eu passasse a ver o Direito de uma forma mais consistente e, acima de tudo, como um instrumento para mudar o mundo, buscando sempre a efetividade dos direitos fundamentais.

Sumário

Sumário

Prefácio

Um dos importantes avanços trazidos pela Constituição da República ao Direito Coletivo do Trabalho reside na afirmação da larga amplitude da substituição processual trabalhista pelos sindicatos. Ultrapassando a acanhada regra do art. 6º do Código de Processo Civil de 1973, que limitava a substituição processual a situações explícita e excepcionalmente tipificadas em lei, a Constituição Federal estabeleceu caber aos sindicatos *a defesa dos direitos e interesses coletivos ou individuais da categoria, inclusive em questões judiciais ou administrativas* (art. 8º, III).

A extensão do avanço foi tão significativa que se viu na contingência de enfrentar injustificável e desmesurada resistência, consubstanciada no velho Enunciado 310 do TST — finalmente cancelado em fins de 2003.

Hoje consagrado, do ponto de vista teórico e judicial, o relevante instrumento jurídico ainda necessita de estudos e aperfeiçoamentos, de modo a confirmar, pela boa prática histórica, o sucesso da escolha inovadora feita em 5 de outubro de 1988.

Na busca desses caminhos de ajustes e aperfeiçoamentos da substituição processual no campo justrabalhista, pode – e deve – a academia universitária propiciar destacada contribuição. É o que muito bem faz o livro da Magistrada do Trabalho Adriana Campos de Souza Freire Pimenta, *Substituição Processual Sindical,* ora publicado pela LTr. Resultante de Dissertação de Mestrado em Direito Político e Econômico defendida na renomada Universidade Presbiteriana Mackenzie, de São Paulo, o livro evidencia os bons resultados da equilibrada relação entre a vida universitária e a dinâmica efervescente do mundo sindical e judiciário do Direito Trabalhista.

Discorrendo sobre temas ainda oscilantes no desenvolvimento real dos processos, a obra busca encontrar soluções que garantam a plena efetividade do comando constitucional inovador, sem perda de sua inteira integração à lógica e princípios processuais também inerentes ao texto magno de 1988. Assim, enfrenta problemas que envolvem a litispendência e a coisa julgada em face de ações específicas dos substituídos, a definição subjetiva dos efetivos titulares dos direitos materiais pleiteados, a desistência, renúncia ou transação envolvendo esses substituídos, além de outros assuntos próprios à fase cognitiva de tais processos. Com zelo, inteligência e sensatez também aborda a usualmente tormentosa fase de liquidação e cumprimento da sentença, cujos obstáculos tendem a se exacerbar em tais ações coletivas.

A autora harmoniza sua sedimentada experiência de Juíza do Trabalho e pesquisadora acadêmica com franco debate e uma diversificada bibliografia sobre o tema, permitindo construir estudo que bem combina desafios teóricos com soluções práticas em torno da importante ação coletiva enfatizada pela Constituição.

Todas essas qualidades atribuem ao livro da Juíza Adriana Campos Pimenta lugar de destaque na bibliografia universitária do país e no rol de obras imprescindíveis a qualquer profissional da área juslaborativa, sejam Magistrados, Procuradores, Professores, Advogados, Assessores e Assistentes Jurídicos e quaisquer outros que busquem consistentes análises em torno do Direito Coletivo do Trabalho.

Brasília, abril de 2011.

Mauricio Godinho Delgado
Ministro do TST

Discriminam os tribunais, e aqui de forma macroscópica, quando usam as regras da prova de forma pretensamente neutra, como se, no terreno do processo, as partes se tornassem magicamente iguais, ou, ainda, quando ignoram a realidade das coisas, fazendo de conta que a prescrição trabalhista (tal como a civil) serve para estabilizar seu direito, como se o empregado fosse livre para reclamar alguma coisa na vigência do contrato ou, em outras palavras, como se a simples possibilidade de receber horas-extras fosse mais importante do que manter o emprego.

Márcio Tulio Viana

Introdução

Em nosso país, a integração social deu-se a partir dos direitos trabalhistas,(1) nos anos 30 e 40 do século passado.

Através dos direitos sociais,(2) notadamente os trabalhistas, foram consagrados, de forma paralela, os direitos civis e políticos, embora não se possa negar que isso tenha ocorrido aos poucos e com muitas dificuldades, dada a extensão territorial do Brasil, suas desigualdades regionais e também em razão dos períodos de exceção, comuns no século passado.

---

(1) Isto porque a Consolidação das Leis do Trabalho (CLT), aprovada no Governo de Getúlio Vargas, em 1943, regulando as relações empregatícias, teve o importante papel de buscar garantir isonomia entre ex-escravos, imigrantes e população local enquanto trabalhadores, atingindo, inicialmente, os trabalhadores urbanos. Quanto aos trabalhadores rurais, os direitos trabalhistas foram posteriormente estendidos a eles, a partir de 1963, com o Estatuto do Trabalhador Rural.

(2) "Direitos Sociais. Considerados em sentido amplo e constitucionalmente adequado, constituem um conjunto heterogêneo de posições jurídicas reconhecidas pela Constituição Federal e/ou pela ordem jurídica internacional com o intuito de assegurar uma compensação das desigualdades fáticas entre as pessoas mediante a garantia de determinadas prestações por parte do Estado ou da sociedade, bem como por meio da garantia da proteção destas prestações de cunho social e de outros bens jurídicos de determinadas categorias sociais contra o exercício do poder social, econômico e político. [...]

A posição dominante segue sendo a de reconhecer aos direitos sociais (constitucionalmente consagrados) em geral a condição de direitos fundamentais, ainda que o sejam, por vezes, apenas em sentido formal, de vez que entendimento diverso resultaria, inclusive, na desconsideração de direitos sociais não essencialmente prestacionais, como é o caso de boa parte dos direitos dos trabalhadores (greve e liberdade de associação sindical, por exemplo). Além disso, a negação da fundamentalidade dos direitos sociais conflita com a previsão expressa do poder constituinte, quando inclui os direitos sociais no título "Dos direitos e garantias fundamentais", assegurando-lhes, em princípio, proteção contra o poder de reforma constitucional (no mínimo na condição de limites materiais implícitos) e uma força jurídica (eficácia) reforçada a partir do art. 5º, § 1º, da CF. Tal disposição, consoante já expressiva doutrina, contém norma de caráter principiológico que impõe a todos os órgãos estatais um dever de maximização (otimização) da eficácia e efetividade de todas as normas de direitos fundamentais" (SARLET, Ingo Wolfgang. Direitos Sociais. In: DIMOULIS, Dimitri (coord. geral), *Dicionário brasileiro de direito constitucional.* São Paulo: Saraiva, Instituto Brasileiro de Estudos Constitucionais — IBEC, 2007. p. 132/133).

Contudo, mesmo nos períodos autoritários, os direitos sociais foram reconhecidos, ao menos formalmente, sendo certo que nossa "Constituição Cidadã"(3) deu a eles destaque nunca antes experimentado e conferiu aos direitos sociais aplicabilidade imediata(4) (arts. 5º, § 1º, e 6º a 8º da CF/88).

Ocorre que nem sempre basta que os direitos fundamentais estejam consagrados na Constituição e na lei. O fato de estarem normativamente estabelecidos não significa que serão espontaneamente cumpridos e respeitados.

A concretização dos direitos sociais, tarefa essencial e precípua do Estado, não prescinde da colaboração e da intensa atuação de outros protagonistas, como os próprios trabalhadores interessados e, em um Estado Social e Democrático de Direito,(5) de seus sindicatos.

Desse modo, a própria sociedade civil(6) e os entes intermediários, que fazem sua interlocução com o Estado, são o principal instrumento de concretização da cidadania.

---

(3) Expressão empregada por Ulysses Guimarães, Presidente da Assembleia Nacional Constituinte, em relação à então nova Constituição Federal "porque teve ampla participação popular em sua elaboração e especialmente porque se volta decididamente para a plena realização da cidadania" (SILVA, José Afonso da. *Curso de direito constitucional positivo.* São Paulo: Malheiros, 2001. p. 90).

(4) "Pode-se dizer que as normas de eficácia plena sejam de aplicabilidade direta, imediata e integral sobre os interesses objeto de sua regulamentação jurídica, enquanto as normas de eficácia limitada são de aplicabilidade indireta, mediata e reduzida, porque somente incidem totalmente sobre esses interesses após uma normatividade ulterior que lhes desenvolva a eficácia, conquanto tenham uma incidência reduzida e surtam outros efeitos não essenciais, ou melhor, não dirigidos aos valores-fins da norma, mas apenas a certos valores-meios e condicionantes, como melhor se esclarecerá depois. As normas de eficácia contida também são de aplicabilidade direta, imediata, mas não integral, porque sujeitas a restrições previstas ou dependentes de regulamentação que limite sua eficácia e aplicabilidade" (SILVA, José Afonso da. *Aplicabilidade das normas constitucionais.* São Paulo: Malheiros, 2000. p. 83).

De qualquer forma, pela melhor doutrina, o legislador fica impedido de editar normas contrárias às Normas Constitucionais.

(5) "O Estado Democrático de Direito é o modelo de organização que objetiva concretizar a justiça social, pois a Constituição fixa metas em normas programáticas a serem implementadas (planejamento), permitindo o controle pelos interessados (inclusive da omissão, mediante a inconstitucionalidade por omissão e o mandado de injunção). Em sua origem, o conceito de Estado Democrático de Direito foi voltado à realização do socialismo, mas foi também adotado por países capitalistas, identificando a social-democracia com o Estado de Direito Democrático e Social como modo de equilibrar a valorização do trabalho e a livre iniciativa" (FRANCISCO, José Carlos; DIMOULIS, Dimitri, (coord. geral), *Dicionário brasileiro de direito constitucional*. São Paulo: Saraiva, Instituto Brasileiro de Estudos Constitucionais — IBEC, 2007. p. 148).

(6) "Na contraposição Sociedade civil-Estado, entende-se por Sociedade civil a esfera das relações entre indivíduos, entre grupos, entre classes sociais, que se desenvolvem à

Neste ponto, o art. 8º, III da CF/88, ocupa posição de destaque, ao possibilitar que o sindicato, na condição de substituto processual, ajuíze ações em defesa dos direitos coletivos da categoria e dos direitos individuais homogêneos de seus membros ou os defenda administrativamente, o que, no nosso entendimento, ampliou o instituto da substituição processual de forma ímpar e sem a necessidade de norma infraconstitucional regulamentadora específica, tratando da substituição processual sindical.

A defesa desses direitos ditos coletivos, que ultrapassam o limite individual, e por isso são chamados metaindividuais,(7) pelo sindicato — que é quem mais nos interessa no presente estudo, embora seja inegável que o poder constituinte originário também tenha concedido esta prerrogativa ao Ministério Público (arts. 127 e 129 da CF/88) — garante aos integrantes da categoria (notadamente da categoria profissional) isonomia no acesso à justiça, na medida em que transforma uma igualdade processual formal em uma igualdade real (o ente coletivo sindicato está mais aparelhado e em melhores condições de discutir com o empregador administrativa ou judicialmente, sem sofrer as pressões tão comuns na ação individual, onde o Autor é aquele que depende economicamente do Réu), DEMOCRATIZANDO o acesso à justiça.

O sindicato pode pleitear melhores condições de trabalho sem que os empregados percam seus postos de trabalho, fazendo valer os princípios da proteção e da continuidade da relação de emprego, presentes no art. 7º da Constituição Federal de 1988, notadamente em seu inciso I.

Restam igualmente prestigiadas a racionalização e a generalização da prestação da tutela jurisdicional, diminuindo as inúmeras reclamações

---

margem das relações de poder que caracterizam as instituições estatais. Em outras palavras, Sociedade civil é representada como o terreno dos conflitos econômicos, ideológicos, sociais e religiosos que o Estado tem a seu cargo resolver, intervindo como mediador ou suprimindo-os; como a base da qual partem as solicitações às quais o sistema político está chamado a responder: como o campo das várias formas de mobilização, de associação e de organização das forças sociais que impelem à conquista do poder político" (BOBBIO, Norberto; MATTEUCCI, Nicola; PASQUINO, Gianfranco (coords.). *Dicionário de política*. Brasília: UnB, LGE. v. 2. p. 1.210).

(7) Assim chamados os direitos difusos, coletivos e individuais homogêneos, conforme define o Código de Proteção do Consumidor — Lei n. 8.078, de 11 de setembro de 1990 — em seu art. 81, parágrafo único, *in verbis*:

"Parágrafo único. A defesa coletiva será exercida quando se tratar de:

I — interesses ou direitos difusos, assim entendidos, para efeitos deste Código, os transindividuais, de natureza indivisível, de que sejam titulares pessoas indeterminadas e ligadas por circunstâncias de fato;

II — interesses ou direitos coletivos, assim entendidos, para efeitos deste Código, os transindividuais de natureza indivisível de que seja titular grupo, categoria ou classe de pessoas ligadas entre si ou com a parte contrária por uma relação jurídica base;

III — interesses ou direitos individuais homogêneos, assim entendidos os decorrentes de origem comum."

individuais praticamente idênticas e aumentando o número de trabalhadores tutelados (pois nem todos ajuizariam ações individuais).

Outra dimensão a ser salientada é que a solução "molecular" dos conflitos individuais repetitivos e essencialmente idênticos entre si, expressão utilizada por Kazuo Watanabe,(8) versando sobre direitos individuais homogêneos, através de uma única ação onde se busca a tutela metaindividual ajuizada pelo substituto processual, por ser uniforme para todos os trabalhadores substituídos, mostra-se muito mais consentânea e compatível com o princípio constitucional da isonomia (ou, para outros, da igualdade substancial) se comparada à solução "atomizada" e de resultados naturalmente díspares e variados, decorrentes das ações individualmente ajuizadas por apenas alguns dos trabalhadores lesados.

Por outro lado, a atuação mais frequente do sindicato como substituto processual dos trabalhadores contribuirá para reforçar, na prática, o princípio constitucional da liberdade sindical, para fortalecer os laços entre o sindicato e os trabalhadores por ele representados e também contribuirá para, a médio prazo, aumentar o baixo índice, hoje existente, de cumprimento espontâneo pelos empregadores das normas constitucionais e legais que consagram os direitos sociais, além de favorecer o entendimento entre patrões e empregados, evitando, assim, os conflitos e desafogando a Justiça do Trabalho.(9)

Acresça-se, ainda, que essa possibilidade de atuação do sindicato, enquanto substituto processual, de forma ampla e irrestrita, nos moldes do art. 8º, III, da CF/88, reforça a ideia de que não há fórmulas prontas para a obtenção da cidadania: ela pode e deve ser conseguida num esforço conjunto dos poderes constituídos e da sociedade, a fim de que possamos atingir os objetivos do Estado Social e Democrático de Direito.

Contudo, o tema enseja vários problemas para o operador do direito, os quais pretendemos enfrentar neste estudo:

---

(8) WATANABE, Kazuo. Da defesa do consumidor em juízo. In: GRINOVER, Ada Pellegrini; VASCONCELOS E BENJAMIN, Antônio Herman de; FINK, Daniel Roberto; FILOMENO, José Geraldo Brito; WATANABE, Kazuo; NERY JÚNIOR, Nelson; DENARI, Zelmo. *Código Brasileiro de Defesa do Consumidor comentado pelos autores do anteprojeto.* Rio de Janeiro: Forense Universitária, 1999. p. 706/762.

(9) Sobre o tema, *vide* SIQUEIRA NETO, José Francisco. *Liberdade sindical e representação dos trabalhadores nos locais de trabalho.* São Paulo: LTr, 2000. p. 63/67, tratando da Autonomia Coletiva e Ordenamento Estatal.

No mesmo sentido, PIMENTA, José Roberto Freire. Tutelas de urgência no Processo do Trabalho: o potencial transformador das relações trabalhistas das reformas do CPC brasileiro. In: PIMENTA, José Roberto Freire; RENAULT, Luiz Otávio Linhares; VIANA, Márcio Túlio; DELGADO, Mauricio Godinho e; BORJA, Cristina Pessoa Pereira (coords.). *Direito do Trabalho:* evolução, crise, perspectivas. São Paulo: LTr, 2004. p. 337/399.

É possível, diante das inúmeras lesões aos direitos fundamentais dos empregados, assegurar a cidadania a essa massa de trabalhadores lesados pela via judicial?

E, a partir desse questionamento, outros surgem:

Como garantir que isso se dê de forma a atender ao comando do art. 5º, LXXVIII, da Constituição Federal de 1988, com uma razoável duração do processo?

Qual a importância e o papel dos sindicatos no processo de defesa dos direitos metaindividuais na esfera trabalhista e como tal ente pode atuar, considerando-se a substituição processual estabelecida pelo art. 8º, III, da CF/88?

Há limites para essa substituição processual?

Como o Juiz do Trabalho deve manejar as ações coletivas, na conciliação, instrução e julgamento de lides que envolvam direitos fundamentais trabalhistas?

Como a legislação processual comum — Código de Proteção e Defesa do Consumidor, Lei da Ação Civil Pública (7.347/85), *v. g.* — pode colaborar na solução desse problema, considerando as ações coletivas, de um modo geral, e os efeitos das sentenças nelas prolatadas?

Há compatibilidade entre essa legislação e os princípios do Direito do Trabalho, eminentemente protetor do trabalhador hipossuficiente, e os do Direito Processual do Trabalho?

Pretendemos, como já dissemos, enfrentar todas essas questões ao longo deste trabalho.

O objetivo não são respostas absolutas, irrefutáveis, como não poderia ser em sede de pesquisa científica.

Contudo, temos a convicção de que a tutela metaindividual dos direitos fundamentais trabalhistas, através de institutos como o da substituição processual sindical (art. 8º, III, da CF/88), em particular, e o das ações coletivas, de um modo geral, ajuda a responder a esses questionamentos, na medida em que sua solução implica na possibilidade de se resolver, em um único processo, grande número de conflitos.

Ademais, através da atuação desses entes intermediários, como o sindicato (que é nosso maior interesse no presente estudo), e do próprio Ministério Público (que, embora seja um Órgão do Estado, atua na defesa dos direitos coletivos), a igualdade entre as partes litigantes torna-se mais efetiva, na medida em que o Autor deixa de sofrer a pressão de depender economicamente do Réu (o empregador), numa verdadeira democratização do acesso à justiça.

Buscaremos demonstrar como a atuação sindical e uma postura do Juiz do Trabalho distinta daquela de mero espectador e aplicador do processo comum, mas como entusiasta desses institutos de tutela metaindividual de direitos (obviamente sem perder a imparcialidade), podem propiciar a solução de conflitos de maneira mais célere e eficaz.

Para tanto, pode o Julgador se valer de mecanismos processuais destinados a propiciar a tutela metaindividual de direitos, mecanismos estes já existentes no ordenamento jurídico brasileiro, na medida em que, nestes casos, as lesões são tuteladas de forma global e, na maioria das vezes, com imposição de sanções de caráter inibitório e com maior carga de efetividade do que as aplicadas nas ações trabalhistas individuais, desestimulando o descumprimento reiterado e futuro da lei e, ao mesmo tempo, fortalecendo os sindicatos e aumentando a importância da negociação coletiva.

São estes os aspectos sobre os quais trataremos nos próximos capítulos.

1. *As Sociedades de Massa*[10] *e a Multiplicação das Lesões aos Direitos Trabalhistas*

A Constituição Federal de 1988, ao estabelecer, em seu art. 7º, *caput* e seus incisos, os direitos fundamentais dos trabalhadores, buscou assegurar ao empregado direitos e garantias mínimos em face do empregador e, por que não dizer, do próprio Estado.

Lado outro, quando referidos direitos não são cumpridos espontaneamente, cabe a uma Justiça Federal Especial (a Justiça do Trabalho), por mister constitucional, o poder-dever de julgar as "ações oriundas das relações de trabalho" (art. 114, *caput*, CF/88).

Contudo, referido ramo do Poder Judiciário, da mesma forma que os demais, vem passando por uma fase de adaptação diante do aumento crescente de demandas e da necessidade de se dar uma resposta rápida à sociedade, assegurando a esta uma "razoável duração do processo e os meios que garantam a celeridade de sua tramitação" (art. 5º, LXXVIII, CF/88).

Isso não tem ocorrido de forma tranquila, sendo de se destacar que a já mencionada massificação de conflitos importa em demandas repetidas, muitas vezes por infratores contumazes e que, em alguns casos, poderiam ser solucionadas de forma global, através de remédios processuais ainda incipientes e disciplinados em nosso país na Norma Constitucional e/ou na

---

(10) "Sob o ponto de vista descritivo, a sociedade de massa pode ser definida como uma sociedade em que a grande maioria da população se acha envolvida, seguindo modelos de comportamento generalizados, na produção em larga escala, na distribuição e no consumo dos bens e serviços, tomando igualmente parte na vida política, mediante padrões generalizados de participação, e na vida cultural, através do uso dos meios de comunicação de massa. A Sociedade de massa surge num estágio avançado do processo de modernização: quer quanto ao desenvolvimento econômico, com a concentração da indústria na produção de bens de massa e o emergir de um setor terciário cada vez mais imponente; quer quanto à urbanização, com a concentração da maior parte da população e das instituições e atividades sociais mais importantes nas grandes cidades e nas megalópoles; quer quanto à burocratização, como predomínio da racionalidade formal sobre a substancial e com a progressiva redução das margens da iniciativa individual" (ORTEGATI, Cássio. In: BOBBIO, Norberto; MATTEUCCI, Nicola; PASQUINO, Gianfranco (coords.). *Dicionário de Política*. Brasília: UnB, LGE, p. 1.211).

esfera processual civil, como as genericamente denominadas ações coletivas, com destaque para a substituição processual prevista no art. 8º, III, da Constituição Federal de 1988 e para o processo coletivo estabelecido pelo Código de Defesa do Consumidor e legislação esparsa, visando à tutela dos direitos metaindividuais, assim entendidos aqueles difusos, coletivos em sentido estrito e/ou individuais homogêneos.

Em tais casos, destacamos uma vez mais, várias lides de caráter metaindividual (ou transindividual) que não podem adequadamente ser objeto de reclamações trabalhistas individuais (em se tratando de direitos difusos e coletivos) ou se transformariam em dezenas (e até centenas) de demandas individuais de objeto idêntico (no caso de direitos individuais homogêneos), assoberbando mais ainda a já ineficiente máquina judiciária trabalhista, poderão ser solucionadas de uma só vez, desestimulando o descumprimento da lei e satisfazendo à sociedade de forma mais célere e eficaz, tendo em vista o maior alcance e a maior efetividade das decisões nelas proferidas.

Enfatizamos, ainda, que, interpretada à luz dos princípios constitucionais, e, portanto, com a finalidade de concretizar direitos de natureza alimentar, através de um processo célere, oral e informal, a substituição processual sindical se apresenta como um meio de efetivação da cidadania, na medida em que, uma vez não assegurados na prática os direitos trabalhistas, quer pela inexistência de políticas públicas nesse sentido, quer pelo intenso e reiterado descumprimento da legislação pelos particulares, outro Poder do Estado, o Poder Judiciário, tem acabado por suprir este vazio de tutela, desde que devidamente provocado por um ente intermediário coletivo, que representa a todos e a cada um dos membros da categoria, por força da Constituição Federal.

Entendemos que através da substituição processual ampla conferida aos entes sindicais por força do art. 8º, III, da Constituição Federal de 1988, o sindicato pode desempenhar, de forma bastante eficaz, este papel de levar tais conflitos de natureza metaindividual ao Poder Judiciário, em relação aos direitos sociais assegurados pela norma constitucional, em seus arts. 6º e seguintes.

Importante registrarmos que muitos direitos sociais não foram implementados ainda pelo Estado brasileiro (art. 7º, I, CF/88,[(11)] *v. g.*), onde a flexibilização, aqui entendida como perda e/ou diminuição de direitos anteriormente conquistados, chegou antes de termos conseguido implantar efetivamente o Estado Social e Democrático de Direito.

---

(11) "Art. 7º São direitos dos trabalhadores urbanos e rurais, além de outros que visem à melhoria de sua condição social:
I — relação de emprego protegida contra despedida arbitrária ou sem justa causa, nos termos de lei complementar, que preverá indenização compensatória, dentre outros direitos."

Ao longo da história do capitalismo percebemos períodos diversos marcados por distintos padrões econômicos, políticos e sociais, estando alguns deles hoje superados totalmente, enquanto outros perduram e continuam convivendo com os que lhe seguiram.

O atual estágio das relações tecnológicas e de trabalho decorre de decisões econômicas e políticas, as quais se refletem igualmente em todas as demais relações humanas, tais como, de consumo, sociais e outras tantas.

O ESTADO LIBERAL (século XVIII até a segunda metade do século XIX ou início do século XX) — onde predominou o individualismo e que favoreceu o desenvolvimento de um capitalismo industrial exploratório — propiciou a formação do espírito de classe entre os trabalhadores, na medida em que todos trabalhavam unidos nas fábricas, conhecendo as fases da produção, e passaram a lutar por fins comuns, mesmo que, inicialmente, de forma meramente pragmática. Estavam ali plantadas as sementes do sindicalismo, em que pesem as mazelas da exploração da classe trabalhadora lá já perpetradas.

Sobre os direitos fundamentais, associados, inicialmente, à ascenção da burguesia, Antônio Carlos Wolkmer[12] pondera que a moderna cultura jurídica, nascida na Europa Ocidental entre os séculos XVII e XIX, foi engendrada por longo processo interativo de fatores como o modo capitalista, a organização social burguesa, dentre outros.

O absolutismo monárquico e a burguesia vitoriosa insurgente consolidam o processo de uniformização burocrática que suplantará a ordenação medieval das instituições corporativas e da pluralidade dos sistemas jurídicos, acrescenta o autor, mencionando, ainda, que foi a França pós-revolucionária que reconheceu e consolidou a tese da universalização e da formalização dos direitos naturais do homem.

Assim, diz ele, a sociedade moderna europeia não só favorece a emergência de uma estrutura centralizada de poder (Estado-Nacão soberano), como edifica uma concepção monista de regulação social e uma racionalização normativa técnico-formalista (ciência jurídica), que tem no Estado a fonte legitimadora por excelência.

Segundo ele, esta ordenação paradigmática tem sofrido, desde as últimas décadas do século XX, críticas expressas na conjunção de problemas ambientais e na mundialização da economia.

---

(12) WOLKMER, Antônio Carlos. Introdução aos fundamentos de uma teoria geral dos novos direitos. In: Natureza e perspectivas. WOLKMER, Antônio Carlos; LEITE, José Rubens Morato (orgs.). *Os novos direitos no Brasil.* São Paulo: Saraiva, 2003. p. 1/29.

Os impasses e as insuficiências do atual paradigma da ciência jurídica tradicional entreabrem, lenta e constantemente, o horizonte para as mudanças e a construção de novos paradigmas, direcionados para uma perspectiva pluralista, flexível e interdisciplinar.

Assim, resume ele, as necessidades, os conflitos e os novos problemas colocados pela sociedade engendram, igualmente, novas formas de direitos que desafiam e põem em dificuldade a dogmática jurídica tradicional.

Esses "novos direitos" se desvinculam de uma especificidade absoluta e estanque e assumem caráter relativo, difuso e metaindividual.

O autor mencionado faz uma digressão histórica da moderna concepção dos direitos do homem no que se refere ao seu conteúdo, contextualização de época, importância e fontes legais institucionalizadas.

Quanto aos direitos de primeira dimensão, civis e políticos, afirma tratarem-se de direitos individuais vinculados à liberdade, à igualdade, à propriedade, à segurança e à resistência às diversas formas de opressão. Direitos inerentes à individualidade, tidos como atributos naturais, inalienáveis e imprescritíveis, que por serem de defesa e serem estabelecidos contra o Estado, têm especificidade de direitos negativos.

Eles apareceram ao longo dos séculos XVIII e XIX e, socialmente, consolidam a hegemonia da classe burguesa, que alcança o poder por meio das chamadas revoluções norte-americana (1776) e francesa (1789).

Em relação aos direitos de segunda dimensão — presentes no processo de industrialização, entre a segunda metade do século XIX e as primeiras décadas do século XX — são os direitos sociais, econômicos e culturais, direitos fundados nos princípios da igualdade e com alcance positivo, pois não são contra o Estado mas ensejam sua garantia e concessão a todos indivíduos por parte do poder público.

Sobre os direitos de terceira dimensão, pondera que são os direitos metaindividuais, coletivos e difusos, direitos de solidariedade e que dizem respeito à proteção de categorias ou grupos de pessoas, não se enquadrando nem no público, nem no privado.

Direitos de quarta dimensão: seriam os novos direitos referentes à biotecnologia, à bioética e à regulação da engenharia genética.

E, por fim, os de quinta dimensão: direitos advindos das tecnologias de informação (internet), do ciberespaço e da realidade virtual em geral.

Pondera ainda que os direitos civis, políticos e sociais que se constituem presentemente não possuem o mesmo conteúdo ou significado histórico de quando foram reconhecidos e positivados nos séculos XVIII, XIX e nas primeiras décadas do século XX.

A tradição linear da afirmação e conquista de direitos não tem deixado de realçar o valor atribuído às necessidades essenciais de cada época.

Acrescenta ele que a conceituação de novos direitos deve ser compreendida como a afirmação contínua e a materialização pontual de necessidades individuais, coletivas e metaindividuais que emergem informalmente de toda e qualquer ação social, advindas de práticas conflituosas ou cooperativas, estando ou não previstas ou contidas na legislação estatal positiva, mas que acabem se instituindo formalmente.

Por fim, acrescenta que a tutela jurisdicional dos novos direitos exige paradigma diferente e que o tradicional Direito Processual vem sendo desafiado a cada dia em seus conceitos, institutos e procedimentos.

Paulo Bonavides,[13] tratando do tema, diverge do autor supra na definição dos direitos de quarta geração e pondera que com a globalização (econômica e política) e como limite a ela, desenvolveu-se o conceito dos mencionados direitos fundamentais de quarta geração, os quais visam tornar legítima e possível a globalização política.[14]

No Brasil (como de resto no mundo todo), o neoliberalismo[15] é extraído da globalização econômica, representando uma filosofia negativa de poder,

---

(13) BONAVIDES, Paulo. *Curso de direito constitucional.* São Paulo: Malheiros, 1999. p. 514-531.

(14) "A globalização é um fato histórico; o neoliberalismo, uma ideologia.

A globalização decorre da terceira revolução industrial — informática, microeletrônica e telecomunicações —, realizando-se como globalização financeira.

[...]

O neoliberalismo é uma ideologia.

Quero dizer, com isso, (i) que não há uma relação necessária entre globalização e neoliberalismo e (ii) que, outras fossem as condições político-sociais, a globalização poderia conviver com outras ideologias que se tornassem hegemônicas.

Seria perfeitamente viável a concepção de uma sociedade socialista globalizada. Precisamente essa, aliás, é a forma — internacional — que ela assume na utopia possível.

[...]

Há marcante contradição entre o neoliberalismo — que exclui, marginaliza — e a democracia, que supõe acesso de um número cada vez maior de cidadãos aos bens sociais. Por isso dizemos que a racionalidade econômica do neoliberalismo já elegeu seu principal inimigo: o Estado Democrático de Direito.

O discurso neoliberal confronta o discurso liberal, que viabilizou o acesso da generalidade dos homens não apenas a direitos e garantias sociais, mas também aos direitos e garantias individuais. Pois é contra as liberdades formais, no extremo, que o discurso neoliberal investe.

A exclusão social se dá sob múltiplas modalidades — são excluídos, afinal, tanto a vítima do crime quanto o criminoso.

Vivemos um momento marcado pela insegurança e pelo comprometimento da coesão social" (GRAU, Eros Roberto. *A ordem econômica na Constituição de 1988.* São Paulo: Malheiros, 2007. p. 55/59).

(15) A propósito do neoliberalismo, *vide* nota anterior.

afrouxando os laços da soberania e incentivando a perpetuação das desigualdades (entre nações e, via de consequência, entre indivíduos).

Os direitos de quarta geração — democracia direta, isenta da mídia manipuladora, com informação e pluralismo — são introduzidos pela globalização política na esfera da normatividade jurídica.

Inserindo a evolução das relações de trabalho nesse contexto histórico, o conhecimento inicial de todo esse processo produtivo pelos operários foi substituído pela forma de produção alienante do taylorismo (concepção idealizada por Frederick Taylor, engenheiro norte-americano que desenvolveu a técnica de produção que buscava racionalizar a produção, controlando tempo e movimento), seguido pelo fordismo (concebido por Henry Ford, que verticalizou a empresa, dominando, completamente, todo o processo produtivo), nos quais o empregado somente dominava a única e repetitiva tarefa que desempenhava e para a qual deveria gastar o menor tempo possível. As empresas organizavam-se em grandes complexos, onde eram fabricados todos os itens do produto final.[16]

No Estado de bem-estar social (pós-depressão de 1929), Welfare State, ao contrário da fase liberal anterior, buscava-se garantir, com a intervenção estatal na economia, direitos sociais aos trabalhadores, como diminuição da jornada, proteção à saúde, além de outros.

Contudo, se do pós-Segunda Grande Guerra até meados das décadas de 1970/80 essa política keynesiana (política concebida por John Maynard Keynes, o criador da macroeconomia, um dos mais influentes economistas do século XX, que com suas ideias intervencionistas chocou as doutrinas econômicas liberais predominantes até então) predominou, após tal período, os problemas econômicos e a ascensão de políticos conservadores nos países centrais (tais como Margareth Thatcher no Reino Unido e Ronald Reagan nos Estados Unidos) fizeram ressurgir velhos conceitos (pretensamente com nova roupagem) e prosperar o toyotismo (desenvolvido no Japão e implantado na Toyota, pelo engenheiro Ohno), baseado, em resumo, no individualismo, competitividade, enxugamento das empresas, cadeia produtiva fragmentada e substituição do homem pela máquina: todos fatores desencadeantes da crise do Direito do Trabalho.

No Brasil, no final do século XIX e início do século passado, as péssimas condições de trabalho e a imigração acabaram por favorecer o surgimento da legislação trabalhista, de forma ainda incipiente.

Com a industrialização que logo se desenvolveu, a legislação trabalhista se consolidou, já na Era Vargas (a partir dos anos 1930 e 1940), sendo que,

---

(16) DELGADO, Gabriela Neves. *Terceirização — paradoxo do direito do trabalho contemporâneo*. São Paulo: LTr, 2003.

nos anos que se seguiram (mais de quarenta), a intervenção do Estado na economia, basicamente, prevaleceu. Contudo, nos anos 1980, instalou-se a crise do capitalismo tal como se apresentava, culminando também com a crise do Direito do Trabalho (já nos anos 1980 e atingindo os anos 90), resultando nas diversas tentativas de flexibilização da legislação trabalhista, a partir daí (até 2002), algumas, infelizmente, bem-sucedidas.

Neste sentido leciona Mauricio Godinho Delgado,(17) *in verbis:*

> 1. Manifestações Incipientes ou Esparsas
>
> O primeiro signficativo na evolução do Direito do Trabalho no Brasil estende-se de 1888 a 1930, identificando-se sob o epíteto de *fase de manifestações incipientes ou esparsas.*
>
> Trata-se de período em que a relação empregatícia se apresenta, de modo relevante, apenas no segmento agrícola cafeeiro avançado de São Paulo e, principalmente, na emergente industrialização experimentada na capital paulista e no Distrito Federal (Rio de Janeiro), a par do setor de serviços desses dois mais importantes centros urbanos do país.
>
> [...]
>
> 2. Institucionalização do Direito do Trabalho
>
> O segundo período a se destacar nessa evolução histórica será a fase da *institucionalização* (ou *oficialização*) do Direito do Trabalho. Essa fase tem seu marco inicial em 1930, firmando a estrutura jurídica e institucional de um novo modelo trabalhista até o final da ditadura getulista (1945). Terá, porém, o condão de manter seus plenos efeitos ainda sobre quase seis décadas seguintes, até pelo menos a Carta Constitucional de 1988.
>
> [...]
>
> 3. Crise e Transição do Direito do Trabalho
>
> A persistência do modelo justrabalhista tradicional brasileiro sofre seu mais substancial questionamento ao longo das discussões da Constituinte de 1987/88 e na resultante Carta Constitucional de 1988.
>
> [...]
>
> Lamentavelmente, a transição democrática no Brasil processa-se imersa em graves contradições, que exacerbam os próprios riscos

---

(17) DELGADO, Mauricio Godinho. *Curso de direito do trabalho*. São Paulo: LTr, 2010. p. 100/108.

dessa transição (a exacerbação de contradições nos processos sociais, econômicos e culturais tem sido, como se sabe, uma característica dos países dependentes da América Latina).

De fato, logo após o surgimento da Carta Magna de 1988, frotaleceu-se no país, no âmbito oficial e nos meios privados de formação de opinião pública, um pensamento estratégico direcionado à total desarticulação das normas laborais.

Neste ponto, países como o Brasil — com posição importante na economia mundial, mas que não conseguiu garantir internamente os direitos sociais a todos —, altamente endividados, seguem as diretrizes econômicas ditadas pelos organismos financeiros internacionais que lhes emprestaram recursos (vide os planos econômicos do final dos anos 1980 e 90) e que, em razão disso, passaram a determinar as regras da economia externa e interna desses Estados, incentivando as práticas precarizantes já mencionadas (toyotismo), sempre na busca de maior lucratividade e menos gastos e garantidoras, em última análise, da solvência destes países chamados "em desenvolvimento".[18]

Ressalte-se que o Brasil seguiu — com certo atraso, é verdade, e também por isso os efeitos ruins foram em menor escala e menos devastadores — tais diretrizes por equivocada opção programática administrativa, como o fizeram Argentina e México, por exemplo, ao passo que os países asiáticos, como China, Índia e Coreia do Sul, embora não constituindo modelos de Estados de bem-estar social, adotaram o intervencionismo estatal, característico das políticas públicas do *Welfare State*, rejeitando, "firmemente, as propostas de estruturação ultraliberalistas de suas economias e políticas públicas".[19]

Nesse quadro de desconstrução do Direito do Trabalho, também é papel do sindicato exigir judicialmente do empregador, principalmente através das ações em que atua como substituto processual, conduta que propicie a real fruição dos direitos conquistados e consagrados na Norma Fundamental e na legislação infraconstitucional trabalhista.

Os direitos trabalhistas no Brasil representaram no início do século passado (e ainda hoje representam) uma forma de aquisição de cidadania: o empregado, com sua carteira de trabalho e previdência social (CTPS) anotada, é reconhecido como sujeito de direitos e obrigações, tendo acesso aos bens

(18) DELGADO, Mauricio Godinho. *Capitalismo, trabalho e emprego*. Entre o paradigma da destruição e os caminhos da reconstrução. São Paulo: LTr, 2006.
(19) DELGADO, Mauricio Godinho; PORTO, Lorena Vasconcelos (coords.). *O Estado de bem-estar social no século XXI*. São Paulo: LTr, 2007. p. 19/30.

de consumo, saúde e educação (mesmo que de forma modesta), possuindo, em síntese, dignidade, restando aqui respeitado o princípio constitucional da dignidade da pessoa humana (art. 1º, III, da CF/88).[20]

Ao contrário, aquele que vive na informalidade[21] (por que não dizer na ilegalidade cometida por seu empregador que não o formaliza como empregado, embora efetivamente o seja), ou nem a ela consegue chegar, sobrevive como pode, sendo aos poucos excluído do convívio social (o que também estimula uma forma de vida em sociedade precarizante em favelas, criminalidade, mendicância e outras).

Como já dissemos, entendemos que a substituição processual sindical insculpida no art. 8º, III, da Constituição Federal de 1988 pode contribuir para a concretização dos direitos sociais.

Contudo, para que isso se dê, é necessário que o aplicador do direito, notadamente o Magistrado, além do sindicato, na qualidade de substituto processual, passem a aplicar o instituto em referência com todo o seu potencial, despido da roupagem civilista e individualista do Código de Processo Civil.[22]

Referida concepção individualista, produto dos séculos XVIII e XIX, predominou na maioria dos códigos e fez com que, culturalmente, a importância do indivíduo dispor de seus direitos com absoluta liberdade fosse maior que qualquer atuação desses entes coletivos, como os sindicatos, que somente ganharam destaque representativo em nosso país no final do século XX, com as lutas contra o regime de exceção, juntamente com outros segmentos da sociedade, ao mesmo tempo em que também lutavam por melhores condições de trabalho (novo sindicalismo dos anos 1970/80).[23]

---

(20) A cidadania, normalmente, é analisada em três dimensões, correspondentes aos direitos civis, políticos e sociais, sendo que, no Brasil, estes últimos vieram antes dos direitos políticos, nos anos 30-45, com a legislação protetiva do trabalho (CARVALHO, José Murilo de. *Cidadania no Brasil.* O longo caminho. Rio de Janeiro: Civilização Brasileira, 2007. p. 110/126).

(21) Setor informal da economia é aquele que "inclui os pequenos negócios, registrados ou não, individuais, familiares ou até com cinco empregados, caracterizados por produção em pequena escala e baixo nível de organização"; enquanto a informalidade "está relacionada ao não cumprimento das normas de proteção aos trabalhadores (basicamente, a ausência de contribuição para a previdência social e outros fundos que beneficiam a força de trabalho)" (DEDECCA, Cláudio Salvadori. Setor informal e informalidade. *Revista Ciência Hoje,* v. 39, n. 234, p. 19/23, janeiro/fevereiro de 2007.).

No presente texto estamos nos referindo ao segundo aspecto, ou seja, àqueles trabalhadores que são empregados e não são formalizados como tal.

(22) Mesmo o Código de Processo Civil tem buscado a celeridade e a efetividade na prestação jurisdicional, com as alterações legislativas surgidas a partir de 1994, *v. g.,* tutela antecipada estabelecida no art. 461 de referido código.

(23) "Por outro lado, o Código Buzaid persiste numa tradição liberal de compreensão dos conflitos jurídicos, reduzindo o conflito judicial a um conflito *inter partes,* reforçando assim

Luiz Guilherme Marinoni,[24] tratando do mesmo tema, enfatiza a maior inserção do cidadão na comunidade, com a superação do paradigma do Estado Liberal.

E, destacando a importância da pressão dos grupos sociais sobre o Poder Legislativo, conclui que "tais grupos de pressão — sindicatos, associações de profissionais liberais, associações de empresários, etc. — não apenas dão origem a leis destinadas a regular as suas próprias áreas de interesse, mas também passam a medir forças em torno de leis que são do interesse comum de sindicatos de trabalhadores e empresários, por exemplo".

Destaca o autor supra, no mesmo trecho da obra, que assim resta superada outra marca do positivismo, vez que a lei não tem como fonte apenas o Estado, mas também a coalizão resultante do pluralismo dos vários segmentos da sociedade.

Essa mudança de paradigma evidencia o papel importante que podem desempenhar os corpos intermediários, como os sindicatos, *v. g.*, também nos processos judiciais.

Até porque, como pondera Rodolfo de Camargo Mancuso, destacando a importância do processo coletivo na Justiça do Trabalho,[25] é nela onde "se contrapõem as grandes massas de interesses que relevam do capital e do trabalho (categorias patronal e laboral), conflitos esses que hoje vão se exacerbando à medida que a sociedade vai se massificando e o mundo vai se globalizando".

---

o dique processual e jurisdicional aos conflitos sociais que o capitalismo brasileiro, por meio de uma ditadura militar, procurava estancar politicamente. O modelo de individualização do conflito processual entre autor e réu — com raras possibilidades de universalização do conflito — corresponde a uma lógica liberal que, ao fragmentar o conflito social em conflitos interindividuais, não dá margem para que o Poder Judiciário aprecie demandas cujo caráter seja politicamente e maior, como no caso de conflitos sociais, de classe.

[...]

A década de 1980, no bojo da redemocratização representa um momento de ruptura com a lógica de segurança, controle e individualização no processo civil. A abertura à coletivização do conflito — as ações coletivas, como no caso da Ação Civil Pública, Lei n. 7.347/85, a ampliação da Ação Popular, pelo Art. 5º, LXXIII, da Constituição de 1988, e o Mandado de Segurança Coletivo, no próprio Art. 5º, LXX — permite que, judicialmente, e portanto dentro das instâncias jurídicas estatais, sejam apreciados conflitos político-sociais que, até então, eram relegados ao próprio enfrentamento social" (MASCARO, Alysson Leandro Barbate. *Crítica da legalidade e do direito brasileiro.* São Paulo: Quartier Latin, 2003. p. 192/196).

(24) MARINONI, Luiz Guilherme. *Teoria geral do processo:* curso de processo civil. São Paulo: Revista dos Tribunais, 2006. v. 1, p. 41/45.

(25) MANCUSO, Rodolfo de Camargo. *Jurisdição coletiva e coisa julgada:* teoria geral das ações coletivas. São Paulo: Revista dos Tribunais, 2007. p. 74.

Feitas essas ponderações, concluímos ser essencial visualizar a ação como forma de acesso à justiça, assim entendida, de efetivação dos direitos formalmente assegurados e, para tanto, além da igualdade formal entre as partes, marco da teoria individualista do século XIX, há que buscar a igualdade real entre as mesmas, igualdade esta muito mais presente quando o autor é um ente coletivo (substituição processual sindical) a litigar contra o empregador (detentor dos meios de produção, na maior parte das vezes) do que quando reclama o próprio empregado (que, se já não era ex-empregado, provavelmente passará a ser).(26)

---

(26) A propósito, o seguinte aresto:
"EMENTA: SUBSTITUIÇÃO PROCESSUAL — DIREITOS TRABALHISTAS INDIVIDUAIS E HOMOGÊNEOS — SINDICATO — LEGITIMIDADE CONSTITUCIONAL — MODERNIDADE NA SOCIEDADE DE CONSUMO — Os direitos trabalhistas, timbrados pela individualidade e homogeneidade, são autônomos e integram o patrimônio de cada empregado, isoladamente, tanto que podem ser objeto de ação individual singular ou plúrima. Por questões de economia e de celeridade processual, assim como para fins de desconsideração da sua autoria — proteção aos empregados, ainda que por perda temporária de suas identidades — o sindicato pode e deve atuar como substituto processual, uma vez que, para o exercício desse direito público de natureza essencialmente subjetiva, está autorizado pelo artigo 8º, inciso III, da Constituição Federal, que pela sua clareza e objetividade, em linguagem concisa e precisa, não deixa margem à dúvida quanto a essa importante legitimidade extraordinária ou anômala, que, a cada dia, vai se tornando mais ordinária e normal, pois atende plenamente aos interesses da sociedade pós-moderna, lastreada no consumo, sem que se possa falar em prejuízo a quem quer que seja: empregados, empregadoras e Estado. As formalidades processuais, basicamente, só se justificam para uma garantia: ampla defesa e contraditório" (TRT 3ª Região — 5ª turma — Rel.: Des. Luiz Otávio Linhares Renault, DJ 07.06.2008 — 00992-2007-059-03-00-7).

2. *Processo Coletivo e a Efetivação dos Direitos Fundamentais Sociais*

O processo coletivo — que se difundiu após a Constituição Federal de 1988,[27] sendo de se destacar a ação civil pública (Lei n. 7.347/85) e o Código de Defesa do Consumidor (Lei n. 8.078/90) — tem paradigma diferente do processo individual: por mais importante que seja o acesso ao Poder Judiciário, ele, por si só, não é suficiente, pois também deve ser pleno, o que só acontecerá se as demandas chegarem a uma solução definitiva, num prazo razoável; sendo possível, através delas, garantir a efetividade dos direitos sociais.

De nada adianta poder livremente ajuizar uma ação, se dezenas de recursos, prazos, preclusões e outros tantos institutos processuais favorecerem à procrastinação da mesma por anos a fio, impedindo a fruição dos direitos sociais assegurados constitucionalmente.

O interesse tutelável aqui é o interesse METAINDIVIDUAL, como já ponderamos anteriormente, que vai além do meramente individual (embora esse seja inegavelmente importante), numa perspectiva de solução conjunta de conflitos que interessam à sociedade como um todo, a uma categoria ou a um número expressivo de indivíduos, conforme se trate de interesse difuso, coletivo ou individual homogêneo.[28]

Tal ponderação também é feita por Willis Santiago Guerra Filho,[29] *in verbis:*

> Assim é que se torna admissível e, mesmo, necessária a atribuição de competência ao Estado para, tutelando primordialmente o interesse

---

(27) A Ação Popular regulamentada pela Lei n. 4.717 de 29 de junho de 1965 já garantia a qualquer cidadão o direito de pleitear a anulação ou declaração de nulidade de atos lesivos ao patrimônio público. Também havia a Lei n. 7.347, de 24 de julho de 1985, que tratava da Ação Civil Pública. Contudo, o uso de tal instrumento tornou-se mais difundido após 1988, não só em razão da referida Constituição da República veicular normas-princípio e normas-regra voltadas para efetivação dos direitos, mas em face das prerrogativas conferidas ao Ministério Público (arts. 127 e 129, CF/88), que vem ajuizando com frequência e bastante pertinência referida ação.

(28) O parágrafo único do art. 81 do Código de Defesa do Consumidor (Lei n. 8.078/90) define os interesses difusos, coletivos e individuais homogêneos, que são os interesses METAINDIVIDUAIS.

(29) GUERRA FILHO, Willis Santiago. Sobre o princípio da proporcionalidade. In: LEITE, George Salomão (org.). *Dos princípios constitucionais. Considerações em torno das normas principiológicas da Constituição.* São Paulo: Malheiros, 2003. p. 244.

público, fazer o devido balizamento da esfera até onde vão interesses particulares e comunitários — para o quê, inevitavelmente, restringirá direitos fundamentais, para com isso assegurar a maior eficácia deles próprios, visto não poderem todos, concretamente, ser atendidos absoluta e plenamente. É nessa dimensão, objetiva, que aparecem princípios como o da isonomia e proporcionalidade, engrenagens essenciais do mecanismo político-constitucional de acomodação dos diversos interesses em jogo em dada sociedade, e, logo, indispensáveis para garantir a preservação de direitos fundamentais — donde se incluírem na categoria, equiparável, das "garantias fundamentais".

Carlos Henrique Bezerra Leite afirma que na sociedade atual, onde coexistem várias relações sociais, econômicas e políticas, as "relações não mais se estabelecem entre indivíduos, mas entre grupos mais ou menos imprecisos de pessoas, cujos integrantes encontram-se em situações de fato e juridicamente idênticas".[30]

A sociedade dos séculos XX e XXI, uma sociedade de massa, apresenta um número muito maior de conflitos, muitas vezes idênticos, sendo que, resolver vários deles de uma só vez, numa só ação, através da atuação dos entes legitimados para tanto,[31] tem grande importância.

Sobre essa mudança de paradigma, em sede de processo coletivo, muito bem sintetizou Ada Pellegrini Grinover,[32] ao afirmar ser:

> [...] necessária reestruturação dos esquemas processuais clássicos, para sua adaptação aos conflitos emergentes, próprios de uma sociedade de massa, de que os decorrentes das relações de consumo representam um ponto nodal. E tudo, ainda, dentro da ideia maior, já esboçada há mais de três décadas, segundo a qual a chamada crise do Direito talvez apenas encobrisse "a dificuldade de dominar com categorias jurídicas substancialmente pré-capitalistas a fenomenologia de uma sociedade industrial".

---

(30) LEITE, Carlos Henrique Bezerra. *Ação civil pública:* nova jurisdição trabalhista metaindividual e legitimação do Ministério Público. São Paulo: LTr, 2001. p. 41.

(31) Além dos sindicatos mencionados pelo texto constitucional, em seu art. 8º, III, o Ministério Público, sabidamente um Órgão do Estado, também possui legitimidade para defender em juízo direitos difusos, coletivos e individuais homogêneos, por força dos arts. 127 e 129 da CF/88.

(32) GRINOVER, Ada Pellegrini. Da defesa do consumidor em juízo. In: GRINOVER, Ada Pellegrini; VASCONCELOS E BENJAMIN, Antônio Herman de; FINK, Daniel Roberto; FILOMENO, José Geraldo Brito; WATANABE, Kazuo; NERY JÚNIOR, Nelson; DENARI, Zelmo (coords.). *Código Brasileiro de Defesa do Consumidor comentado pelos autores do anteprojeto.* Rio de Janeiro: Forense Universitária, 1999. p. 705.

Se isso deve ocorrer em sede de Direito Processual Civil, com maior razão em se tratando de Processo do Trabalho, cuja finalidade precípua é efetivar os direitos trabalhistas, de cunho eminentemente alimentar.

O Juiz do Trabalho da 4ª Região, Ben-Hur Silveira Claus,[33] muito bem descreve essa evolução da concepção de ação e a importância da atuação dos sindicatos (por ele denominados corpos intermediários) como substitutos processuais da categoria, pleiteando direitos que suplantam o plano individual, *in verbis:*

> a teoria da ação judiciária é concebida no século XIX, sob inspiração da concepção do individualismo jurídico. Aborda-se a influência exercida pela ideologia da Revolução Francesa no âmbito do direito, sobretudo os reflexos do processo de eliminação dos corpos intermediários que caracterizavam a ordem medieval. Trata-se, a seguir, do ressurgimento dos corpos intermediários da sociedade, a partir da segunda metade do século XX, demonstrando-se os limites da teoria clássica da legitimação para a causa diante de interesses jurídicos que passam a ser transindividuais.

Também Luís Roberto Barroso[34] é lapidar ao demonstrar a necessária superação da visão individualista e positivista (apegada às normas-regra) para que possamos aplicar o direito atendendo menos à forma que à finalidade dos institutos e sempre atentos aos princípios (normas-princípio):

> A superação histórica do jusnaturalismo e o fracasso político do positivismo abriram caminho para um conjunto amplo e ainda inacabado de reflexões acerca do Direito, sua função social e sua interpretação. O pós-positivismo é a designação provisória e genérica de um ideário difuso, no qual se incluem a definição das relações entre os valores, princípios e regras, aspectos da chamada nova hermenêutica e a teoria dos direitos fundamentais...

E acrescenta:

> A Constituição passa a ser encarada como um sistema aberto de princípios e regras, permeável a valores jurídicos suprapositivos, no qual as ideias de justiça e de realização dos direitos fundamentais desempenham um papel central.

---

(33) CLAUS, Ben-Hur Silveira. *Substituição processual trabalhista.* Uma elaboração teórica para instituto. São Paulo: LTr, 2003. p. 32.

(34) BARROSO, Luís Roberto. Fundamentos teóricos e filosóficos do novo direito constitucional brasileiro (pós-modernidade, teoria crítica e pós-positivismo). *Revista de Direito Processual Geral* (54) , p. 64/66, 2001.

O aplicador do Direito deve se basear nos princípios norteadores do ramo que está a aplicar, vez que, ao falarmos de princípios, estamos tratando de normas que vinculam não só o intérprete, bem como o legislador, que fica impedido de editar regras que venham a contrariar referidos princípios.

Com efeito, norma é um gênero, do qual são espécies regras e princípios, consoante a melhor doutrina pós-positivista, acima tratada, na qual, segundo Daniel Sarmento, "parece estar superada a concepção que negava força normativa aos princípios, em razão do seu caráter fluido e indeterminado".[35]

A superação da distinção entre normas-regra e normas-princípio é igualmente abordada por Willis Santiago Guerra Filho afirmando o "avanço fundamental da teoria do direito contemporânea, que, em uma fase pós-positivista, com a superação dialética da antítese entre o positivismo e o jusnaturalismo",[36] não distingue normas jurídicas que são regras e normas jurídicas que são princípios.

E acrescenta ainda que nas regras "há a descrição de uma hipótese fática e a previsão da consequência jurídica de sua ocorrência", enquanto que os princípios não trazem descrição de situações específicas e, sim, "a prescrição de um valor, que assim adquire validade jurídica objetiva, ou seja, em uma palavra, positividade".[37]

Enfim: no pós-positivismo, as normas-princípio têm uma função de destaque e, via de consequência, os postulados delas decorrentes nos orientam na aplicação e/ou interpretação do Direito, *in casu*, do Direito do Trabalho e do Direito Processual do Trabalho.

Acerca dos critérios que podem ser utilizados pelo intérprete para distinguir as normas-regra das normas-princípio, J. J. Gomes Canotilho[38] nos fornece importantes subsídios, *in verbis:*

> A teoria da metodologia jurídica tradicional distinguia entre normas e princípios. Abandonar-se-á aqui essa distinção para, em uma substituição, sugerir:
>
> (1) as regras e princípios são duas espécies de normas;
>
> (2) a distinção entre regras e princípios é uma distinção entre duas espécies de normas.

---

(35) SARMENTO, Daniel. *A ponderação de interesses na Constituição Federal.* Rio de Janeiro: Lumen Juris, 2000.

(36) GUERRA FILHO, Willis Santiago. *Introdução ao direito processual constitucional.* Porto Alegre: Síntese, 1999. p. 36.

(37) *Idem.*

(38) CANOTILHO, J. J. Gomes. *Direito constitucional.* Coimbra: Livraria Almedina, 1993. p. 147.

> [...]
>
> Saber como distinguir, no âmbito do superconceito norma, entre regras e princípios, é uma tarefa particularmente complexa. Vários são os critérios sugeridos.
>
> a) Grau de abstração: os princípios são normas com um grau de abstracção relativamente elevado; de modo diverso, as regras possuem uma abstração relativamente reduzida;
>
> b) Grau de determinabilidade na aplicação do caso concreto: os princípios, por serem vagos e indeterminados, carecem de mediações concretizadoras; enquanto as regras são susceptíveis de aplicação directa;
>
> c) Carácter de fundamentalidade no sistema das fontes de direito: os princípios são normas de natureza ou com um papel fundamental no ordenamento jurídico devido à sua posição hierárquica no sistema das fontes (ex.: princípios constitucionais) ou à sua importância estruturante dentro do sistema jurídico (ex.: princípio do Estado de Direito);
>
> d) Proximidade da ideia de direito: os princípios são *standards* juridicamente vinculantes radicados nas exigências de "justiça" ou na "ideia de direito; as regras podem ser normas vinculativas com um conteúdo meramente funcional".

A propósito do tema, Mauricio Godinho Delgado assim se posiciona:

> Parte importante da doutrina jurídica ocidental mais notável agrega outra função às duas tradicionais já amplamente reconhecidas: trata-se da função normativa própria dos princípios.
>
> [...]
>
> Essa nova compreensão doutrinária passou a se valer da expressão norma como referência geral aos dispositivos gerais, abstratos, impessoais e obrigatórios que regulam a vida social. Assim, na ideia de norma (em sentido amplo) estariam abrangidas, pois, as noções de regras (ou norma, em sentido estrito) e de princípios jurídicos (e também a noção de institutos jurídicos, acrescentamos nós).(39)

Assim, tais postulados serão utilizados, muitas vezes, de maneira a permitir a solução de questões não atingidas, *in totum*, pela norma-regra.

---

(39) DELGADO, Mauricio Godinho. *Op. cit.*, p. 175/176.

Sobre os princípios também disserta Alice Monteiro de Barros, que atribui a eles a função de realizar a heterointegração do direito diante da lacuna da lei,[40] pois o valor de ambos é o mesmo (as normas podem ser normas-regra ou normas-princípio).

É mister salientar este aspecto da integração para que possamos entender a importância dos princípios como fontes do direito, notadamente do Direito do Trabalho, não sendo demais acrescentar que:

> [...] "a tradição, a mentalidade e a formação cultural de certo momento histórico de um povo pode gerar conceitos e valores para formulação de princípios, que naturalmente se refletirão nos textos legais.
>
> [...]
>
> Contudo, não é necessário que os princípios apareçam de modo expresso em dispositivos legais. Basta que a ideia básica deles proveniente deflua racionalmente das normas jurídicas existentes, como é o caso, *v. g.*, do princípio da oralidade[41].

Como podemos observar, embora tratando do Processo do Trabalho, o Autor retroevidencia a função do princípio como fonte de direito.

E, com efeito, pretendemos demonstrar, através da presente pesquisa, que os princípios da efetividade dos direitos (no caso, direitos trabalhistas) e do fim social do processo estão sempre presentes quando o sindicato atua como substituto processual dos trabalhadores, buscando assegurar-lhes direitos conferidos pela lei (individualmente ou enquanto categoria e atendendo, inclusive, aos princípios da proteção e da continuidade da relação de emprego).

Buscaremos reforçar a ideia de que o sindicato pode atingir seu dever de interlocutor da categoria profissional com a categoria econômica, com a sociedade civil como um todo e com o Estado — conforme preceituado pelo art. 8º, da CF/88 — pautando-se pelo princípio da supremacia do coletivo sobre o privado.

Daí não ser necessária, no nosso sentir, qualquer autorização individual do empregado para que o sindicato atue enquanto substituto processual, pois o que está em questão, em tais casos, não é o livre direito individual de ação e, sim, lesões que atingem a toda uma categoria (coletivos) ou a um número significativo de seus integrantes (individuais homogêneos).

---

(40) BARROS, Alice Monteiro de. *Curso de direito do trabalho*. São Paulo: LTr, 2005. p. 158.
(41) BEBBER, Júlio César. *Princípios do processo do trabalho*. São Paulo: LTr, 1997. p. 26.

Essa foi a opção do legislador constituinte originário de 1988 (e também a do poder constituinte derivado que manteve o art. 8º, III, e acrescentou o art. 5º, LXXVIII, da CF/88, conforme redação que lhe deu a Emenda Constitucional 45/2004) e dessa forma devemos interpretar a norma constitucional.

Canotilho, por nós já citado, comentando o que denomina "conjunto de normas constitutivas para a identidade de uma ordem política e social e do seu processo de realização" afirma que a Norma Fundamental de um Estado "ordena o processo da vida política e fixa limites às tarefas do Estado e da comunidade; mas é também um documento prospectivo na medida em que formula os fins sociais mais significativos e identifica o programa da ação constitucional".(42)

Portanto, quando o poder constituinte (que no caso limita inclusive o derivado, ao estabelecer que os direitos fundamentais incluem-se dentre as chamadas cláusulas pétreas — art. 60, § 4º, IV, CF/88(43)) opta por este caminho de efetivação dos direitos fundamentais (aí incluídos os sociais, também insertos no Título II da CF/88, como os demais direitos individuais e coletivos), através da ação dos sindicatos, devemos buscar a interpretação, conforme a Constituição, que leve à sua implementação.

As técnicas conhecidas de hermenêutica também são utilizadas para interpretação constitucional, contudo, muitas vezes, são insuficientes, já que em sede de pós-positivismo trabalhamos também com princípios e, via de consequência, com conceitos mais "abertos", indeterminados, cheios de valoração, o que dificulta a função do intérprete.

Um dos princípios que mais socorre o aplicador do Direito, em sede de interpretação constitucional, é o da proporcionalidade (ou razoabilidade): a busca do equilíbrio (proporção) entre os meios mais adequados (razoáveis) para se atingir os fins pretendidos, no caso, a efetivação das disposições constitucionais.

O entendimento doutrinário que tem prevalecido é o de que tais princípios interpretativos, notadamente o da razoabilidade, foram desenvolvidos a partir do pós-positivismo, após a Segunda Grande Guerra.

---

(42) CANOTILHO, J. J. Gomes. *Op. cit.*, p. 85.

(43) "Art. 60. A Constituição poderá ser emendada mediante proposta:
[...]
§ 4º — Não será objeto de deliberação a proposta de emenda tendente a abolir:
I — a forma federativa de Estado;
II — o voto direto, secreto, universal e periódico;
III — a separação dos Poderes;
IV — os direitos e garantias individuais."

Contudo, tais institutos encontram sua origem já na Grécia Antiga, como pondera o professor Ari Marcelo Solon[44] no texto que se segue:

> Princípio da Proporcionalidade
>
> Aspectos essenciais dos princípios jurídicos contemporâneos remontam a fontes mais profundas, mais elementares da tradição da Filosofia do Direito. No entanto, a doutrina não percebe isto e costuma indicar o pós-guerra como o momento em que surgiu, no Direito Constitucional alemão, o princípio da proporcionalidade. Suas raízes, porém, protraem-se no tempo, alcançando pelo menos três fontes remotas que se articulam a diferentes significados do conceito de justiça: as noções antigas de justiça retributiva, no sentido de *iustitia vindicativa*, de justiça distributiva (*iustitia distributiva*) e o conceito de finalidade no Direito.
>
> A linguagem da proporcionalidade provém da Antiguidade do Direito Romano, e mais remotamente na Grécia.

A questão nos remete a Aristóteles e à justiça distributiva.

É ele — Aristóteles — "quem desenvolve, na *Ética a Nicômaco*, uma série de reflexões a respeito da justiça social, ressaltando o fato de que a injustiça se revela na carência e no excesso na distribuição dos bens sociais. A sociedade deve ser medida pelo todo social, e não pelos indivíduos isoladamente".[45]

Também o professor Ari Marcelo Sólon, no artigo já citado,[46] trata da justiça distributiva, ponderando que:

> O princípio da proporcionalidade emerge, com mais clareza ainda, do conceito geral de justiça distributiva.
>
> Aristóteles na *Ética a Nicômaco* ensina que a justiça distributiva "é exercida na distribuição da honra da riqueza e dos outros bens divisíveis da comunidade que podem ser distribuídos entre os seus membros em quotas iguais ou desiguais".
>
> Finalidade do Direito "o Direito deve ser útil e deve servir às finalidades a que se propõem os indivíduos ou os grupos".

---

(44) SÓLON, Ari Marcelo. Origens zetéticas e aplicação dogmática dos topoi da proporcionalidade (Direito alemão) e razoabilidade (Direito norte-americano). In: ANDRADE, Rogério Emilio de (coord.). *Regulação pública da economia no Brasil*. Campinas: Edicamp, 2003. p. 49/58.

(45) MASCARO, Alysson Leandro Barbate. *Lições de sociologia do direito*. São Paulo: Quartier Latin, 2007. p. 39.

(46) *Ibidem*, p. 49-58.

Dogmática do Princípio: proibição de excesso (*Ubermassverbot*).

Fala da ponderação: uma adequada relação meio-fim.

Devido processo legal substantivo ou o princípio da razoabilidade: origina-se na jurisprudência da Suprema Corte dos Estados Unidos.

O princípio da proporcionalidade da dogmática aparenta possuir uma estrutura sistemática mais consistente.

Critérios universais para uma calibração de uma interpretação da constituição — conforme os princípios dos direitos fundamentais e do Estado de Direito.

Neste sentido, a associação entre o "razoável" e o "proporcional" poderia derivar da vinculação comum de ambos aos postulados (contraditórios) de uma razão prática, que conhece os fins últimos e, com base neste conhecimento, estabelece os fundamentos do agir.

Necessário destacar que, na Grécia — onde não havia nosso conceito atual de indivíduo, prevalecendo a noção do coletivo, da *polis* —, as relações societárias eram diferentes — escravidão — e, nesse contexto, não existiam também direitos fundamentais ou direitos humanos.

Contudo, isso não invalida as ponderações anteriores, no sentido de que os conceitos iniciais de justiça distributiva, proporcionalidade, razoabilidade, foram trazidos por eles.

Além dessa ligação entre a justiça distributiva, cuja noção foi trazida por Aristóteles, e os princípios da proporcionalidade e/ou razoabilidade, o conceito de beleza para os gregos tem bastante presentes a proporcionalidade, o equilíbrio, e a busca do razoável.

Tratando da formação do homem grego, Werner Jaeger(47) nos ensina que a *arete* (virtude) grega está intimamente ligada à honra.

Dissertando acerca do poeta Homero, pondera o autor supra que o homem descrito por referido poeta só adquire consciência do seu valor pelo reconhecimento da sociedade a que pertence.

Afirma que o elogio e a reprovação são as fontes da honra e da desonra, ao contrário do sentimento cristão, que as percebe como pecado.

O caráter aristocrático do ideal de formação dos gregos está presente neste conceito de *arete*.

---

(47) JAEGER, Werner. *Paideia.* A formação do homem grego. São Paulo: Martins Fontes, 2003. p. 23/84.

A elevada apreciação da autoestima desse povo, bem como a sua valorização da busca de honra e da altivez, derivam do aprofundamento filosófico das instituições fundamentais da ética aristocrática.

Que significa para Aristóteles a beleza? Pondera Jaeger.

Não o refinado culto da personalidade dos tempos posteriores, mas a estima a si próprio.

Aquele que estima a si próprio "deve ser infatigável na defesa dos amigos, sacrificar-se pela pátria. Quem está impregnado de autoestima deseja antes viver um breve período no mais alto gozo a passar uma longa existência em indolente repouso".[48]

E tudo isso é desenvolvido de forma muito razoável, ponderada (proporcional), num equilíbrio entre os fins visados e os meios empreendidos para atingi-los.

E, com efeito, entendemos que tanto a noção de justiça quanto a de beleza do homem grego o tenham inspirado no desenvolvimento dos conceitos de proporcionalidade e razoabilidade, hoje utilizados por nós como princípios de hermenêutica constitucional.

Willis Santiago Guerra Filho[49] também faz essa ligação do princípio da proporcionalidade com a Antiguidade.

E assim o define:

> É exatamente numa situação em que há conflito entre princípios, ou entre eles e regras, que o princípio da proporcionalidade (em sentido estrito ou próprio) mostra sua grande significação, pois pode ser usado como critério para solucionar da melhor forma o conflito, otimizando à medida que se acata um e desatende ao outro. Esse papel lhe cai muito bem, pela circunstância de se tratar de um princípio extremamente formal e, à diferença dos demais, não haver um outro que seja seu oposto em vigor; em um ordenamento jurídico digno desse nome.

Referido autor acrescenta, de forma lapidar, que o princípio da proporcionalidade é essencial para que o "Estado, em sua atividade, atenda aos interesses da maioria, respeitando os direitos individuais fundamentais";

---

(48) JAEGER, Werner. *Op. cit.*, p. 23/84.
(49) GUERRA FILHO, Willis Santiago. Sobre o princípio da proporcionalidade. In: *Dos princípios constitucionais. Op. cit.*, p. 241.

acrescentando-se que se trata de "um princípio regulativo pra ponderar até que ponto se vai dar preferência ao todo ou às partes (princípio da proporcionalidade)".[50]

Luís Roberto Barroso[51] trata do princípio da razoabilidade, ponderando que ele e o da proporcionalidade têm uma certa fungibilidade entre si.

O autor supra afirma que o princípio da razoabilidade:

> [...] tem sua origem e desenvolvimento ligados à garantia do devido processo legal, instituto ancestral do direito anglo-saxão. De fato, sua matriz remonta à cláusula *law of the land*, inscrita na Magna Carta, de 1215, documento que é reconhecido como um dos grandes antecedentes do constitucionalismo. Modernamente, sua consagração em texto positivo se deu através das emendas 5ª e 14ª à Constituição norte-americana. A cláusula do *due process of law* tornou-se uma das principais fontes da expressiva jurisprudência da Suprema Corte dos Estados Unidos ao longo dos últimos dois séculos.

E o conceitua como cláusula que "enseja a verificação da compatibilidade entre o meio empregado pelo legislador e os fins visados, bem como a aferição da legitimação dos fins". Acrescentando, ainda, que "somente presentes essas condições poder-se-á admitir a limitação a algum direito individual".[52]

Outra importante noção do princípio da razoabilidade trazida por Barroso diz respeito ao mesmo funcionar como um parâmetro para o Poder Público aferir se seus atos estão informados pelo valor superior da JUSTIÇA.

E, na mesma obra, pondera que:

> A doutrina — tanto lusitana quanto brasileira — que se abebera no conhecimento jurídico produzido na Alemanha reproduz e endossa essa tríplice caracterização do princípio da proporcionalidade, como é mais comumente referido pelos autores alemães. Assim é que dele se extraem os requisitos (a) da adequação, que exige que as medidas adotadas pelo Poder Público se mostrem aptas a atingir os objetivos pretendidos; (b) da necessidade ou exigibilidade, que impõe a verificação da inexistência de meio menos gravoso para atingimento dos fins visados; e (c) da

---

(50) *Ibidem*, p. 250.

(51) BARROSO, Luís Roberto. *Interpretação e aplicação da Constituição*. Rio de Janeiro: Saraiva, 1999. p. 215.

(52) *Ibidem*, p. 209 e 215.

proporcionalidade em sentido estrito, que é a ponderação entre o ônus imposto e o benefício trazido para constatar se é justificável a interferência na esfera dos direitos dos cidadãos.[53]

Referido autor pondera, ainda,[54] que além do Poder Público, em sua vertente administrativa, através de seus atos, ser campo de incidência de referido princípio, também o são, no âmbito do Poder Judiciário, as medidas cautelares e o próprio controle de constitucionalidade das leis.[55]

---

(53) *Ibidem*, p. 215-219.

(54) *Ibidem*, p. 220-223.

(55) Alexandre de Moraes problematiza esse tema trazendo questão atinente à chamada Justiça Constitucional. Referida justiça concede a um Corpo de Magistrados poderes para declarar a inconstitucionalidade de uma lei ou ato normativo, afetando a produção legiferante dos Membros do Poder Legislativo, eleitos pelo povo.

Contudo, defende sua existência, baseada em três sustentáculos: complementaridade entre Democracia e Estado de Direito; composição dos Tribunais Constitucionais e fundamentação e aceitação popular das decisões dos Tribunais Constitucionais.

No que tange à complementaridade entre democracia e Estado de Direito, afirma que a primeira consubstancia-se no governo da maioria e o último consagra a supremacia das normas constitucionais, o respeito aos direitos fundamentais e o controle jurisdicional do Poder Estatal, não só para proteção da maioria, mas também, e basicamente, dos direitos da minoria.

Pondera que, formalmente, as decisões dos Tribunais Constitucionais prevalecem sobre a dos representantes eleitos pelo povo, porque se presume que o povo assim o desejou na elaboração da Constituição, por meio do poder constituinte originário, que representa uma manifestação soberana da suprema vontade política de um povo, social e juridicamente organizado e é inicial, ilimitado, autônomo e incondicionado.

Acrescenta que os Tribunais constitucionais são órgãos de garantia da supremacia de seus princípios, objetivos e direitos fundamentais, resguardando, dessa forma, o Estado de Direito e preservando as ideias básicas da Constituição material.

Afirma, ainda, que confrontos entre legitimidade da justiça constitucional e a legitimidade da maioria legiferante resolvem-se numa aplicação equilibrada e harmônica do princípio da separação de funções estatais, "pois os poderes exercem funções únicas do Estado, dentro de uma visão mais contemporânea das funções estatais, que reconhece assentar-se o Estado Constitucional de Direito na ideia de unidade, pois o poder soberano é uno, indivisível, existindo órgãos estatais, cujos agentes políticos têm a missão precípua de exercerem atos de soberania".

Afirma que o Direito Constitucional contemporâneo, apesar de seguir a linha tradicional da separação de poderes, entende que esta fórmula não deve ser interpretada de forma rígida, sob pena de ser inadequada para um Estado que se compromete com o bem-estar social.

Pondera, ainda, que o fundamento básico da legitimidade material da justiça constitucional está na necessidade de efetivação de um rol de princípios constitucionais e princípios fundamentais tendentes a limitar os abusos de poder do Estado e de suas autoridades constituídas e a consagração dos princípios básicos da igualdade e da legalidade como regentes do Estado moderno e contemporâneo.

Quanto à composição dos Tribunais Constitucionais posiciona-se como sendo um fato legitimador da Justiça constitucional a participação popular, através de seus representantes eleitos no Poder Legislativo e no Executivo, na escolha dos membros de

Em resumo: os princípios da proporcionalidade e da razoabilidade, o primeiro desenvolvido a partir da doutrina alemã e o segundo da americana, autorizam que se discrimine, por assim dizer, em alguns casos concretos em que estão em choque (choque aparente) dois princípios constitucionais.

O Direito do Trabalho e o Direito do Consumidor são exemplos típicos em que se parte de uma desigualdade legislativa — onde as partes hipossuficientes são protegidas — para se atingir a igualdade real entre as partes. Ou seja, a igualdade formal(56) não é suficiente para assegurar, na prática, a igualdade real.

E mais: essa desigualdade legal é absolutamente necessária para a realização daquilo que se pretende: a proteção ao mais fraco.

E como essa comparação entre os valores veiculados através dos princípios é feita?

O intérprete valer-se-á da técnica da PONDERAÇÃO.

Luís Roberto Barroso ensina que referida técnica socorre o aplicador do direito nos momentos em que está ele diante da difícil decisão entre dois princípios constitucionais que, aparentemente, se chocam.

Diz ele:

> enquanto as normas são aplicadas na plenitude de sua força normativa — ou, então, são violadas — os princípios são ponderados.
>
> A denominada ponderação de valores ou ponderação de interesses é a técnica pela qual se procura estabelecer o peso relativo de cada um dos princípios contrapostos. Como não existe um critério abstrato que imponha a supremacia de um sobre o outro, deve-se, à vista do caso concreto, fazer concessões recíprocas, de modo a produzir um resultado socialmente desejável, sacrificando o mínimo de cada um dos princípios ou direitos em oposição. O legislador não pode, arbitrariamente, escolher um dos interesses em jogo e anular outro sob pena de violar o texto constitucional. Seus balizamentos devem ser o princípio da razoabilidade (v. infra) e a preservação, tanto quanto possível, do núcleo mínimo do valor que

---

referidos tribunais, onde devem prevalecer o plurarismo, a representatividade e a complementaridade (MORAES, Alexandre de. Legitimidade e Justiça Constitucional. *Jurisdição constitucional e tribunais constitucionais.* São Paulo: Atlas, 2003. p. 64/81).

(56) "Art. 5º Todos são iguais perante a lei, sem distinção de qualquer natureza, garantindo-se aos brasileiros e aos estrangeiros residentes no País a inviolabilidade do direito à vida, à liberdade, à igualdade, à segurança e à propriedade, nos termos seguintes"(CF/88).

esteja cedendo passo. Não há, aqui, superioridade formal de nenhum dos princípios em tensão, mas a simples determinação da solução que melhor atende o ideário constitucional na situação apreciada".(57)

Entendemos que a ponderação em muito auxilia o julgador ao aplicar o art. 8º, III, da CF/88, em cotejo com o dispositivo constitucional que assegura o direito constitucional de ação (art. 5º, XXV, da CF/88), e dar-lhe o real (e mais efetivo) alcance.

Isto porque "o que se postula aqui, certamente, é a ideia do pós-positivismo, que consiste na busca dos princípios constitucionais, para se alcançar o justo a partir da possibilidade de justiça constitucional (que pretende uma determinada unidade política)".(58)

---

(57) BARROSO, Luís Roberto. *Op. cit.*, p. 68.

(58) CORREIA, Marcus Orione Gonçalves. Intepretação do Direito da Segurança Social. In: ROCHA, Daniel Machado da; SAVARIS, José Antônio (coords.). *Curso de Especialização em Direito Previdenciário, Direito Previdenciário Constitucional*, v. 1. Curitiba: Juruá, 2006. p. 249-268.

3. *Substituição Processual: os princípios peculiares do Direito Processual do Trabalho e a Jurisprudência dos Tribunais Superiores*

Tão importante quanto assegurar individualmente aos empregados o livre acesso à Justiça é procurar aplicar de forma efetiva o processo coletivo, prestigiando, neste particular, a atuação do sindicato e/ou do Ministério Público (no caso da justiça do Trabalho, do Ministério Público do Trabalho, precipuamente), pois tais entes têm a possibilidade de buscar melhores condições de trabalho aos empregados sem que estejam sob a ameaça real da perda do emprego.

Neste tópico, importante analisarmos o sentido de sindicato, sua autonomia e sua função precípua.

Mazzoni[(59)] afirma que sindicato importa em "empenho do sócio a um comportamento precedentemente concorde e uniforme, a fim de evitar a concorrência entre os sócios para a defesa dos interesses comuns".

E quais interesses comuns são esses? Os da categoria (notadamente a profissional), por suposto.

Também Celso Antônio Pacheco Fiorillo destaca o papel dos sindicatos:[(60)]

> Ao contrário portanto do Ministério Público, da União, dos Estados, dos Municípios, autarquias, empresas públicas bem como outras pessoas jurídicas definidas no art. 5º da Lei n. 7.347/85, os sindicatos estão situados, ao lado das associações civis e dos partidos políticos, como representantes naturais da sociedade civil; construídos e formados por cidadãos, atuam concretamente em defesa dos direitos da coletividade respondendo por seus atos de forma direta sem maiores entraves ou mesmo dificuldades impostas pelo

---

(59) MAZZONI, Giuliano. *Relações coletivas de trabalho.* São Paulo: Revista dos Tribunais, 1972. p. 4.

(60) FIORILLO, Celso Antônio Pacheco. *Os sindicatos e a defesa dos interesses difusos no Direito Processual Civil brasileiro.* São Paulo: Revista dos Tribunais, 1995. p. 48/40.

ordenamento jurídico em vigor. É bem mais simples para o cidadão fiscalizar os atos realizados por sua associação civil ou mesmo sindicato do que fiscalizar se a União ou até mesmo o Ministério Público estão defendendo concretamente direitos que são violados no dia a dia por pessoas físicas e jurídicas e particularmente pelas pessoas jurídicas de Direito Público.

Uma sociedade civil mais bem organizada e participativa, como ensina Kazuo Watanabe, não poderia estar privada do instrumental adequado à defesa de seus interesses.

O sindicato, como um ente dotado de autonomia, pode e deve decidir quais os interesses mais urgentes a tutelar, através de consulta a esta mencionada categoria, da forma mais abrangente e democrática possível.

Autonomia aqui diz respeito a auto-organização, autogoverno.

Como pondera Mazzoni,[(61)] essa autonomia surge no momento da constituição dos sindicatos, como um "poder, que apresenta uma dada coletividade de pessoas, colocadas no mesmo *status* profissional ou em comunidade de interesses, de adjudicar-se um ordenamento, um estatuto, visualizar fins e tentar obtê-los".

A autonomia sindical não se confunde com a soberania, própria do Estado, a qual "entendida como soberania interna fixa a noção de predomínio que o ordenamento estatal exerce num certo território e numa determinada população sobre os demais ordenamentos sociais".[(62)]

E, acrescenta Mazzoni, o "Estado pode ignorar e também negar o ordenamento dos sindicatos que, então não apresentará para o primeiro nenhum caráter jurídico; pode levá-lo em consideração, reconhecendo-o — assim como o encontra — ou atribuindo-lhe um caráter diferente originário".[(63)]

A propósito, Gino Giugni fala na teoria do ordenamento jurídico intersindical, "um ordenamento independente e original em relação ao Estado". Noção que, segundo afirma, "permite distinguir, com bastante precisão, os tratados ordinários de juridicidade, não derivados das normas elaboradas pelos órgãos de Estado".[(64)]

No caso do Estado Brasileiro, Social e Democrático, os sindicatos são reconhecidos, aceitos e desempenham um papel importante (ou pelo menos

---

(61) MAZZONI, Giuliano. *Op. cit.*, p. 65.

(62) BONAVIDES, Paulo. *Ciência política.* São Paulo: Malheiros, 2007. p. 132/133.

(63) *Ibidem*, p. 5.

(64) GIUGNI, Gino. *Direito sindical.* São Paulo: LTr, 1991. p. 18/19.

têm potencial para tanto) na construção da cidadania perante esse próprio Estado, como corpos intermediários que firmam acordos e convenções coletivos, reivindicam o cumprimento dos mesmos, inclusive judicialmente, convocam a categoria para decidir sobre a oportunidade de greves, além de outras funções.

Tudo conforme o art. 8º da Constituição Federal de 1988, notadamente seu inciso III, ao qual voltaremos com frequência neste estudo.(65)

Referido dispositivo constitucional veicula a regra da substituição processual pelo sindicato e nossa discussão será exatamente o limite dessa substituição (se é que há algum limite).

Num breve estudo de Direito Comparado, o Estatuto dos Direitos dos Trabalhadores da Itália, de 20 de maio de 1970 (Lei n. 300), estabeleceu o germe da substituição processual, em seu art. 28,(66) ao assegurar às associações sindicais a possibilidade de:

---

(65) "Art. 8º É livre a associação profissional ou sindical, observado o seguinte:
I — a lei não poderá exigir autorização do Estado para a fundação de sindicato, ressalvado o registro no órgão competente, vedadas ao Poder Público a interferência e a intervenção na organização sindical;
II — é vedada a criação de mais de uma organização sindical, em qualquer grau, representativa de categoria profissional ou econômica, na mesma base territorial, que será definida pelos trabalhadores ou empregadores interessados, não podendo ser inferior à área de um Município;
III — ao sindicato cabe a defesa dos direitos e interesses coletivos ou individuais da categoria, inclusive em questões judiciais ou administrativas;
IV — a assembleia geral fixará a contribuição que, em se tratando de categoria profissional, será descontada em folha, para custeio do sistema confederativo da representação sindical respectiva, independentemente da contribuição prevista em lei;
V — ninguém será obrigado a filiar-se ou a manter-se filiado a sindicato;
VI — é obrigatória a participação dos sindicatos nas negociações coletivas de trabalho;
VII — o aposentado filiado tem direito a votar e ser votado nas organizações sindicais;
VIII — é vedada a dispensa do empregado sindicalizado a partir do registro da candidatura a cargo de direção ou representação sindical e, se eleito, ainda que suplente, até um ano após o final do mandato, salvo se cometer falta grave nos termos da lei.
Parágrafo único. As disposições deste artigo aplicam-se à organização de sindicatos rurais e de colônias de pescadores, atendidas as condições que a lei estabelecer."

(66) "Art. 28 (Repressão da Conduta Antissindical)
Caso o empregador coloque em prática comportamentos destinados a impedir ou limitar o exercício da liberdade e da atividade sindical, assim como do direito de greve; o juiz do lugar onde está acontecendo o comportamento denunciado, sob recurso dos organismos locais das associações sindicais nacionais que tenham interesses envolvidos, convocadas as partes e adquiridas as informações sumárias, sempre que retenha em ato a violação de que é objeto o presente parágrafo, pode ordenar ao empregador, no prazo de dois dias, com decreto motivado e imediatamente executivo, a cessação do comportamento ilegítimo, e a remoção das consequências.
A eficácia executiva do decreto não pode ser revogada até o pronunciamento da sentença com a qual o magistrado, na função de Juiz do Trabalho, define o juízo instaurado e regulamentado conforme o parágrafo seguinte.

pedir a cessação da conduta anti-sindical e a remoção dos seus efeitos. As providências possuem caráter essencialmente inibitório. Leciona Luiz Guilherme Marinoni (TUTELA INIBITÓRIA P. 235): A jurisprudência tem entendido que a tutela do art. 28 somente pode ser requerida quando o ilícito ainda está em ato. Porém, como dizem Rapisarda e Taruffo, o que importa para a admissibilidade da inibitória na hipótese do art. 28 do Estatuto do Trabalhador é a subsistência de um efetivo perigo de repetição ou de continuação da conduta ilícita. Está correta, assim, a nosso ver, a posição de Proto Pisani, que admite, preventivamente, a inibição de um comportamento antissindical análogo a outro já praticado e exaurido. Proto Pisani admite a tutela inibitória da atividade antissindical mediante a ordem de inibição de uma conduta que poderá ocorrer.(67)

No nosso sentir, também o art. 16 tem essa importância na análise histórica e de Direito Comparado da substituição processual, possibilitando aos sindicatos representar judicialmente os empregados.(68)

Tal dispositivo, embora ainda incipiente e exigindo a autorização, foi importantíssimo no sentido de sindicatos voltados para a conquista da cidadania, através dos direitos sociais, como pondera Antônio Lettieri, no Prefácio ao Estatuto em referência:(69)

> O seu segredo encontra-se, provavelmente, na capacidade de conjugar autonomia coletiva com uma legislação democrática, baseada no consenso e na vocação das centrais em colocarem-se como sindicatos não somente corporativos, mas voltados para os interesses gerais do país. Sujeito sindical e ao mesmo tempo político de vocação autônoma e unitária.

Contra este decreto, que decide sobre o recurso, é admitida até 15 dias a partir da comunicação do decreto às partes envolvidas, contestação diante do magistrado investido das funções de Juiz do Trabalho, que decide com sentença imediatamente executiva.

O empregador que não obedeça ao decreto referido no primeiro parágrafo, ou à sentença pronunciada no julgamento da contestação, é punido de acordo com o art. 650 do código penal.

A autoridade judiciária ordena a publicação da sentença penal de condenação."

(67) MENDES, Aluísio Gonçalves de Castro. *Ações coletivas no direito comparado e nacional.* Coleção temas atuais de DPC, v. 4. MARINONI, Luiz Guilherme; BEDAQUE, José Roberto dos Santos (coords.). São Paulo: Revista dos Tribunais, 2009. p. 107.

(68) "Art. 16 (Tratamentos Econômicos Coletivos Discriminatórios)

É proibida a concessão de tratamentos econômicos mais favoráveis, tendo caráter discriminatório, no sentido do art. 15.

O juiz, a pedido dos trabalhadores em relação aos quais houve a discriminação referida no parágrafo precedente, **ou das associações sindicais às quais estes concederam mandato** e comprovados os fatos, condena o empregador ao pagamento, a favor do fundo de aposentadoria, de uma quantia igual à importância dos tratamentos econômicos mais favoráveis ilegitimamente pagos, no período máximo de um ano."(Grifamos).

(69) Estatuto dos Direitos dos Trabalhadores da Itália, Lei de 20 de maio de 1970, n. 300, Rio de Janeiro: Edição IBASE/ CGIL/ PROJETO SVILUPPO/ CUT, 1991. p. 13.

Celso Antônio Pacheco Fiorillo menciona também os Direitos Romano e Escandinavo, ponderando que:

> Embora o Direito Romano já demonstrasse sua visão pioneira sobre o tema foi o Direito Escandinavo, criando o *Ombudsman*, que pela primeira vez trouxe para os estudiosos do tema a preocupação de "legitimar alguém" visando defender direitos pertencentes a toda a sociedade civil particularmente em face de eventuais arbítrios administrativos recaindo suas funções, primordialmente, sobre as atividades dos funcionários públicos, das autoridades administrativas e dos magistrados.[70]

Trazendo esse traço conceitual para a nossa realidade brasileira, de fundamental importância a interpretação do art. 8º, III, da CF/88 (dispositivo ainda mais abrangente) de modo a permitir a maior eficácia possível da Norma Constitucional, para que os sindicatos possam usufruir ao máximo dessa autonomia, sempre em benefício da categoria que representam.

A defesa de direitos difusos, coletivos e/ou individuais homogêneos da categoria profissional (que é a que mais nos interessa em termos de direitos lesados) "envolve, muitas vezes, uma ponderação de interesses, que tem como contraponto outro direito fundamental do particular, ligado a alguma forma de emanação da sua autonomia privada".[71]

A busca da efetivação dos direitos (no caso, do Direito Tutelar do Trabalho) deve prevalecer sobre a simples liberdade individual de ação, ou, em outras palavras, no choque entre individual e coletivo, este atende melhor ao princípio da proteção ao hipossuficiente, norteador do Direito do Trabalho.

Essa visão do sindicato como agente promotor de justiça em favor da categoria também é ressaltada por Ronaldo Lopes Leal,[72] ao dissertar acerca da substituição processual:

> É importante que se saliente, no entanto, que a substituição processual vem a ser o primeiro passo no sentido da indisponibilidade dos direitos do trabalho. Se o trabalhador se alheia ou se omite, o Sindicato exerce a ação, e o faz porque o interesse do empregado não pode ser objeto da sua pessoal consideração, senão que deve ser atendido em nome da própria integridade da ordem social.

---

(70) FIORILLO, Celso Antonio. *Op. cit.*, p. 55

(71) SARMENTO, Daniel. *Direitos fundamentais e relações privadas*. 2. ed., 2ª tiragem. Rio de Janeiro: Lumen Juris, 2008. p. 322.

(72) LEAL, Ronaldo Lopes. O sindicato como promotor de justiça social: uma alternativa para o processo do trabalho. *Revista LTr*, 58-06/655.

E, mais adiante:

> Não é conveniente que se deixe o exercício das pretensões sociais a critério do trabalhador pois há fatores políticos e psicológicos que tendem a impedir o acesso do empregado à jurisdição. O Sindicato deve receber a legitimidade da lei para em nome do lesado, mover a *persecutio socialis*.

O Julgador deve ter um papel pró-ativo na aplicação das normas constitucionais e, destacamos, no caso, basta que aplique a norma constitucional (art. 8º, III), já que houve, no nosso sentir, opção política pela substituição processual de forma bastante ampla. Não pode o Magistrado furtar-se a essa função, até porque inexiste o *non liquet*.[73]

Não importa quantas variáveis envolva o conflito levado a ele (algo bastante comum no atual estágio de globalização que vivemos, onde, muitas vezes, a falta do desenvolvimento de políticas públicas por parte do Estado tem levado os cidadãos a se valerem de um outro Poder do Estado, o Poder Judiciário, para verem seus direitos efetivados), deve decidi-lo.

A propósito dessa necessária "visão adiante" do Julgador, destacamos o trecho seguinte, da lavra do professor e desembargador do TRT da 3ª Região, Antônio Álvares da Silva[74], que, mesmo antes da Constituição de 1988, já interpretava a substituição processual de forma bastante ampliativa:

> A reivindicação dos direitos coletivos e dos individuais, quando a lei prevê a função substitutiva, é conquista do Direito Coletivo do Trabalho e se mostra como uma das mais importantes funções dos sindicatos modernos pois é só neste plano que desaparecem as pressões econômicas e as desigualdades sociais que o Direito Individual do Trabalho não conseguiu apagar das suas relações jurídicas. Do equilíbrio de forças entre o poder social do trabalhador e o poder econômico do empregador nasce a composição mais adequada e justa dos seus interesses no plano das relações individuais e coletivas.

Boaventura de Sousa Santos comenta as transformações por que passou o Poder Judiciário em Portugal, após os anos 1970 e a democratização daquele país, quando foram levadas ao Poder Judiciário questões que até então esse Poder não estava acostumado a ter de decidir, resolvendo problemas que os outros Poderes não resolveram e assumindo, segundo ele, "um protagonismo

(73) Possibilidade existente entre os romanos do Juiz não decidir a questão, quando não sabia o que fazer.

(74) SILVA, Antônio Álvares da. Ação Sindical e Justiça do Trabalho — representação e substituição. In: ROMITA, Arion Sayão (coord.). *Sindicalismo*. São Paulo: LTr, 1986. p. 202/231.

positivo", que é como "um fio de navalha onde se passa muito facilmente de um lado para o outro"; acrescentando que essa "visibilidade ambígua não está a acontecer só em Portugal, mas, em geral, na Europa".[75]

No mesmo sentido Luiza Cristina Fonseca Frischeisen, tratando do tema, em relação às demandas coletivas ajuizadas pelo Ministério Público, *in verbis:*[76]

> Esse processo de judicialização das demandas coletivas, que antes eram veiculadas tão somente pela via política, através, por exemplo, das eleições e consequente atividade do Poder Legislativo, é consequência natural da positivação pelas Constituições dos direitos sociais.
>
> Essa nova posição do Judiciário implica também maior conhecimento dos ramos do Direito Público, em especial, do Direito Constitucional e do Direito Administrativo e maior conhecimento da sociedade e do Estado, cujas relações o Direito pretende regular.
>
> Não se trata, portanto, de um Juiz Legislador ou da substituição do Executivo pelo Judiciário, mas sim de um Juiz intérprete da Constituição Federal, que deve estar em sintonia com as demandas dos diversos setores da sociedade em que vive e trabalha.

A razão disso, desses novos e tão abrangentes conflitos chegarem até o Poder Judiciário, nos parece óbvia: numa sociedade de massa, as lesões também são estruturalmente coletivas e, como tal, devem ser enfrentadas.[77]

---

(75) SANTOS, Boaventura de Sousa. Que formação para os magistrados nos dias de hoje, RMP. *Revista do Ministério Público*, abr./jun. 2000. p. 7-26.

(76) FRISCHEISEN, Luiza Cristina Fonseca. *Políticas públicas.* A responsabilidade do administrador e o Ministério Público. São Paulo: Max Limonad, 2000. p. 103.

(77) Nesse sentido, o aresto a seguir, da lavra do ministro do Tribunal Superior do Trabalho Mauricio Godinho Delgado:

NÚMERO ÚNICO PROC: RODC — 309/2009-000-15-00

PUBLICAÇÃO: DJ — 4.9.2009

RECURSO ORDINÁRIO EM DISSÍDIO COLETIVO. DISPENSAS TRABALHISTAS COLETIVAS. MATÉRIA DE DIREITO COLETIVO. IMPERATIVA INTERVENIÊNCIA SINDICAL. RESTRIÇÕES JURÍDICAS ÀS DISPENSAS COLETIVAS. ORDEM CONSTITUCIONAL E INFRACONSTITUCIONAL DEMOCRÁTICA EXISTENTE DESDE 1988. A sociedade produzida pelo sistema capitalista é, essencialmente, uma sociedade de massas. A lógica de funcionamento do sistema econômico-social induz a concentração e centralização não apenas de riquezas, mas também de comunidades, dinâmicas socioeconômicas e de problemas destas resultantes.

A massificação das dinâmicas e dos problemas das pessoas e grupos sociais nas comunidades humanas, hoje, impacta de modo frontal a estrutura e o funcionamento operacional do próprio Direito. Parte significativa dos danos mais relevantes na presente

Eis a importância do estudo e da aplicação da substituição processual sindical, e das ações coletivas como um todo, para atingir estas lesões estruturais.

No nosso sentir, na grande maioria das vezes, não se garante ao referido instituto da substituição processual toda a sua amplitude, menos pelo desconhecimento do tema que por preconceito e apego a velhos paradigmas, como o da mera igualdade formal entre as partes, marco da teoria individualista do século XIX.

---

sociedade e das correspondentes pretensões jurídicas têm natureza massiva. O caráter massivo de tais danos e pretensões obriga o Direito a se adequar, deslocando-se da matriz individualista de enfoque, compreensão e enfrentamento dos problemas a que tradicionalmente perfilou-se. A construção de uma matriz jurídica adequada à massividade dos danos e pretensões característicos de uma sociedade contemporânea sem prejuízo da preservação da matriz individualista, apta a tratar os danos e pretensões de natureza estritamente atomizada é, talvez, o desafio mais moderno proposto ao universo jurídico, e é sob esse aspecto que a questão aqui proposta será analisada. As dispensas coletivas realizadas de maneira maciça e avassaladora, somente seriam juridicamente possíveis em um campo normativo hiperindividualista, sem qualquer regulamentação social, instigador da existência de mercado hobbesiano na vida econômica, inclusive entre empresas e trabalhadores, tal como, por exemplo, respaldado por Carta Constitucional como a de 1891, já há mais um século superada no país. Na vigência da Constituição de 1988, das convenções internacionais da OIT ratificadas pelo Brasil relativas a direitos humanos e, por consequência, direitos trabalhistas, e em face da leitura atualizada da legislação infraconstitucional do país, é inevitável concluir-se pela presença de um Estado Democrático de Direito no Brasil, de um regime de império da norma jurídica (e não do poder incontrastável privado), de uma sociedade civilizada, de uma cultura de bem-estar social e respeito à dignidade dos seres humanos, tudo repelindo, imperativamente, dispensas massivas de pessoas, abalando empresa, cidade e toda uma importante região. Em consequência, fica fixada, por interpretação da ordem jurídica, a premissa de que a negociação coletiva é imprescindível para a dispensa em massa de trabalhadores. DISPENSAS COLETIVAS TRABALHISTAS. EFEITOS JURÍDICOS. A ordem constitucional e infraconstitucional democrática brasileira, desde a Constituição de 1988 e diplomas internacionais ratificados (Convenções OIT n. 11, 87, 98, 135, 141 e 151, ilustrativamente), não permite o manejo meramente unilateral e potestativista das dispensas trabalhistas coletivas, por se tratar de ato/fato coletivo, inerente ao Direito Coletivo do Trabalho, e não Direito Individual, exigindo, por consequência, a participação do(s) respectivo(s) sindicato(s) profissional(is) obreiro(s). Regras e princípios constitucionais que determinam o respeito à dignidade da pessoa humana (art. 1º, III, CF), a valorização do trabalho e especialmente do emprego (arts. 1º, IV, 6º e 170, VIII, CF), a subordinação da propriedade à sua função socioambiental (arts. 5º, XXIII e 170, III, CF) e a intervenção sindical nas questões coletivas trabalhistas (art. 8º, III e VI, CF), tudo impõe que se reconheça distinção normativa entre as dispensas meramente tópicas e individuais e as dispensas massivas, coletivas, as quais são social, econômica, familiar e comunitariamente impactantes. Nesta linha, seria inválida a dispensa coletiva enquanto não negociada com o sindicato de trabalhadores, espontaneamente ou no plano do processo judicial coletivo. A d. Maioria, contudo, decidiu apenas fixar a premissa, para casos futuros , de que a negociação coletiva é imprescindível para a dispensa em massa de trabalhadores , observados os fundamentos supra. Recurso ordinário a que se dá provimento parcial.

No mesmo sentido leciona Bebber, tratando da apreciação da prova, porém de uma forma que bem se aplica ao presente tema:

> O juiz moderno, que tem consciência de sua função perante a sociedade como agente estatal, deve se livrar dos preconceitos conservadores e assumir uma postura participativa. Não deve se ater aos formalismos procedimentais que impossibilitam a liberdade de movimentos, nem se entregar ao comodismo, que é fruto da pobreza intelectual, para contentar-se com a verdade formal.
>
> O juiz, que não é um mero aplicador de regras técnicas, necessariamente deve se mostrar inconformado com as omissões das partes, de modo a intervir diretamente na colheita do material probatório, em atitude racionalmente inquisitória. A inércia do juiz-espectador e conformado, aliás, repugna a ideia de um Estado social-contemporâneo.(78)

Também Sérgio Cruz Arenhart, estudando as ações coletivas e o controle das políticas públicas pelo Poder Judiciário, enfatiza que o Juiz não é mero aplicador do direito tendo seu papel típico do liberalismo de "boca da lei" sido alterado para "verdadeiro agente político, que interfere diretamente nas políticas públicas". E enfatiza, acrescentando que, "se assim ocorre no plano individual, com muito maior ênfase este papel é sentido em ações coletivas". Na medida em que "as ações coletivas trabalham, costumeiramente, com interesses relevantes defendidos por ambos os polos da relação processual".(79)

Sequer a interpretação histórica socorre aos que defendem uma limitação do art. 8º, III, da Constituição Federal de 1988, ao argumento de não ter o legislador constituinte, propositadamente, assegurado aos trabalhadores substituição processual ampla pelo sindicato.(80)

---

(78) BEBBER, Júlio César. *Op. cit.*, p. 443/444.

(79) ARENHART, Sérgio Cruz. As ações coletivas e o controle das políticas públicas pelo Poder Judiciário. In: MAZZEI, Rodrigo; NOLASCO, Rita Dias (coords.). *Processo civil coletivo.* São Paulo: Quartier Latin, 2005. p. 505/506.

(80) Essa era a jurisprudência dominante do TST (Súmula n. 310) e sobre a qual trataremos adiante.

A propósito da interpretação histórica, "o texto originário era assim redigido:

À entidade sindical cabe a defesa dos direitos e interesses da categoria, individuais ou coletivos, inclusive como substituto processual, em questões judiciais ou administrativas.

Nas discussões dos projetos, prevaleceu o entendimento de que o inciso III do art. 8º simplesmente repetia o texto do art. 5º, inciso XXI, pelo que seria mais adequada a supressão da expressão substituição processual.

A tese foi vitoriosa e a alteração foi feita". (GONÇALVES, Aroldo Plínio; BRASILEIRO, Ricardo Adriano Massara. *Sindicato e substituição processual.* Belo Horizonte: Revista do Tribunal Regional do Trabalho da 3ª Região 74, p. 171/188).

Sabemos em que contexto histórico realizou-se a Assembleia Nacional Constituinte de 1988: um país que fazia a difícil "travessia" de um regime golpista para a democracia e onde se conseguiu o que foi possível.

Há um longo caminho entre um projeto de norma, as discussões e sua promulgação (no caso da Norma Constitucional): os embates políticos/ideológicos se apresentam e acordos são feitos; o que nos autoriza a não nos apegarmos à mera interpretação histórica.

Ademais, a clara opção do legislador constituinte pela proteção ao trabalho, por assegurar a garantia de emprego a todos os trabalhadores e pela efetividade da prestação jurisdicional (arts. 1º, IV, 5º, LXXVIII e 7º, *caput* e inciso I da CF/88) vão ao encontro do entendimento de que o art. 8º, III, CF/88 assegurou, sim, substituição processual ampla ao sindicato.

Assim, de destacada importância estarmos atentos à interpretação da norma infraconstitucional a partir da Constituição Federal e não o contrário, sob pena de, numa inadmissível inversão de valores, subvertermos toda a lógica do ordenamento jurídico pátrio.

Devemos utilizar as normas-regra e as normas-princípio constitucionais para informar e autorizar o direito infraconstitucional e não o inverso.

Buscaremos demonstrar como a legislação referente às ações individualmente consideradas, muitas vezes, mostrou-se inadequada, assegurando apenas a igualdade formal entre as partes litigantes.

Podemos observar que, em relação à Justiça do Trabalho, a mesma, ao longo desses anos, tem cumprido, na medida do possível, seu papel de assegurar ao trabalhador hipossuficiente o recebimento das parcelas a que faz jus em decorrência da relação de trabalho (notadamente da relação de emprego, principalmente antes da alteração do texto do art. 114 da CF/88, pela EC 45/2004).

Existe, porém, uma situação de desigualdade real entre empregado e empregador durante o pacto laboral, o que acabou por transformá-la em uma justiça de desempregados.

Aquele empregado que (exercendo seu indiscutível direito constitucional de ação) se vale do Poder Judiciário para pleitear melhores condições de trabalho ou, simplesmente, o cumprimento daquilo que fora pactuado, se não for detentor de quaisquer das garantias de emprego, tem grande chance de ser dispensado imotivadamente, até porque o art. 7º, I, da Constituição Federal ainda não foi regulamentado pelo legislador infraconstitucional.[81]

(81) Esta é a interpretação majoritária, à luz do atual art. 7º da CF/88, cujo inciso I ainda não foi regulamentado através da norma complementar ali prevista. Contudo, José Francisco Siqueira Neto ressaltando que a ideia é a continuidade da relação de emprego

Contudo, os sindicatos ou "corpos intermediários", na dicção de Ben-Hur Silveira Claus,(82) além do Ministério Público, podem e devem (art. 8º, III e 129 da CF/88) fazer aquilo que Dinamarco, mesmo em sede de Processo Civil, denomina TRANSMIGRAÇÃO DO INDIVIDUAL PARA O COLETIVO,(83) que nada mais é que a defesa em juízo dos direitos coletivos, genericamente falando, embora deles o autor processual (no caso, o sindicato) não seja titular.

Tal mister constitucional constitui-se numa verdadeira forma de DEMOCRATIZAÇÃO DO ACESSO À JUSTIÇA, redundando na inibição do descumprimento de direitos trabalhistas e assegurando que o trabalhador, mesmo enquanto empregado, possa recorrer ao Judiciário para fazer valer direitos descumpridos pelo empregador — não fornecimento de EPIs, jornada de trabalho excessiva, *v. g.* — sem a ameaça da perda do emprego, ameaça esta real, ante a inexistência, até a presente data, de regulamentação para o art. 7º, I, da CF/88, destacamos uma vez mais.

Em resumo, esta atuação sindical pode, em muito, contribuir para retirar da Justiça do Trabalho a triste pecha de justiça dos desempregados, já que tem como uma de suas mais eminentes consequências a transformação da igualdade meramente formal das partes numa igualdade real.

É claro que outros entes também fazem esse papel, inclusive o próprio Estado, merecendo citar a atuação de destaque do Ministério do Trabalho e do Ministério Público (interessando-nos, em sede de Justiça do Trabalho, o Ministério Público do Trabalho), fiscalizando, autuando (o primeiro), instaurando procedimentos investigatórios e ajuizando ações civis públicas (o segundo).

---

entende que o texto constitucional (art. 7º, I) assegurou "a proteção da relação de emprego contra a despedida arbitrária (fundada no direito potestativo do empregador), ou sem justa causa (baseada na capacidade e conduta do empregado ou ainda nas necessidades de funcionamento da empresa, estabelecimento ou serviço, representadas pelos motivos técnicos, econômicos e financeiros)" (SIQUEIRA NETO, José Francisco. Proteção contra a despedida arbitrária ou sem justa causa e aviso prévio. In: DUARTE, Bento Herculano (coord.). *Manual de Direito do Trabalho. Estudos em homenagem ao Prof. Cássio Mesquita Barros.* São Paulo: LTr, 1988. p. 479/481).

A doutrina e os julgados, porém, vêm entendendo a possibilidade de denúncia vazia do contrato de trabalho por parte do empregador, o que também é ponderado pelo autor supra.

De se destacar, neste particular, que o presidente Lula, em 14.2.08, encaminhou para apreciação do Congresso Nacional a Convenção 158 da OIT, que trata da garantia de emprego contra a dispensa imotivada, pelo que o tema poderá ter outro tratamento, conforme a evolução dessa tramitação e a resposta da sociedade.

(82) CLAUS, Ben-Hur Silveira. *Op. cit.*, p. 35.

(83) DINAMARCO, Cândido Rangel. *Instituições de direito processual civil.* São Paulo: Malheiros, 2002. v. II, p. 312.

Contudo, no presente estudo, estaremos a tratar especificamente do sindicato e de sua atuação à luz do art. 8º, III, da CF/88 e dos princípios peculiares do Direito Processual do Trabalho, do Direito do Trabalho e do processo coletivo.

O tema é de extrema importância, mormente se considerarmos um país com as dimensões continentais do nosso, onde a legislação constitucional e trabalhista não chegam da mesma forma para todos, infelizmente; fazendo-nos sentir, muitas vezes, que temos, nas palavras de Lassale, uma "constituição de papel".(84)

A melhor doutrina sobre referida discussão já se posicionou, merecendo ser citados Mauro Cappelletti e Bryant Garth para quem uma das "soluções para os problemas de acesso à justiça" seria exatamente "a representação dos interesses difusos", onde destacam que, *in verbis*:

> A concepção tradicional do processo civil não deixava espaço para a proteção dos direitos difusos. O processo era visto apenas como um assunto entre duas partes, que se destinava à solução de uma controvérsia entre essas mesmas partes a respeito de seus próprios interesses individuais. Direitos que pertencessem a um grupo, ao público em geral ou a um segmento do público não se enquadravam bem nesse esquema.
>
> [...]
>
> [...] para ser efetiva, a decisão deve obrigar a todos os membros do grupo, ainda que nem todos tenham tido a oportunidade de ser ouvidos. Dessa maneira outra noção tradicional, a da coisa julgada, precisa ser modificada, de modo a permitir a proteção judicial efetiva dos interesses difusos.(85)

Ora, se esse fenômeno (que já era percebido pelos i. doutrinadores nos anos 1970, quando a população era sabidamente menor) deve ocorrer em sede de Processo Civil, com muito maior razão no Processo do Trabalho, onde os direitos pleiteados, normalmente, têm caráter alimentar.

Giuliano Mazzoni(86) define o sindicato profissional como uma "associação que age coletivamente, em nome e por conta dos associados, com o escopo de tutelar-lhes os interesses profissionais comuns, com relação

---

(84) LASSALLE, Ferdinand. *A essência da Constituição.* Rio de Janeiro: Liber Juris, 1985. p. 29-32 (1. ed. 1863).

(85) CAPPELLETTI, Mauro; GARTH, Bryant. *Acesso à justiça.* Porto Alegre: Sérgio Antônio Fabris Editor, 1988. p. 31 e 50/51.

(86) MAZZONI, Giuliano. *Op. cit.*, p. 2/3.

aos próprios sócios, a outras associações ou outros sujeitos jurídicos"; demonstrando a importância desse papel do sindicato, como representante de interesses daqueles que o formam, a categoria profissional (embora o autor pense o sindicato como representante apenas dos seus associados).

E acrescenta, nessa mesma linha, que o sindicato é um "sujeito coletivo" pelo fato de representar — com base "nos acordos internos entre os associados" (art. 36 do Código Civil) — uma coletividade de pessoas voluntariamente associadas e tutelar os seus interesses profissionais como "interesses coletivos".

Falando dos membros individuais do sindicato, pondera que os mesmos representam, "em verdade, sujeitos das relações individuais de trabalho" que, assim, "se vinculam aos atos e negócios que a associação sindical celebre em sua representação; mas não são simplesmente sujeitos passivos relativamente à associação sindical, de vez que, ao contrário, concorrem para a sua constituição e para determinar-lhe os fins e a atividade".

Todas essas ponderações, a nosso ver, demonstram a importância do estudo da substituição processual sindical.

Nessa linha, vale citar a seguinte decisão da lavra de Antônio Álvares da Silva, interpretando o art. 8º, III, da CF/88 de forma bastante ampliativa:

> SUBSTITUIÇÃO SINDICAL — ÂMBITO DE ABRANGÊNCIA — INTERPRETAÇÃO DO ART. 8º DA CF — A substituição processual da categoria, hoje elevada a nível constitucional, não se faz mais sob o signo limitativo do art. 6º do CPC, mas sob a inspiração da própria natureza da atuação dos sindicatos no âmbito do Direito Coletivo do Trabalho, onde atuam, não como soma, mas como síntese dos interesses individuais transpersonalizados em pretensões coletivas. Se no campo do Direito do Trabalho as pretensões transcendem a esfera de seus titulares para se transformarem em interesse de toda a categoria, está o Sindicato automaticamente autorizado a reivindicá-las na condição de substituto e não apenas de representante. A substituição, por ser conquista do sindicalismo moderno, deve sempre ser interpretada ampliativamente. (TRT- RO 1157/93 — 3ª Turma — Rel. Desembargador Antônio Álvares da Silva — MG 27.09.94).

A partir do paradigma constitucional de acesso democrático à justiça (igualdade real entre as partes), com solução rápida e justa de conflitos, o processo coletivo ocupa lugar de destaque, sendo mister ressaltarmos que a substituição processual trabalhista, assegurada pelo art. 8º, III da CF, não se confunde com a clássica substituição processual civil, estabelecida pelo art. 6º do Código de Processo Civil.

O Processo do Trabalho, dotado de autonomia didática e legislativa, possui princípios próprios, *v. g.*, celeridade, concentração, informalidade, oralidade, economia processual, princípios estes plenamente compatíveis com o arcabouço principiológico constitucional citado, voltado, precipuamente, para a efetivação prática do Direito do Trabalho (art. 7º, CF/88), este, por sua vez, tendo por função precípua, a proteção ao hipossuficiente.

Da mesma forma que não podemos interpretar a Constituição Federal à luz do direito infraconstitucional, como já enfatizamos anteriormente, também este ramo especial do direito infraconstitucional — o Processo do Trabalho — não pode ser posto em prática como se de Direito Processual Comum se tratasse, pois deve se prestar, teleologicamente, a efetivar os direitos sociais constitucionalmente (materialmente) assegurados.

O art. 769 da CLT exige compatibilidade para aplicação dos institutos do Processo Civil nos casos de omissão da Consolidação das Leis do Trabalho (CLT), conforme destacam Aroldo Plínio Gonçalves e Ricardo Adriano Massara Brasileiro, discorrendo sobre a "atipicidade da substituição processual do sindicato em relação ao modelo do direito processual civil".(87)

A substituição processual civil, como sabido, encontra-se regulamentada no art. 6º do Código de Processo Civil (CPC) e, basicamente, pode ser conceituada como instituto em que a pessoa que não se afirma sujeito da relação substancial em litígio se afirma titular da relação deduzida em juízo(88) ou, noutras palavras, meio através do qual o autor da ação pede, em nome próprio, direito alheio.

A substituição processual é exceção, numa concepção individualista como aquela em que se publicou o Código de Processo Civil,(89) e as hipóteses possíveis são apenas as legais, por força do art. 6º do CPC, já mencionado.(90)

---

(87) GONÇALVES, Aroldo Plínio; BRASILEIRO, Ricardo Adriano Massara. *Op. cit.*, p. 182.

(88) CHIOVENDA, Giuseppe. *Instituições de direito processual civil*. Campinas: Bookseller, 1998. v. 2, p. 300.

(89) CLAUS, Ben-Hur Silveira. *Op. cit.*, p. 35/36, *in verbis:* "A afirmação do individualismo, como ideologia da era moderna nascente, pressupunha o rompimento com a sociedade medieval, que se caracterizava como uma ordem natural de relações sociais referidas ao princípio comunitário. Ao proscrever os corpos sociais intermediários que povoavam a estrutura da sociedade medieval, a Lei *Le Chapelier* simbolizava aquela viragem histórica, consubstanciando a radical preeminência que a modernidade atribui ao individualismo enquanto concepção pela qual se orientaria a ordem emergente".
A eliminação dos corpos intermediários pela via legislativa pode nos parecer, hoje, demasiadamente artificial, mas pode ser compreendida, naquele contexto, a partir da circunstância de que o *ancien regime*, contra o qual lutara a burguesia, estava estruturado mediante formações intermediárias. [...] A nova postura metodológica que surge no Direito, na segunda metade do século XX, vai orientar-se no sentido de subordinar o direito processual à realização efetiva do direito material mais precisamente, vai em busca de resgatar, agora com maior empenho, a natureza instrumental do processo como ferramenta útil e vinculada — útil, porque vinculada — à efetividade do direito material e da realização da justiça, onde cada um vem a juízo pleitear os direitos que entende cabíveis, normalmente o autor da ação (legitimado *ad causam*) coincide com o titular do direito material pleiteado.

(90) "Art. 6º Ninguém poderá pleitear, em nome próprio direito alheio, salvo quando autorizado por lei."

Não deixou de ser, contudo, uma inovação, na medida em que o substituto, que é parte, sofre os efeitos da sentença, embora seja terceiro na relação de direito material, alterando os limites subjetivos da coisa julgada.(91)

É essa característica que a distingue da mera representação, na qual o representante age em nome e no interesse do representado, enquanto que na legitimação extraordinária — substituição processual — há absoluta independência entre legitimado extraordinário (substituto) e o substituído, atuando aquele, ressaltamos uma vez mais, em nome próprio.(92)

Assume, assim, importância fundamental a análise de questões como desistência, renúncia, transação, coisa julgada, ante a não coincidência entre o legitimado para a causa e o titular dos direitos.

Na doutrina Processual Civil predomina o entendimento de que, não sendo o substituto o titular do direito, dele não pode dispor, não havendo como desistir, transacionar, renunciar ou reconhecer o pedido.(93)

Contudo, no que tange aos efeitos da sentença, acabam por atingir o substituído, que não atuou na relação processual (terceiro a ela, portanto), pois, embora não seja parte formal, materialmente o é, já que titular do direito e, obviamente, acabará sofrendo os efeitos da coisa julgada.

Isto, destacamos novamente, nas hipóteses legais — únicas permitidas de legitimação extraordinária, por força do já citado art. 6º do CPC — onde restar expressamente autorizada a substituição processual.

Ocorre que, com o desenvolvimento de novas formas de relações interpessoais, outros tipos de conflitos surgiram e em maior proporção e com eles a necessidade de regulamentação.

Tal terreno mostrou-se fértil para o processo coletivo, onde se busca atender a essas demandas de massa, por assim dizer, nas quais o interesse individual se faz presente ao lado do interesse coletivo, importando voltar os olhos para este, sob pena de provimentos judiciais onerosos, lentos e pouco eficazes, para resolver dezenas (em alguns casos até centenas ou milhares, *v. g.* os famosos *recall*, costumeiramente anunciados na imprensa) de questões essencialmente idênticas.

Luiz Guilherme Marinoni assim pondera acerca do tema:

> Instituir a possibilidade da tutela de direitos individuais de origem comum, por meio de uma única ação deferida a um ente idôneo e

---

(91) CALAMANDREI, Piero. *Direito processual civil*. Campinas: Bookseller, 1999. v. 2, p. 298.

(92) ASSIS, Araken de. Substituição Processual. In: DIDIER JR., Fredie (coord.). *Leituras complementares de processo civil*. Salvador: Edições Podium, 2006. p. 219.

(93) O mesmo raciocínio vale para os sindicatos, quando atuam como substitutos processuais (art. 8º, III, da CF/88), conforme abordaremos adiante.

capaz, é fundamental para que o ordenamento jurídico — por exemplo de proteção ao consumidor — não se transforme em letra morta. Uma única ação para a tutela de direitos individuais pertencentes a várias pessoas, além de eliminar os custos das inúmeras ações individuais, torna mais racional e célere o trabalho dos juízes e neutraliza as vantagens do litigante que, não fosse a ação única, se transformaria em habitual, e assim teria vantagens sobre o litigante eventual.(94)

Isso é culturalmente mais aceito em sede de Direito do Consumidor — embora se trate de ramo jurídico relativamente novo — e nos parece clara a razão disso, já que, em nosso país, o Direito do Consumidor sofre menos resistência, pois todos somos consumidores, pobres ou ricos, enquanto que em relação aos trabalhadores isso não acontece.

Essa característica do Direito do Consumidor, que o assemelha ao Direito do Trabalho, é mencionada por Gianpaolo Poggio Smanio ao tratar do princípio constitucional da vulnerabilidade do consumidor, com base no qual a legislação "reconhece necessidade de sua proteção especial, porque reconhece a sua vulnerabilidade dentro da relação de consumo".(95)

O Código de Proteção do Consumidor — Lei n. 8.078, de 11 de setembro de 1990 — em seu art. 81, parágrafo único, conceitua os interesses (ou direitos) difusos, coletivos e individuais homogêneos, objeto central do processo coletivo.(96)

A partir daí passamos a ver abordadas com maior frequência, na doutrina e também nos julgados, questões atinentes à defesa dos direitos de forma coletiva (tutela metaindividual), algo extremamente importante na Justiça do Trabalho, ante o tipo de direitos tutelados, eminentemente de natureza alimentar.

De destacada importância a atuação do Ministério Público do Trabalho neste particular.

---

(94) MARINONI, Luiz Guilherme. *Técnica processual e tutela dos direitos*. São Paulo: Revista dos Tribunais, 2004. p. 101.

(95) SMANIO, Gianpaolo Poggio. *Interesses difusos e coletivos*. São Paulo: Atlas, 2007. p. 103.

(96) "Parágrafo único. A defesa coletiva será exercida quando se tratar de:

I — interesses ou direitos difusos, assim entendidos, para efeitos deste Código, os transindividuais, de natureza indivisível, de que sejam titulares pessoas indeterminadas e ligadas por circunstâncias de fato;

II — interesses ou direitos coletivos, assim entendidos, para efeitos deste Código, os transindividuais de natureza indivisível de que seja titular grupo, categoria ou classe de pessoas ligadas entre si ou com a parte contrária por uma relação jurídica base;

III — interesses ou direitos individuais homogêneos, assim entendidos os decorrentes de origem comum."

O art. 736 da CLT estabelece ser competência do Ministério Público do Trabalho "zelar pela exata observância da Constituição Federal, das leis e demais atos emanados dos poderes públicos, na esfera de suas atribuições".

E tais atribuições são aquelas insculpidas nos arts. 127 e 129, inciso III, da Constituição Federal, as quais determinam estar o Parquet na condição de "instituição permanente, essencial à função jurisdicional do Estado", incumbido da "defesa da ordem jurídica e dos interesses sociais e *individuais indisponíveis*", podendo, para tanto, "promover *o inquérito civil e a ação civil pública*" (*grifamos*).

O Ministério Público do Trabalho, diante da denúncia de ocorrência de lesões a direitos individuais indisponíveis, inicia o procedimento administrativo adequado e, inexistindo concordância do investigado no sentido de firmar termo de compromisso com aquele Órgão, ajuíza a competente ação civil pública.

É mister ressaltarmos que por intermédio da ação civil pública são tuteláveis também os interesses individuais homogêneos, *ex vi* dos arts. 83, III, e 84, II e V, da Lei Complementar 75/93; 1º, IV e 21 da Lei n. 7.347/85 e 81, parágrafo único, III, e 82, I, da Lei n. 8.078/90, aplicáveis ao processo do trabalho por força do disposto no art. 769 da CLT.

O Supremo Tribunal Federal tem entendido dessa forma, como podemos verificar do seguinte aresto:

> MINISTÉRIO PÚBLICO — Ação civil pública — Legitimidade *ad causam* — Previdência Social — Demanda interposta pelo Parquet contra o Instituto Nacional do Seguro Social visando à garantia do direito de petição e de obtenção de certidão parcial de tempo de serviço — Admissibilidade — Defesa de direitos individuais homogêneos, impregnados de relevante natureza social — Inteligência do art. 129, II da CF.
>
> Ageg no RE 472.489-8 Rio Grande do Sul
>
> Relator: Min. Celso de Mello
>
> Agravante: Instituto Nacional do Seguro Social — INSS
>
> Agravado: Ministério Público Federal
>
> DJE 29.08.2008
>
> EMENTA OFICIAL: Direitos individuais homogêneos — Segurados da previdência social — Certidão parcial de tempo de serviço — Recusa da autarquia previdenciária — Direito de petição e direito de obtenção de certidão em repartições públicas — Prerrogativas jurídicas de índole eminentemente constitucional — Existência de relevante interesse social — Ação Civil Pública — Legitimação ativa do Ministério Público como "defensor do povo" (CF, art. 129, II) — Doutrina — Precedentes — Recurso agravado improvido.

— O direito à certidão traduz prerrogativa jurídica, de extração constitucional destinada a viabilizar, em favor do indivíduo ou de uma determinada coletividade (como a dos segurados do sistema de previdência social), a defesa (individual ou coletiva) de direitos ou o esclarecimento de situações.

— A injusta recusa estatal em fornecer certidões, não obstante presentes os pressupostos legitimadores dessa pretensão, autorizará a utilização de instrumentos processuais adequados, como o mandado de segurança ou a própria ação civil pública.

— O Ministério Público tem legitimidade ativa para a defesa, em juízo, dos direitos e interesses individuais homogêneos, quando impregnados de relevante natureza social, como sucede com o direito de petição e o direito de obtenção de certidão em repartições públicas. Doutrina. Precedentes.

É este também o entendimento majoritário do Tribunal Superior do Trabalho, conforme já decidiu sua Subseção I de Dissídios Individuais:

MINISTÉRIO PÚBLICO DO TRABALO — LEGITIMIDADE ATIVA — AÇÃO CIVIL PÚBLICA — DIREITOS COLETIVOS E DIREITOS INDIVIDUAIS HOMOGÊNEOS INDISPONÍVEIS — Tem Legitimidade o Ministério Público do Trabalho para propor ação civil pública, visando a tutelar direitos coletivos. Tal é a hipótese sob exame, em que o Parquet Trabalhista persegue a imposição de obrigação de não fazer, com efeitos projetados para o futuro, em diante provimento jurisdicional de caráter cominatório, consistente em não repassar para os salários eventuais prejuízos decorrentes da atividade empresarial, inclusive decorrente de operação com bomba de combustível na venda de produto ao público e de cheques de clientes sem provisão de fundos, observada, no entanto, a exceção contida no § 1º do art. 462, da CLT. Inteligência dos arts. 83, III da Lei Complementar n. 75/93 e 129 da Constituição Federal. Tal legitimidade alcança, ainda, os direitos individuais homogêneos, que na dicção da jurisprudência corrente do exc. Supremo Tribunal Federal, nada mais senão direitos coletivos em sentido lato, uma vez que todas as formas de direitos metaindividuais (difusos, coletivos e individuais homogêneos), passíveis de tutela mediante ação civil pública, são coletivos. Imperioso observar, apenas, em razão do disposto no art. 127 da Constituição Federal, que o direito individual homogêneo a ser tutelado deve revestir-se do caráter de indisponibilidade. Recurso de Embargos conhecido e provido. (Red. Ministro Lélio Bentes Corrêa — TST-ERR 636.470/2000.9 — Ac. SBDI-I, 1º.12.03), publicado na íntegra in LTr 68-09/1111-1115.

Quanto aos direitos coletivos e difusos, a atuação do Ministério Público encontra-se respaldada pelos mesmos artigos já mencionados.

O que procuramos destacar é que a atuação firme dessa Instituição (muitas vezes em conjunto com o Ministério do Trabalho, a partir das investigações deste), através dos já mencionados inquéritos civis públicos, firmando termos de ajuste de conduta e, quando necessário, ajuizando ações civis públicas, em muito tem contribuído para, na já citada expressão de Kazuo Watanabe,[97] atingir de forma molecular, e não atomizada, os infratores contumazes da legislação protetiva do trabalho.

---

(97) WATANABE, Kazuo. *Op. cit.*, p. 706/762.

Tal papel pode e deve ser feito pelos sindicatos, obviamente não sob a ótica do Ministério Público, órgão integrante do Estado, essencial à administração da Justiça (arts. 127 e 129 da CF/88), mas como representante dos trabalhadores, os quais a Constituição Federal, em seu art. 8º, III, assegura (e impõe, a nosso ver) tal função.

Por isso mesmo, não concordamos, *c.m.v.*, com aqueles que igualam a substituição processual sindical àquela prevista no CPC (art. 6º), ao argumento de que "a legitimação extraordinária é uma exceção e, por isto, deve ser conferida explicitamente em lei, com especificação das hipóteses contempladas",[(98)] por entendermos que esta norma é a norma constitucional, em seu art. 8º, III, da CF.

Entendemos que a utilização do instituto e o natural avanço jurisprudencial daí decorrente, associados a uma maior maturidade sindical, muito têm a contribuir para a efetivação do Direito Tutelar do Trabalho, discordando, *d. v.*, também daqueles que pensam diferentemente, vendo a utilização ampla e irrestrita do instituto como uma forma de se reprimir o mercado de trabalho e de se acirrarem as disputas de classe.[(99)]

O conflito é natural na relação de trabalho, onde os interesses são sabidamente contrapostos, e o Poder Judiciário existe exatamente para resolver o conflito.

Fortalecer a categoria hipossuficiente somente lhe garante a aqui já citada igualdade real diante da parte contrária (e não a mera igualdade processual, formal), normalmente detentora dos meios de produção, deixando a disputa, por assim dizer, mais justa, em torno dos direitos materiais assegurados aos trabalhadores.

É por isso à luz do Direito Processual do Trabalho e dos seus princípios norteadores, que a substituição processual sindical deve ser estudada.

O processo deve se prestar, em última análise, a assegurar efetividade ao direito material. Esta é a sua finalidade precípua. Os "procedimentos realizados em contraditório"[(100)] são postos para resolver conflitos de forma célere, concentrada, efetiva, sendo que, em sede de Direito Processual do Trabalho, onde os créditos em discussão têm natureza eminentemente alimentar, isso se manifesta de maneira mais evidente.

---

(98) SÜSSEKIND, Arnaldo. *Direito constitucional do trabalho*. Rio de Janeiro: Renovar, 2001. p. 390.

(99) GOMES NETO, Indalécio. Substituição processual (art. 8º, III, da Constituição Federal) ampla e irrestrita reprime o mercado de trabalho. *Revista LTr*, 68-03/263.

(100) GONÇALVES, Aroldo Plínio. *Técnica processual e teoria do processo*. Rio de Janeiro: Aide, 1992. p. 59/69.

Ben-Hur Silveira Claus,[101] tratando das diferenças (e identidades também) entre Direito Processual do Trabalho e Direito Processual Comum, acrescenta, de forma lapidar que:

> dotados que são de pressupostos teóricos distintos, de distintos objetivos institucionais e de alcances sociais diversos, eles não se deixam compreender sem antes exigir que se lhes distinga. No conteúdo próprio em que se singularizam, reclamam a identidade específica da diferença. Ao pretender compreendê-los, já fomos remetidos — eis o fascínio da hermenêutica — à prévia consideração da ontológica autonomia com que tais fenômenos vêm à presença no contexto sociojurídico cotidiano.
>
> Ainda assim, ilustres juristas do processo do trabalho operam como se estivessem a abordar tema circunscrito aos limites do processo civil clássico, o que explica o fato de que a invocação repetida da norma do art. 6º do CPC não se faz acompanhar do necessário exame relativo à compatibilidade restritiva norma de processo comum com os princípios que inspiram o direito processual do trabalho.

A substituição processual sindical implica na democratização do acesso à justiça, maior efetividade dos direitos materiais e maior celeridade processual, na medida em que, destacando seu ponto principal, são resolvidas várias demandas latentes — ou reais — através de uma só.

Tal efeito proporciona também maior prestígio para o Poder Judiciário, impedindo a divergência entre decisões envolvendo situações fáticas muito semelhantes (essencialmente idênticas).

Ademais, o empregado (mesmo ainda nessa condição) não teme perder seu posto de trabalho, vez que estará representado por seu sindicato, estando aí efetivado também o princípio constitucional da dignidade da pessoa humana, constante do art. 1º, III, da Constituição Federal de 1988.

O tema foi tratado também por José Antônio R. de Oliveira Silva,[102] quando estabeleceu que o instituto da substituição processual sindical (trabalhista na dicção do autor) estaria fundado em três princípios, quais sejam, facilitação do acesso à justiça, harmonização das decisões e economia dos atos processuais.

Na mesma linha, Ilse Maria Bernardi Lora[103] acrescenta que a substituição processual viabiliza a efetivação do acesso à justiça e reafirma a legitimidade dos entes coletivos.

---

(101) CLAUS, Ben-Hur Silveira. *Op. cit.*, p. 70.

(102) SILVA, José Antônio R. de Oliveira. A substituição processual como medida de acesso à justiça. *Revista LTr*, 68-09/1084.

(103) LORA, Ilse Maria Bernardi. Substituição processual pelo sindicato. *Revista LTr*, 71-04, p. 402.

Os exemplos clássicos de substituição processual trabalhista são por todos conhecidos, a saber: ação de cumprimento (art. 872), ação em que o sindicato postula pagamento do adicional de insalubridade e/ou periculosidade (art. 195 da CLT), pedido de efetivação dos depósitos do FGTS (art. 25 da Lei n. 8.078/90) e, por fim, substituição processual sindical para recebimento de reajustes salariais (art. 3º da Lei n. 8.073/90[(104)]).

Vale, contudo, quanto à última hipótese legal, destacar que sua redação, para alguns doutrinadores, já asseguraria a substituição sindical ampla, ao dispor sobre política nacional de salários e **outras providências.**

Ocorre que parte significativa da doutrina (e da jurisprudência) entende que o dispositivo legal supra somente se aplica a questões atinentes a reajustes salariais.

A propósito, o hoje ministro do Tribunal Superior do Trabalho, João Oreste Dalazen, já escrevia em 1991:

> Estou convencido de que o art. 3º da Lei n. 8.073/90 atribuiu ao sindicato ampla e genérica legitimação para propor demandas em prol dos integrantes da categoria, enquanto tais. Mais claramente: assegurou-se aí ao sindicato legitimação extraordinária para instaurar dissídio individual, quer singular, quer plúrimo, em benefício dos integrantes da categoria, desde que presente um nexo entre o interesse tutelado pela entidade e o interesse em disputa dos membros da categoria[(105)].

Contudo, ressaltamos, não poder interpretar a Constituição Federal à luz da legislação infraconstitucional: o contrário é que deve ser feito. É a norma constitucional que confere validade às demais, ao eleger as normas-princípio e normas-regra que regerão um Estado e, no caso, a Constituição Federal de 1988, em seu art. 8º, III, assegurou a substituição processual ampla e irrestrita aos sindicatos.

Não foi esse o entendimento inicial majoritário do Tribunal Superior do Trabalho, que, a partir da Súmula n. 310 (antes Enunciado), cristalizou sua jurisprudência no seguinte sentido:

> N. 310 SUBSTITUIÇÃO PROCESSUAL. SINDICATO (cancelamento mantido) — Res. 121/2003, DJ 19, 20 e 21.11.2003 e republicada DJ 25.11.2003
>
> I — O art. 8º, inciso III, da Constituição da República não assegura a substituição processual pelo sindicato.

---

(104) "Art. 3º As entidades sindicais poderão atuar como substitutos processuais dos integrantes da categoria."

(105) DALAZEN, João Oreste. Notas sobre a substituição processual na Justiça do Trabalho. *Revista LTr*, 55-10/1163.

II — A substituição processual autorizada ao sindicato pelas Leis ns. 6.708, de 30.10.1979, e 7.238, de 29.10.1984, limitada aos associados, restringe-se às demandas que visem aos reajustes salariais previstos em lei, ajuizadas até 03.07.1989, data em que entrou em vigor a Lei n. 7.788/1989.

III — A Lei n. 7.788/1989, em seu art. 8º, assegurou, durante sua vigência, a legitimidade do sindicato como substituto processual da categoria.

IV — A substituição processual autorizada pela Lei n. 8.073, de 30.07.1990, ao sindicato alcança todos os integrantes da categoria e é restrita às demandas que visem à satisfação de reajustes salariais específicos resultantes de disposição prevista em lei de política salarial.

V — Em qualquer ação proposta pelo sindicato como substituto processual, todos os substituídos serão individualizados na petição inicial e, para o início da execução, devidamente identificados pelo número da Carteira de Trabalho e Previdência Social ou de qualquer documento de identidade.

VI — É lícito aos substituídos integrar a lide como assistente litisconsorcial, acordar, transigir e renunciar, independentemente de autorização ou anuência do substituto.

VII — Na liquidação da sentença exequenda, promovida pelo substituto, serão individualizados os valores devidos a cada substituído, cujos depósitos para quitação serão levantados através de guias expedidas em seu nome ou de procurador com poderes especiais para esse fim, inclusive nas ações de cumprimento.

VIII — Quando o sindicato for o autor da ação na condição de substituto processual, não serão devidos honorários advocatícios.

Histórico: Súmula cancelada — Res. 119/2003, DJ 01.10.2003

Redação original — Res. 1/1993, DJ 06, 10 e 12.05.1993.

Como podemos ver, a interpretação do Tribunal Superior do Trabalho foi bastante restritiva, subvertendo, a nosso ver, a lógica da interpretação constitucional.

Em boa hora, portanto, foi revogada a Súmula, vez que, como sabemos, embora nem sempre vincule o Julgador, a edição de Súmulas pelos Tribunais Superiores gera inúmeros efeitos práticos, notadamente em se tratando de Recursos de Revista (e demais reexames eminentemente técnicos), que atraem sua aplicação.

Nesse sentido manifesta-se Regina Maria Vasconcelos Dubugras,(106) ressaltando que :

> [...] durante os 10 anos de vigência do Enunciado n. 310 a doutrina amadureceu e mostrou caminhos que podem fazer do instituto uma grande arma de defesa de direitos individuais por meio do processo coletivo, respeitando o direito individual de ação e

(106) DUBUGRAS, Regina Maria Vasconcelos. O cancelamento do Enunciado 310 do Tribunal Superior do Trabalho e a substituição processual. *Revista LTr*, 67-10/1179.

autonomia de vontade dos substituídos e ao mesmo tempo ampliando a legitimidade extraordinária por meio da ação coletiva em defesa dos direitos individuais homogêneos.

Em relação ao Supremo Tribunal Federal — a quem cabe interpretar em última instância a Constituição Federal, por força do disposto no art. 102, *caput* e inciso I, *a* — o posicionamento que prevaleceu foi outro, em consonância com a Norma Constitucional.

É o que se verifica dos acórdãos a seguir:

MI 3475/400, de 07.05.93, relator ministro Néri da Silveira, publicado na íntegra na LTr 58-09/1057:

> 18. [...] Essa norma, em cotejo com a do art. 5º, XXI da mesma Lei Maior, revela-se de caráter especial, afastando qualquer óbice ou condição estabelecida na norma geral.
>
> 19. Daí resulta que o sindicato, constituindo-se em entidade associativa de atuação específica no campo das relações trabalhistas, para a defesa dos "direitos e interesses coletivos ou individuais" da categoria por ele representada, "inclusive em questões judiciais ou administrativas", não dependa da expressa autorização de seus filiados para representá-los em juízo. No particular, portanto, o sindicato recebeu tratamento distinto do conferido "às entidades associativas" em geral, pelo art. 5º, XXI, da Constituição, que a elas atribui "legitimidade para representar seus filiados judicial ou extrajudicialmente", "quando expressamente autorizadas".

O Supremo Tribunal Federal afasta a necessidade de autorização, comparando o art. 8º, III, da CF/88 com o art. 5º, XXI, do mesmo diploma legal.

> RE202.063.PR, 1ª Turma, 27.6.97, Relator Ministro Octavio Galloti:
>
> O art. 8º, III, da Constituição Federal c/c o art. 3º da Lei n. 8.073/90, autoriza a substituição processual ao sindicato, para atuar na defesa dos direitos e interesses coletivos ou individuais de seus associados.

Neste, embora limite a atuação aos associados, admite a substituição processual em se tratando de interesses coletivos e individuais.

Por fim, no julgamento do RE 210029, publicado em 16.11.2005, tendo como relator o ministro Carlos Mário Velloso, o STF assim entendeu:

> PROCESSO CIVIL. SINDICATO. ART. 8º III DA CONSTITUIÇÃO FEDERAL. LEGITIMIDADE. SUBSTITUIÇÃO PROCESSUAL. DEFESA DE DIREITOS COLETIVOS OU INDIVIDUAIS. RECURSO CONHECIDO E PROVIDO.
>
> O art. 8º, III, da Constituição Federal estabelece a legitimidade extraordinária dos sindicatos para defender em juízo os interesses coletivos ou individuais dos integrantes da categoria que representam.
>
> Essa legitimidade extraordinária é ampla, abrangendo a liquidação e a execução dos créditos reconhecidos aos trabalhadores.
>
> Por se tratar de típica hipótese de substituição processual, é desnecessária qualquer autorização dos substituídos.
>
> Recurso conhecido e provido.

Como verificamos, a jurisprudência do Supremo Tribunal Federal evoluiu, posicionando-se de forma bastante ampla diante do Texto Constitucional, no sentido de abranger a substituição processual também a fase executiva e sem a necessidade de qualquer autorização pelos substituídos.

Grande parte da doutrina viu com bons olhos esse posicionamento jurisprudencial da mais alta Corte, que, sem dúvida alguma, representa a melhor interpretação para se dar efetividade ao Texto Constitucional, valendo citar, a propósito, Elton Venturi,[107] que assim tratou o tema (antes, inclusive, do acórdão supracitado ser prolatado, em razão de adiamento decorrente do pedido de vista do ministro Gilmar Mendes):

> Especificamente no que diz respeito à atuação das entidades sindicais, há ainda que se destacar a existência de um dúplice regime viabilizado constitucional e infraconstitucionalmente para a adequação jurisdicional, seja na qualidade de representantes de alguns filiados, seja "substituindo" processualmente toda a categoria envolvida.
>
> Precisamente neste sentido, está se encaminhando a jurisprudência do STF para admitir os sindicatos como proponentes de ações coletivas em defesa de direitos coletivos e individuais homogêneos que digam respeito a lesões comuns à categoria, todavia, limitada a autônoma atuação sindical apenas quanto aos processos de conhecimento, negando-se-lhes legitimação autônoma para a promoção das respectivas execuções, condicionadas, então, a autorizações individuais dos beneficiados, quando passariam a ser verdadeiramente representados pela entidade sindical.

Felizmente, após a publicação da obra de Elton Venturi, o julgamento caminhou no sentido de haver legitimidade extraordinária inclusive na fase executiva, tema que também pretendemos abordar no presente estudo e sobre o qual teceremos maiores comentários adiante.

Importante destacarmos a evolução jurisprudencial positiva dos Tribunais Superiores, acompanhando o Supremo Tribunal Federal, no sentido de uma interpretação ampliativa do art. 8º, III, da CF/88.

O Superior Tribunal de Justiça, recentemente, assim decidiu:

> EXECUÇÃO. SINDICATO. JUSTIÇA GRATUITA. Segundo a jurisprudência deste Superior Tribunal, a legitimidade conferida aos sindicatos, em ações coletivas, não se limita à fase de conhecimento, alcança também a fase de execução dessas

(107) VENTURI, Elton. *Processo civil coletivo. A tutela jurisdicional dos direitos difusos, coletivos e individuais homogêneos no Brasil.* Prospectivas de um Código Brasileiro de Processos Coletivos. São Paulo: Malheiros, 2007. p. 203/204.

sentenças, sendo dispensável a autorização individual de seus filiados. Outrossim, tem reconhecido que as entidades sem fins lucrativos podem reivindicar o benefício da Justiça gratuita, uma vez comprovado não possuírem condições de arcar com as despesas do processo. Com essas considerações, a Turma deu provimento ao recurso. Precedentes citados: REsp 1.017.659-RS, DJ 16.6.2008; AgRg no REsp 847.319-RS, DJ 31.3.2008; AgRg no REsp 926.608-RS, DJ 2.8.2007; AgRg no REsp 573.612-RS, DJ 10.9.2007; AgRg nos Edcl no Ag 990.156-SC, DJ 4.8.2008, e REsp 1.038.634-ES, DJ 30.5.2008. REsp 834.363-RS, Relª Minª Eliana Calmon, julgado em 2.9.2008.

SINDICATO. CUMPRIMENTO. SENTENÇA. PROCESSO COLETIVO. Busca-se definir se, no cumprimento de sentença prolatada em processo coletivo referente a direito individual homogêneo de servidores civis federais, o sindicato atua como substituto processual (independeria de autorização dos filiados) ou como representante processual (necessitaria de mandato específico). Ressalte-se que a questão foi levantada já na sentença da ação de conhecimento, não havendo, pois, qualquer incidente processual a ser resolvido, senão a necessidade de autorização específica para que o sindicato prossiga no cumprimento da sentença. Quanto a isso, é certo que o art. 3º da Lei n. 8.073/1990 autoriza a entidade sindical a atuar sem qualquer restrição na condição de substituto processual da categoria. Uma leitura conjunta desse dispositivo com os arts. 97 e 98 do CDC leva à conclusão de que a execução coletiva pode ser promovida pelos mesmos legitimados a ajuizar a ação de conhecimento, daí não haver óbice a que o sindicato também atue no cumprimento da sentença como substituto processual. Doutro lado, o art. 8º, III, da CF/1988 deve ser interpretado com a máxima amplitude possível, a fim de possibilitar ao sindicato o referido cumprimento, justamente porque aquele dispositivo constitucional não faz ressalva a essa condição e não é dado ao intérprete restringir o que o legislador não restringiu no que tocar às garantias constitucionais. Porém, essa interpretação não afasta a necessidade de que, no cumprimento da sentença, indique-se, individualmente, o credor substituído e o valor devido. Precedentes citados do STF: RE 213.111-SP, DJ 24.8.2007; do STJ: REsp 1.082.891-RN, Dje 24.9.2008. EREsp 760.840-RS, Relª Minª Nancy Andrighi, julgados em 4.11.2009.

Igualmente o Tribunal Superior do Trabalho vem alterando sua jurisprudência:

SINDICATO ATUAÇÃO COMO SUBSTITUTO PROCESSUAL. AÇÃO DE CUMPRIMENTO. ABRANGÊNCIA. Hipótese na qual o sindicato postula, na condição de substituto processual, vantagem assegurada em sentença normativa. Decisão proferida em sede de recurso ordinário mediante a qual foi considerada prescindível a apresentação nos autos da relação nominal dos trabalhadores substituídos. Julgado que reflete, no particular, entendimento consentâneo com recente posicionamento adotado pelo Supremo Tribunal Federal, notadamente no julgamento do processo STF-RE-163231-3/SP (Ac. 2ª Turma, Rel. Min. Maurício Corrêa, DJ. de 29.6.2001), quando a Excelsa Corte reconheceu os direitos ou interesses individuais homogêneos como subespécie de interesses coletivos — todos abrangidos pela substituição processual assegurada no art. 8º, inciso III, da Constituição da República. Em razão disso, sobreveio o julgamento do E-RR-353334/1997.9, pela SBDI-1 do Tribunal Superior do Trabalho, do qual resultou o cancelamento da Súmula n. 310 da jurisprudência. Em circunstâncias que tais, a pretendida reforma do julgado revisando encontra óbice na previsão expressa do § 4º do art. 896 da CLT. Recurso de revista não conhecido. (PROC: RR — 252/2002-007-04-40 — DJ — 4.4.2008 — 1ª TURMA — Rel. Ministro Luiz Philippe Vieira de Mello Filho).

Finalizamos este tópico posicionando-nos, portanto, a favor da substituição processual sindical ampla, a partir do texto da Norma Constitucional (art. 8º, III), observado o interesse da categoria, notadamente a profissional, o que só traz vantagens, ao assegurar maior isonomia entre as partes litigantes, num inegável papel de democratização do acesso à justiça, em prol do trabalhador hipossuficiente.

A propósito, destacamos texto da lavra de Adriano Ahringsmann, comentando artigo do professor Antônio Gidi, *Las acciones colectivas y la tutela de los derechos difusos, colectivos e individuales en Brasil: um modelo para países de derecho civil*, onde, a partir de um paralelo com as *class action* norte-americanas, conclui:

> Um obstáculo notadamente tormentoso de sobrepor é a existência da vedação de defesa de direito alheio em nome próprio, sem que haja autorização expressa da lei ou do substituído.
>
> Natural que na defesa de direitos de grupo este tipo de autorização expressa, se interpretado restritivamente, importaria a eliminação de uma série de situações da possibilidade de tutela pela via coletiva, problema que não se apresenta no sistema do *common law*.(108)

Partiremos, portanto, da premissa de que a Norma Constitucional (art. 8º, III) assegura ao sindicato a faculdade de atuar de forma ampla e irrestrita como substituto processual em defesa dos "direitos e interesses coletivos da categoria, inclusive em questões judiciais ou administrativas" e buscaremos analisar os direitos (interesses) que poderão ser protegidos por essa atuação e as normas processuais aplicáveis.

---

(108) AHRINGSMANN, Adriano. *Resenhas*, comentando GIDI, Antônio. *Las acciones colectivas y la tutela de los derechos difusos, colectivos e individuales en Brasil:* um modelo para países de derecho civil. México: Universidad Nacional Autônoma de México, 2004, Revista de Processo, n. 155, ano 33, janeiro de 2008, p. 365/371.

4. *Direitos Difusos, Coletivos e Individuais Homogêneos*

Inicialmente, no que tange à nomenclatura utilizada pela Norma Constitucional — interesses e direitos[109] — entendemos que o constituinte empregou indistintamente ambos os conceitos, exatamente para evitar polêmicas desnecessárias.

Assim, não apenas direitos positivados, como todos os interesses da categoria profissional (denominação mais abrangente) poderão ser alvo da atuação sindical.

A propósito da diversidade de denominação, Elton Venturi, citando Kazuo Watanabe e referindo-se ao Código de Defesa do Consumidor, que também utiliza "interesses ou direitos" (art. 81, parágrafo único), afirma que o "legislador, certamente alertado sobre o possível reducionismo que poderia recair sobre a utilização da expressão 'interesses' ao invés de 'direitos', optou por uma solução conciliatória que acabou prestigiando a ambas tornando-as equivalentes para fins de tutela jurisdicional".[110]

Tal observação também é feita por Gregório Assagra de Almeida,[111] ponderando que o legislador optou pela teoria intermediária, entre a clássica (que somente se vale da terminologia direito quando a titularidade pertence a sujeito determinável, o que não seria o caso dos interesses difusos e coletivos) e a revisionista que propõe seja reconhecida a categoria de direitos subjetivos transindividuais.

---

(109) "Art. 8º, III, CF/88: É livre a associação profissional ou sindical, observado o seguinte:
[...]
III — ao sindicato cabe a defesa dos direitos e interesses coletivos ou individuais da categoria, inclusive em questões judiciais ou administrativas;"
"Art. 129, III e § 1º, CF/88: 129. São funções institucionais do Ministério Público:
[...]
III — promover o inquérito civil e a ação civil pública, para a proteção do patrimônio público e social, do meio ambiente e de outros interesses difusos e coletivos;
[...]
§ 1º — A legitimação do Ministério Público para as ações civis previstas neste artigo não impede a de terceiros, nas mesmas hipóteses, segundo o disposto nesta Constituição e na lei."

(110) VENTURI, Elton. *Op. cit.*, p.47.

(111) ALMEIDA, Gregório Assagra de. *Manual das ações constitucionais.* Belo Horizonte: Del Rey, 2007. p. 49/50.

Xisto Tiago de Medeiros Neto[112] é lapidar ao tratar dessa opção do legislador por direito ou interesse, indistintamente, demonstrando como a mesma atende ao paradigma da sociedade de massa e consequente multiplicação de conflitos, enfim, do processo coletivo:

> Em outras palavras, a proteção jurídica a qualquer direito vinculava-se de maneira imperativa à identificação do seu respectivo titular, a ele conferindo-se, individualmente, a legitimação para invocar a tutela do respectivo interesse perante o Poder Judiciário.
>
> Entretanto, verificou-se a ocorrência da crescente configuração de interesses jurídicos sem a sua correspondência necessária a um direito subjetivado no plano pessoal. Assim se verificou com os reconhecidos interesses de dimensão difusa e coletiva, de natureza transindividual, que se multiplicaram na sociedade contemporânea, alcançando destacada valorização no ordenamento jurídico.
>
> Evidenciou-se, portanto, uma transformação evolutiva *a partir do rompimento da esfera estritamente individualista, subjetivada, em que era visualizado o interesse jurídico, exsurgindo um outro conteúdo de essência inovadora, correspondente a uma proteção que se estendeu à órbita coletiva pertinente a grupos, classes, categorias de pessoas ou mesmo a toda coletividade, sem que a definição da titularidade fosse essencial à possibilidade de tutela* (Grifamos).

Como pondera Gianpaolo Poggio Smanio,[113]

> No plano fático, os diversos interesses surgem da realidade e podem ser compatíveis, concordantes, ou podem trazer conflitos, tendo em vista que a valoração fica a cargo dos diferentes sujeitos, dentro da diversidade social.
>
> Interesse tem, portanto, sentido mais amplo que o de direito, daí sua utilização por nós para a presente obra como uma realidade distinta do direito.

Acreditamos que o critério supra também foi o do legislador constituinte e, ademais, entendemos que a nomenclatura não é (pelo menos não deveria ser) motivo para a não aplicação do instituto de forma ampla.

Assim, neste estudo, usaremos direitos ou interesses, indistintamente.

---

(112) MEDEIROS NETO, Xisto Tiago. *Dano moral coletivo.* São Paulo: LTr, 2007. p. 100/101.
(113) SMANIO, Gianpaolo Poggio. *Op. cit.*, p. 1.

Comentando o tema, sob a ótica do Ministério Público do Trabalho ao ajuizar uma ação civil pública, Carlos Henrique Bezerra Leite chega à mesma conclusão.[114]

A partir da letra do art. 8º, III, da CF/88, os direitos a serem protegidos serão todos aqueles que venham interessar à categoria profissional, enquanto tal, ou mesmo aqueles que venham interessar aos empregados individualmente, ou seja, os direitos coletivos ou individuais homogêneos, "assim compreendidos os interesses trabalhistas decorrentes de origem comum de que sejam titulares os membros da categoria profissional ou de um grupo dela".[115]

Os interesses tuteláveis são, portanto, os METAINDIVIDUAIS.

Tudo conforme os arts. 769 da CLT, 21 da Lei n. 7.347, de 24 de julho de 1985 (que disciplina a ação civil pública) e 81 e 82 da Lei n. 8.078, de 11 de setembro de 1990 (que dispõe sobre a proteção ao consumidor), além do art. 3º da Lei n. 8.073, de 30 de julho de 1990, este último já comentado anteriormente.

O art. 769 da CLT estabelece que o Direito Processual Comum será fonte do Direito Processual do Trabalho nas hipóteses em que a CLT for omissa e desde que haja compatibilidade entre seus institutos e o Direito Processual do Trabalho.

Pois bem: visualizando a ação civil pública (art. 21 da Lei n. 7.347/85) e o Código de Defesa do Consumidor (art. 81 da Lei n. 8.078/90) como regulamentadores do processo coletivo, processo este que deve ser entendido como meio através do qual poderão ser efetivamente tutelados esses direitos genericamente denominados metaindividuais, presente a compatibilidade com o Processo do Trabalho e com o Texto Constitucional, já mencionado, do art. 8º, III, CF/88.

Com efeito, o art. 21 da Lei n. 7.347/85 dispõe:

> Art. 21. Aplicam-se à defesa dos direitos e interesses difusos, coletivos e individuais, no que for cabível, os dispositivos do Título III da Lei que instituiu o Código de Defesa do Consumidor.

A definição dos direitos metaindividuais — difusos, coletivos e individuais homogêneos — **é a definição legal do art. 81 do Código de Defesa do Consumidor** (Lei n. 8.078/90), *in verbis*:

> Art. 81. A defesa dos interesses e direitos dos consumidores e das vítimas poderá ser exercida em juízo individualmente, ou a título coletivo.

---

(114) LEITE, Carlos Henrique Bezerra. *Ação civil pública:* nova jurisdição trabalhista metaindividual e legitimação do Ministério Público. São Paulo: LTr, 2001. p. 43/46.
(115) CLAUS, Ben-Hur Silveira. *Op. cit.*, p. 113.

Parágrafo único. A defesa coletiva será exercida quando se tratar de:

I — interesses ou direitos difusos, assim entendidos, para efeitos deste Código, os transindividuais, de natureza indivisível, de que sejam titulares pessoas indeterminadas e ligadas por circunstâncias de fato;

II — interesses ou direitos coletivos, assim entendidos, para efeitos deste Código, os transindividuais de natureza indivisível de que seja titular grupo, categoria ou classe de pessoas ligadas entre si ou com a parte contrária por uma relação jurídica base;

II — interesses ou direitos individuais homogêneos, assim entendidos os decorrentes de origem comum.

Como podemos ver, a partir dessa definição, em inúmeras hipóteses pode se verificar a aplicabilidade desses conceitos, *v. g.*, proteção ao meio ambiente do trabalho, saúde e segurança dos trabalhadores, normas coletivas descumpridas, contratações sem concurso público quando o ente administrativo adote o regime celetista, apenas para exemplificar.

Além dos exemplos já citados, em outros tantos pode ser muito rica e proveitosa a atuação sindical, na medida em que os postos de trabalho são protegidos (não há o temor da dispensa imotivada que ocorreria na ação individual) e/ou as condições de trabalho melhoradas; ou seja, a norma constitucional tem seu potencial quase que plenamente atingido, restando atendido, além do art. 8º, III, o art. 7º, I, ambos da Constituição Federal de 1988.

Passaremos a tratar, especificamente, sobre cada um dos tipos de direitos ou interesses metaindividuais estabelecidos pelo art. 81 do CDC, já citado:

Em relação aos **direitos coletivos**, são aqueles direitos indivisíveis da categoria, a saber, dos empregados considerados como um todo, vinculados juridicamente ao empregador. E, como se vê da definição legal, também em relação a esses direitos coletivos resta ultrapassado o limite do individual (são trans ou metaindividuais).

Conforme expõe Carlos Henrique Bezerra Leite: "O objeto dos interesses coletivos, pois, a exemplo do que se dá com o dos interesses difusos, é indivisível, mas os seus titulares, embora tratados coletivamente, são determináveis, ou seja, são passíveis de identificação, uma vez que se encontram vinculados, entre si ou com a parte contrária, por meio de uma relação jurídica base".(116)

Quanto aos **direitos difusos**, as lesões a eles atingem um número indefinido de pessoas, como pondera Gianpaolo Poggio Smanio, dando como exemplo "uma comunidade, uma raça, ou mesmo toda a humanidade,

---

(116) LEITE, Carlos Henrique Bezerra. *Op. cit.*, p. 54.

como, por exemplo, o desmatamento predatório na Amazônia, a poluição de uma praia, o lançamento de produtos venenosos num rio, a propaganda enganosa de um produto pela televisão, a improbidade administrativa de determinado agente público etc.".

Acrescenta, ainda, que "os interesses difusos são também indivisíveis, visto que não podem ser repartidos entre pessoas ou grupos previamente estabelecidos. Todos são titulares de todo o interesse difuso".[117]

Contudo, frisa o D. professor que interesse difuso e interesse público não têm conceitos absolutamente coincidentes:

> Podemos então demonstrar que o interesse difuso e o interesse público são distintos fundamentalmente quanto à forma de gestão do interesse.
>
> Os interesses difusos não possuem base normativa própria, não decorrem de vínculos jurídicos definidos, de relações jurídicas entre os titulares, mas de meras situações de fato. Daí a gestão desses interesses contrapor grupos, gerando a conflituosidade, a contrariedade de interesses, com soluções que são opções políticas, conjunturais.
>
> Por exemplo, a defesa do equilíbrio ecológico encontra nas diversas circunstâncias de fato conflitos que atingem indefinidamente os indivíduos e todos eles ao mesmo tempo, mas contrapõe indivíduos ou grupos igualmente, bastando verificarmos a instalação de uma fábrica, com emissão de poluentes em um rio, mas com geração de empregos e incremento da atividade econômica. A solução dos conflitos será uma opção política e conjuntural.
>
> Ainda que os interesses difusos não consubstanciem direitos subjetivos propriamente ditos, merecem a tutela do Estado por sua relevância social, pelo fato de se referirem à qualidade de vida do homem.
>
> O interesse público, por sua vez, tem no Estado seu ente predominante. O poder de império estatal encontra-se na base e no fundamento do interesse, que passou a ter correspondência do Direito Público Subjetivo, que gera para o indivíduo o poder de exigir do Estado a solução dos conflitos existentes, que são então colocados como conflitos entre os indivíduos e o Estado. O interesse público não encontra interesses rivais na esfera da supraindividualidade, uma vez que une toda a coletividade em sua defesa.[118]

---

(117) SMANIO, Gianpaolo Poggio. *Op. cit.*, p. 15/16

(118) *Ibidem*, p. 27.

No que tange aos **direitos individuais homogêneos**, também partindo da definição legal, têm uma origem comum e "são sempre divisíveis, pois as reparações decorrentes da lesão (ou lesões) sofrida pelos seus titulares são apuradas ou apuráveis individualmente; enquanto os interesses coletivos *stricto sensu*, é dizer, os interesses da categoria, classe ou grupo são sempre indivisíveis".(119)

Eles surgem "dessa nova perspectiva do Direito, em que os limites entre o público e o privado estão diluídos", pondera Gianpaolo Poggio Smanio e, acrescenta ele, estão "uniformizados pela origem comum, mas permanecem essencialmente individuais".(120)

Ou, ainda, de forma bastante clara: "No caso dos direitos individuais homogêneos, não se trata, propriamente, da defesa de um direito coletivo, mas, sim, da defesa coletiva de direitos individuais".(121)

Tratando das ações coletivas, José Carlos Barbosa Moreira(122) afirma que os litígios coletivos podem ser divididos em litígios essencialmente coletivos e acidentalmente coletivos.

Os primeiros caracterizam-se, do ponto de vista subjetivo, por "um número indeterminado e, pelo menos para efeitos práticos, indeterminável de sujeitos" e do ponto de vista objetivo "distinguem-se porque o seu objeto é indivisível".

De tais características, continua o mencionado autor, resulta que é "impossível satisfazer o direito ou o interesse de um dos membros da coletividade sem ao mesmo tempo satisfazer o direito ou o interesse de toda a coletividade, e vice-versa".

Exemplos clássicos seriam o meio-ambiente e o patrimônio histórico.

No que tange aos acidentalmente coletivos, vale-se de um exemplo — número elevado de pessoas vítimas de prejuízo em decorrência de uma fraude financeira — para concluir que "nada impede que os conflitos de interesses relacionados com cada uma das pessoas prejudicadas possam ser objeto de apreciação isolada, individual, em princípio, nada obsta a isso; mas, por vezes, acontece que o fenômeno tem dimensões diferentes quando olhado pelo prisma individual e quando olhado por um prisma global".

Teori Albino Zavascki também faz a distinção, asseverando que "quando se fala, pois, em 'defesa coletiva' ou em 'tutela coletiva' de direitos

---

(119) LEITE, Carlos Henrique Bezerra. *Op. cit.*, p. 60.

(120) SMANIO, Gianpaolo Poggio. *Op. cit.*, p. 6.

(121) MENDES, Aluísio Gonçalves de Castro. *Op. cit.*, p. 24.

(122) BARBOSA MOREIRA, José Carlos. Ações coletivas na Constituição Federal de 1988. *Revista de Processo*, n. 61, ano 16, p. 187/188, jan./mar., 1991.

homogêneos, o que se está qualificando como coletivo não é o direito material tutelado, mas sim o modo de tutelá-lo, o instrumento de sua defesa".

Isto porque:

> Os direitos transindividuais, como se disse, são indivisíveis e não têm titulares individuais certos, pois pertencem, não a indivíduos, mas a grupos, a categorias ou a classes de pessoas, enquanto que os individuais homogêneos são divisíveis e têm titulares individuais juridicamente certos, embora a titulação particular de cada um deles possa, na prática, ser de difícil comprovação. Assim, por exemplo, quando o fornecedor de gasolina vende produto adulterado a seus clientes, o dano causado é ao patrimônio individual de cada consumidor que adquiriu o combustível, hipótese típica de lesão a direito divisível e pertencente a titular individual certo. Não é difícil imaginar, todavia, que, constatada a fraude, os lesados — legítimos titulares individuais dos direitos — nem sempre tenham interesse ou estejam em condições de reunir fontes de prova de sua titulação. Ora, essa é a dificuldade relacionada a circunstâncias meramente práticas, que não tem o condão de alterar juridicamente a natureza do direito material objeto da lesão.(123)

Outra ponderação importante quanto aos interesses metaindividuais é feita por Xisto Tiago de Medeiros Neto,(124) no sentido de que "em determinadas manifestações, os interesses coletivos (*lato sensu)* estarão cobertos pelo manto do interesse público, com ele se confundindo, principalmente quando envolverem questões de maior amplitude, vitais para a sociedade (por exemplo, a defesa do meio ambiente)".

Na verdade, na prática, um mesmo fato pode importar em violação a direitos coletivos, individuais homogêneos ou até difusos, conforme a ótica sob a qual é examinado.

Nesse sentido Gianpaolo Poggio Smanio, acrescentando que "o que determina a natureza do Direito é o tipo de tutela jurisdicional que se pretende quando se propõe a ação judicial, ou seja, o tipo de pretensão deduzida em juízo".(125)

Ao não garantir um meio ambiente saudável, por exemplo, o empregador viola os direitos da categoria como um todo (direitos coletivos: todos os que trabalham para ele podem sofrer agressões à saúde), lado outro, qualquer sujeito que venha a celebrar pacto laboral com ele será exposto a

---

(123) ZAVASCKI, Teori Albino. *Processo coletivo* — tutela de direitos coletivos e tutela coletiva de direitos. São Paulo: Revista dos Tribunais, 2007. p. 43/46.
(124) MEDEIROS NETO, Xisto Tiago de. *Op. cit.*, p. 109.
(125) SMANIO, Gianpaolo Poggio. *Op. cit.*, p. 28.

tais condições inadequadas de trabalho (direitos difusos) e há aqueles que podem já ter sido (ou estarem sendo) efetivamente lesados pelas condições de trabalho prejudiciais à saúde (direitos individuais homogêneos).

Isto também ocorreria em relação ao descumprimento de uma norma coletiva ou ao empregador que não paga, de forma contumaz, horas extras laboradas a nenhum empregado, embora as mesmas sejam frequentes, *v. g.*

Em todas essas hipóteses podemos vislumbrar uma lesão à categoria (e, nessa ótica, o interesse é indivisível e sua lesão fere a todos que se encontrarem vinculados ao ofensor), aos empregados individualmente considerados ou até a toda a comunidade de possíveis trabalhadores que venham a pactuar com aquele empregador.[126]

---

(126) Entendemos que essas afirmações supra são controversas na doutrina, vez que há o perigo de se confundirem os conceitos de direitos difusos e individuais homogêneos, quando tratamos direitos como horas extras, direitos previstos em normas coletivas, como direitos difusos.
Contudo, o estudo do dano moral coletivo em muito auxilia na demonstração da cientificidade dessas ponderações.
Xisto Tiago Medeiros Neto, na obra já citada (*Dano moral coletivo*. São Paulo: LTr, 2007. p. 123/147) alerta para o uso inadequado da expressão, afirmando que o mais apropriado seria dano extrapatrimonial coletivo, dada a "amplitude semântica adequada ao alcance da matéria".
E afirma que o dano moral coletivo "corresponde à lesão injusta e intolerável a interesses ou direitos titularizados pela coletividade (considerada em seu todo ou em qualquer de suas expressões — grupos, classes ou categorias de pessoas), os quais possuem natureza extrapatrimonial, refletindo valores e bens fundamentais para a sociedade".
Fundamenta, na mesma obra, legalmente, os pedidos de indenização por tais danos na legislação aqui já mencionada — Constituição Federal, Código de Defesa do Consumidor e Lei da Ação Civil Pública —, além do Código Civil (arts. 186 e 927 do Código Civil de 2002).
Acrescenta que "não se cogita, com vistas à sua demonstração, de prova do prejuízo, considerando-se que o dano se evidencia do próprio fato da violação – este sim (o fato em si), passível de comprovação".
Menciona várias hipóteses de incidência em que "se observam condutas que geram, induvidosamente, dano moral coletivo, cuja certeza, consoante já salientado, nasce concomitantemente com a própria ocorrência do fato lesivo", dentre elas, o "uso de fraude, coação ou dolo para burlar ou sonegar direitos trabalhistas".
A propósito, trecho do seguinte aresto:
"**EMENTA: AÇÃO CIVIL PÚBLICA — VIOLAÇÃO A DIREITOS TRANSINDIVIDUAIS — DANO MORAL COLETIVO — CABIMENTO.** Demonstrada a violação a direitos coletivos, difusos e individuais homogêneos, torna-se pertinente a reparação do dano coletivo, porquanto configurada a lesão a interesses transindividuais, independentemente de eventual ressarcimento de danos morais e materiais a serem postulados individualmente pelos titulares dos direitos violados. O ordenamento jurídico brasileiro admite a indenização por danos morais para a reparação de lesão extrapatrimonial causada não só às pessoas físicas, como também às pessoas jurídicas, assim como à coletividade genericamente considerada, mormente tendo-se em vista a massificação das relações de trabalho e suas repercussões na sociedade. Se há desrespeito a direitos fundamentais dos trabalhadores, com sua exposição a situações indignas,

Interessa destacar ainda que, embora o art. 8º, III, da CF/88 não fale em direitos difusos, a aplicação dos artigos supracitados (21, da Lei n. 7.347/85 e 81 e 82 da Lei n. 8.078/90 c/c o art. 769 da CLT) permitiria ao sindicato atuar na defesa desses interesses, em favor de potenciais trabalhadores.

Esta é também a conclusão de Cléber Lucio de Almeida, no sentido de que todos os direitos estabelecidos pelo art. 81 do Código de Defesa do Consumidor podem ser objeto de ação trabalhista, onde o sindicato-autor funcione como substituto processual, também com fincas no art. 8º, III, da CF/88.(127)

Na prática, na maioria das vezes, em se tratando de direitos difusos, o sindicato estaria a requerer do Poder Judiciário do Trabalho o deferimento de tutelas inibitórias.

A tutela inibitória pode ser pedida individual ou coletivamente e sua necessidade surge naquelas hipóteses em que é preciso fazer cessar o ato ilícito, se ele já ocorreu ou, preventivamente, impedir que ocorra.

Em tais casos, a sentença declaratória é insuficiente (declarar simplesmente que não pode fazer ou que pode fazer), ao mesmo tempo, aqui não estamos tratando de ressarcimento e, sim, de impedir a prática de um ato, o que resulta também na insuficiência da sentença condenatória.

A concessão da tutela inibitória vai além da mera proibição: proíbe a prática do ilícito e utiliza das medidas legais para garantir a eficácia dessa proibição.(128)

---

sujeitos a baixos salários, péssimas condições de trabalho e riscos à integridade física, deve haver a reparação do dano causado, tanto na esfera individual quanto na coletiva, devendo o valor dessa reparação, ainda, atender a um caráter, ao mesmo tempo, pedagógico e compensatório."(RO 01261-2006-013-03-00-0 — TRT 3ª Região — 7ª Turma — Rel. Des. Emerson Alves Lage — DJMG 9.9.2008).

(127) ALMEIDA, Cleber Lucio de. *Direito processual do trabalho.* Belo Horizonte: Del Rey, 2008. p. 286.

(128) O Ministério Público Federal na Bahia (MPF/BA) propôs ação civil pública com pedido liminar para que as Indústrias Nucleares do Brasil (INB), a União, a Comissão Nacional de Energia Nuclear (Cnen) e o Ibama promovam medidas que assegurem o bem-estar da população e o respeito às normas de proteção ao meio ambiente relativos às atividades da Mina e Unidade de Beneficiamento de Urânio de Caetité (BA). A ação foi ajuizada na última quinta-feira, 4, na Justiça Federal em Guanambi (BA).

Entre os pedidos do MPF/BA encontra-se a imediata suspensão das atividades da INB relacionadas à Mina e Unidade de Beneficiamento de Urânio de Caetité até que a União e a Cnen sanem diversas irregularidades relacionadas ao sistema de radioproteção e segurança nuclear. Também foi requerido que, durante o período de suspensão, sejam mantidos os empregos que foram gerados, o pagamento dos salários e benefícios aos funcionários da indústria e seja determinada a implementação de medidas socioeconômicas em favor da população aptas a evitar qualquer perda social decorrente da redução de pagamento de tributos ao Município de Caetité. Os procuradores Ramiro Rockenbach e Wilson Rocha de Almeida Neto destacaram "que as atividades irregulares

O tema é muito bem tratado por Luiz Guilherme Marinoni, que entende ser perfeitamente cabível esta forma tutelar no plano coletivo, a partir do art. 84 do Código de Defesa do Consumidor e menciona também o art. 461 do Código de Processo Civil (com redação bastante semelhante ao citado art. 84 do Código de Proteção ao Consumidor).

---

não podem, com sua devida e necessária suspensão, prejudicar aqueles que foram — e continuam sendo — vítimas imediatas do descaso do poder público federal brasileiro".
O MPF pede, ainda, que a União e a Cnen custeiem a realização de uma auditoria independente, antiga reivindicação dos habitantes de Caetité, do Movimento Paulo Jackson e do Grupo Ambientalista da Bahia (Gambá), e que o Ibama suspenda eventual licença ambiental existente — e não conceda nenhuma outra — em relação às atividades da INB, enquanto não forem atendidos os outros pedidos da ação civil pública.
Os procuradores da República, com a ação, visam tutelar "todos os homens e mulheres (crianças, jovens, adultos e idosos), que reivindicam, há anos, o respeito à dignidade e ao bem-estar das pessoas (presentes e futuras gerações) que de uma forma ou de outra são potencialmente afetadas pelas atividades relacionadas à exploração de urânio na Bahia, em especial às entidades da sociedade civil organizada e ao povo de Caetité-BA".
Ciclo de irregularidades — O MPF aponta uma série de relatos, fatos e episódios que evidenciou, na última década, o ciclo de irregularidades relativo à operação da Mina e Unidade de Beneficiamento de Urânio e da estrutura do setor radioativo brasileiro, entre elas, notícias de vazamentos, acidentes e dados que revelam o funcionamento da indústria sem a necessária Autorização para Operação Permanente por não atender condições de radioproteção e segurança nuclear.
A ação baseia-se em inúmeros relatórios, pareceres e documentos elaborados, nos últimos anos, por conceituadas instituições técnico-científicas e pelos Poderes Executivo e Legislativo. Entre os referidos trabalhos, encontram-se um relatório da Comissão de Meio Ambiente e Desenvolvimento Sustentável da Câmara dos Deputados e a auditoria divulgada em abril deste ano sobre o Programa Nacional de Atividades Nucleares, na qual o Tribunal de Contas da União faz uma série de recomendações à Cnen.
Todos os documentos comprovam vícios estruturais da Cnen, cujo leque de atribuições é diverso e conflitante: promoção e incentivo do uso da energia nuclear, inclusive como empreendedora, e a regulação e fiscalização dessas atividades. Essa estrutura, além de ser contrária aos princípios republicano, democrático e da separação de poderes, por concentrar funções incompatíveis (fomento/fiscalização) numa mesma instituição, vai de encontro à Convenção Internacional de Segurança Nuclear, da qual o Brasil é signatário.
Órgãos independentes — Em função desses graves problemas, a ação do MPF pede a suspensão das atividades da INB em Caetité até que sejam instituídos: um órgão autônomo e independente na área de segurança nuclear com atribuições de regulação e fiscalização, segregadas das atividades de fomento, pesquisa, produção e desenvolvimento nuclear; um Sistema Federal de Fiscalização na área de radioproteção e segurança nuclear, que regulamente, pelo menos a tipificação de infrações (e respectivas sanções), à legislação nuclear; além da fiscalização efetiva na Mina e Unidade de Beneficiamento de Urânio de Caetité.
No julgamento do mérito da ação, o MPF requer que INB, União, Cnen e Ibama sejam condenados ao pagamento de indenização por danos morais coletivos no valor de 50 milhões de reais, a ser recolhido ao Fundo Nacional dos Direitos Difusos — ou conta judicial específica para utilização em projetos socioeconômicos em benefício da população de Caetité e região. O dinheiro poderá, também, ser parcialmente destinado para eventual indenização às pessoas que, em habilitação própria, demonstrem prejuízos sofridos em decorrências das atividades das INB no município baiano.

O Autor citado nos ensina que:[129]

> A tutela inibitória coletiva pura tem sido utilizada com certa frequência, sendo significativo o seu uso nas ações que, visando à proteção do meio ambiente, impedem, *v. g.*, que uma fábrica que ameaça o meio ambiente inicie as suas atividades.
>
> Para a demonstração da importância da tutela inibitória coletiva, torna-se adequada a análise da tutela do meio ambiente, uma vez que este é um dos lugares em que a inefetividade da tutela ressarcitória evidencia-se de modo mais claro. Se é verdade que cresce em importância, nos últimos tempos, a reparação específica do dano ecológico, e que é necessária a responsabilização, ainda que pelo equivalente, daquele que agride o meio ambiente, o certo é que não se pode admitir, no campo do direito ambiental, a troca da tutela específica e preventiva do bem tutelado pela tutela ressarcitória, sob pena de admitir-se, implicitamente, uma lógica perversa, que justificaria o cínico "poluo, mas pago". Como é evidente, a admissão da tutela ressarcitória no campo do direito ambiental não significa a aceitação da poluição, mas objetiva evitar que o dano ecológico fique sem a devida reparação; para que não ocorra a degradação do meio ambiente é imprescindível a atuação preventiva e, assim, também a tutela inibitória coletiva.

No mesmo sentido Joaquim Felipe Spadoni,[130] manifestando-se, quanto à eficácia inibitória coletiva, nos seguintes termos:

> Nestes casos, está-se tutelando um único direito, indivisível, pertencente à sociedade (difuso), ou a determinada parcela desta (coletivo), de forma que os integrantes desta sociedade ou coletividade serão todos igualmente beneficiados, ou todos igualmente prejudicados, conforme a decisão seja favorável ou desfavorável. Em se tratando de uma ação inibitória coletiva, portanto, a decisão estenderá a sua eficácia, de forma indivisível, para a toda a sociedade ou ao grupo, sendo atuada, também, por uma única ordem ou ato sub-rogatório, que realizará o único direito reconhecido, difuso ou coletivo.

Número da ação para consulta processual n. 2009.33.09.000761-3.
Farol da cidade. Disponível em: <http://www.faroldacidade.com.br> Acesso em: 30.5.2009.

(129) MARINONI, Luiz Guilherme. *Tutela inibitória (individual e coletiva)*. São Paulo: Revista dos Tribunais, 1998. p. 78/79.

(130) SPADONI, Joaquim Felipe. *Ação inibitória*. A ação preventiva prevista no art. 461 do CPC. São Paulo: Revista dos Tribunais, 2002. p. 228/229.

Gianpaolo Poggio Smanio exemplifica com o **princípio do poluidor--pagador ou responsabilização** (CF, art. 225, § 3º e art. 4º da Lei n. 6.938/81):

> O poluidor é obrigado a corrigir ou recuperar o ambiente, além de cessar a atividade nociva. O responsável pelo dano ambiental deverá indenizar a sociedade.
>
> A responsabilidade será objetiva, independente de culpa por parte do poluidor.
>
> As condutas consideradas lesivas ao meio ambiente sujeitarão os infratores, pessoas físicas ou jurídicas, a sanções penais e administrativas.(131)

O exemplo apontado por Marinoni também é esse: o meio ambiente do trabalho. O sindicato poderia pedir que o empregador cessasse uma prática poluidora, *v. g.*, prejudicial à saúde de qualquer um que viesse a trabalhar no mesmo lugar (direito difuso), mas que não deixa de prejudicar aos que ali já trabalham, e a tutela inibitória valeria também para os direitos coletivos da categoria, ligada ao empregador pelo liame empregatício.

Isso não pretende significar que a tutela inibitória somente possa ser utilizada em caso de direitos difusos, pois nos coletivos e individuais homogêneos, evidentemente, também o pode. O que pretendemos enfatizar nesse estudo é que os interesses difusos também podem ser objeto de tutela sindical, através da substituição processual, e que isso se dá, na maioria das vezes, através do requerimento ao Poder Judiciário de tutelas inibitórias em face do empregador.

Um caso interessante seria o de uma empresa pública ou de uma sociedade de economia mista que adota o regime celetista e contrata sem concurso — em afronta ao art. 37 da CF/88,(132) portanto — trabalhadores de uma categoria econômica específica.

O direito tutelável, nos parece de forma inibitória (sejam cessadas as contratações), é difuso: qualquer integrante dessa categoria que quisesse fazer concurso e estivesse apto para tanto, estaria prejudicado com as

---

(131) SMANIO, Gianpaolo Poggio. *Op. cit.*, p. 140.

(132) "Art. 37. A administração pública direta e indireta de qualquer dos Poderes da União, dos Estados, do Distrito Federal e dos Municípios obedecerá aos princípios de legalidade, impessoalidade, moralidade, publicidade e eficiência e, também, ao seguinte: [...]

II — a investidura em cargo ou emprego público depende de aprovação prévia em concurso público de provas ou de provas e títulos, de acordo com a natureza e a complexidade do cargo ou emprego, na forma prevista em lei, ressalvadas as nomeações para cargo em comissão declarado em lei de livre nomeação e exoneração; [...]."

contratações não submetidas ao certame público. Perfeitamente possível, via de consequência, a atuação sindical, como substituto processual, em defesa de interesse difuso.

A tutela inibitória também é tratada por Gregório Assagra de Almeida,(133) afirmando ser a mesma extremamente importante no plano da satisfatividade do direito e que decorre do **princípio constitucional da prevenção geral**.

Inova ainda o autor, ponderando que a tutela inibitória pode ser extrajurisdicional e cita como exemplo o Termo de Ajustamento de Conduta firmado perante o Ministério Público, preventivo ao ajuizamento da ação civil pública.

E acrescenta, na mesma linha de *Marinoni*, retrocitado, que referida medida se propõe a evitar a prática do ilícito, sua repetição ou sua continuidade.

A propósito, a decisão que se segue:

> EMENTA: AÇÃO CIVIL PÚBLICA — TUTELA DE CARÁTER INIBITÓRIO — MANUTENÇÃO DO CUMPRIMENTO DAS NORMAS DE SAÚDE E SEGURANÇA DO TRABALHO — Se as provas constantes nos autos revelam o comportamento negligente da empresa no cumprimento das normas de saúde e segurança do trabalho, induzindo ao temor de que o seu comportamento lesivo volte a ocorrer, deve ela ser compelida à manutenção de seus deveres legais e constitucionais. Tais normas, relacionadas à saúde e segurança do trabalhador, devem ser continuamente cumpridas, e as obrigações da empresa, por serem de trato sucessivo, não se esgotam com medidas isoladamente adotadas. Nessa hipótese, é cabível e necessária a tutela inibitória para evitar que a conduta lesiva adotada pela empresa volte a se repetir. Só assim será possível a garantia da efetividade da tutela jurisdicional, tão almejada pelo ordenamento jurídico. Esta é a inteligência do art. 5º, XXXV, da CR/88, que garante a apreciação pelo Poder Judiciário de lesão ou ameaça a direito e torna expresso o princípio geral da prevenção, inerente a qualquer ordem jurídica que se preocupe em efetivamente garantir os direitos. (TRT 3ª Região — 7ª Turma — RO 01366-2005-050-03-00-9 — Relator Des. Emerson José Alves Lage, DJ 4.3.08).

Na defesa dos interesses individuais homogêneos e/ou coletivos da categoria (e até mesmo difusos) o sindicato pode também pleitear condutas do empregador que importem em obrigações de fazer ou não fazer, obviamente, valendo-se também de procedimentos cautelares e medidas antecipatórias de tutela (arts. 769 da CLT, 461 e 798 do CPC).

Tal ponderação é feita por Gregório Assagra de Almeida,(134) baseando-se no que denomina **princípio da máxima amplitude da tutela**

---

(133) ALMEIDA, Gregório Assagra de. *Direito processual coletivo brasileiro:* um novo ramo do direito processual. São Paulo: Saraiva, 2003. p. 98/100.
(134) *Ibidem*, p. 67.

jurisdicional, o qual afirma ser plenamente aplicável à ação civil pública (e, portanto, à defesa dos interesses metaindividuais) em razão do disposto nos arts. 83 do CPC e 21 da LACP.[135]

Aprofundando um pouco mais também nos direitos individuais homogêneos, é mister ressaltarmos que os mesmos representam, em breves palavras, direitos individuais e o que os distingue destes é a origem comum (art. 81, parágrafo único do CDC), ou seja, várias lesões decorrentes de um ato ilícito, no nosso caso, ilícito patronal, em razão do vínculo de emprego.

Contudo, será que sempre que houver lesão a direitos individuais cuja origem seja comum a tutela metaindividual é interessante? Ou, melhor dizendo, sempre essa forma de atuação será a mais efetiva e célere?

A resposta é trazida pela doutrina, ponderando que são de interesse do processo coletivo aquelas lesões semelhantes e que decorram diretamente do ato patronal, ou seja, diretamente vinculadas a ele, pois, do contrário — nas hipóteses em que as situações fáticas são diversas e distantes do ilícito patronal — devemos optar pelas ações individuais, sob pena de problematizarmos e dificultarmos, desnecessariamente, a execução.

Em resumo, o processo coletivo é interessante e pode ser bastante eficaz, quando corretamente utilizado, mas não é remédio para todos os males, havendo, portanto, reflexões a serem feitas ao estar o sindicato diante dessa opção.

Sobre o tema, Ada Pellegrini Grinover, para quem a heterogeneidade do direito importaria na ausência de condição da ação, por impossibilidade jurídica do pedido, nos termos do art. 267, VI, do Código de Processo Civil, pondera:[136]

> Mas é preciso observar que a origem comum (causa) pode ser próxima ou remota. Próxima, ou imediata, como no caso da queda de um avião, que vitimou diversas pessoas; ou remota, mediata, como no caso de um dano à saúde, imputado a um produto potencialmente nocivo, que pode ter tido como causa próxima as condições pessoais ou o uso inadequado do produto. Quanto mais remota for a causa, menos homogêneos serão os direitos.

---

(135) "Art. 21. Aplicam-se à defesa dos direitos e interesses difusos, coletivos e individuais, no que for cabível, os dispositivos do Título III da lei que instituiu o Código de Defesa do Consumidor" — Lei n. 7.347/85.

"Art. 83. Intervindo como fiscal da lei, o Ministério Público:

I — terá vista dos autos depois das partes, sendo intimado de todos os atos do processo;

II — poderá juntar documentos e certidões, produzir prova em audiência e requerer medidas ou diligências necessárias ao descobrimento da verdade"(CPC).

(136) GRINOVER, Ada Pellegrini. Da class action for damages *à ação de classe brasileira:* os requisitos de admissibilidade. São Paulo: DPJ, 2006. p. 194/195.

E, mais adiante:

> Como é sabido, a possibilidade jurídica caracteriza-se pela previsão, no ordenamento, da tutela jurisdicional para o pedido que se formula. Se a tutela jurisdicional dos direitos individuais, a título coletivo, está circunscrita, no sistema brasileiro, aos direitos homogêneos, a falta dessa característica deve levar à inadmissibilidade da ação civil pública em defesa de direitos individuais homogêneos. Sendo os direitos heterogêneos, haverá impossibilidade jurídica do pedido de tutela coletiva.

Acrescenta ainda, de maneira bem pragmática, que quanto mais remota for a causa que liga o ato ilícito ao dano causado, menos se justifica a utilização da ação coletiva:(137)

> Se o provimento jurisdicional resultante da ação civil pública em defesa de direitos individuais homogêneos não é tão eficaz quanto aquele que derivaria de ações individuais, a ação coletiva não se demonstra útil à tutela dos referidos interesses. E, ademais, não se caracteriza como a via adequada à sua proteção.

Assim, há situações em que devemos analisar a necessidade e a utilidade do processo coletivo, tema que também pretendemos aprofundar ao tratarmos da liquidação e da execução das sentenças proferidas em sede de processo coletivo e que, com todas as vênias em relação à posição da ilustre professora Ada Pellegrini Grinover, envolveria interesse de agir e não possibilidade jurídica do pedido, no nosso sentir.

Academicamente, contudo, alguns doutrinadores chegam a admitir a substituição processual de um único empregado.

O argumento para defender tal possibilidade, nos parece, seria procurar fossem evitadas perseguições pessoais, que podem ocorrer na realidade. Porém, neste caso, a representação resolve bem o problema e a individualização já terá ocorrido quando se é substituto processual de (ou se representa) um só, desaparecendo a razão para a utilização da substituição processual.

João Oreste Dalazen manifesta-se a favor dessa possibilidade ao argumento de que nessa hipótese:

> [...] também está em jogo o interesse da categoria, ainda que reflexo, quando o sindicato age como substituto processual de apenas um dos membros, pugnando pela aplicação das fontes formais do direito de trabalho. E tanto basta para possibilitar a substituição processual.(138)

---

(137) *Ibidem*, p. 196.
(138) DALAZEN, João Oreste. *Op. cit.*, p. 1.164.

Citando o autor retro, Ben-Hur Silveira Claus[139] argumenta que:

> [...] a par do limite objetivo da origem comum dos interesses, a demanda deve abranger, também, um certo número de membros da categoria, de modo que a presença de um grupo de trabalhadores interessados venha a justificar a necessidade da tutela coletiva de direitos trabalhistas que a substituição processual sindical instrumentaliza.
>
> [...]
>
> A defesa do interesse individual de apenas um trabalhador não justificaria, assim, a utilização dessa ferramenta processual, pois desnaturaria o instituto como instrumento de tutela coletiva de direitos, razão por que não partilhamos do entendimento nesse sentido manifestado pelo ilustre João Oreste Dalazen.

Também na linha contrária, Ada Pellegrini Grinover,[140] comparando as ações coletivas brasileiras com as *class actions for damages* norte-americanas, entende existirem dois requisitos a serem observados quando da propositura das referidas ações, a saber, prevalência das questões de direito e de fato comuns sobre as questões de direito ou de fato individuais e superioridade da tutela coletiva sobre a individual, em termos de justiça e eficácia da sentença.[141]

---

(139) CLAUS, Ben-Hur Silveira. *Op. cit.*, p. 114.

(140) GRINOVER, Ada Pellegrini. *Op. cit.*, p. 188.

(141) A propósito, o Anteprojeto de Código Brasileiro de Processos Coletivos, de 2005 (e modificações posteriores), prevê condição da ação específica neste sentido:
"Seção III — Das condições específicas da ação coletiva e da legitimação ativa
Art. 8º Requisitos específicos da ação coletiva São requisitos específicos da ação coletiva, a serem aferidos em decisão especificamente motivada pelo juiz:
I — a adequada representatividade do legitimado;
II — a relevância social da tutela coletiva, caracterizada pela natureza do bem jurídico, pelas características da lesão ou pelo elevado número de pessoas atingidas" (Grifamos).
Também o Anteprojeto de Lei da Reforma Sindical, decorrente do Fórum Nacional do Trabalho — FNT —, criado pelo Governo Lula para implantar as reformas sindical e trabalhista, trata, em seu Título VII — Da Tutela Jurisdicional, Capítulo II, Das Ações Coletivas em Geral, dos direitos "de trato processual coletivo", separando os direitos individuais homogêneos dos individuais puros (art. 141), entendidos os primeiros como "de natureza divisível, de que sejam titulares pessoas determinadas, que tenham origem no mesmo fato ou ato jurídico e que sejam caracterizados pela **prevalência das questões comuns sobre as questões individuais**" e os últimos como os de "natureza divisível e de que sejam titulares pessoas determinadas, sempre que apresentarem afinidade de questões por um ponto comum de fato ou de direito" (Grifamos — art. 141, II e III do Anteprojeto de Lei da Reforma Sindical — Disponível em: <www.mte.gov.br>).
Sobre o tema trataremos, mais especificamente, no item 5.2 do presente trabalho.

Seria uma distinção entre direitos individuais homogêneos e direitos individuais puros.

Vale ressaltar que essa distinção não é consensual na doutrina.

A professora Patrícia Miranda Pizzol(142) posiciona-se de forma diametralmente oposta a tal distinção, *in verbis:*

> Os direitos e interesses individuais homogêneos, por sua vez, caracterizam-se, no aspecto subjetivo, pela determinabilidade dos titulares e pela existência de uma origem comum e, no aspecto objetivo, pela divisibilidade do objeto (ressalte-se que a individualização do objeto se opera somente no momento da liquidação ou da execução da sentença condenatória genérica). É importante registrar que a lei não exige para a caracterização do direito como individual homogêneo a predominância das questões comuns sobre as questões individuais, tampouco requer para a adequação da ação coletiva que esta seja o meio mais eficaz de tutela do direito. Entendemos que, segundo o CDC, art. 81, parágrafo único, III, para a caracterização do direito individual homogêneo basta a origem comum (disso decorre a homogeneidade), não sendo necessário que as questões comuns predominem sobre as individuais, tampouco que o legitimado demonstre a utilidade da ação coletiva (a utilidade decorre da existência de direito coletivo *lato sensu,* tutelável via ação coletiva). Ainda que as questões individuais predominem sobre as comuns (como por exemplo, na hipótese de fumantes que tenham sofrido os mais diversos danos em razão do consumo de nicotina), a ação coletiva é importante (útil) para a coletividade, pois nela restam reconhecidas a responsabilidade do fornecedor e a necessidade de reparação dos danos causados aos consumidores, bastando a estes, nas respectivas liquidações (por artigos) demonstrar o dano individualmente sofrido, bem como o nexo de causalidade e o montante, o que, sem dúvida alguma, é muito mais simples do que propor uma ação individual condenatória e fazer prova da responsabilidade do fornecedor e do dever de indenizar.

Mais adiante, acrescenta a professora, manifestando-se no sentido da desnecessidade da classificação (direitos individuais puros e direitos

---

(142) PIZZOL, Patrícia Miranda. A tutela antecipada nas ações coletivas como instrumento de acesso à justiça. In: FUX, Luiz; NERY JR., Nelson; WAMBIER, Teresa Arruda Alvim (coords.). *Processo e constituição:* estudos em homenagem ao Professor José Carlos Barbosa Moreira. São Paulo: Revista dos Tribunais, 2006. p. 94.

individuais homogêneos) e da dificuldade prática da mesma, importando, muitas vezes, em impedir a tutela dos direitos metaindividuais e não o contrário:[143]

> Vale dizer que os conceitos acima estabelecidos não são estanques. Quando se pensa, por exemplo, em uma publicidade enganosa, pode-se vislumbrar lesão ou ameaça a direito difuso *stricto sensu*, individual homogêneo ou individual puro, dependendo da pretensão deduzida em juízo. Em outras palavras, a lesão ou ameaça a determinado direito ou interesse pode gerar pretensão de natureza difusa, coletiva ou individual homogênea, conforme se verifique, no caso concreto, a presença dos elementos que identificam cada uma das hipóteses legais. A pretensão deduzida em juízo que irá indicar a categoria ou interesse violado e, consequentemente, o procedimento a ser adotado em cada caso.
>
> [...]
>
> Vale ressaltar, por fim, que a ação coletiva pode conter pedidos cumulados. Assim, pode o autor cumular um pedido de natureza difusa e outro de natureza individual homogênea.

Em tal posicionamento a professora Patrícia Miranda Pizzol é acompanhada por Gregório Assagra de Almeida,[144] que pondera:

> Todavia, entendemos que esses requisitos da prevalência e da utilidade não podem ser exigidos no sistema jurídico brasileiro. Primeiro por falta de previsão legal; depois porque a exigência de tais requisitos poderá restringir e dificultar o acesso à justiça para a tutela coletiva reparatória de danos a direitos individuais homogêneos, além de gerar incidentes inconvenientes que prejudiquem o andamento dos processos coletivos e a própria prestação jurisdicional.

Rodolfo de Camargo Mancuso,[145] ao contrário, pensa como Ada Pelegrini Grinover, entendendo que "hoje se reconhece a imperiosidade do concurso de quesitos adicionais: a predominância da dimensão coletiva sobre a individual, aliada à superioridade, em termos de eficácia, da tutela coletiva sobre a individual".

Sobre a casuística processual trataremos adiante, no item 5.

O que fica de mais interessante nesse debate é que o instituto da substituição processual sindical deve sempre ser analisado à luz dos princípios

(143) PIZZOL, Patrícia Miranda. *Op. cit.*, p. 96/97.
(144) ALMEIDA, Gregório Assagra de. *Op. cit.*, p. 69.
(145) MANCUSO, Rodolfo de Camargo. *Op. cit.*, p. 80.

do processo coletivo e do Processo do Trabalho e que sua amplitude foi uma opção política do legislador constituinte, a qual deve ser prestigiada pelo Magistrado, doravante, inclusive, com fincas na já mencionada jurisprudência do Supremo Tribunal Federal.

Entendemos, ainda, *c.m.v.*, que a distinção entre direitos individuais homogêneos e individuais puros é por vezes desnecessária na vida prática, na qual o que importa é buscar os meios de se assegurar essa atuação sindical, sem entraves procedimentais inúteis e sofisticados, já que o Direito Processual do Trabalho tem for finalidade realizar o Direito do Trabalho, onde os créditos têm natureza alimentar, valendo destacar que o processo coletivo fornece meios de se fazer isso de forma ímpar.

A propósito, Elton Venturi, ao tratar dos princípios do processo coletivo,[(146)] destaca, em relação à interpretação pragmática que se deve dar às normas de processo coletivo:

> a importância da interpretação pragmática é tanto maior quando se percebe a excelência do modelo processual coletivo brasileiro, que, sem exagero, pode ser considerado como um dos mais aperfeiçoados entre os dos países que adotam sistemas de tutela coletiva. Se assim é, diante da aparente suficiência legislativa, a responsabilidade pelo fracasso da tutela coletiva passa a ser imputável não mais comodamente ao legislador, mas sim à doutrina e, sobretudo, ao Poder Judiciário, personagem que protagoniza o papel decisivo nos rumos do sistema processual coletivo no Brasil.[(147)]

Assim, no que tange aos meios de concretização da substituição processual sindical, a legislação atual já os fornece.

O conjunto de leis relativas ao processo coletivo — Ação Civil Pública, Código de Defesa do Consumidor, o próprio Código de Processo Civil (art. 461), além da Norma Constitucional, é claro — é muito bom e bastante pragmático.

---

(146) VENTURI, Elton. *Op. cit.*, p. 133/161, destaca como princípios do processo coletivo: inafastabilidade da prestação jurisdicional coletiva, tutela jurisdicional coletiva diferenciada, princípio do devido processo social, absoluta instrumentalidade da tutela coletiva e interpretação pragmática.
(147) *Ibidem*, p. 158/159.

5. Questões Processuais Pertinentes

Processo coletivo não se confunde com cumulação subjetiva ativa ou passiva, como nos litisconsórcios, requerendo a presença de um ente ideológico num dos polos da ação.

E, como pondera Mancuso,[148] contrapõe "segmentos sociais e econômicos: madeireiras e ambientalistas; consumidores e fabricantes; contribuintes e fisco; correntistas e bancos".

Acrescenta ele, na mesma oportunidade, que, por isso, no direito francês fala-se em *actions a but collectif*.

Pretendemos, assim, partindo dessa especificidade dos processos coletivos, abordar também questões presentes quando da realização prática da substituição processual e que, normalmente, ensejam discussão, tais como: competência, prescrição, litispendência, assistência, desistência, honorários advocatícios, coisa julgada, renúncia, transação e ação rescisória.

Para tanto, traremos a análise teórica e casuística de referidos institutos, com base nos já mencionados princípios do Direito Processual do Trabalho em cotejo com o Processo Civil, além do processo coletivo e da própria substituição processual sindical.

Isso porque uma das grandes dificuldades no estudo da substituição processual sindical, e em sua aplicação (resistência mesmo de alguns ao instituto), reside exatamente no fato de não nos atentarmos para tais princípios e procurarmos analisar a sua casuística como se de substituição processual do art. 6º do CPC estivéssemos tratando.

Tudo como já ponderamos anteriormente.

O aplicador do direito, em se tratando de processo coletivo, mormente no caso em que busca dar efetividade ao Direito Tutelar do Trabalho (onde os créditos pleiteados têm natureza eminentemente alimentar), deve MUDAR SEU PARADIGMA, do contrário, não estaremos, a nosso sentir,

(148) MANCUSO, Rodolfo de Camargo. *Op. cit.*, p. 62.

fazendo a melhor interpretação, conforme a Constituição.[149] Quando tratamos do art. 8º, III, da CF/88 estamos diante, pelo menos, de dois princípios constitucionais: o do direito individual e disponível de ação e o da proteção coletiva ao hipossuficiente, onde se busca, em última análise, obstaculizar o demandismo (entendido aqui como abuso do direito de defesa) para atender ao disposto no art. 5º, LXXVIII, da CF/88, garantindo, na prática, a fruição efetiva de um direito fundamental social (trabalhista).

Em tais casos, o intérprete deve, não raras vezes, optar por um deles.

Usemos pois a já comentada técnica da ponderação, tratado quando falamos da hermenêutica constitucional, para que façamos valer a Norma Fundamental tendo sempre em mente a prerrogativa da substituição processual ampla concedida pelo constituinte ao sindicato, no art. 8º, III, da Constituição Federal de 1988.

Nessa linha, é mister destacarmos que a finalidade social do Processo do Trabalho deve sempre prevalecer diante do interesse individual.[150]

---

(149) A propósito: VENTURI, Elton. *Op. cit.*, p. 26/28, *in verbis:* "Em consequência, é possível afirmar-se que o modo de ser do processo (funcional e estrutural) tem a sua própria lógica atrelada ao paradigma da modernidade, que modelou o Estado Liberal, tendo por pressuposto filosófico a doutrina dos direitos do homem.
Tomando-se como parâmetro a fundamental garantia do devido processo legal, a partir da qual derivam todas as demais garantias processuais, tais como as referentes à ampla defesa, ao contraditório e à efetividade da tutela jurisdicional, observa-se ter sido trilhada segundo valores essencialmente liberais, concernentes à proteção da vida, propriedade e liberdade. Ademais o modelo processual individualista assentou-se, ao menos originalmente, na concepção do procedimento civil como assunto privado das partes, concebendo a tutela jurisdicional apenas como mediata e reflexamente de interesse do Estado.
Tais perspectivas parecem explicar o modo de ser do modelo processual individual: explicam a razão dos condicionamentos impostos à admissão da ação ...
Em suma, o paradigma individualista condicionou e restringiu, irrefutavelmente, a própria concepção de acesso à justiça".
Acrescenta também o autor supra: p. 31/32: "Não obstante a realidade da alteração paradigmática supradestacada, insiste-se em submeter as essenciais e cada vez mais complexas controvérsias da vida social globalizada, marcadas pela nota da transindividualidade dos direitos, aos velhos referenciais que se prestaram, temporal e espacialmente, a inspirar uma específica técnica processual voltada para atender mais aos anseios de afirmação do indivíduo do que da sociedade na qual está inserido.
Além disto, se outrora competia ao processo civil, fundamentalmente, garantir a tutela dos cidadãos desrespeitados por força de indevidas intervenções do Estado — historicamente reconhecido como o grande vilão dos direitos individuais e das liberdades públicas —, atualmente restam sensivelmente modificadas as relações entre o particular e o Estado, como observa Marinoni: "Nos dias de hoje, operada a transformação que culminou na criação de um novo 'Estado de Direito', não há mais razão para contrapor o indivíduo ao Estado, mas sim para zelar por sua justa inserção na vida social e pelo exercício concreto dos novos direitos".

(150) GOMES, Job Eloísio Vieira. Princípios Informadores do Processo do Trabalho. In: PEIXINHO, Manoel Messias; GUERRA, Isabella Franco; NASCIMENTO FILHO, Firly (orgs.). *Os princípios da Constituição de 1988.* Rio de Janeiro: Lumen Juris, 2006. p. 501/514.

A partir de tais considerações, temos substrato para desenvolver a casuística processual.

5.1. *Competência, Legitimidade, Litispendência e Coisa Julgada*

No que tange à competência funcional, maiores dificuldades não surgem, a partir dos arts. 114 da CF/88 e 651 da CLT: é do Juiz do Trabalho de Primeiro Grau a competência para analisar, inicialmente, os pedidos feitos pelo sindicato na condição de substituto processual, em face do empregador.

A legitimidade ativa é conferida ao sindicato por força do já citado art. 8º, III, da CF/88.

Em relação à mesma, entendemos, como José Carlos Barbosa Moreira,(151) que , embora a legitimação atribuída ao sindicato esteja limitada ao âmbito profissional, não abrange apenas a Justiça do Trabalho, mas qualquer Órgão Judicial, desde que se trate de algum direito pertinente à categoria, ou ao filiado enquanto membro da categoria e sempre como substituto processual.

Sendo o sindicato parte legítima para pedir, em nome próprio, direito alheio, passamos a analisar as questões da litispendência e da coisa julgada, nas hipóteses em que o substituído ajuíza ação individual em separado.(152)

A dificuldade maior doutrinária reside exatamente no cerne da substituição processual: sendo o direito do trabalhador, existe litispendência entre a ação proposta pelo sindicato e a ação proposta individualmente pelo substituído?

O Tribunal Superior do Trabalho tem, em sua jurisprudência majoritária, entendido pela litispendência.(153)

---

(151) BARBOSA MOREIRA, José Carlos. *Op. cit.*, p. 187-200.

(152) Litispendência e coisa julgada: Art. 301, §§ 1º e 3º do CPC: ocorre a primeira quando se repete a ação que está em curso e a segunda quando se repete ação que já foi decidida por sentença da qual não caiba recurso.

(153) PROC: RR — 2124/2001-301-02-00 — PUBLICAÇÃO: DJ — 28.3.2008 — 8ª Turma
RECURSO DE REVISTA. "1 — LITISPENDÊNCIA. A iterativa, notória e atual jurisprudência desta Corte tem se posicionado no sentido de haver litispendência entre a ação individual do empregado e aquela proposta por sindicato na qualidade de substituto processual, quando possuírem o mesmo objeto. Recurso de revista não conhecido.
2 — ADICIONAL DE PERICULOSIDADE. O regional concluiu não haver habitualidade no abastecimento das bolsas, afastando a periculosidade no trabalho do reclamante. Entendimento contrário demandaria o reexame do conjunto fático-probatório existente nos autos, o que é vedado nesta instância extraordinária pela Súmula n. 126/TST. Recurso de revista não conhecido.
Vistos, relatados e discutidos estes autos de Recurso de Revista n. TST-RR-2124/2001-301-02-00.9, em que é Recorrente NILTON GARBOS ANTÔNIO MANOEL e são Recorridos

Na doutrina, contudo, a resposta inicial seria negativa, já que as partes são diferentes.

O sindicato, enquanto tal, tem seus próprios interesses, distinguindo-se, assim, da categoria em si (pessoa diversa) e de seus integrantes.

DERSA DESENVOLVIMENTO RODOVIÁRIO S.A. e PERFORMANCE RECURSOS HUMANOS E ASSESSORIA EMPRESARIAL LTDA."
omissis
"1.1 — LITISPENDÊNCIA.
Como relatado, o Regional acolheu a preliminar de litispendência, declarando extinto o processo sem julgamento de mérito quanto aos pedidos de saldo de aviso prévio, férias vencidas acrescidas do terço constitucional, 13º salário proporcional, férias proporcionais e FGTS com a multa de 40%.
Assim se pronunciou aquela Corte Trabalhista, *verbis:*
A conexão e a continência servem à economia e à celeridade do processo e ajudam a evitar decisões conflitantes sobre causas semelhantes, ao possibilitar a sua reunião perante um único órgão julgador, nos termos do art. 102 do CPC.
Ocorre a conexão quando são comuns a duas ações, a causa petendi ou o objeto. Existe continência quando uma demanda é mais abrangente que a outra.
In casu, não há que se falar em reunião de ações, quando em uma delas já foi prolatada decisão e que se encontra em grau de recurso, como ocorre com a ação pública interposta pelo Ministério Público do Trabalho. Para que houvesse a conexão, para eventual decisão unitária, os dois processos deveriam estar em estado compatíveis, principalmente de instrução e decisão.
Não há que se falar ainda em litispendência quanto à ação civil pública iniciada, pelo que determina o art. 104 do Código de Defesa do Consumidor, que assim dispõe:
"As ações coletivas, previstas nos incisos I e II, do parágrafo único, do art. 81, não induzem litispendência para as ações individuais, mas os efeitos da coisa julgada *erga omnes* ou *ultra partes* a que aludem os incisos II e III do artigo anterior não beneficiarão os autores das ações individuais, se não for requerida sua suspensão no prazo de 30 (trinta) dias, a contar da ciência nos autos do ajuizamento da ação coletiva."
O Ministério Público quando ajuíza ação civil pública atua em nome próprio na defesa de interesses de terceiros. Age em nome próprio, mas os interesses cuja proteção persegue por meio da ação pertencem a terceiros, sejam estes determinados, determináveis ou indetermináveis.
A ação civil pública, aliás, não impede o autor de reclamar os mesmos direitos em nome próprio.
Quanto à ação movida pelo Sindicato, cujo processo levou o n. 811/2001, na mesma Vara, o autor é o Sindicato Nacional dos Marinheiros e Moços de Máquinas em Transportes Marítimos e Fluviais, pleiteando as verbas rescisórias, ou seja, o mesmo pedido objeto deste litígio, sendo que na lista dos substituídos figura o reclamante da presente ação.
Assim, acolho a preliminar de litispendência, com relação ao processo n. 811/2001, da 1ª Vara do Guarujá, extinguindo-se o feito sem julgamento do mérito quanto ao pedido de verbas rescisórias, e reconhecimento ou não da justa causa.
Na referida ação (de n. 811/2001) a reclamada Performance foi condenada ao pagamento das seguintes verbas salariais: saldo de aviso prévio; férias vencidas + 1/3; 13º salário proporcional; férias proporcionais + 1/3; FGTS sobre as verbas de natureza salarial da rescisão e indenização de 40% do FGTS.
Na presente ação, no item "b" do pedido, não foram alcançadas pela litispendência: indenização adicional e multa do art. 477, da CLT. (fls. 423/424)

Contudo, sua razão de existir é (ou pelo menos deveria ser) a categoria, razão pela qual, citando Elton Venturi, que por sua vez se vale das lições de Cappelletti, o sindicato é a *parte ideológica* e, ao atuar, o faz como se estivessem atuando todos os empregados (toda a categoria profissional).

Foram opostos embargos declaratórios pelo reclamante, em que se alegava omissão no julgado em relação ao fato de o reclamante não ser associado do sindicato autor da outra ação mencionada e ao fato de a substituição processual não poder prevalecer sobre o exercício do direito diretamente pelo reclamante.
Em resposta aos embargos de declaração, o Regional, através do acórdão de fls. 448/449, quedou-se silente em relação às omissões apontadas pelo reclamante.
Nas razões de revista, o reclamante pugna pela reforma do acórdão regional, sustentando a tese de que o Regional, ao entender que existe litispendência entre ação individual e ação coletiva, violou os arts. 104, do CDC; 301, §§ 1º e 2º, do CPC e 5º, XXXV, da CF.
Transcreve, ainda, arestos para o confronto de teses.
Cinge-se a controvérsia nestes autos em saber se há litispendência em face de ação movida, em substituição processual, pela entidade sindical em cotejo com a ação individual do empregado.
Como se vê, a decisão recorrida trouxe premissas fáticas que permitem concluir que o reclamante figura, na qualidade de substituído, na ação coletiva movida pelo Sindicato Nacional dos Marinheiros e Moços de Máquinas em Transportes Marítimos e Fluviais, que tramita no mesmo juízo de origem, e onde se pleiteia as mesmas verbas rescisórias desta ação.
O objetivo da norma insculpida no art. 301, § 1º, do CPC, notadamente quanto à litispendência, é impedir que duas ações idênticas sejam processadas perante juízos diversos, impondo-se que uma delas seja extinta, geralmente a segunda. A arguição de litispendência visa evitar insegurança jurídica com a possibilidade de duas sentenças distintas, sendo que, mesmo que houvesse identidade de julgamento, um deles seria inútil ou desnecessário, implicando desnecessidade da prestação jurisdicional, em desprestígio, ainda, ao princípio da economia processual.
A iterativa, notória e atual jurisprudência desta Corte tem se posicionado no sentido de haver litispendência entre a ação individual do empregado e aquela proposta por sindicato na qualidade de substituto processual, quando possuírem o mesmo objeto, conforme os seguintes precedentes da SBDI-1/TST:
EMBARGOS. LITISPENDÊNCIA. AÇÃO COLETIVA. SINDICATO. SUBSTITUTO PROCESSUAL. 1. Há litispendência entre a ação individual e a ação coletiva intentada pelo Sindicato se comuns a causa de pedir e o pedido. A ausência de identidade física de partes processuais não exclui a litispendência, visto que existe uma identidade de partes materiais, uma vez que o direito vindicado pelo Sindicato é de titularidade do empregado. 2. Inexistência de afronta ao art. 301, e parágrafos, do CPC. 3. Recurso de embargos não provido. (TST-E-ED-RR-764.371/01.1, Rel. Min. João Oreste Dalazen, DJ 4.8.2006)
SUBSTITUIÇÃO PROCESSUAL. LITISPENDÊNCIA. A jurisprudência dessa Corte é firme em reconhecer a existência de identidade de partes, a configurar litispendência, entre a ação individual e a proposta por Sindicato na qualidade de substituto processual quando ambas possuem o mesmo objeto. Recurso de Embargos de que não se conhece. (TST-E-RR-550.477/1999.5, Rel. Min. João Batista Brito Pereira, DJ 30.6.2006)
EMBARGOS. LITISPENDÊNCIA. AÇÃO COLETIVA. SINDICATO. SUBSTITUTO PROCESSUAL. 1. Há litispendência entre a ação individual e a ação coletiva intentada pelo Sindicato se comuns a causa de pedir e o pedido. A ausência de identidade física de partes processuais não exclui a litispendência, visto que existe uma identidade de partes materiais, uma vez que o direito vindicado pelo Sindicato é de titularidade do empregado.

O mesmo raciocínio pode ser utilizado para o Ministério Público (no caso da Justiça do Trabalho, geralmente, o Ministério Público do Trabalho), ao ajuizar uma ação civil pública.

A legitimação conferida ao Órgão Ministerial ou ao sindicato, porém, não seria a mera legitimação extraordinária do art. 6º, do CPC, antes, tratar-se-ia de uma legitimação autônoma, na medida em que são esses entes que têm a concessão constitucional para pleitear direitos metaindividuais.[154]

É o que pondera Luís Paulo da Silva Araújo Filho, citando Nelson Nery Júnior e Antônio Gidi,[155] destacando também que a legitimidade processual autônoma tem por finalidade distinguir:

> [...] os casos de substituição processual determinados pela lei das hipóteses de ação de classe: "na substituição processual, o substituto busca defender direito alheio de titular determinado, enquanto nas ações coletivas o objetivo dessa legitimação extraordinária é outro, razão pela qual essas ações têm de ter estrutura diversa do regime da substituição processual". A referência à legitimação autônoma, como bem ressaltado por Antônio Gidi, "assume aí uma conotação de desligar, desunir a legitimidade processual da titularidade do direito material objeto do processo".

Ben-Hur Silveira Claus[156] trata com propriedade a questão, informando a diversidade de denominação inicial entre extraordinária e ordinária, esta última para diferenciar a substituição processual trabalhista da substituição processual do CPC, sendo empregada a partir do art. 8º, III, da Constituição Federal, pois o texto constitucional teria assegurado ao sindicato a substituição processual sem qualquer restrição.

---

2. Recurso de embargos conhecido, por divergência jurisprudencial e por violação ao art. 896 da CLT conjugado com o art. 301, inciso V, do CPC, e providos para, acolhendo a objeção de litispendência, julgar extinto o processo, sem apreciação do mérito, com fulcro no art. 267, inciso V, do CPC, em relação aos pedidos de abono-assiduidade e férias antiguidade. (TST-E-RR-488.656/1998.0, Rel. Min. João Oreste Dalazen, DJ 12.5.2006)
Nesse contexto, impõe-se o não conhecimento do recurso de revista, diante do óbice do art. 896, § 4º, da CLT.
Não conheço."
Omissis
"ISTO POSTO
ACORDAM os Ministros da 8ª Turma do Tribunal Superior do Trabalho, por unanimidade, não conhecer do recurso de revista.
DORA MARIA DA COSTA Ministra-Relatora."

(154) Arts. 8º, III, 127 e 129 da CF/88.

(155) ARAÚJO FILHO, Luís Paulo. *Ações coletivas:* a tutela jurisdicional dos direitos individuais homogêneos. Rio de Janeiro: Forense, 2000. p. 93.

(156) CLAUS, Ben- Hur Silveira. *Op. cit.*, p. 63/64.

Esclarece o autor que, a partir da doutrina alemã, desenvolveu-se o conceito supracitado de legitimidade autônoma que tem o mérito de ter sido construído "por fora da dicotomia em que o processo civil clássico separa, em ordinária e extraordinária, a legitimidade para a causa, abrindo e situando, no âmbito processual, uma nova correspondência conceitual entre legitimação ideológica e a teoria dos interesses transindividuais".(157)

Sobre o tema Rodolfo de Camargo Mancuso pondera que a dicotomia entre direito alheio e direito próprio é típica da visão individualista do processo e, via de consequência, não prevalece de forma absoluta em sede de processo coletivo.(158)

E é lapidar em sua argumentação:

> Por outras palavras, ao oficiar numa ação popular ou ao propor ação civil pública, o Ministério Público também exercita a sua "cota-parte" na tutela daqueles interesses.
>
> Quando examinamos essa questão em outra sede, acabamos por abandonar a ideia de qualificar como extraordinária a legitimação prevista no art. 5º da Lei n. 7.347/85, aceitando que resulta melhor admiti-la como ordinária (aliás, precedentemente, já o fizera José Afonso da Silva com relação à legitimação na ação popular). Naquele ensejo, escrevemos: "Presentemente, os interesses difusos já passaram a ser acionáveis, visto que o legislador reconheceu sua existência e a possibilidade de se os fazer valer em juízo. Com isso, cremos que não mais padece dúvida quanto à sua 'legitimidade', nem há por que se considerar o tema sob a rubrica de legitimação extraordinária. Se, *v. g.*, a Associação de Defesa da Serra do Mar promove uma ação civil pública para responsabilizar as empresas causadoras da poluição que vitimou a floresta, ela estará agindo autorizada pela lei (n. 7.347/85, art. 5º) e defendendo posição jurídica própria. Basta, portanto, que se interprete com a devida abertura e atualidade o art. 6º do CPC e se poderá concluir que é ordinária a legitimação das entidades referidas no art. 5º da citada lei sobre os interesses difusos".

Conclui no sentido de que na busca de um maior rigor terminológico a legitimidade do ente ideológico depende do tipo de tutela metaindividual nela objetivado: em caso de interesses difusos ou coletivos a legitimidade

---

(157) CLAUS, Ben- Hur Silveira. *Op. cit.*, p. 65.

(158) MANCUSO, Rodolfo de Camargo. *Ação civil pública em defesa do meio ambiente, do patrimônio cultural e dos consumidores Lei n. 7.347/85 e legislação complementar*. São Paulo: Revista dos Tribunais, 2002. p. 100/101.

seria ordinária , na medida em que conferida a referido ente ideológico como portador do interesse e, em sede de direitos individuais homogêneos, o autor da ação coletiva atuaria como substituto processual.(159)

Com efeito, o poder constituinte, ponderando entre os princípios do direito individual de ação e o da tutela metaindividual, previlegiou este, na medida em que através de referida tutela metaindividual é possível atingir-se a efetividade dos direitos fundamentais, no nosso caso, do Direito do Trabalho, para um número muito maior de pessoas.

Importantíssimo ressaltarmos que a classificação da legitimidade como autônoma traz ainda outra vantagem, indo muito além da distinção acadêmica, na medida em que se o ente ideológico tem legitimidade ativa, deve, necessariamente, ser ouvido em caso de desistência por parte dos substituídos o que, a nosso ver, somente reforça o instituto da substituição processual.

Nesse sentido, os entes ideológicos (como os sindicatos) e também o Ministério Público são detentores de legitimidade autônoma para ajuizarem ações coletivas.

Contudo, entendemos também que tal classificação não deve ser empecilho para se assegurar, de forma abrangente, a substituição processual sindical, conforme preceituado pelo art. 8º, III, da CF/88.

Numa outra classificação, a legitimidade também é concorrente, em relação aos direitos individuais homogêneos, vez que o substituído pode ajuizar ação individual e essa possibilidade é que enseja discussões quanto à litispendência e à coisa julgada.

Nesse particular, nos parece que, com o advento do Código de Defesa do Consumidor, referidas discussões restaram solucionadas, a teor do disposto nos arts. 103 e 104 de referida Lei.

Eis o texto dos mesmos:

> Art. 103. Nas ações coletivas de que trata este Código, a sentença fará coisa julgada:
>
> I — *erga omnes,* exceto se o pedido for julgado improcedente por insuficiência de provas, hipótese em que qualquer legitimado poderá intentar outra ação, com idêntico fundamento, valendo-se de nova prova, na hipótese prevista no inciso I do parágrafo único do art. 81;
>
> II — *ultra partes,* mas limitadamente ao grupo, categoria ou classe, salvo improcedência por insuficiência de provas, nos termos do inciso anterior, quando se tratar da hipótese prevista no inciso II do parágrafo único do art. 81;
>
> III — *erga omnes,* apenas no caso de procedência do pedido, para beneficiar todas as vítimas e seus sucessores, na hipótese do inciso III do parágrafo único do art. 81.

---

(159) MANCUSO, Rodolfo de Camargo. *Op. cit.,* p. 140.

§ 1º Os efeitos da coisa julgada previstos nos incisos I e II não prejudicarão interesses e direitos individuais dos integrantes da coletividade, do grupo, categoria ou classe.

§ 2º Na hipótese prevista no inciso III, em caso de improcedência do pedido, os interessados que não tiverem intervindo no processo como litisconsortes poderão propor ação de indenização a título individual.

§ 3º Os efeitos da coisa julgada de que cuida o art. 16, combinado com o art. 13 da Lei n. 7.347, de 24 de julho de 1985, não prejudicarão as ações de indenização por danos pessoalmente sofridos, propostas individualmente ou na forma prevista neste Código, mas, se procedente o pedido, beneficiarão as vítimas e seus sucessores, que poderão proceder à liquidação e à execução, nos termos dos arts. 96 a 99.

§ 4º Aplica-se o disposto no parágrafo anterior à sentença penal condenatória.

Art. 104. As ações coletivas, previstas nos incisos I e II do parágrafo único do art. 81, não induzem litispendência para ações individuais, mas os efeitos da coisa julgada *erga omnes* ou *ultra partes* a que aludem os incisos II e III do artigo anterior não beneficiarão os autores das ações individuais, se não for requerida sua suspensão no prazo de trinta dias, a contar da ciência nos autos do ajuizamento da ação coletiva.

A partir do teor dos artigos supra resta claro que o legislador preferiu afastar a litispendência entre as ações individuais e a coletiva.

Quanto à coisa julgada, em se tratando de ação coletiva, somente estender-se-á aos titulares individuais (empregados no nosso estudo) se o pedido não for julgado improcedente por falta de provas (*secundum eventum litis*) e, caso exista ação individual, desde que seu Autor requeira sua suspensão no prazo de trinta dias a contar da ciência nos autos do ajuizamento da ação coletiva (extensão da coisa julgada *in utilibus*, ou seja, para beneficiar o Autor da ação individual que poderá, caso a coletiva seja julgada improcedente por falta de provas, continuar com a que propôs individualmente).

Contudo, é importante que o Autor da ação individual seja notificado (intimado) naquele processo sobre a existência da ação coletiva, sendo certo que o prazo estabelecido pelo art. 104 somente iniciar-se-á da efetiva comprovação, nos autos da ação individual, da ciência da ação coletiva.

Tratando também do art. 104 do Código de Defesa do Consumidor, ora em comento, Elton Venturi[160] entende que a regra de tal artigo, na verdade, admite a litispendência sem que os feitos individuais sejam extintos (aplicação do art. 267, V do CPC) e conclui que é dever do Magistrado determinar, de ofício, a citação do autor individual, sendo que, caso a mesma não ocorra (ressaltando que pode ser feita a qualquer tempo enquanto não sobrevier a coisa julgada no processo individual) seria possível ao autor individual que teve seu processo transitado em julgado, com resultado desfavorável, valer-se da ação rescisória (art. 485, V do CPC), já que teria sido negada vigência à Lei n. 8.078/90, notadamente a seu art. 104.

---

(160) VENTURI, Elton. *Op. cit.*, p. 352/366.

Contudo, entende também que, superado o prazo da ação rescisória, não haveria como se estender a eficácia da coisa julgada ao indivíduo derrotado na ação individual, ponto em que concordamos com o Autor, dada a impossibilidade de modificação da decisão neste caso e porque raciocínio contrário importaria na quebra total da segurança das relações jurídicas.

Acrescenta ainda o Autor em referência que, enquanto não transitada em julgado a ação individual e tendo logrado êxito o Autor da ação coletiva, a coisa julgada pode ser estendida ao Autor da ação individual, já que o art. 104 não estabelece limite de tempo para a intimação.

Por fim, informa o doutrinador que o Anteprojeto de Código Brasileiro de Processos Coletivos propõe:

> solução aparentemente mais simples e benéfica ao autor individual: caso o demandado não se desincumba do seu ônus relativo à adequada informação ao demandante individual acerca da pendência de demanda coletiva conexa (que verse sobre idêntico bem jurídico), o autor individual beneficiar-se-á "da coisa julgada coletiva mesmo no caso de a demanda individual ser rejeitada" (art. 7º, § 1º, versão janeiro/2007).

Cumpre frisarmos que muito do subsídio doutrinário e até mesmo legal das ações coletivas vem das *class actions* norte-americanas, disciplinadas pela regra 23 das *Federal Rules of Civil Procedure,* onde, após serem notificados acerca do ajuizamento da ação coletiva, os integrantes do grupo poderão requerer sua exclusão da ação de classe — *right to opt out* — num prazo fixado pelo Tribunal e os que não o fizerem sofrerão os efeitos da sentença proferida em sede de ação coletiva, seja esta favorável ou não. Para tanto, o Juiz determina que o Réu noticie a existência da ação coletiva em todas as ações individuais conexas e o Autor das ações individuais, caso queira, poderá exercer seu direito de suspender o processo individual: *right to opt in* e, nesses casos, também haverá a extensão subjetiva da coisa julgada *in utilibus;* ficando claro que, caso não requeiram a suspensão das ações individuais, não se beneficiarão dos efeitos da coisa julgada *secundum eventum litis.*(161)

Destacamos que, tanto aqui quanto nos Estados Unidos, é essencial que aos autores das ações individuais seja assegurado o direito de optar entre dar seguimento a esta ou suspender o processo.

Essa questão foi discutida no Fórum Nacional do Trabalho — FNT(162) que, ao final, propôs solução diversa da atual, disciplinando especificamente a comunicação aos substituídos do ajuizamento da ação coletiva.

---

(161) OLIVEIRA, Swarai Cervone de. *Poderes do Juiz nas ações coletivas.* São Paulo: Atlas, 2009. p. 63, 77 e 93.

(162) Como já ponderamos, o Fórum foi criado pelo Governo Lula para implantar as reformas sindical e trabalhista, dele participam representantes de trabalhadores, empregadores e governo. Maiores informações no sítio do Ministério do Trabalho (<http:/ /www.mte.gov.br>), onde se tem acesso à organização, objetivos, etapas e resultados do

Voltando ao procedimento do Código de Proteção ao Consumidor, não é ele que temos observado nas Varas da Justiça do Trabalho e, sem a notificação dos substituídos, impossível a aplicação do art. 104 mencionado.

Nesse caso (e nos parece que somente por isso), estaria correto o entendimento prevalente do Tribunal Superior do Trabalho que, como já ponderamos, inclusive trazendo um aresto à colação, tem sido no sentido de que existe litispendência entre a ação individual e a coletiva.

Isso se justifica, em última análise, em razão do bem da vida que se pleiteia ser o mesmo, do que resulta o perigo de decisões conflitantes que, além de desprestigiarem o Poder Judiciário, em nada contribuem para a tão almejada paz social.

Fórum Nacional do Trabalho — FNT. O Fórum Nacional do Trabalho, em fevereiro de 2005, aprovou o Anteprojeto de Lei da Reforma Sindical (Proposta de Emenda à Constituição), do qual consta da Seção VI, arts. 163 e seguintes o que se segue:

"Seção VI

Das ações coletivas para a defesa de direitos individuais

Art. 163. O sindicato dotado de personalidade sindical, no âmbito de sua representação, poderá propor, em nome próprio e no interesse dos seus filiados, demanda coletiva para defesa de direitos individuais nas hipóteses previstas no § 2º do art. 195 da Consolidação das Leis do Trabalho, no art. 25 da Lei n. 8.036, de 11 de maio de 1990, e visando ao cumprimento de cláusula de contrato coletivo ou de sentença proferida na forma do Capítulo V do Título VII desta Lei.

Art. 164. A petição inicial deverá identificar os substituídos, fornecer as informações individuais que forem necessárias ao julgamento da pretensão e será instruída com prova de filiação ao sindicato.

Art. 165. No prazo de 10 (dez) dias, após o ajuizamento da demanda, o sindicato deverá comprovar que divulgou a instauração do processo, esclarecendo aos substituídos que os efeitos da sentença, favorável ou contrária, serão vinculativos para quem não requerer sua exclusão do processo.

§ 1º No prazo de 40 (quarenta) dias, após o ajuizamento da demanda, o substituído poderá requerer sua exclusão do processo, independentemente da concordância do réu.

§ 2º Decorrido o prazo de que trata o parágrafo anterior, a exclusão dependerá da concordância do réu.

§ 3º O pedido será extinto sem julgamento do mérito se não for comprovada a tempestiva e adequada divulgação da instauração do processo aos substituídos.

§ 4º Observar-se-á o disposto neste artigo sempre que, em nome próprio e no interesse de seus filiados, o sindicato requerer a liquidação de sentença genérica proferida em processo instaurado para a defesa de direitos individuais homogêneos.

Art. 166. A conciliação será permitida apenas mediante autorização escrita ou por requerimento do substituído, ouvido o sindicato.

Art. 167. Em caso de procedência do pedido, a condenação fixará o direito de cada substituído e a responsabilidade do réu pelos danos causados.

Art. 168. A liquidação e a execução da sentença serão promovidas pelo substituído ou pelo sindicato, sendo desnecessária a providência de que trata o art. 165 desta Lei.

Art. 169. Às ações coletivas de que trata esta Seção aplica-se o disposto nos arts. 150 e 159 desta Lei."

Os arts. 103 e 104 retrocitados também constam da Lei da Ação Civil Pública (Lei n. 7.345/85), por força do disposto no art. 117 do Código de Proteção e Defesa do Consumidor (Lei n. 8.078/90), sendo plenamente compatíveis com o Processo do Trabalho e, via de consequência, com a substituição processual trabalhista, na medida em que afastam muitas discussões processuais infrutíferas.

Ressaltamos que, como bem pondera *Ada Pellegrini Grinover*, "tratando-se de interesses difusos e coletivos (*stricto sensu*), a sentença terá efeito *erga omnes*, salvo quando a rejeição do pedido ocorrer por insuficiência de provas, podendo qualquer legitimado intentar ação coletiva idêntica, com base em prova nova (CDC, art. 103, I e II e Lei da Ação Civil Pública, art. 16).

A solução visa proteger os membros da categoria profissional do perigo de colusão entre o autor coletivo e o réu, *evitando que a atividade processual inidônea do primeiro prejudique os indivíduos de cujos interesses se faz portador em juízo*"[163] (*Grifamos*).

É mais uma proteção ao trabalhador e mais um motivo para se aplicar o Código de Proteção e Defesa do Consumidor na esfera trabalhista.

Quanto à coisa julgada, interessa a ambos, tanto ao Autor quanto ao Réu, que querem ver aplicado o direito ao caso concreto, de forma, principalmente, a trazer segurança jurídica aos litigantes.

Sua importância é destacada por Gregório Assagra de Almeida,[164] afirmando que são pilares do Direito Processual: ação, jurisdição, processo, defesa (ou exceção) e a coisa julgada, ao que chama de pentalogia estrutural do direito processual.

Contudo, em sede de processo coletivo, a questão da coisa julgada demanda ainda maior atenção.

Como já afirmamos, o teor dos arts. 103 e 104 do Código de Defesa do Consumidor vincula os efeitos da coisa julgada ao resultado da demanda.

Foi, assim, uma opção do legislador tratar de forma diferente a coisa julgada no processo coletivo, se comparado ao processo comum.

Mancuso[165] é bem preciso neste particular, afirmando que a mera transposição de critérios da jurisdição singular para o ambiente processual coletivo será inviável ou de pouca utilidade, já que as discussões

---

(163) GRINOVER, Ada Pellegrini. *Novas questões sobre a legitimação e a coisa julgada nas ações coletivas*. São Paulo: DPJ, 2006. p. 219.

(164) ALMEIDA, Gregório Assagra de. *Op. cit.*, p. 206 e 207.

(165) MANCUSO, Rodolfo de Camargo. *Op. cit.*, p.111.

processuais ultrapassam a esfera do indivíduo. Destaca, ainda, o cuidado especial que se deve ter com a produção de provas e com ações ajuizadas individualmente por titulares do direito material; acrescentando:[166]

> Se é metaindividual, a carga eficacial vai se expandir para mais ou para menos, a depender do espectro do objeto litigioso, conforme se trate de interesse difuso, coletivo em sentido estrito ou individual homogêneo (CDC, arts. 93, 103 e incisos , art. 117). Numa alegoria: não é a película de revestimento que se mostra diversa; o objeto revestido é que apresenta diversa dimensão, esta circunstância repercutindo naquela.

Outro tópico importante de se destacar é que não podemos confundir competência com extensão da coisa julgada.

Quando o art. 93 do Código de Defesa do Consumidor determina o juízo competente para julgar tais lides de caráter metaindividual, não está a tratar de coisa julgada e, sim, de competência.[167]

Não faria sentido, numa lide de repercussão nacional, *v. g.*, proposta pelo sindicato dos trabalhadores em face de uma empresa com extensão nacional perante o juízo de uma capital de Estado da Federação atinente ao descumprimento de uma cláusula do Acordo Coletivo de Trabalho, também de vigência nacional, que os empregados deste Estado-membro tivessem um direito coletivo tutelado e os dos outros Estados da Federação não.

Mancuso[168] trabalha muito bem essa diferença concluindo não se poder aplicar o art. 93 em comento para efeitos da coisa julgada, sob pena de alguns serem "tratados diversamente de outros, como se possível fosse contingenciar geograficamente um valor unitário, como é a saúde pública ou um *status civitas*, como é o fato de ser brasileiro".

O mesmo raciocínio vale para o art. 16 da Lei da Ação Civil Pública, que confunde, *c.m.v.*, os conceitos de competência e coisa julgada.[169]

---

(166) *Ibidem*, p. 176.

(167) "Art. 93. Ressalvada a competência da Justiça Federal, é competente para a causa a justiça local:
I — no foro do lugar onde ocorreu ou deva ocorrer o dano, quando de âmbito local;
II — no foro da Capital do Estado ou no do Distrito Federal, para os danos de âmbito nacional ou regional, aplicando-se as regras do Código de Processo Civil aos casos de competência concorrente."

(168) MANCUSO, Rodolfo de Camargo. *Op. cit.*, p. 128.

(169) "Art. 16. A sentença civil fará coisa julgada *erga omnes*, nos limites da competência territorial do órgão prolator, exceto se o pedido for julgado improcedente por insuficiência de provas, hipótese em que qualquer legitimado poderá intentar outra ação com idêntico fundamento, valendo-se de nova prova."

Destacamos, ainda, que embora os terceiros não possam ser prejudicados pela coisa julgada formada *inter alios*, conforme dispõe o art. 472 do CPC, também não podem desconhecer ou recusar os efeitos que naturalmente se extraem do julgado, como também pondera Mancuso.(170)

Aqui a situação é outra.

Mesmo no processo civil há uma **eficácia natural do julgado**,(171) expressão que, afirma ele, foi inicialmente utilizada por Enrico Tullio Liebman.

Um exemplo que cita é o de um mandado de segurança provido que concede a alteração da ordem classificatória de um edital de homologação de um concurso público. Tal decisão atinge todos os que forem classificados após o referido impetrante do mandado de segurança (se o candidato estava em vigésimo lugar e, em virtude da decisão, passa para o terceiro, *v. g.*, todos os que lhe seguirem sofrerão os efeitos dessa decisão).

Outra questão que se discute é a possibilidade de relativização dessa coisa julgada.

A propósito, a seguinte decisão nega validade a referido artigo, no mesmo sentido por nós aqui entendido:
PROCESSO: 00813-2002-017-03-00-5-RO
RECORRENTES: 1) MINISTÉRIO PÚBLICO DO TRABALHO 2) MAXITEL S/A
RECORRIDOS: OS MESMOS
RELATOR: JUIZ JOSÉ EDUARDO DE R. CHAVES JÚNIOR
"EMENTA: AÇÃO CIVIL PÚBLICA. EFEITOS DA COISA JULGADA. REVOGAÇÃO DO ART. 16 DA LEI N. 7.347/95. INADEQUAÇÃO SISTEMÁTICA E INCOMPATIBILIDADE DOGMÁTICA. A decisão proferida em Ação Civil Pública faz coisa julgada *erga omnes* e *ultra partes*, limitadamente ao grupo, categoria ou classe atingida, independentemente de se localizarem fora da competência territorial do órgão prolator, nos termos do parágrafo único do art. 2º da Lei n. 7.347/95, que revogou, por incompatibilidade, o art. 16 do mesmo estatuto legal inteligência do par. 1º do art. 2º da Lei de Introdução do Código Civil.
A alteração legislativa do art. 16 da Lei de Ação Civil Pública, levada a efeito pela Lei n. 9.494/97, é absolutamente assistemática, e até incompatível com o complexo normativo de defesa dos direitos transindividuais, cuja tutela desafia, ao revés, abordagem holística e isonômica. Fragmentar a tutela coletiva significa retroceder todo o sistema, e incutir no seio da ação coletiva os ranços individualistas, que, com muito custo, a ciência contemporânea do processo procura transcender.
O mencionado art. 16 se revela incompatível inclusive com a própria dogmática interna da Lei n. 7.347/85, mormente após a alteração legislativa posterior à da Lei n. 9.494/97, qual seja, a da Medida Provisória 2.180-35/2001, cujo escopo se justifica à vista da própria pragmática da ação coletiva, já que se em sede individual mero *timor ne varie dicetur* não impõe a formação nem mesmo de litisconsórcio, sendo, dessa forma, admissível, em tese, o conflito lógico entre decisões, no plano coletivo, ao contrário, o caráter *erga omnes* do julgado impõe maiores cuidados, preocupação e cautela com a isonomia de tratamento entre os beneficiados pela tutela judicial."

(170) MANCUSO, Rodolfo de Camargo. *Op. cit.*, p. 139.

(171) *Ibidem*, p. 173.

Um exemplo importante de referida relativização seria o da alteração no art. 741 do CPC, parágrafo único, decorrente da Medida Provisória 2.180-35/2001, confirmada pela Lei n. 11.232/2005.(172)

Novamente, vamos nos valer dos ensinamentos de Mancuso, para quem(173) "o fato de a coisa julgada ser fonte assecuratória de direitos e de situações jurídicas não basta para que se a tenha como algo intocável e irreversível, quando constatado que o processo donde se originou está inquinado de falha insanável, sob os parâmetros da isonomia, da razoabilidade, da moralidade, da proporcionalidade".

Posiciona-se o autor, na mesma passagem de sua obra, pela posição intermediária: "nem se ampliando desmesuradamente as hipóteses de relativização (o que acabaria por desnaturar e tornar sem sentido o instituto da coisa julgada), nem se sacralizando o tema, como um tabu intangível".

Gregório Assagra de Almeida,(174) no mesmo sentido, manifesta-se pelo cuidado que se deve ter com a relativização da coisa julgada:

> entendemos que as teses que propõem atualmente a relativização (ou desconsideração) da coisa julgada, muitas delas sem qualquer tipo de controle legal ou principiológico, devem ser vistas com reservas. Não que a coisa julgada seja um dogma absoluto, mas porque a desconsideração (ou relativização) desenfreada da coisa julgada, como propõem alguns, coloca em risco a própria estrutura constitucional do direito processual.

Finalizando este tópico, importante citarmos, novamente, o professor Gianpaolo Poggio Smanio que muito bem sintetiza a questão atinente à litispendência (e à coisa julgada):(175)

> Não há litispendência:
>
> a. entre a ação coletiva e a ação individual;
>
> b. entre a ação coletiva para tutela de direitos difusos e a ação coletiva para tutela de direitos coletivos, uma vez que o objeto do pedido da segunda é mais limitado que o da primeira;

---

(172) "Parágrafo único. Para efeito do disposto no inciso II do *caput* deste artigo, considera-se também inexigível o título judicial fundado em lei ou ato normativo declarados inconstitucionais pelo Supremo Tribunal Federal, ou fundado em aplicação ou interpretação da lei ou ato normativo tidas pelo Supremo Tribunal Federal como incompatíveis com a Constituição Federal."

(173) MANCUSO, Rodolfo de Camargo. *Op. cit.*, p. 144.

(174) ALMEIDA, Gregório Assagra de. *Op. cit.*, p. 209.

(175) SMANIO, Gianpaolo Poggio. *Op. cit.*, p. 142.

c. entre a ação coletiva para defesa de direitos individuais homogêneos e ação individualmente proposta (partes diferentes e pedido mais limitado na segunda);

d. entre ação coletiva pra defesa de direitos difusos e ação individualmente coletiva para defesa de direito individual homogêneo (pedido e partes diferentes).

Há litispendência:

Ação coletiva (ação civil pública) e ação popular — ambas com o fim de desconstituição de um ato lesivo ao meio ambiente.

Nesse caso, as partes (associações e cidadão) visam apenas impulsionar o processo, sendo legítimos condutores. São em ambos os casos substitutos processuais da coletividade.

É a coletividade que está em juízo em ambos os casos, por meio do legitimado extraordinariamente pela Constituição e pela lei.

5.2. *Rol de Substituídos*

Outro ponto que suscita grandes debates diz respeito à necessidade de apresentação do rol de substituídos, por ocasião do ajuizamento da ação.

A Súmula n. 310 do Tribunal Superior do Trabalho continha essa exigência e a principal justificativa para tanto baseava-se em não impedir (ou dificultar) o direito de defesa do réu.

Com efeito, apesar de ser útil a identificação dos empregados-substituídos na exordial (ou em anexo a ela), tal exigência não pode ser levada ao extremo, a ponto de sua falta configurar ausência de pressuposto de constituição válida e regular do processo, já que os substituídos podem ser identificados na fase liquidatória.

Por força do disposto no art. 95 do Código de Proteção do Consumidor, a sentença é genérica e a individuação do crédito será feita na fase liquidatória, quando o rol poderá ser apresentado.

Eis o teor do artigo:

> Art. 95. Em caso de procedência do pedido, a condenação será genérica, fixando a responsabilidade do réu pelos danos causados.

Ressaltamos ainda que, em razão do tipo de crédito com que lidamos (eminentemente alimentar), essa exigência poderia atrasar desnecessariamente o andamento do feito, sendo certo também que o empregador sempre tem como identificar os empregados que se encontram na situação descrita na petição inicial.

Casos há também em que não é possível a identificação de todos os substituídos na petição inicial, *v. g.*, um pedido de pagamento de adicional de insalubridade a todos os empregados de um determinado período numa grande empresa: muitos empregados já podem ter se desligado, outros podem atuar fora do município-sede do sindicato, enfim, uma série de fatores que fazem com que a relação dos substituídos somente seja do conhecimento do Réu.

Por fim — e para sepultar a questão, no nosso entendimento — o argumento de que a ausência do rol dificulta o direito de defesa sequer passa pelo crivo do art. 840, § 1º da vetusta CLT, ao dispor que a petição inicial conterá "uma breve exposição dos fatos de que resulte o dissídio".

5.3. *Prescrição*

Em relação à interrupção da prescrição, a questão também se coloca, na medida em que tanto o empregado, numa eventual ação individual, quanto o sindicato, na ação coletiva, estariam a pleitear o mesmo bem da vida.

Daí, muito justo que a ação coletiva interrompa a prescrição em relação aos empregados individualmente considerados, mesmo que a ação coletiva seja extinta por falta de pressuposto processual ou condição da ação.

Do contrário, estaríamos a exigir do empregado-hipossuficiente que sempre ajuizasse sua ação individual, mesmo que estivesse tramitando a ação coletiva proposta pelo sindicato, o que não tem sentido prático algum.

Esta é a posição do Tribunal Superior do Trabalho, aliás, coerente com o entendimento de litispendência entre ação coletiva e individual daquele Tribunal Superior do Trabalho, mas que vale também para os que aplicam os arts. 103 e 104 da Lei n. 8.078/90, pelos argumentos pragmáticos supracitados.

A propósito, a Orientação Jurisprudencial 359 da SDI I, do Tribunal Superior do Trabalho, de 14.3.08, assim dispõe:

> Substituição processual — Sindicato — Legitimidade — Prescrição — Interrupção. Ação movida por sindicato, na qualidade de substituto processual, interrompe a prescrição, ainda que tenha sido considerado parte ilegítima *ad causam*.

5.4. *Ação Rescisória*

Passando a abordar a ação rescisória, que visa desconstituir decisão em que o sindicato atuou como substituto processual, o Réu será o sindicato porque ele foi parte na ação principal, questão que parece não suscitar maiores dúvidas.

Neste sentido é a Súmula n. 406, II do Tribunal Superior do Trabalho, *in verbis:*

> II — O Sindicato, substituto processual e autor da reclamação trabalhista, em cujos autos fora proferida a decisão rescindenda, possui legitimidade para figurar como réu na ação rescisória, sendo descabida a exigência de citação de todos os empregados substituídos, porquanto inexistente litisconsórcio passivo necessário (ex-OJ n. 110 da SBDI-2 — DJ 29.4.2003).

Neste particular, Fredie Didier Jr. e Ermes Zaneti Jr.[176] tratam da possibilidade do "processo coletivo passivo" e o conceituam como a demanda que se formula "contra uma dada coletividade", afirmam que, assim como para todas as ações, exige-se para a ação coletiva que a demanda seja proposta contra um "representante adequado" (legitimado extraordinário para a defesa de uma situação jurídica coletiva) e que a causa se revista de "interesse social". Neste aspecto, portanto, nada há de peculiar na ação coletiva passiva.

Acrescentam, no mesmo texto, que "da mesma forma que a coletividade pode ser titular de direitos (situação jurídica ativa), ela também pode ser titular de um dever ou um estado de sujeição (situações jurídicas passivas)"; entendendo, ainda, pela possibilidade de todos os tipos de tutelas e não apenas os condenatórios.

E ponderam:

> Um direito coletivo pode estar correlacionado a uma situação passiva individual (por exemplo: o direito coletivo de exigir que uma determinada empresa proceda à correção de sua publicidade). Um direito individual pode estar relacionado a uma situação jurídica passiva coletiva (por exemplo: o direito do titular de uma patente impedir a sua reiterada violação por um grupo de empresas). Um direito coletivo pode estar relacionado, finalmente, a uma situação jurídica coletiva (por exemplo: o direito de uma categoria de trabalhadores a que determinada categoria de empregadores reajuste o salário-base).
>
> [...]
>
> Alguns exemplos podem ser úteis à compreensão do tema.
>
> Os litígios trabalhistas coletivos são objetos de ações duplamente coletivas: em cada um dos polos, conduzidos pelos sindicatos das categorias (empregador e empregado), discutem-se situações jurídicas coletivas. No direito brasileiro, inclusive, podem ser considerados como os primeiros exemplos de ação coletiva passiva.

---

(176) DIDIER JR., Fredie; ZANETI JR., Ermes. Processo coletivo passivo. *Revista de Processo*, ano 33, nov. 2008; Revista dos Tribunais, p. 29/43.

[...]

Isso não significa que não haja ação coletiva passiva declaratória. No âmbito trabalhista, por exemplo, cogita-se da ação declaratória para certificação da correta interpretação de um acordo coletivo, em que são fixadas as situações jurídicas coletivas ativas e passivas.

Ada Pelegrini Grinover também trata do tema e admite as ações coletivas passivas (*defendant class actions*), desde que o Juiz da causa faça o controle da representatividade adequada.

Pondera que, como consta do Anteprojeto de Código Modelo de Processos Coletivos para a Ibero-América, em caso de ação individual movida contra a classe ré, em se tratando de interesses difusos ou coletivos, bastará inverter a previsão legal do art. 103, I e II do CDC, de modo que a sentença de procedência contra a classe, em que o juiz reconheça a insuficiência da defesa coletiva, não faça coisa julgada, podendo o autor intentar a mesma ação contra a classe, representada por outro legitimado, para que este renove a defesa. Ou, ainda, em caso de insuficiência da defesa coletiva, o juiz simplesmente negaria a legitimação do portador em juízo dos interesses coletivos, por falta de adequada representatividade, reconduzindo-se a questão à ausência de condição da ação, que não inviabiliza a repetição do pedido contra outro legitimado. E, na ação individual movida contra a classe ré, envolvendo direitos individuais homogêneos, bastaria ao juiz inverter o disposto no art. 103, III e § 2º, de modo que a sentença favorável não impedisse o ajuizamento de ações individuais por qualquer membro da classe, para contrastar a pretensão do autor vencedor. Conclui que, assim, a coisa julgada continuaria operando somente *in utilibus*, para beneficiar e não para prejudicar os membros da classe.(177)

Finalizando este tópico, podemos citar Diogo Campos Medina Maia que afirma existir esse controle da representatividade nos Estados Unidos, onde a representatividade é *ope judicis*, aferida pelo Juiz no caso concreto e, na legislação brasileira, não, na medida em que é *ope legis* (art. 8º, III, da Constituição Federal de 1988), assim, é maior o cuidado que se deve ter em relação à coisa julgada em tais casos.

Afirma, em consequência, o autor supra que, na ação coletiva passiva, a sentença de improcedência sempre fará coisa julgada. A decisão de procedência só fará coisa julgada se baseada em provas suficientes para formar o convencimento do Julgador. Não haveria coisa julgada por mera distribuição de ônus de prova.(178)

---

(177) GRINOVER, Ada Pellegrini. *Op. cit.*, p.. 219/225.

(178) MAIA, Diogo Campos Medina. *Ação coletiva passiva.* Rio de Janeiro: Lumen Juris, 2009. p. 148. (Coleção Direito Processual Coletivo).

5.5. Intervenção de terceiros

Outro tópico importante a ser discutido diz respeito à intervenção dos empregados e à natureza jurídica de referida intervenção — litisconsórcio ou assistência.(179)

A propósito, um exemplo de ação coletiva passiva diversa da ação rescisória, com o sindicato no polo passivo, a seguir:
AUTOR:(1) IRMÃOS BRETAS, FILHOS E CIA. LTDA.
RÉUS: (1) SINDICATO DOS EMPREGADOS NO COMÉRCIO DE UBERLÂNDIA E ARAGUARI
(2) SINDICATO DO COMÉRCIO DE UBERLÂNDIA
(3) FEDERAÇÃO DO COMÉRCIO DO ESTADO DE MINAS GERAIS
"EMENTA: AÇÃO ANULATÓRIA DE CLÁUSULA DE INSTRUMENTO COLETIVO DE TRABALHO. LEGITIMIDADE — Não obstante competir ao Ministério Público do Trabalho a atribuição de propor ação anulatória de cláusula de contrato, acordo ou convenção coletiva, que viole as liberdades individuais ou coletivas ou os direitos individuais indisponíveis dos trabalhadores, depreende-se do teor do art. 129, inc. III e § 1º da Constituição Federal de 1988 e da Lei Complementar n. 75/93, art. 83, inc. IV, que essa legitimidade não configura monopólio do referido órgão, podendo ser ajuizada também por outros legitimados autônomos, como é o caso das empresas pertencentes à categoria econômica assinante do instrumento coletivo" (AA 00767-2008-000-03-00-8, DJ 10.10.08 — SDC — TRT 3ª Região — Relator Desembargador Sebastião Geraldo de Oliveira).
(179) "CAPÍTULO V DO LITISCONSÓRCIO E DA ASSISTÊNCIA
Seção I — Do Litisconsórcio
Art. 46. Duas ou mais pessoas podem litigar, no mesmo processo, em conjunto, ativa ou passivamente, quando:
I — entre elas houver comunhão de direitos ou de obrigações relativamente à lide;
II — os direitos ou as obrigações derivarem do mesmo fundamento de fato ou de direito;
III — entre as causas houver conexão pelo objeto ou pela causa de pedir;
IV — ocorrer afinidade de questões por um ponto comum de fato ou de direito.
Parágrafo único. O juiz poderá limitar o litisconsórcio facultativo quanto ao número de litigantes, quando este comprometer a rápida solução do litígio ou dificultar a defesa. O pedido de limitação interrompe o prazo para resposta, que recomeça da intimação da decisão.
Art. 47. Há litisconsórcio necessário, quando, por disposição de lei ou pela natureza da relação jurídica, o juiz tiver de decidir a lide de modo uniforme para todas as partes; caso em que a eficácia da sentença dependerá da citação de todos os litisconsortes no processo.
Parágrafo único. O juiz ordenará ao autor que promova a citação de todos os litisconsortes necessários, dentro do prazo que assinar, sob pena de declarar extinto o processo.
Art. 48. Salvo disposição em contrário, os litisconsortes serão considerados, em suas relações com a parte adversa, como litigantes distintos; os atos e as omissões de um não prejudicarão nem beneficiarão os outros.
Art. 49. Cada litisconsorte tem o direito de promover o andamento do processo e todos devem ser intimados dos respectivos atos
Seção II — Da Assistência
Art. 50 — Pendendo uma causa entre duas ou mais pessoas, o terceiro, que tiver interesse jurídico em que a sentença seja favorável a uma delas, poderá intervir no processo para assisti-la.
Parágrafo único. A assistência tem lugar em qualquer dos tipos de procedimento e em todos os graus da jurisdição; mas o assistente recebe o processo no estado em que se encontra.

Em se tratando de ações coletivas para a defesa de direitos individuais homogêneos, o Código de Defesa do Consumidor, em seu art. 94, fala em litisconsórcio, ao se referir aos interessados que intervenham na ação.(180)

Elton Venturi cita farta doutrina que entende tratar-se de assistência litisconsorcial, ao argumento de que os intervenientes não são parte legítima para ajuizar a ação coletiva, mas podem intervir no processo já instaurado com o propósito de defender seus direitos.

Contudo, o autor supra acaba concluindo que, na verdade, seria verdadeira hipótese de litisconsórcio, vez que essa foi a opção do legislador e é a mais "consentânea com o espírito da tutela coletiva, justificando idoneamente o especial regime de incidência da coisa julgada material previsto pelo art. 103 do CDC".(181)

Manifesta-se plenamente de acordo com o referido litisconsórcio, que entende unitário, já que o direito em discussão é um só e acrescenta que, em caso de ampla intervenção, nada impede que a mesma seja limitada pelo Magistrado, inclusive pelo desmembramento do feito.(182)

Art. 51 — Não havendo impugnação dentro de 5 (cinco) dias, o pedido do assistente será deferido. Se qualquer das partes alegar, no entanto, que falece ao assistente interesse jurídico para intervir a bem do assistido, o juiz:

I — determinará, sem suspensão do processo, o desentranhamento da petição e da impugnação, a fim de serem autuadas em apenso;

II — autorizará a produção de provas;

III — decidirá, dentro de 5 (cinco) dias, o incidente. Art. 52 — O assistente atuará como auxiliar da parte principal, exercerá os mesmos poderes e sujeitar-se-á aos mesmos ônus processuais que o assistido. Parágrafo único. Sendo revel o assistido, o assistente será considerado seu gestor de negócios.

Art. 53 — A assistência não obsta a que a parte principal reconheça a procedência do pedido, desista da ação ou transija sobre direitos controvertidos; casos em que, terminando o processo, cessa a intervenção do assistente.

Art. 54 — Considera-se litisconsorte da parte principal o assistente, toda vez que a sentença houver de influir na relação jurídica entre ele e o adversário do assistido. Parágrafo único — Aplica-se ao assistente litisconsorcial, quanto ao pedido de intervenção, sua impugnação e julgamento do incidente, o disposto no art. 51.

Art. 55 — Transitada em julgado a sentença, na causa em que interveio o assistente, este não poderá, em processo posterior, discutir a justiça da decisão, salvo se alegar e provar que:

I — pelo estado em que recebera o processo, ou pelas declarações e atos do assistido, fora impedido de produzir provas suscetíveis de influir na sentença;

II — desconhecia a existência de alegações ou de provas, de que o assistido, por dolo ou culpa, não se valeu.

(180) "Art. 94 — Proposta a ação, será publicado edital no órgão oficial, a fim de que os interessados possam intervir no processo como litisconsortes, sem prejuízo de ampla divulgação pelos meios de comunicação social por parte dos órgãos de defesa do consumidor."

(181) VENTURI, Elton. *Op. cit.*, p. 307.

(182) *Ibidem*, p. 312.

Pondera, ainda:

> Assim, ainda que não seja permitido ao indivíduo interveniente deduzir pretensão de condenação líquida e certa em seu favor na primeira fase cognitiva da ação coletiva de tutela de direitos individuais homogêneos com base em inserção de questões particulares, sua participação, ao lado da entidade autora parece ser plenamente justificável sob todos os aspectos analisados, muito embora raramente se tenha verificado na praxe forense, sobretudo em virtude da notória insuficiência ou, mesmo, inexistência de adequada informação à comunidade acerca da propositura de ações coletivas — o que acaba inviabilizando uma participação mais efetiva das vítimas e sucessores já por ocasião do processamento da demanda coletiva de condenação genérica.[183]

Exatamente pelo fato do sindicato estar pedindo direito do empregado e não dele próprio, não nos parece plausível que o substituído não possa atuar como assistente litisconsorcial, sendo de se aplicar a ele os arts. 50 a 55 do CPC, embora seja evidente, até pela hipossuficiência do empregado (a fim de se evitarem retaliações, principalmente no curso do contrato de trabalho), que a hipótese é rara, como ponderou Elton Venturi, no trecho acima.

O(s) empregado(s) estaria(m) sendo diligente(s) atuando em auxílio do autor na busca do sucesso na produção de provas, enfim, do resultado vitorioso.

Entendemos, sim, ser o caso de assistência, pois os empregados, no caso da substituição processual sindical, não são legitimados a atuarem, individualmente, em defesa dos direitos individuais homogêneos, enquanto tais.

A questão, contudo, como se vê, não é tranquila na doutrina.

Mancuso,[184] em relação ao que chama **intromissão de lesados individuais**, aponta as duas correntes, quais sejam, pela negativa e pela possibilidade do substituído intervir na ação coletiva.

Cita Elton Venturi e Joaquim Spadoni, o primeiro a favor e o segundo contrário e acrescenta que para este é "desnecessária e inconveniente, sendo, até mesmo, contraproducente tanto para a atividade judicial, quanto para o próprio interessado" e acrescenta que, conforme o número de intervenientes, pode-se até inviabilizar o processo coletivo.

Venturi posiciona-se favorável à referida participação individual mesmo em caso de ações coletivas em que se discuta o descumprimento de direitos difusos e coletivos, entendendo ser o caso de aplicação analógica do art. 94 do CDC, já mencionado.

---

(183) *Ibidem*, p. 315/316.

(184) MANCUSO, Rodolfo de Camargo. *Op. cit.*, p. 66.

E, assim, conclui:

> Ora, se a lei dispõe que o resultado de procedência de uma ação coletiva proposta originariamente para a tutela de direitos difusos e coletivos, como ocorre a ação civil pública, beneficia eventuais vítimas e/ou sucessores do mesmo evento lesivo que foi objeto da demanda — vale dizer, viabiliza que esses deduzam pretensões de liquidação e execução individualizadas com base na sentença condenatória alcançada pela ação coletiva —, conclui-se que há evidente interesse jurídico-processual justificador de sua intervenção no procedimento judicial.
>
> Neste passo, é lícito afirmar-se que o referido art. 103, § 3º do CDC acabou por imprimir às sentenças de procedência de ações civis públicas uma eficácia condenatória genérica, similarmente ao que determina o art. 95 do CDC no âmbito das ações coletivas de tutela de direitos individuais homogêneos. Vale dizer, para além da condenação líquida e certa postulada pela entidade autora da ação civil pública, que visa a satisfazer a pretensão de ressarcimento/recomposição dos direitos meta-individuais lesados, indivisivelmente considerados, e que deve reverter para o fundo mencionado pelo art. 13 da LACP, a sentença de procedência fixará também, genericamente, o dever do réu de indenizar vítimas e sucessores a título individual que porventura compareçam em juízo demonstrando o nexo causal e o prejuízo pessoal.(185)

Em todos os casos — direitos coletivos, difusos e individuais homogêneos — entende ser a hipótese de litisconsórcio facultativo unitário, como já mencionamos.

Teori Albino Zavascki pondera que a defesa coletiva de direitos em litisconsórcio seria inviável, contrariando, inclusive, a concentração e a celeridade processuais.(186)

Em resumo, embora a intervenção de terceiros seja possível, se não for bem manejada pode ser extremamente inconveniente e tumultuar, desnecessariamente, o processo, contrariando o princípio da celeridade e o da economia processual e acabando por fazer com que o processo coletivo perca o sentido.

5.6. Desistência, Renúncia, Transação

Outra questão intrincada diz respeito à possibilidade de desistência pelo substituído, nos autos da ação em que o sindicato funciona como substituto processual.

---

(185) VENTURI, Elton. *Op. cit.*, p. 321/322.

(186) ZAVASCKI, Teori Albino. *Op. cit.*, p. 165.

A hipótese era prevista pela Súmula n. 310 do Tribunal Superior do Trabalho, já mencionada.

Contudo, entendemos que a mesma vai de encontro aos princípios do Direito Tutelar do Trabalho, que é exatamente o direito material que o Direito Processual do Trabalho busca efetivar, não podendo ser admitida em sede de substituição processual sindical.

Em primeiro lugar, como já ponderamos neste capítulo ao tratarmos da legitimidade dos entes ideológicos, a legitimidade do sindicato é autônoma, assim, a homologação da desistência por parte do empregado-substituído seria impossível, pelo menos sem ouvir antes o sindicato-autor.

Seria o mesmo que minar a alma do instituto, como afirma Ben-Hur Silveira Claus,[(187)] contrariando sua própria razão de ser que é, exatamente, fortalecer o hipossuficiente através do ente coletivo que atuará em nome próprio pleiteando direito do empregado, que assim não sofrerá diretamente as pressões decorrentes do ajuizamento de uma ação trabalhista.

O sindicato atuará onde, muitas vezes, o poder público não atua (ou atua de maneira insuficiente, *v. g.*, não conseguindo fiscalizar todas as empresas acerca do cumprimento da legislação tutelar do trabalho), dadas as já conhecidas carências humanas e financeiras, procurando assegurar ao trabalhador (normalmente ainda empregado), diante do empregador, o cumprimento dos direitos sociais constitucionalmente (materialmente) previstos.

Faz o sindicato as vezes do Estado que deveria promover políticas públicas nesse sentido, sendo um valor aceito entre nós (e já tratado nesse estudo) que o emprego formalizado é uma das mais importantes formas de se assegurar cidadania e dignidade às pessoas.

Espera o sindicato que o mesmo Estado, através do Poder Judiciário, venha garantir aos integrantes da categoria profissional a efetividade desses direitos trabalhistas.

Destarte, quando admitimos que possa o empregado individualmente desistir da ação, permitimos, *c.m.v.*, que existam pressões do réu diretamente sobre ele.

Quem não conhece as famosas listas que circulam nas empresas quando o sindicato ajuíza uma ação como substituto processual em favor de toda uma categoria?[(188)]

---

(187) CLAUS, Ben-Hur Silveira. *Op. cit.*, p. 128.

(188) Empresa é condenada por cercear o direito de seus empregados irem à Justiça. A prática reiterada de condutas que ferem o exercício da liberdade de empregados para

Importante destacarmos que nesses direitos de segunda dimensão (como os sociais) em que se busca garantir, na prática, através do processo coletivo (ações coletivas), aquilo que o Estado ainda não assegurou:

> impende a tomada de uma posição clara e definida sobre aquilo que afinal se espera da jurisdição coletiva, a qual tem seus próprios pres-

---

propor ações judiciais trabalhistas é tema de ação civil pública (ACP) que resultou na condenação da Cemig — Companhia Energética de Minas Gerais ao pagamento de indenização por dano moral no valor de R$ 5 milhões, além da obrigação de suspender as práticas ilícitas.(Sentença: 00906-2009-020-03-00-9).
A ACP foi ajuizada pelo procurador do Trabalho Eliaquim Queiroz, após receber denúncia do Sindieletro — Sindicato Intermunicipal dos Trabalhadores na Indústria Energética de Minas Gerais, de que a Cemig condiciona a progressão salarial e a participação no plano de demissões voluntárias à comprovação de que o empregado não tenha movido ação judicial contra a empresa, inclusive ações coletivas propostas pelo sindicato profissional.
Provas — Na inicial da ação, o MPT reúne diversas provas da prática ilícita, inclusive depoimentos. Empregados da Cemig relatam diversas práticas que caracterizam cerceio à liberdade sindical, entre as quais o fornecimento de modelo de petição de desistência pelo Departamento Jurídico da empresa.
Um deles admitiu ter colhido desistência de colega e enviado para o Jurídico; outros informaram que superiores declaram abertamente, durante reuniões, posição contrária ao ajuizamento de ação por parte de empregados e até justificam não progressão pelo mesmo motivo.
Em um dos depoimentos, o funcionário relata que a chefe do RH admite que "o fato de participar da ação do sindicato impede a progressão" e mostra planilha que mapeia as promoções. A inscrição "esse empregado não pode ser promovido", aparece sempre na frente de nomes de pessoas que moveram ações judiciais, relatou o empregado.
Na sentença, dada em 8 de setembro, a juíza substituta Keyla de Oliveira Toledo, da 20ª Vara do Trabalho, com base em outra ação, relata que a empresa impôs cláusula em seu programa de demissão voluntária, condicionando a adesão ao programa à renúncia ao direito de eventual ação que possuísse.
"Conforme já decidido na ação proposta na 35ª Vara desta Capital, há uma discriminação aos empregados que possuem ações ajuizadas, tratando-os de forma desigual no que respeita à adesão ao programa de desligamento voluntário, o que, também, denota a ilicitude da conduta da ré, tentando impedir o sagrado direito de acesso à justiça" sustenta Keyla Toledo.
Condenação — Todos os pleitos do Ministério Público do Trabalho foram deferidos. A Cemig foi condenada a pagar indenização por dano moral no valor de R$ 5 milhões, pagar indenização em favor de cada trabalhador substituído em três ações coletivas propostas pelo sindicato no valor de R$ 30.000,00.
Além disso, deverá abster-se de praticar coação contra seus empregados, relativamente a qualquer questão inerente ao direito de ação; abster-se de praticar represália ou ato discriminatório, em especial, a recusa de qualquer benefício funcional a que tenham direito seus empregados, seja progressão funcional, reajuste salarial, bem como participação de programas prêmio de demissão voluntária.
A Cemig ainda pode recorrer da sentença. Em caso de descumprimento, após o trânsito em julgado, deverá pagar multa no valor de R$ 30.000,00 por empregado prejudicado.
Fonte: Procuradoria Regional do Trabalho da 3ª Região Minas Gerais, disponível em: <http://www.prt3.mpt.gov.br>. Acesso em: 17.9.2009.
"EMENTA: Ação civil pública. Prática antissindical. Danos morais. Claramente demonstrado nos autos a prática antissindical da empresa reclamada, mediante coação aos seus funcionários para a desistência de ações ajuizadas pelo sindicato, bem como

supostos e busca atingir finalidade específica, distinta daquela alcançável na jurisdição singular. O processo coletivo parte da premissa da impossibilidade (ou em alguns casos da inconveniência) do comparecimento pessoal e direto dos sujeitos concernentes, que assim ficam representados por um portador judicial legalmente credenciado, e, então, de duas uma: ou se assume que é uma consequência natural desse diferenciado ambiente processual a formação de uma coisa julgada de eficácia expandida extra-autos, a qual deve estender-se aos sujeitos concernentes ao objeto litigioso, ou então se ficará num meio-termo, numa sorte de limbo entre a jurisdição coletiva e singular, sem forma nem figura de Juízo.(189)

Com efeito, e nunca é demais salientarmos, isso se aplica ao Direito Processual do Trabalho, dada a sua especificidade, voltada, em última análise, para propiciar o recebimento final de créditos de natureza alimentar ou garantir melhores condições de trabalho.

Aqui estamos diante do também já mencionado choque entre princípios: direito individual de ação *versus* proteção coletiva (e mais efetiva) ao hipossuficiente.

Evidentemente que pode acontecer algum caso em que seja aconselhável admtir-se a desistência, cabendo ao Magistrado, a nosso sentir, ouvir as partes, vez que em nosso Processo do Trabalho, como em nenhum outro ramo processual, a oralidade também é de suma importância.

Quanto à renúncia, afigura-se-nos, também num primeiro momento, impossível para o sindicato, pois estaria ele a dispor de direito que não é seu.

Merece ser destacada ainda neste tópico a irrenunciabilidade dos direitos trabalhistas.

Em relação à transação, deve o Magistrado ouvir o sindicato e, se possível, os substituídos também, pois pode ser que ocorra uma boa conciliação e esta é o fim do Direito Processual do Trabalho — um de seus princípios mais emblemáticos — e, ao final, decidir pela homologação ou não da avença proposta.

---

para o desligamento da entidade, enfraquecendo o sindicato e, por conseguinte, enfraquecendo a defesa dos direitos de seus funcionários e de toda a respectiva categoria profissional. A prática da reclamada é altamente reprovável, sendo razoável o valor a título de danos morais constante da condenação, considerando, além da função reparatória, o caráter educativo e punitivo da indenização por danos morais." (TRT 4ª Região — Autos 0090500-63.2007.5.04.121 — publicado em 9.12.2009 — Redator Francisco Rossal de Araújo).

(189) MANCUSO, Rodolfo de Camargo. *Op. cit.*, p. 531.

Ben-Hur Silveira Claus[190] acrescenta também a impossibilidade do sindicato confessar e reconhecer pedido, porque não são direitos dos quais seja titular.

Gregório Assagra de Almeida,[191] tratando da ação civil pública, manifesta-se no sentido de que o art. 5º, § 3º da Lei da Ação Civil Pública[192] vincula o **princípio da proibição da desistência infundada**, perfeitamente aplicável à substituição processual sindical, no nosso entendimento.

5.7. Honorários Advocatícios

Entendemos serem devidos aos sindicatos os honorários advocatícios, mesmo quando funcionem nos autos na condição de substitutos processuais, ao contrário do entendimento da revogada Súmula n. 310, já citada, em seu inciso VIII.

Entendemos que a Lei n. 5.584, de 26 de junho de 1970, tem plena aplicação à hipótese de substituição processual, notadamente os seus arts. 14 e 16,[193] vez que os trabalhadores, na maioria das vezes hipossuficientes, estarão sendo assistidos por sindicato que pede direito que não é dele e, sim, dos substituídos, devendo, portanto, haver fixação de honorários, a serem pagos pelo vencido.

Entendemos, ainda, que os supracitados arts. 14 e 16 da Lei n. 5.584/70 não diferenciam os processos individuais dos coletivos para fins de verba de sucumbência, devendo a "assistência judiciária" de que tratam referidos artigos ser estendida às hipóteses de substituição processual.

Ademais, para prestar um serviço de qualidade, os sindicatos necessitam de meios para tanto e, nada mais justo, que os honorários da sucumbência se destinem a isso, do contrário, *d. v.*, a aqui defendida possibilidade de democratização do processo, através da substituição processual, fica bastante prejudicada.

---

(190) CLAUS, Ben-Hur Silveira. *Op. cit.*, p. 132/134.

(191) ALMEIDA, Gregório Assagra de. *Op. cit.*, p. 141.

(192) "§ 3º Em caso de desistência infundada ou abandono da ação por associação legitimada, o Ministério Público ou outro legitimado assumirá a titularidade ativa."

(193) "DA ASSISTÊNCIA JUDICIÁRIA

Art. 14. Na Justiça do Trabalho, a assistência judiciária a que se refere a Lei n. 1.060, de 5 de fevereiro de 1950, será prestada pelo Sindicato da categoria profissional a que pertencer o trabalhador.

[...]

Art. 16. Os honorários do advogado pagos pelo vencido reverterão em favor do Sindicato assistente."

Ressaltamos que, nos processos coletivos, é muito comum que as partes necessitem apresentar laudos de assistentes técnicos em matérias que demandam conhecimentos específicos, os quais são, por vezes, mais complicados que nos casos de representação processual, pelo que, muito justo que o vencido, caso não seja o sindicato, arque com os honorários advocatícios.

Esse entendimento não é pacífico no Tribunal Superior do Trabalho nem nos Tribunais Regionais,[194] merecendo ser citada, à guisa de exemplo, a Súmula

---

(194) 00988-2006-099-03-00-7-RO
RECORRENTE: INDÚSTRIAS TUDOR MG DE BATERIAS LTDA.
RECORRIDO: SINDICATO DOS TRABALHADORES NAS INDÚSTRIAS METALÚRGICAS MECÂNICA E MATERIAL ELÉTRICO DE GOVERNADOR VALADARES — SINTIMEL
RELATOR: DESEMBARGADOR MAURICIO GODINHO DELGADO
"EMENTA: HONORÁRIOS ADVOCATÍCIOS — AÇÃO PROPOSTA PELO SINDICATO COMO SUBSTITUTO PROCESSUAL POSSIBILIDADE.
A teor do que preceitua o art. 8º, III, da CR/88, é ampla a prerrogativa de substituição processual pelo sindicato, abrangendo, subjetivamente, os integrantes da categoria, e, objetivamente, seus direitos individuais homogêneos, a par dos direitos coletivos da comunidade de trabalhadores. Assim, se devidos honorários advocatícios ao sindicato quando da prestação da assistência jurídica ao empregado, não se justifica o indeferimento da verba honorária na hipótese em que ele atua como substituto processual." 16 de abril de 2007.
01840-2001-042-03-00-4-RO
Recorrentes: FERTILIZANTES FOSFATADOS S/A — FOSFÉRTIL (1)
SINDICATO DOS TRABALHADORES NAS INDÚSTRIAS QUÍMICAS E FARMACÊUTICAS DE UBERABA E REGIÃO — STIQUIFAR (2)
Recorridos: OS MESMOS
RELATOR: DESEMBARGADOR LUIZ OTÁVIO LINHARES RENAULT
"EMENTA: HONORÁRIOS ADVOCATÍCIOS. SUBSTITUIÇÃO PROCESSUAL — SINDICATO
A questão dos honorários advocatícios, na hipótese de substituição processual, era regulada pela Súmula n. 310/TST, que foi cancelada. Assim, a matéria deve ser analisada à luz das Leis ns. 1.060/50, 5.584/70 e 7.115/83, Súmulas ns. 219 e 329 e Orientações Jurisprudenciais 304 e 305, do Colendo TST. Com efeito, na Justiça do Trabalho, consoante entendimento consubstanciado na Súmula n. 219/TST, a condenação em honorários advocatícios, nunca superiores a 15%, não decorre pura e simplesmente da sucumbência, mas do preenchimento dos requisitos do art. 14, da Lei n. 5.584/70. Neste sentido, ao sindicato são devidos os honorários advocatícios, quando esteja prestando a assistência judiciária, nos termos da Lei n. 5.584/70, aí se equiparando a hipótese da substituição processual, pois maior razão assiste neste caso, em que representa direitos homogêneos de parte da categoria." 29 de março de 2006.
NÚMERO ÚNICO PROC: RR — 649/2004-751-04-00
PUBLICAÇÃO: DJ — 04/04/2008 (4ª Turma)
RELATOR MINISTRO BARROS LEVENHAGEN
"HONORÁRIOS ADVOCATÍCIOS. SUBSTITUIÇÃO PROCESSUAL.
I — Com o cancelamento da súmula n. 310 do TST, impõe-se ao exegeta interpretar o art. 14, da Lei n. 5.584/70, não mais a partir da sua literalidade, mas sim a partir da finalidade ali perseguida de assegurar ao **sindicato,** que atua como substituto **processual,** o direito aos **honorários advocatícios** que o foram na condição de assistente judicial. Com efeito, os **honorários advocatícios,** guardadas as peculiaridades do processo do trabalho, nada mais

n. 26 do Tribunal Regional da Terceira Região, em sentido diametralmente oposto, embora utilizando-se também da Lei n. 5.584/70, *in verbis:*

> HONORÁRIOS ADVOCATÍCIOS — SUBSTITUIÇÃO PROCESSUAL. Não são cabíveis honorários advocatícios em favor do Sindicato vencedor da ação, nos termos da Lei n. 5.584/70, quando figurar como substituto processual.

5.8. *A liquidação e a fase executiva*[195]

Outra questão que suscita debates diz respeito à participação do sindicato na fase executiva.

Parte da doutrina defende que a atuação sindical somente ocorreria, no processo de conhecimento, enquanto substituto processual. Na execução haveria representação.

Regina Maria Vasconcelos Dubugras[196] entende pela desnecessidade de atuação do sindicato na fase de execução, ao argumento de que o empregador poderia cumprir espontaneamente a obrigação e, do contrário, sendo a sentença genérica, o montante do crédito e sua titularidade serão

---

são do que a contraprestação patrimonial destinada àqueles que exercem auxílio técnico às partes envolvidas no litígio. II — Se ao **sindicato,** além de ter sido conferida a prerrogativa de prestar individualmente assistência judiciária ao empregado, o fora também a de substituir a categoria por ele representada, não se mostra razoável a tese que o inabilite à percepção de **honorários advocatícios** a título de contraprestação pelos seus serviços, na condição de substituto **processual.** III — Sobretudo tendo em conta a nova orientação jurisprudencial sobre a amplitude e extensão da **substituição processual,** em função da qual não se deve mais prestigiar a interpretação gramatical do art. 14 da Lei n. 5.584/70, até mesmo para se prevenir o ajuizamento de inúmeras ações individuais, na contramão do moderno movimento de coletivização das ações judiciais. IV — Em que pese a interpretação finalística da legislação extravagante sugerir se deva igualmente evoluir a jurisprudência para reconhecer ao **sindicato,** como substituto **processual,** o direito aos **honorários advocatícios,** esses, no Processo do Trabalho, não decorrem da mera sucumbência mas do requisito suplementar da insuficiência financeira, conforme preconiza aliás a OJ 305 da SBDI-I. V — Compulsando o acórdão recorrido, constata-se não ter o Regional consignado a existência do requisito suplementar consubstanciado na aludida insuficiência financeira dos substituídos; seja porque percebessem salários inferiores à dobra do salário mínimo, seja porque teriam, eles ou o advogado do **sindicato,** firmado declaração de estado de miserabilidade, nem foi exortado a tanto em embargos de declaração, de modo que, à falta do prequestionamento da súmula n. 297, não há como o TST deliberar conclusivamente sobre o deferimento dos **honorários advocatícios**. VI — Recurso conhecido e desprovido."

(195) Com as alterações decorrentes da Lei n. 11.232/2005, o Código de Processo Civil foi alterado (art. 475) e a execução passa a ser mera fase processual, iniciada pela parte, como ocorre já no Processo do Trabalho, onde pode ser iniciada, inclusive de ofício, pelo Juiz do Trabalho (art. 878 da CLT).

(196) DUBUGRAS, Regina Maria Vasconcelos. *Op. cit.*, p. 1182/1183.

definidos na execução, onde os titulares deverão fazer prova do dano pessoal e do nexo com o dano globalmente causado e confirmado em sentença.

José Alberto Couto Maciel(197) aponta a dificuldade de se executarem dezenas, centenas e até milhares de créditos nos autos de um único processo.

A decisão do Supremo Tribunal Federal, nos autos do RE 210029, publicada em 16.11.2005, tendo como relator o ministro Carlos Mário Velloso, foi clara no sentido contrário.(198)

Igualmente o Superior Tribunal de Justiça tem entendido que o sindicato é legítimo para atuar na liquidação e na execução do processo coletivo.(199)

Estamos de acordo com a jurisprudência majoritária de referidos Tribunais Superiores.

As dificuldades iniciais, comuns no ajuizamento da ação, não desaparecem na fase executiva. Pelo contrário.

Conforme determina o art. 95(200) do Código de Defesa do Consumidor, a sentença é genérica. Os pedidos serão quantificados na fase liquidatória, vindo daí a primeira dificuldade, a saber, a elaboração dos cálculos.

---

(197) MACIEL, José Alberto Couto. A substituição processual ilimitada, concedida pelo STF aos sindicatos e a inviabilidade de execução. *Revista LTr*, 70-09/1047.

(198) RE 210029, de 16.11.205, tendo como relator o ministro Carlos Mário Velloso:
"PROCESSO CIVIL. SINDICATO. ART. 8º III DA CONSTITUIÇÃO FEDERAL. LEGITIMIDADE. SUBSTITUIÇÃO PROCESSUAL. DEFESA DE DIREITOS COLETIVOS OU INDIVIDUAIS. RECURSO CONHECIDO E PROVIDO.
O art. 8º, III, da Constituição Federal estabelece a legitimidade extraordinária dos sindicatos para defender em juízo os interesses coletivos ou individuais dos integrantes da categoria que representam.
Essa legitimidade extraordinária é ampla, abrangendo a liquidação e a execução dos créditos reconhecidos aos trabalhadores.
Por se tratar de típica hipótese de substituição processual, é desnecessária qualquer autorização dos substituídos.
Recurso conhecido e provido."

(199) "EMBARGOS DE DIVERGÊNCIA. LEGITIMIDADE DOS SINDICATOS. SUBSTITUIÇÃO PROCESSUAL. LIQUIDAÇÃO E EXECUÇÃO DO PROCESSO COLETIVO *LATO SENSU*.
1 — O cerne da controvérsia gira em torno da legitimidade dos **sindicatos** para atuar na fase executiva do processo coletivo *lato sensu*. Consoante recente entendimento consignado no âmbito da Quinta e Sexta Turmas desta Corte e do Supremo Tribunal Federal, os **sindicatos** agem na qualidade de substitutos **processuais** quer na fase de conhecimento, quer na fase de liquidação e execução das ações em que se discute direitos coletivos e individuais homogêneos de seus filiados. 2 — Embargos de divergência conhecidos, mas rejeitados." (EREsp 108291 / RN Embargos de Divergência no Recurso Especial 2009/ 0027213-1 — Rel. — Ministro Fernando Gonçalves, 6.5.2009, DJ 21.5.2009.)

(200) "Art. 95. Em caso de procedência do pedido, a condenação será genérica, fixando a responsabilidade do réu pelos danos causados."

Outros muitos problemas existem.

Embora a execução, no Processo do Trabalho, desenvolva-se por impulso oficial, a teor do disposto no art. 878 da CLT,[201] muitos atos podem ser necessários, como indicação de bens, requerimento de medidas cautelares, etc., para os quais o sindicato está, na maioria das vezes, muito mais preparado que o reclamante individual.

Ben-Hur Silveira Claus vai mais adiante e acrescenta que, caso o sindicato abandone o processo na fase executiva, seria o caso de se aplicar o art. 112 do Código de Defesa do Consumidor[202] e o Ministério Público do Trabalho seria intimado para prosseguir no feito, tendo em vista que a discussão se dá em relação a direitos indisponíveis da categoria ou de seus integrantes.[203]

Concordamos com o Autor e entendemos que esse artigo poderia ser aplicado mesmo em caso de desistência infundada da ação pelo sindicato, como forma de proteger os direitos individuais homogêneos, coletivos e/ou difusos em discussão, dada a natureza alimentar da maioria dos créditos trabalhistas.

Quanto à dificuldade apontada por parte da doutrina de se executarem vários créditos nos autos de um único processo, perfeitamente possível ao Magistrado separar os autos em vários e, assim, facilitar a execução.

Em se tratando de sentença condenatória genérica (art. 95 da Lei n. 8.078/90), que depender da prova de fato novo, a liquidação será por artigos[204] e, neste particular, dependerá da iniciativa das partes, notadamente da parte autora (sindicato ou Ministério Público, caso adotada a solução acima), de maneira que, nesse caso, o impulso oficial é menor (art. 878 da CLT).

---

(201) "Art. 878 — A execução poderá ser promovida por qualquer interessado, ou *ex officio* pelo próprio Juiz ou Presidente ou Tribunal competente, nos termos do artigo anterior."

(202) "Art. 112. O § 3º do art. 5º da Lei n. 7.347, de 24 de julho de 1985, passa a ter a seguinte redação:
§ 3º Em caso de desistência infundada ou abandono da ação por associação legitimada, o Ministério Público ou outro legitimado assumirá a titularidade ativa."
Também o art. 15 da Lei n. 7.347/85 pode ser aplicado, *in casu:*
"Art. 15. Decorridos sessenta dias do trânsito em julgado da sentença condenatória, sem que a associação autora lhe promova a execução, deverá fazê-lo o Ministério Público, facultada igual iniciativa aos demais legitimados."

(203) CLAUS, Ben-Hur Silveira. *Op. cit.*, p. 148/150.

(204) Arts. 475-E a 475-G, acrescentados pela Lei n. 11.232, de 22 de dezembro de 2005.
"Art. 475-E. Far-se-á a liquidação por artigos, quando, para determinar o valor da condenação, houver necessidade de alegar e provar fato novo.
Art. 475-F. Na liquidação por artigos, observar-se-á, no que couber, o procedimento comum (art. 272).
Art. 475-G. É defeso, na liquidação, discutir de novo a lide ou modificar a sentença que a julgou."

Da mesma forma, caso o sindicato não obedeça aos comandos do Magistrado, uma solução seria, após regular intimação do mesmo, intimar o Ministério Público para assumir o polo ativo, dada a legitimação concorrente em tais tipos de lide.

Em relação ao empregador, em havendo fatos que dependam dele para serem quantificados (apresentação de documentos, *v. g.*), será intimado para tanto e, em caso de renitência, perfeitamente cabível a aplicação dos arts. 600 e 601 do CPC(205) c/c o art. 769 da CLT.

Entendemos que no Processo do Trabalho a máxima processual insculpida no art. 612 do CPC c/c o art. 769 da CLT, no sentido de que a execução se realiza em favor do credor, tem aplicação quase que absoluta, tendo em vista a natureza do crédito executado, sabidamente alimentar, o que já enfatizamos um sem número de vezes neste estudo.

Acresçam-se a isso as situações em que, intimado o sindicato, na fase executiva, não atende ao comando do Magistrado, podendo ser intimado diretamente o substituído, tendo em vista as especificidades do Processo do Trabalho e com fincas no que dispõe o art. 765 da CLT, ou mesmo, com base no mesmo dispositivo legal (ou o art. 112, § 3º, do Código de Defesa do Consumidor), intimado o Ministério Público do Trabalho para passar a integrar a lide, como já ponderamos retro.

Quando a liquidação não depender de serem provados fatos novos, será feita por cálculos, aplicando-se, no que couber, o CPC, notadamente o art. 475-B, §§ 1º , 2º e 3º (artigo acrescentado pela Lei n. 11.232, de 22 de dezembro de 2005).(206)

---

(205) "Art. 600. Considera-se ato atentatório à dignidade da justiça o ato do devedor que:
I — frauda a execução;
II — se opõe maliciosamente à execução, empregando ardis e mios artificiosos;
III — resiste injustificadamente às ordens judiciais;
IV — não indica ao juiz onde se encontram os bens sujeitos à execução.
Art. 601. Nos casos previstos no artigo anterior, o devedor incidirá em multa fixada pelo juiz, em montante não superior a 20% (vinte por cento) do valor atualizado do débito em execução, sem prejuízo de outras sanções de natureza processual ou material, multa essa que reverterá em proveito do credor, exigível na própria execução."

(206) "Art. 475-B. Quando a determinação do valor da condenação depender apenas de cálculo aritmético, o credor requererá o cumprimento da sentença, na forma do art. 475-J dessa Lei, instruindo o pedido com a memória discriminada e a atualização do cálculo.
§ 1º Quando a elaboração da memória do cálculo depender de dados existentes em poder do devedor ou de terceiro, o juiz, a requerimento do credor, poderá requisitá-los, fixando prazo de até trinta dias para o cumprimento da diligência.
§ 2º Se os dados não forem, injustificadamente, apresentados pelo devedor, reputar-se-ão corretos os cálculos apresentados pelo credor, e, senão o forem pelo terceiro, configurar-se-á a situação prevista no art. 362.
§ 3º Poderá o juiz valer-se do contador do juízo, quando a memória apresentada pelo credor aparentemente exceder os limites da decisão exequenda e, ainda, nos casos de assistência judiciária."

O pagamento, nos parece, deve ser pessoal, já que o crédito é dos substituídos, sugerindo Ben-Hur Silveira Claus,(207) *de lege ferenda,* para facilitar a execução, o pagamento ao sindicato-autor que ficaria responsável pela distribuição aos substituídos e posterior comprovação nos autos.

Embora seja uma solução interessante, entendemos que, uma vez depositados os valores e individualizados os créditos, ao longo de toda a fase executiva, o pagamento pode ser feito pela Secretaria da Vara do Trabalho, individualmente, ao final, pois facilitaria o controle por parte do Poder Judiciário.

Quanto a existir um Código de Processos Coletivos, entendemos, *c.m.v.*, desnecessário, vez que o art. 8º, III, da CF/88, a Lei da Ação Civil Pública e o Código de Defesa do Consumidor já se apresentam suficientes para a plena utilização do instituto da substituição processual trabalhista (e mesmo em sede de Processo Civil), pois plenamente compatíveis com os princípios que norteiam o Direito Processual do Trabalho, como aliás foi o entendimento do Supremo Tribunal Federal, ao decidir o Recurso Extraordinário — autos 210029, com publicação em 16.11.2005, tendo como relator o ministro Carlos Mário Velloso — em acórdão por nós já citado neste estudo.(208)

Com efeito, ao estudarmos a tutela de direitos metaindividuais em relação aos poderes constitucionais atribuídos ao Ministério Público (arts. 127 e 129 da CF/88), entendemos que as normas supra (Lei da Ação Civil Pública e o Código de Defesa do Consumidor) apresentam os subsídios necessários para o correto manejo das ações coletivas, em geral.

O Fórum Nacional do Trabalho — FNT,(209) por nós já mencionado, tratou também da substituição processual sindical, como já ponderamos.

Com efeito, como Relatório Final da Comissão de Sistematização do Fórum Nacional do Trabalho, abrangendo Organização Sindical, Negociação

---

(207) CLAUS, Ben-Hur Silveira. *Op. cit.*, p. 151/152.

(208) "PROCESSO CIVIL. SINDICATO. ART. 8º III DA CONSTITUIÇÃO FEDERAL. LEGITIMIDADE. SUBSTITUIÇÃO PROCESSUAL. DEFESA DE DIREITOS COLETIVOS OU INDIVIDUAIS. RECURSO CONHECIDO E PROVIDO.
O art. 8º, III, da Constituição Federal estabelece a legitimidade extraordinária dos sindicatos para defender em juízo os interesses coletivos ou individuais dos integrantes da categoria que representam.
Essa legitimidade extraordinária é ampla, abrangendo a liquidação e a execução dos créditos reconhecidos aos trabalhadores.
Por se tratar de típica hipótese de substituição processual, é desnecessária qualquer autorização dos substituídos.
Recurso conhecido e provido."

(209) Como já mencionamos retro, foi criado pelo Governo Lula para implantar as reformas sindical e trabalhista, dele participam representantes de trabalhadores, empregadores e governo. Maiores informações no sítio do Ministério do Trabalho (<http://www.mte.gov.br>), onde se tem acesso à organização, objetivos, etapas e resultados do Fórum Nacional do Trabalho — FNT.

Coletiva e Sistema de Composição de Conflitos, elaborado em março de 2004, a solução negociada possível foi a seguinte:

> IV — SUBSTITUIÇÃO PROCESSUAL
>
> • A substituição processual será objeto de regulamentação por parte da Comissão de Sistematização, no prazo de quinze dias a contar da realização da Plenária do Fórum Nacional do Trabalho sobre a Reforma Sindical.
>
> • Na hipótese de impasse em relação a regulamentação da substituição processual, prevalecerá a seguinte proposta: "(é atribuição das entidades sindicais de trabalhadores e de empregadores a) defesa dos direitos e interesses individuais e coletivos dos trabalhadores e empregadores, inclusive em questões judiciais e administrativas, conforme a lei".
>
> • Na hipótese de impasse, as partes discutirão a substituição processual no Grupo Temático do FNT, "Legislação do Trabalho".(210)

A questão evoluiu.

O Fórum Nacional do Trabalho, em fevereiro de 2005, aprovou o Anteprojeto de Lei da Reforma Sindical (Proposta de Emenda à Constituição),(211) em anexo, tratando de vários institutos pertinentes às relações sindicais, visando à "constituição de uma atmosfera de ampla liberdade e autonomia sindicais", buscando afastar "um sistema sindical estigmatizado pelo artificialismo em seus mecanismos representativos".(212)

Dentre as questões enfrentadas, a substituição processual sindical o foi de forma exaustiva, tendo sido sugerida a regulamentação para uma série de questões processuais, como as aqui expostas.

O art. 8º da Norma Constitucional, em seu inciso III, não mereceu proposta de reforma.

Contudo, o Anteprojeto de Lei, na parte relativa à reforma sindical, em seu Título VII — Da Tutela Jurisdicional, Capítulo II, Das Ações Coletivas em Geral, trata dos direitos "de trato processual coletivo", separando os direitos individuais homogêneos dos individuais puros (art. 141), entendidos os primeiros como "de natureza divisível, de que sejam titulares pessoas determinadas, que tenham origem no mesmo fato ou ato jurídico e que sejam caracterizados pela **prevalência das questões comuns sobre as**

---

(210) Parte integrante do Relatório Final da Comissão de Sistematização do Fórum Nacional do Trabalho: Organização Sindical, Negociação Coletiva, Sistema de Composição de Conflitos, datado de março de 2004.

(211) Fórum Nacional do Trabalho. Fonte: Ministério do Trabalho e Emprego. Disponível em: <http://www.mte.gov.br> Acesso em: 25.4.2008.

(212) Ricardo José Ribeiro Berzoini, então Ministro de Estado do Trabalho e Emprego, constante da Exposição de Motivos da Proposta de Emenda à Constituição, Brasília, fevereiro de 2005.

questões individuais" e os últimos como os de "natureza divisível e de que sejam titulares pessoas determinadas, sempre que apresentarem afinidade de questões por um ponto comum de fato ou de direito" (grifamos — art. 141, II e III do Anteprojeto de Lei da Reforma Sindical).

O Anteprojeto cuidou ainda, especificamente, da comunicação aos substituídos do ajuizamento da ação coletiva.(213)

Tal solução, como também já explicitamos neste estudo, aproxima as ações coletivas das *class actions for damages* norte-americanas em alguns pontos e evita uma série de discussões, já que é específico para o Processo do Trabalho, regulando questões como competência, necessidade de identificação de substituídos, comunicação adequada por parte do substituto processual, legitimidade, litispendência, liquidação e coisa julgada.

---

(213) Anteprojeto de Lei da Reforma Sindical (Proposta de Emenda à Constituição), do qual constar da Seção VI, arts. 163 e seguintes o que se segue (Disponível em: <http://www.mte.gov.br>):
"Seção VI
Das ações coletivas para a defesa de direitos individuais
Art. 163. O sindicato dotado de personalidade sindical, no âmbito de sua representação, poderá propor, em nome próprio e no interesse dos seus filiados, demanda coletiva para defesa de direitos individuais nas hipóteses previstas no § 2º do art. 195 da Consolidação das Leis do Trabalho, no art. 25 da Lei n. 8.036, de 11 de maio de 1990, e visando ao cumprimento de cláusula de contrato coletivo ou de sentença proferida na forma do Capítulo V do Título VII desta Lei.
Art. 164. A petição inicial deverá identificar os substituídos, fornecer as informações individuais que forem necessárias ao julgamento da pretensão e será instruída com prova de filiação ao sindicato.
Art. 165. No prazo de 10 (dez) dias, após o ajuizamento da demanda, o sindicato deverá comprovar que divulgou a instauração do processo, esclarecendo aos substituídos que os efeitos da sentença, favorável ou contrária, serão vinculativos para quem não requerer sua exclusão do processo.
§ 1º No prazo de 40 (quarenta) dias, após o ajuizamento da demanda, o substituído poderá requerer sua exclusão do processo, independentemente da concordância do réu.
§ 2º Decorrido o prazo de que trata o parágrafo anterior, a exclusão dependerá da concordância do réu.
§ 3º O pedido será extinto sem julgamento do mérito se não for comprovada a tempestiva e adequada divulgação da instauração do processo aos substituídos.
§ 4º Observar-se-á o disposto neste artigo sempre que, em nome próprio e no interesse de seus filiados, o sindicato requerer a liquidação de sentença genérica proferida em processo instaurado para a defesa de direitos individuais homogêneos.
Art. 166. A conciliação será permitida apenas mediante autorização escrita ou por requerimento do substituído, ouvido o sindicato.
Art. 167. Em caso de procedência do pedido, a condenação fixará o direito de cada substituído e a responsabilidade do réu pelos danos causados.
Art. 168. A liquidação e a execução da sentença serão promovidas pelo substituído ou pelo sindicato, sendo desnecessária a providência de que trata o art. 165 desta Lei.
Art. 169. Às ações coletivas de que trata esta Seção aplica-se o disposto nos arts. 150 e 159 desta Lei."

Importante explicitação trazida pelo Anteprojeto diz respeito à intimação do Ministério Público do Trabalho para atuar como fiscal da lei, quando não ajuizar a demanda, "sempre que estiver presente o interesse público ou social".

Embora o Código de Defesa do Consumidor (art. 112, § 3º) já contenha essa hipótese, é bom que também se explicite em termos de processo trabalhista, na medida em que a presença do Ministério Público do Trabalho resolve uma série de questões processuais, como já enfrentamos retro, além de ser importante para auxiliar do Juízo na fiscalização da atuação do próprio sindicato, o que, em última análise, representa mais uma garantia aos empregados-substituídos.

Tudo conforme Anteprojeto de Lei da Reforma Sindical, em anexo.

O Anteprojeto de Lei da Reforma Sindical não foi apreciado pelo Congresso Nacional.

Outro projeto de lei que merece destaque é o 5.139/09, de iniciativa do Presidente da República, em anexo, que disciplina a ação civil pública — alterando a legislação vigente — para a tutela de interesses difusos, coletivos e individuais homogêneos.

Referido projeto foi elaborado por uma comissão de juristas constituída no âmbito do Ministério da Justiça, mas sofreu modificações na Casa Civil da Presidência da República, após sua entrega.

Cuida o mesmo de pontos importantíssimos, tais como: ampliação dos direitos tuteláveis pela ação civil pública; rol de legitimados para propor as ações coletivas (como a Defensoria Pública, a Ordem dos Advogados do Brasil e os Partidos Políticos); regras de competência para reparação de dano coletivo que atinja várias partes do país, possibilitando o ajuizamento da Ação Civil Pública em qualquer juízo da Capital dos Estados ou no Distrito Federal, situação em que prevaleceria a primeira ajuizada, impedindo novas ações coletivas sobre o mesmo tema; criação de dois Cadastros Nacionais, um para acompanhamento de Inquéritos Civis e Compromissos de Ajustamento de Conduta, sob a responsabilidade do Conselho Nacional do Ministério Público e outro relacionado com Ações Civis Públicas ajuizadas, sob o controle do Conselho Nacional de Justiça para evitar a duplicidade de ações e fazer o seu acompanhamento; suspensão dos processos individuais, priorizando a tramitação numa ação coletiva e com posterior habilitação do autor individual na fase da execução e cobrança; em relação aos interesses ou direitos individuais homogêneos, estabelece um regime da coisa julgada, quando restrita à matéria de direito, de modo a atingir a solução da controvérsia de forma definitiva, vedado o ajuizamento de novas ações individuais para rediscutir o que anteriormente decidido em sede coletiva; aperfeiçoamento do Sistema de Execução das Tutelas Coletivas; além de outros.

O projeto, em anexo, ainda está seguindo seu trâmite constitucional para fins de aprovação.[214]

(214) A Comissão de Constituição e Justiça e de Cidadania da Câmara rejeitou em 17.3.2010, por 17 votos a 14, o Projeto de Lei n. 5.139/09, do Poder Executivo, que amplia os direitos coletivos que podem ser objeto de ação civil pública.
Foi apresentado recurso à Mesa Diretora, para que o projeto possa ser apreciado pelo plenário da Câmara dos Deputados. Disponível em: <http://www2.camara.gov.br> Acesso em: 22.4.10.

6. *Sindicatos Atuantes e a Diminuição dos Conflitos Judiciais*

Uma das afirmativas iniciais deste trabalho foi no sentido de que uma atuação mais constante do sindicato como substituto processual dos trabalhadores integrantes da categoria profissional respectiva contribui para reforçar, na prática, o princípio constitucional da liberdade sindical e para fortalecer os laços entre o sindicato e os trabalhadores por ele representados, o que implica no aumento do cumprimento espontâneo pelos empregadores das normas constitucionais e legais.

Isso facilita também o entendimento entre empregados e empregadores no local de trabalho, favorecendo a negociação coletiva e, em última análise, desafogando a Justiça do Trabalho.

Tal assertiva foi, no nosso sentir, constatada ao longo deste estudo.

Com efeito, à medida que os trabalhadores sentem que o sindicato está atento ao cumprimento do Direito material do Trabalho, preocupando-se com melhores condições laborais para os integrantes da categoria, com uma atuação pró-ativa, o choque entre eles e os empregadores diminui. E, lado outro, esse maior entendimento preserva a manutenção dos postos de trabalho e a representatividade faz-se presente, na prática, propiciando a identificação dos empregados com os sindicatos e, consequentemente, legitimando a atuação destes.

Isso é muito diferente, contudo, da situação que se observa nos presentes dias, onde, na maioria dos casos, a existência sindical vincula-se, basicamente, ao imposto sindical obrigatório[215] mantido pelo art. 8º, IV, da Constituição Federal de 1988.

É claro que não se negam as dificuldades da atuação sindical atualmente, onde a luta mais premente é pela manutenção dos postos de trabalho que pela melhora de suas condições.

---

(215) "Art. 578, da CLT — As contribuições devidas aos Sindicatos pelos que participem das categorias econômicas ou profissionais ou das profissões liberais representadas pelas referidas entidades serão, sob a denominação do "imposto sindical", pagas, recolhidas e aplicadas na forma estabelecida neste Capítulo." (*Vide* Lei n. 11.648, de 2008.)

Contudo, voltamos a dizer, o sindicato, mormente o profissional, deve atuar sempre no sentido de atenuar a fraqueza do empregado, pessoa física, diante do empregador.

Essa é sua função precípua, nos termos da Constituição Federal, conforme dispõe o art. 8º, aqui já tão citado, e o próprio art. 7º, onde várias questões essenciais ao contrato de trabalho podem ser alteradas, desde que o sindicato participe das negociações, *v. g.*, irredutibilidade do salário, salvo o disposto em acordo ou convenção coletiva (art. 7º, VI, CF/88), jornada de seis horas para o trabalho realizado em turnos ininterruptos de revezamento, salvo negociação coletiva (art. 7º, XIV, CF/88), além de outros.

Pouco adianta, pelo menos no nosso sentir, buscarmos modos para a solução rápida de processos judiciais, se as pesquisas pararem nesse ponto.

O ideal é que os processos não cheguem a surgir, ou seja, que os sujeitos das relações sociais — os empregados e os empregadores — resolvam seus próprios conflitos sem recorrer ao Poder Judiciário para este fim.

Sobre esse excessivo número de demandas e de seu efeito negativo em relação àqueles que mais precisam da celeridade processual para sobreviver, quais sejam, os trabalhadores, pondera José Roberto Freire Pimenta:(216)

> O excessivo número de reclamações trabalhistas é negativo na ótica do próprio Poder Judiciário trabalhista, como se demonstrou no tópico anterior desse trabalho, é ele ainda mais pernicioso na perspectiva dos jurisdicionados em geral e, especialmente, dos trabalhadores assalariados para os quais este ramo especial da Justiça foi instituído.
>
> Na perspectiva desses *consumidores da tutela jurisdicional trabalhista*, é ainda mais chocante o contraste entre o conteúdo dos arts. 6º a 11 da Constituição de 1988, que compõem o Capítulo II ("Dos direitos sociais") de seu Título II ("Dos direitos e garantias fundamentais"), e a dura realidade nacional noticiada pelos meios de comunicação de massa (altos índices de desemprego; mais da metade dos trabalhadores urbanos e rurais prestando serviços sem vínculo empregatício reconhecido; expressiva parcela desses trabalhadores percebendo tão somente o valor do salário mínimo, notoriamente insuficiente para atender ao disposto no inciso IV

---

(216) PIMENTA, José Roberto Freire. Tutelas de Urgência no Processo do Trabalho: o potencial transformador das relações trabalhistas das reformas do CPC brasileiro. In: PIMENTA, José Roberto Freire; RENAULT, Luiz Otávio Linhares; VIANA, Márcio Túlio; DELGADO, Mauricio Godinho e BORJA, Cristina Pessoa Pereira (coords.). *Direito do Trabalho.* Evolução, crise, perspectivas. São Paulo: LTr, 2004. p. 337-399.

do art. 7º da Norma Fundamental; a inexistência, em favor dos empregados, da proteção contra a despedida arbitrária ou sem justa causa prometida pelo inciso I do mesmo art. 7º da Constituição; sindicatos profissionais com baixo índice de sindicalização e com graves limitações para atuar em Juízo na defesa dos trabalhadores por eles representados, em virtude do entendimento jurisprudencial predominante, e que, em suas negociações coletivas dos últimos anos, têm se limitado a lutar pela manutenção das conquistas normativas anteriores).

O consenso no âmbito das categorias profissionais e econômicas, que se dá principalmente através dos acordos e convenções coletivas (ou nos próprios locais de trabalho), soluciona muitos problemas e impede que os mesmos se potencializem a ponto de se tornarem ações judiciais.

José Francisco Siqueira Neto, tratando da negociação coletiva nos locais de trabalho, conceitua a mesma como "o conjunto de procedimentos, formais ou informais, por meio dos quais trabalhadores e empresa resolvem pendências de interesse mútuo e compõem pacificamente os respectivos e localizados conflitos de interesses".(217)

Isso sim importa em atingir o cerne do problema e pode ser feito a partir de uma atuação mais efetiva dos entes sindicais.

Também Siqueira Neto,(218) ponderando acerca da autonomia coletiva dos entes sindicais (tema sobre o qual já tratamos no Capítulo 3), conceitua a mesma como um poder limitado pelo Estado, mas que propicia a elaboração de normas reguladoras das relações de trabalho, como resultado da negociação, adequando a legislação às especificidades de cada atividade e/ou empresa:

> A autonomia coletiva é um poder autorizado e limitado pelo Estado. Não se confunde com a soberania, que é exclusiva do Estado. Nem por isso, entretanto, tem seu espaço de atuação restrito à esfera de atuação da norma estatal. [...]
>
> Assim, o que presenciamos nas realidades onde a autonomia coletiva se consolidou são movimentos institucionais variados. Neste ritmo, ora a legislação recebe os resultados da negociação coletiva, ora outras leis se colocam com o objetivo de promover a negociação coletiva, ora a lei delegava à contratação coletiva a tarefa de ditar normas que superem a rigidez prevista na própria lei.

---

(217) SIQUEIRA NETO, José Francisco. *Liberdade sindical e representação dos trabalhadores nos locais de trabalho*. São Paulo: LTr, 2000. p. 174.
(218) *Ibidem*, p. 65.

Citando Francesco Santoro Passarelli, acrescenta:[(219)]

> A faculdade de regular os próprios interesses, o Estado reconhece não só aos indivíduos como a alguns grupos sociais para a tutela dos interesses coletivos, isto é, de interesses daquela coletividade de pessoas a perseguir um bem idôneo para satisfação de um bem comum.

Definindo liberdade sindical,o autor supra, de forma precisa, demonstra como a mesma deve ser utilizada pelo sindicato em benefício da melhora das condições de trabalho daqueles que representa o que, no nosso entendimento, importa numa verdadeira função civilizatória, impedindo que os conflitos trabalhistas surjam:[(220)]

> Liberdade sindical é um direito histórico decorrente do reconhecimento por parte do Estado, do direito de associação, que posteriormente adquiriu a qualidade de um dos direitos fundamentais do homem, conferido a trabalhadores, empregadores, e por respectivas organizações, consistente no amplo direito, em relação ao Estado e às contrapartes, de constituição de organizações sindicais em sentido teleológico (comissões , delegados ...), em todos os níveis e âmbitos territoriais, de filiação e não filiação sindical, de militância e ação, inclusive nos locais de trabalho, gerador da autonomia coletiva, preservado mediante a sua garantia contra todo e qualquer ato voltado a impedir ou a obstaculizar o exercício dos direitos a ele inerentes, ou de outros a ele conexos, instituto nuclear do Direito do Trabalho, instrumentalizador da efetiva atuação e participação democrática dos atores sociais nas relações de trabalho, em todas as suas esferas econômicas, sociais, administrativas publicas.

Esta deve ser a busca maior dos sindicatos e o Estado pode, em muito, contribuir para isso.

Não se olvida que o conflito de interesses é natural na relação capital-trabalho; estando, inclusive, previsto nos fundamentos do nosso Estado Democrático de Direito.[(221)]

---

(219) *Ibidem*, p. 66.

(220) *Ibidem*, p. 133/134.

(221) "Art. 1º A República Federativa do Brasil, formada pela união indissolúvel dos Estados e Municípios e do Distrito Federal, constitui-se em Estado Democrático de Direito e tem como fundamentos:

I — a soberania;

II — a cidadania;

III — a dignidade da pessoa humana;

IV — os valores sociais do trabalho e da livre iniciativa;

V — o pluralismo político."

Contudo, embora conflitantes, capital e trabalho são igualmente necessários e os conflitos decorrentes dessa relação devem ser tratados de modo a se exteriorizarem e serem solucionados pelas próprias partes envolvidas.

A grande importância da autonomia sindical retroanalisada é exatamente essa: valer-se de sua condição de representante de uma categoria profissional para conduzi-la, democraticamente, a encontrar a solução de conflitos e a tentar atingir suas pretensões diante dos empregadores (categoria econômica).

Falamos em tentar porque não se desconhecem as tentativas das últimas décadas de desconstrução do Direito do Trabalho, por nós já tratadas.[222]

Contudo, isso só reforça nosso argumento, vez que, se a dificuldade existe para o sindicato, com mais razão para o empregado diante do patrão.

Nesse sentido Daniel Sarmento,[223] tratando, exatamente, da "Incidência dos Direitos Sociais, Políticos e Transindividuais nas Relações Privadas".

Referido autor defende que mais importante que a liberdade constitucional não é a autonomia privada das entidades intermediárias, que ele exemplifica com as associações, família e empresa, mas a liberdade da pessoa. A liberdade dos entes intermediários é tutelada "porque ela é relevante para que as pessoas possam realizar os fins pessoais a que se propõem;" destacando, ainda, o valor instrumental dessa autonomia, em relação à liberdade e dignidade humanas.

Importante mencionar Perez Luño,[224] ponderando sobre a expressão direitos coletivos e ressaltando que a vontade do ente coletivo é a de seus integrantes, nos seguintes termos: "el ejercicio de los derechos exige actos de voluntad, que son uma manifestación exclusiva de las personalidades individuales. Los entes colectivos carecen de voluntad propia, esta debe ser formada, expresada y representada por los miembros que los integran".

A maior autonomia dos sindicatos está em firmar acordos ou convenções coletivas, em negociar, buscando ver efetivados os direitos sociais dos trabalhadores que está a representar.

Agora, se o sindicato, mesmo assim, não conseguir a composição dos interesses da categoria, terá de recorrer ao Poder Judiciário, a quem cabe constitucionalmente solucionar o conflito.

Ressalte-se que o próprio Ministério Público (normalmente o do Trabalho, na seara trabalhista) tem como uma de suas formas de atuação

---

(222) Capítulo 1 do presente trabalho.

(223) SARMENTO, Daniel. *Op. cit.*, p. 305/315.

(224) PEREZ LUÑO, Antonio-Enrique. *La tercera generación de derechos humanos.* Capítulo VII — *Diez tesis sobre la titularidad de los derechos humanos.* Navarra: Arandi, 2006. p. 229/241.

mais expressivas os termos de ajuste de conduta (procedimento extrajudicial), os quais podem ser, inclusive, executados diretamente, caso descumpridos após serem firmados, representando um importante meio de desafogar a Justiça do Trabalho.

Neste particular, voltamo-nos para o nosso tema central, qual seja, a atuação do sindicato como substituto processual e a importância de estar preparado para isso.

Além do preparo ideológico — aqui entendido como a consciência por parte do sindicato de que representa um conjunto de indivíduos que buscam, na realidade, a melhora das condições de trabalho e, via de consequência, de vida —, necessário o preparo técnico, preparo este que pode advir, inclusive, de iniciativas do próprio Estado.(225)

Esses são alguns dos muitos desafios dos sindicatos, para que possam se fazer atuantes, noção esta também em construção, da mesma forma que o conceito de cidadania.

---

(225) Destacamos, neste particular, a título de exemplo, curso realizado pelo Ministério Público do Trabalho em Belo Horizonte, recentemente (2008) sobre ações coletivas, direcionado aos sindicatos e com o objetivo de preparar-lhes para uma melhor atuação judicial (eventual).
O curso intitulado "Os sindicatos como autores de Ações Coletivas: Aspectos Processuais" foi direcionado para advogados e estagiários de sindicatos profissionais. A programação incluiu palestras, relatos de casos concretos e respostas a dúvidas do público durante debates.
Fonte: Ministério Público do Trabalho. Disponível em: <http://www.pgt.mpt.gov.br> Acesso em: 12.3.2009.

Conclusões

De tudo o que foi dito, podemos concluir:

• A Constituição Federal de 1988, ao estabelecer, em seu art. 7º, *caput* e incisos, os direitos fundamentais dos trabalhadores hipossuficientes, buscou assegurar-lhes garantias mínimas em face do empregador e, porque não dizer, do próprio Estado.

• O Poder Judiciário vem passando por uma fase de adaptação diante do aumento crescente de demandas e da necessidade de se dar uma resposta rápida à sociedade, assegurando a esta uma "razoável duração do processo e os meios que garantam a celeridade de sua tramitação" (art. 5º, LXXVIII, CF/88).

• Contudo, isso não tem ocorrido de forma tranquila, sendo de se destacar que a já mencionada massificação de conflitos importa em demandas repetidas, muitas vezes por infratores contumazes e que, em alguns casos, poderiam ser solucionadas de forma global, através de remédios processuais ainda incipientes e disciplinados em nosso país na norma constitucional e/ou na esfera processual civil, como as genericamente denominadas ações coletivas.

• Através da substituição processual ampla conferida aos sindicatos por força do art. 8º, III, da Constituição Federal de 1988, eles podem desempenhar, de forma bastante eficaz, este papel de levar tais conflitos trabalhistas de natureza metaindividual ao Poder Judiciário. E para que isso seja viável é necessário que o aplicador do Direito, notadamente o Magistrado, interprete o instituto em referência com todo o seu potencial, despido da roupagem civilista e individualista do Código de Processo Civil.

• A igualdade real entre as partes está muito mais presente quando o autor é um ente coletivo (como o sindicato) a litigar contra o empregador (detentor dos meios de produção, na maior parte das vezes) que quando reclama o próprio empregado (que, se já não era ex-empregado, provavelmente passará a ser).

• O processo coletivo — que se difundiu após a Constituição Federal de 1988, sendo de se destacar a ação civil pública (Lei n. 7.347/85) e o Código de Defesa do Consumidor (Lei n. 8.078/90) — tem paradigma diferente: a solução de várias demandas através de uma só ação. O interesse tutelável aqui é o interesse METAINDIVIDUAL.

• O Estado Brasileiro, Social e Democrático, reconhece os sindicatos, tendo os mesmos potencial para desempenhar um papel importante na construção da cidadania perante o próprio Estado, como corpos intermediários que firmam acordos e convenções coletivas, reivindicam o cumprimento dos mesmos, inclusive judicialmente, convocam a categoria para decidir sobre a oportunidade de greves, além de outros exemplos. Tudo conforme o art. 8º da Constituição Federal de 1988. Quanto ao inciso III do art. 8º, em referência, vale destacar que a substituição processual de que trata constitui-se numa verdadeira forma de DEMOCRATIZAÇÃO DO ACESSO À JUSTIÇA, redundando na inibição do descumprimento de direitos trabalhistas e assegurando que o trabalhador, mesmo enquanto empregado, possa recorrer ao Judiciário para fazer valer direitos descumpridos pelo empregador.

• A partir do paradigma constitucional de acesso democrático à justiça (igualdade real entre as partes), com solução rápida e justa de conflitos, o processo coletivo ocupa lugar de destaque, sendo mister ressaltarmos que a substituição processual trabalhista, assegurada pelo art. 8º, III, da CF, em muito se distingue da clássica substituição processual civil estabelecida pelo art. 6º do Código de Processo Civil.

• O Processo do Trabalho, dotado de autonomia didática e coletiva, possui princípios próprios, voltados, precipuamente, para a efetivação prática do Direito do Trabalho (art. 7º, CF/88), este, por sua vez, tendo por função precípua, a proteção ao hipossuficiente.

• Da mesma forma que não podemos interpretar a Constituição Federal à luz do direito infraconstitucional, também o Processo do Trabalho não pode ser posto em prática como se de Direito Processual Comum se tratasse, pois deve se prestar, teleologicamente, a efetivar os direitos sociais constitucionalmente (materialmente) assegurados. E a norma constitucional que confere validade às demais, ao eleger as normas-princípio e normas-regra que regerão um Estado e a Constituição Federal de 1988, no art. 8º,III, assegurou a substituição processual ampla e irrestrita aos sindicatos.

• Não foi esse o entendimento inicial majoritário do Tribunal Superior do Trabalho (Súmula n. 310), hoje, felizmente revogada.

• Em relação ao Supremo Tribunal Federal — a quem cabe interpretar em última instância a Constituição Federal, por força do disposto no art. 102, *caput* e inciso I, "a" — o posicionamento que prevaleceu foi outro, em consonância com a norma constitucional; culminando com o julgamento do RE 210029, publicado em 16.11.2005, tendo como relator o ministro Carlos Mário Velloso,(226) que vem contribuindo para alterar a jurisprudência dos Tribunais Superiores, inclusive do próprio Tribunal Superior do Trabalho.

• O art. 769 da CLT estabelece que o Direito Processual Comum será fonte do Direito Processual do Trabalho nas hipóteses em que a CLT for omissa e desde que haja compatibilidade entre seus institutos e o Direito Processual do Trabalho. E, nesse particular, quanto à ação civil pública (art. 21 da Lei n. 7.347/85) e ao Código de Defesa do Consumidor (art. 81 da Lei n. 8.078/90) — regulamentadores do processo coletivo, processo este que deve ser entendido como meio através do qual poderão ser efetivamente tutelados esses direitos genericamente denominados metaindividuais — presente a compatibilidade com o Processo do Trabalho e com o Texto Constitucional, já mencionado, do art. 8º, III, CF/88.

• O conjunto de leis relativas ao processo coletivo — Ação Civil Pública, Código de Defesa do Consumidor, o próprio Código de Processo Civil (art. 461), além da Norma Constitucional, é claro — é muito bom e bastante pragmático.

• Importante a alteração do paradigma quando falamos nas ações coletivas de uma maneira geral. Os aplicadores do direito não podem apenas pensar em técnicas processuais de acesso à justiça, mas, antes, em solução das questões levadas ao Poder Judiciário da maneira mais célere, segura e pedagógica possível, retirando, assim, os atrativos para os demandantes contumazes, que encontram no excesso de prazos e recursos fontes de inesgotáveis e infrutíferas discussões. E este é o espírito do legislador constituinte (art. 5º LXXVIII) e é o que o legislador ordinário tem buscado fazer com o Direito Processual Civil desde 1994, valendo-se, muitas vezes, de características típicas do Processo do Trabalho, como a da ênfase à conciliação.

---

(226) "PROCESSO CIVIL. SINDICATO. ART. 8º, III, DA CONSTITUIÇÃO FEDERAL. LEGITIMIDADE. SUBSTITUIÇÃO PROCESSUAL. DEFESA DE DIREITOS COLETIVOS OU INDIVIDUAIS. RECURSO CONHECIDO E PROVIDO.
O art. 8º, III, da Constituição Federal estabelece a legitimidade extraordinária dos sindicatos para defender em juízo os interesses coletivos ou individuais dos integrantes da categoria que representam.
Essa legitimidade extraordinária é ampla, abrangendo a liquidação e a execução dos créditos reconhecidos aos trabalhadores.
Por se tratar de típica hipótese de substituição processual, é desnecessária qualquer autorização dos substituídos.
Recurso conhecido e provido."

A partir dessas conclusões, entendemos o tema — substituição processual sindical — muito rico e apto a proporcionar profícuos debates acerca do acesso real à justiça de forma mais célere, eficaz e econômica em relação ao que temos observado.

Posicionamo-nos a favor de uma interpretação ampliativa do art. 8º, III, da CF/88, por entendermos que esta vai ao encontro dos princípios do Processo do Trabalho, muitas vezes o único meio de que dispõem os trabalhadores hipossuficientes para verem efetivados os direitos materialmente assegurados a eles, em caso de seu descumprimento pelo empregador.

Entendemos importantíssima a relativamente recente decisão do E.STF (autos n. RE210029, relator ministro Carlos Mário Velloso), Órgão constitucionalmente incumbido de interpretar, em última instância, questões dessa natureza (art. 102, CF/88), vez que facilitadora da ação dos sindicatos em defesa dos direitos ditos genericamente coletivos, atuação esta que poderá representar, no nosso sentimento, verdadeiro diferencial no que tange à democratização do acesso à justiça.

Ressaltamos, uma vez mais e, por fim, que uma atuação sindical efetiva poderá contribuir para reforçar a liberdade sindical e a ligação entre o sindicato e os trabalhadores por ele representados, bem como para o cumprimento espontâneo pelos empregadores das normas constitucionais e legais e facilitando o entendimento entre empregados e empregadores no local de trabalho, favorecendo a negociação coletiva e, em última análise, desafogando a Justiça do Trabalho.

Referências

ALMEIDA, Cleber Lucio de. *Direito processual do trabalho.* 2. ed. Belo Horizonte: Del Rey, 2008.

ALMEIDA, Gregório Assagra de. *Direito processual coletivo brasileiro:* um novo ramo do direito processual. São Paulo: Saraiva, 2003.

________. *Manual das ações constitucionais.* Belo Horizonte: Del Rey, 2007.

ARAÚJO FILHO, Luís Paulo. *Ações coletivas:* a tutela jurisdicional dos direitos individuais homogêneos. Rio de Janeiro: Forense, 2000.

ARENHART, Sérgio Cruz. As ações coletivas e o controle das políticas públicas pelo poder judiciário. In: MAZZEI, Rodrigo; NOLASCO, Rita Dias (coords.). *Processo civil coletivo.* São Paulo: Quartier Latin, 2005.

AHRINGSMANN, Adriano. Resenhas, comentando GIDI, Antônio. Las acciones colectivas y la tutela de los derechos difusos, colectivos e individuales en Brasil: um modelo para países de derecho civil. México: Universidad Nacional Autônoma de México, 2004. *Revista de Processo,* n. 155, ano 33, jan. 2008.

ASSIS, Araken de. Substituição Processual. In: DIDIER JR., Fredie (coord.). *Leituras complementares de Processo Civil.* 4. ed. Salvador: Edições Podium, 2006.

BARBOSA MOREIRA, José Carlos. Ações coletivas na Constituição Federal de 1988. *Revista de Processo,* n. 61, ano 16, jan.-mar. 1991.

BARROSO, Luís Roberto. A proteção coletiva dos direitos no Brasil e alguns aspectos da *class action* norte-americana. *Revista de Processo,* n. 130, dez. 2005.

________. Fundamentos teóricos e filosóficos do novo direito constitucional brasileiro (pós-modernidade, teoria crítica e pós-positivismo). *Revista de Direito Processual Geral,* n. 54 , 2001.

________. *Interpretação e aplicação da Constituição.* Rio de Janeiro: Saraiva, 1999.

BEBBER, Júlio César. *Princípios do processo do trabalho.* São Paulo: LTr, 1997.

BOBBIO, Norberto; MATTEUCCI, Nicola e PASQUINO, Gianfranco. *Dicionário de política.* v. 2. 12. ed. Brasília: UnB, LGE.

BONAVIDES, Paulo. *Ciência política.* São Paulo: Malheiros, 2007.

________. *Curso de direito constitucional.* São Paulo: Malheiros, 1999.

CALAMANDREI, Piero. *Direito processual civil.* v. 2. Campinas: Bookseller, 1999.

CAPPELLETTI, Mauro; GARTH, Bryant. *Acesso à justiça.* Porto Alegre: Sérgio Antônio Fabris Editor, 1988.

CANOTILHO, J. J. Gomes. *Direito constitucional*. Coimbra: Livraria Almedina, 1993.

CARVALHO, José Murilo de. *Cidadania no Brasil*. O longo caminho. Rio de Janeiro: Civilização Brasileira, 2007.

CHIOVENDA, Giuseppe. *Instituições de direito processual civil*. v. 2. Campinas: Bookseller, 1998.

CLAUS, Ben-Hur Silveira. *Substituição processual trabalhista, uma elaboração teórica para o instituto*. São Paulo: LTr, 2003.

CORREIA, Marcus Orione Gonçalves. Interpretação do Direito da Segurança Social. In: ROCHA, Daniel Machado da; SAVARIS, José Antônio (coords.). *Curso de Especialização em Direito Previdenciário, Direito Previdenciário Constitucional*, v. 1. Curitiba: Juruá, 2006.

DALAZEN, João Oreste. Notas sobre a substituição processual na Justiça do Trabalho. *Revista LTr*, 55-10/1163.

DEDECCA, Cláudio Salvadori. Setor Informal e informalidade. *Revista Ciência Hoje*, v. 39, n. 234, jan./fev. 2007.

DELGADO, Gabriela Neves. *Terceirização* — paradoxo do direito do trabalho contemporâneo. São Paulo: LTr, 2003.

DELGADO, Mauricio Godinho. *Capitalismo, trabalho e emprego*. Entre o paradigma da destruição e os caminhos da reconstrução. São Paulo: LTr, 2006.

________. *Curso de direito do trabalho*. São Paulo: LTr, 2010.

________; PORTO, Lorena Vasconcelos (coords.). *O Estado de bem-estar social no século XXI*. São Paulo: LTr, 2007.

DIDIER JR., Fredie; ZANETI JR., Ermes. Processo coletivo passivo. *Revista de Processo*, n. 165, ano 33, nov. 2008.

DINAMARCO, Cândido Rangel. *Instituições de direito processual civil*, v. II. 2. ed. São Paulo: Malheiros, 2002.

DUBUGRAS, Regina Maria Vasconcelos. O cancelamento do Enunciado 310 do Tribunal Superior do Trabalho e a substituição processual. *Revista LTr*, 67-10/1179.

FIORILLO, Celso Antônio. *Os sindicatos e a defesa dos interesses difusos no direito processual civil brasileiro*. São Paulo: Revista dos Tribunais, 1995.

FRANCISCO, José Carlos. *Dicionário brasileiro de direito constitucional*. DIMOULIS, Dimitri (coord. geral). São Paulo: Saraiva, Instituto Brasileiro de Estudos Constitucionais — IBEC, 2007.

FRISCHEISEN, Luiza Cristina Fonseca. *Políticas públicas:* a responsabilidade do administrador e o ministério público. São Paulo: Max Limonad, 2000.

GIDI, Antônio. *A* class action *como instrumento de tutela coletiva dos direitos:* as ações coletivas em uma perspectiva comparada. São Paulo: Revista dos Tribunais, 2007.

GIUGNI, Gino. *Direito sindical*. São Paulo: LTr, 1991.

GOMES, Job Eloísio Vieira. Princípios informadores do processo do trabalho. In: PEIXINHO, Manoel Messias; GUERRA, Isabella Franco; NASCIMENTO FILHO, Firly (orgs.). *Os princípios da Constituição de 1988*. Rio de Janeiro: Lumen Juris, 2006.

GOMES NETO, Indalécio. Substituição processual (art. 8º, III, da Constituição Federal) ampla e irrestrita reprime o mercado de trabalho. *Revista LTr,* 68-03/263.

GONÇALVES, Aroldo Plínio. *Técnica processual e teoria do processo.* Rio de Janeiro: Aide, 1992.

________; BRASILEIRO, Ricardo Adriano Massara. Sindicato e substituição processual. *Revista do Tribunal Regional do Trabalho da 3ª Região 74.*

GRAU, Eros Roberto. *A ordem econômica na Constituição de 1988.* São Paulo: Malheiros, 2007.

GRINOVER, Ada Pellegrini. *Da* class action for damages *à ação de classe brasileira:* os requisitos de admissibilidade. São Paulo: DPJ, 2006.

________. Da defesa do consumidor em juízo. In: *Código Brasileiro de Defesa do Consumidor comentado pelos autores do anteprojeto.* GRINOVER, Ada Pellegrini; VASCONCELOS E BENJAMIN, Antônio Herman de; FINK, Daniel Roberto; FILOMENO, José Geraldo Brito; WATANABE, Kazuo; NERY JÚNIOR, Nelson; DENARI, Zelmo. 6. ed. Rio de Janeiro: Forense Universitária, 1999.

________. *Novas questões sobre a legitimação e a coisa julgada nas ações coletivas.* São Paulo: DPJ, 2006.

GUERRA FILHO, Willis Santiago. *Introdução ao direito processual constitucional.* Porto Alegre: Síntese, 1999.

________. Sobre o princípio da proporcionalidade. In: LEITE, George Salomão (org.). *Dos princípios constitucionais:* considerações em torno das normas principiológicas da Constituição. São Paulo: Malheiros, 2003.

JAEGER, Werner. *Paideia:* a formação do homem grego. São Paulo: Martins Fontes, 2003.

LASSALLE, Ferdinand. *A essência da Constituição.* Rio de Janeiro: Liber Juris, 1985. (1. ed. 1863).

LEAL, Ronaldo Lopes. O sindicato como promotor de justiça social: uma alternativa para o processo do trabalho. *Revista LTr,* 58-06/655.

LEITE, Carlos Henrique Bezerra. *Ação civil pública:* nova jurisdição trabalhista metaindividual e legitimação do ministério público. São Paulo: LTr, 2001.

LORA, Ilse Maria Bernardi. Substituição processual pelo sindicato. *Revista LTr,* 71-04/402.

MACIEL, José Alberto Couto. A substituição processual ilimitada, concedida pelo STF aos sindicatos e a inviabilidade de execução. *Revista LTr,* 70-09/1047.

MAIA, Diogo Campos Medina. *Ação coletiva passiva.* Rio de Janeiro: Lumen Juris, 2009. (Coleção Direito Processual Coletivo).

MANCUSO, Rodolfo de Camargo. *Ação civil pública em defesa do meio ambiente, do patrimônio cultural e dos consumidores Lei n. 7.347/85 e legislação complementar.* São Paulo: Revista dos Tribunais, 2002.

________. *Jurisdição coletiva e coisa julgada:* teoria geral das ações coletivas. 2. ed. São Paulo: Revista dos Tribunais, 2007.

MARINONI, Luiz Guilherme. *Técnica processual e tutela dos direitos*. São Paulo: Revista dos Tribunais, 2004.

________. *Teoria geral do processo:* curso de processo civil. v. 1. São Paulo: Revista dos Tribunais, 2006.

________. *Tutela inibitória (individual e coletiva)*. São Paulo: Revista dos Tribunais, 1998.

MASCARO, Alysson Leandro Barbate. *Crítica da legalidade e do direito brasileiro*. São Paulo: Quartier Latin, 2003.

________. *Lições de sociologia do direito*. São Paulo: Quartier Latin, 2007.

MAZZONI, Giuliano. *Relações coletivas de trabalho*. São Paulo: Revista dos Tribunais, 1972.

MEDEIROS NETO, Xisto Tiago. *Dano moral coletivo*. São Paulo: LTr, 2007.

MENDES, Aluísio Gonçalves de Castro. *Ações coletivas no direito comparado e nacional*. São Paulo: Revista dos Tribunais, 2009. v. 1. (Coleção Temas Atuais de Direito Processual Civil).

MONTEIRO DE BARROS, Alice. *Curso de direito do trabalho*. São Paulo: LTr, 2005.

MORAES, Alexandre de. Legitimidade e justiça constitucional. *Jurisdição constitucional e tribunais constitucionais*. São Paulo: Atlas, 2003.

OLIVEIRA, Swarai Cervone de. *Poderes do juiz nas ações coletivas*. São Paulo: Atlas, 2009.

ORTEGATI, Cássio. *Dicionário de política*. v. 2. BOBBIO, Norberto; MATTEUCCI, Nicola; PASQUINO, Gianfranco (coords.). Brasília: UnB, LGE.

PEREZ LUÑO, Antonio-Enrique. *La tercera generación de derechos humanos*. Capítulo VII — *Diez tesis sobre la titularidad de los derechos humanos*. Navarra: Arandi, 2006.

PIMENTA, José Roberto Freire. Tutelas de Urgência no Processo do Trabalho: o potencial transformador das relações trabalhistas das reformas do CPC brasileiro. In: PIMENTA, José Roberto Freire; RENAULT, Luiz Otávio Linhares; VIANA, Márcio Túlio; DELGADO, Maurício Godinho e BORJA, Cristina Pessoa Pereira (coords.). *Direito do Trabalho evolução, crise, perspectivas*. São Paulo: LTr, 2004.

PIZZOL, Patrícia Miranda. A tutela antecipada nas ações coletivas como instrumento de acesso à justiça. In: FUX, Luiz; NERY JR., Nelson; WAMBIER, Teresa Arruda Alvim (coords.). *Processo e Constituição:* estudos em homenagem ao Professor José Carlos Barbosa Moreira. São Paulo: Revista dos Tribunais, 2006. p. 86/138.

SANTOS, Boaventura de Sousa. Que formação para os magistrados nos dias de hoje? *RMP. Revista do Ministério Público*, abr./jun. 2000.

SARLET, Ingo Wolfgang. Direitos Sociais. In: DIMOULIS, Dimitri (coord. geral). *Dicionário brasileiro de direito constitucional*. São Paulo: Saraiva, Instituto Brasileiro de Estudos Constitucionais — IBEC, 2007.

SARMENTO, Daniel. *Direitos fundamentais e relações privadas*. 2. ed., 2ª tiragem. Rio de Janeiro: Lumen Juris, 2008.

________. *A ponderação de interesses na Constituição Federal*. Rio de Janeiro: Lumen Juris, 2000.

SILVA, Antônio Álvares da. Ação Sindical e Justiça do Trabalho — representação e substituição. In: *Sindicalismo.* ROMITA, Arion Sayão (coord.). São Paulo: LTr, 1986.

SILVA, José Afonso da. *Curso de direito constitucional positivo.* São Paulo: Malheiros, 2001.

________. *Aplicabilidade das normas constitucionais.* 4. ed. São Paulo: Malheiros, 2000.

SILVA, José Antônio R. de Oliveira. A substituição processual como medida de acesso à justiça. *Revista LTr,* 68-09/1084.

SIQUEIRA NETO, José Francisco. *Liberdade sindical e representação dos trabalhadores nos locais de trabalho.* São Paulo: LTr, 2000.

________. Proteção contra a despedida arbitrária ou sem justa causa e aviso prévio. In: DUARTE, Bento Herculano (coord.). *Manual de Direito do Trabalho. Estudos em Homenagem ao Prof. Cássio Mesquita Barros,* São Paulo: LTr, 1998.

SMANIO, Gianpaolo Poggio. *Interesses difusos e coletivos.* São Paulo: Atlas, 2007.

SÓLON, Ari Marcelo. Origens zetéticas e aplicação dogmática dos topoi da proporcionalidade (direito alemão) e razoabilidade (direito norte-americano). In: ANDRADE, Rogério Emilio de (coord.). *Regulação pública da economia no Brasil.* Campinas: Edicamp, 2003.

SPADONI, Joaquim Felipe. *Ação inibitória:* a ação preventiva prevista no art. 461 do CPC. São Paulo: Revista dos Tribunais, 2002.

SÜSSEKIND, Arnaldo. *Direito constitucional do trabalho.* Rio de Janeiro: Renovar, 2001.

VENTURI, Elton. *Processo civil coletivo:* a tutela jurisdicional dos direitos difusos, coletivos e individuais homogêneos no Brasil. Prospectivas de um Código Brasileiro de Processos Coletivos. São Paulo: Malheiros, 2007.

VIANA, Márcio Túlio. O dia a dia do juiz e as discriminações que o acompanham. In: VIANA, Márcio Túlio; RENAULT, Luiz Otávio Linhares (coords.). *Discriminação.* São Paulo: LTr, 2000.

WATANABE, Kazuo. Da defesa do consumidor em juízo. In: *Código Brasileiro de Defesa do Consumidor comentado pelos autores do anteprojeto.* GRINOVER, Ada Pellegrini; VASCONCELOS E BENJAMIN, Antônio Herman de; FINK, Daniel Roberto; FILOMENO, José Geraldo Brito; WATANABE, Kazuo; NERY JÚNIOR, Nelson; DENARI, Zelmo. Rio de Janeiro: Forense Universitária, 1999.

WOLKMER, Antônio Carlos. Introdução aos fundamentos de uma teoria geral dos novos direitos. In: WOLKMER, Antônio Carlos; LEITE, José Rubens Morato (orgs.). *Os novos direitos no Brasil:* natureza e perspectivas. São Paulo: Saraiva, 2003.

ZAVASCKI, Teori Albino. *Processo coletivo:* tutela de direitos coletivos e tutela coletiva de direitos. São Paulo: Revista dos Tribunais, 2007.

SÍTIOS:

Câmara dos Deputados. Disponível em: <http://www2.camara.gov.br> Acesso em: 22.4.2010.

Farol da cidade. Disponível em: <http://www.faroldacidade.com.br> Acesso em: 30.5.2009.

Fórum Nacional do Trabalho. Fonte: Ministério do Trabalho e Emprego. Disponível em: <http://www.mte.gov.br> Acesso em: 25.4.2008.

Ministério Público do Trabalho. Disponível em: <http://www.pgt.mpt.gov.br> Acesso em: 12.3.2009.

Ministério Público do Trabalho — Procuradoria Regional do Trabalho da 3ª Região/MG. Disponível em: <http://www.prt3.mpt.gov.br> Acesso em: 12.3.2009.

LEGISLAÇÃO:

BRASIL. Constituição (1988). *Constituição da República Federativa do Brasil, de 5 de outubro de 1988.* 36. ed. São Paulo: Saraiva, 2009.

BRASIL. Código de Processo Civil (1973). *Código de processo civil, Lei n. 5.869, de 11 de janeiro de 1973, atualizada.* 36. ed. São Paulo: Saraiva, 2006.

BRASIL. Consolidação das Leis do Trabalho (1943). *Consolidação das Leis do Trabalho, Decreto-lei n. 5.452, de 1º de maio de 1943, atualizada.* 36. ed. São Paulo: Saraiva, 2009.

BRASIL. Lei n. 8.078, de 11 de setembro de 1990 — Dispõe sobre a proteção do consumidor e dá outras providências. 36. ed. São Paulo: Saraiva, 2006.

BRASIL. Lei n. 7.437, de 24 de julho de 1985 — Disciplina a ação civil pública de responsabilidade por danos causados ao meio ambiente, ao consumidor, a bens e direitos de valor artístico, estético, histórico, turístico e paisagístico (vetado) e dá outras providências. 36. ed. São Paulo: Saraiva, 2006.

Estatuto dos Direitos dos Trabalhadores da Itália, Lei de 20 de maio de 1970, n. 300, Rio de Janeiro: Edição IBASE/ CGIL/ PROJETO SVILUPPO/ CUT, 1991.

ANEXO I

ANTEPROJETO DO CÓDIGO BRASILEIRO DE PROCESSOS COLETIVOS, ANTEPROJETO DE LEI DA REFORMA SINDICAL E PROJETO DA NOVA LEI DA AÇÃO CIVIL PÚBLICA

Anteprojeto de Código Brasileiro de Processos Coletivos

Exposição de Motivos

1 — A Lei n. 7.347/85 — a denominada lei da ação civil pública — acaba de completar 20 anos. Há muito com o que se regozijar, mas também resta muito a fazer. Não há dúvidas de que a lei revolucionou o direito processual brasileiro, colocando o país numa posição de vanguarda entre os países de *civil law* e ninguém desconhece os excelentes serviços prestados à comunidade na linha evolutiva de um processo individualista para um processo social. Muitos são seus méritos, ampliados e coordenados pelo sucessivo Código de Defesa do Consumidor, de 1990. Mas antes mesmo da entrada em vigor do CDC, e depois de sua promulgação, diversas leis regularam a ação civil pública, em dispositivos esparsos e às vezes colidentes. Podem-se, assim, citar os arts. 3º, 4º, 5º, 6º e 7º da Lei n. 7.853, de 24 de outubro de 1989; o art. 3º da Lei n. 7.913, de 7 de dezembro de 1989; os arts. 210, 211, 212, 213, 215, 217, 218, 219, 222, 223 e 224 da Lei n. 8.069, de 13 de junho de 1990; o art. 17 da Lei n. 8.429, de 2 de junho de 1992; o art. 2º da Lei n. 9.494, de 10 de setembro de 1997; e os arts. 80, 81, 82, 83, 85, 91, 92 e 93 da Lei n. 10.741, de 1º de outubro de 2003.

Outras dificuldades têm sido notadas pela concomitante aplicação à tutela de direitos ou interesses difusos e coletivos pela Ação Civil Pública e pela Ação Popular constitucional, acarretando problemas práticos quanto à conexão, à continência e à prevenção, assim como reguladas pelo CPC, o qual certamente não tinha e não tem em vista o tratamento das relações entre processos coletivos. E mesmo entre diversas ações civis públicas, concomitantes ou sucessivas, têm surgido problemas que geraram a multiplicidade de liminares, em sentido oposto, provocando um verdadeiro caos processual que foi necessário resolver mediante a suscitação de conflitos de competência perante o STJ. O que indica, também, a necessidade de regular de modo diverso a questão da competência concorrente.

Assim, não se pode desconhecer que 20 anos de aplicação da LACP, com os aperfeiçoamentos trazidos pelo Código de Defesa do Consumidor, têm posto à mostra não apenas seus méritos, mas também suas falhas e insuficiências, gerando reações, quer do legislativo, quer do executivo, quer do judiciário, que objetivam limitar seu âmbito de aplicação. No campo do governo e do Poder Legislativo, vale lembrar, por exemplo, medidas provisórias e leis que tentaram limitar os efeitos da sentença ao âmbito territorial do juiz, que restringiram a utilização de ações civis públicas por parte das associações — as quais, aliás, necessitam de estímulos para realmente ocuparem o lugar de legitimados ativos que lhes compete. E, no campo jurisdicional, podemos lembrar as posições contrárias à legitimação das defensorias públicas, ao controle difuso da constitucionalidade na ação civil pública, à extração de carta de sentença para execução provisória por parte do beneficiário que não foi parte do processo coletivo, assim como, de um modo geral, a interpretação rígida das normas do processo, sem a necessária flexibilização da técnica processual.

E ainda: a aplicação prática das normas brasileiras sobre processos coletivos (ação civil pública, ação popular, mandado de segurança coletivo) tem apontado para dificuldades práticas decorrentes da atual legislação: assim, por exemplo, dúvidas surgem quanto à natureza da competência territorial (absoluta ou relativa), a litispendência (quando é diverso o legitimado ativo), a conexão (que, rigidamente interpretada, leva à proliferação de ações coletivas e à multiplicação de decisões contraditórias), a possibilidade de se repetir a demanda em face de prova superveniente e a de se intentar ação em que o grupo, categoria ou classe figure no polo passivo da demanda.

Por outro lado, a evolução doutrinária brasileira a respeito dos processos coletivos autoriza a elaboração de um verdadeiro Direito Processual Coletivo, como ramo do direito processual civil, que tem seus próprios princípios e regras, diversos dos do Direito Processual Individual. Os institutos da legitimação, competência, poderes e deveres do juiz e do Ministério Público, conexão, litispendência, liquidação e execução da sentença, coisa julgada, entre outros, têm feição própria nas ações coletivas que, por isso mesmo, se enquadram numa Teoria Geral dos Processos Coletivos. Diversas obras, no Brasil, já tratam do assunto. E o país, pioneiro no tratamento dos interesses e direitos transindividuais e dos individuais homogêneos, por intermédio da LACP e do CDC, tem plena capacidade para elaborar um verdadeiro Código de Processos Coletivos, que mais uma vez o colocará numa posição de vanguarda, revisitando a técnica processual por intermédio de normas mais abertas e flexíveis, que propiciem a efetividade do processo coletivo.

2 — Acresça-se a tudo isto a elaboração do Código Modelo de Processos Coletivos para Ibero-América, aprovado nas Jornadas do Instituto Ibero-americano de Direito Processual, na Venezuela, em outubro de 2004. Ou seja, de um Código que possa servir não só como repositório de princípios, mas também como modelo concreto para inspirar as reformas, de modo a tornar mais homogênea a defesa dos interesses e direitos transindividuais em países de cultura jurídica comum.

Deveu-se a Ada Pellegrini Grinover, Kazuo Watanabe e Antonio Gidi a elaboração da primeira proposta de um Código Modelo, proposta essa que aperfeiçoou as regras do microssistema brasileiro de processos coletivos, sem desprezar a experiência das *class--actions* norte-americanas. Muitas dessas primeiras regras, que foram apefeiçoadas com a participação ativa de outros especialistas ibero-americanos (e de mais um brasileiro, Aluísio de Castro Mendes), passaram depois do Código Modelo para o Anteprojeto de Código Brasileiro de Processos Coletivos.

3 — O Código Modelo foi profundamente analisado e debatido no Brasil, no final de 2003, ao ensejo do encerramento do curso de pós-graduação *stricto sensu* da Faculdade de Direito da Universidade de São Paulo, por professores e pós-graduandos da disciplina "Processos Coletivos", ministrada em dois semestres por Ada Pellegrini Grinover e Kazuo Watanabe, para verificar como e onde suas normas poderiam ser incorporadas, com vantagem, pela legislação brasileira. E daí surgiu a ideia da elaboração de um Código Brasileiro de Processos Coletivos, que aperfeiçoasse o sistema, sem desfigurá-lo. Ada Pellegrini Grinover coordenou os trabalhos do grupo de pós-graduandos de 2003 que se dispôs a preparar propostas de Código Brasileiro de Processos Coletivos, progressivamente trabalhadas e melhoradas. O grupo inicialmente foi formado pelo doutorando Eurico Ferraresi e pelos mestrandos Ana Cândida Marcato, Antônio Guidoni Filho e Camilo Zufelato. Depois, no encerramento do curso de 2004, outra turma de pós--graduandos, juntamente com a primeira, aportou aperfeiçoamentos à proposta, agora também contando com a profícua colaboração de Carlos Alberto Salles e Paulo Lucon. Nasceu assim a primeira versão do Anteprojeto, trabalhado também pelos mestrandos, doutorandos e professores da disciplina, durante o ano de 2005. O Instituto Brasileiro de Direito Processual, por intermédio de seus membros, ofereceu diversas sugestões. No

segundo semestre de 2005, o texto foi analisado por grupos de mestrandos da UERJ e da Universidade Estácio de Sá, sob a orientação de Aluísio de Castro Mendes, daí surgindo mais sugestões. O IDEC também foi ouvido e aportou sua contribuição ao aperfeiçoamento do Anteprojeto. Este foi apresentado ao Ministério Público do Estado do Paraná e ao Ministério Público da União, cujos membros colaboraram com suas ideias. O Ministério Público dos Estados de São Paulo e do Paraná já constituíram comissões encarregadas de examinar oficialmente o Anteprojeto e de oferecer sugestões. Enfim, tudo está pronto para que o trabalho seja submetido a ampla consulta pública.

4 — Em síntese, pode-se afirmar que a tônica do Anteprojeto é a de manter, em sua essência, as normas da legislação em vigor, aperfeiçoando-as por intermédio de regras não só mais claras, mas sobretudo mais flexíveis e abertas, adequadas às demandas coletivas. Corresponde a essa necessidade de flexibilização da técnica processual um aumento dos poderes do juiz — o que, aliás, é uma tendência até do processo civil individual. Na revisitação da técnica processual, são pontos importantes do Anteprojeto a reformulação do sistema de preclusões — sempre na observância do contraditório —, a reestruturação dos conceitos de pedido e causa de pedir — a serem interpretados extensivamente — e de conexão, continência e litispendência — que devem levar em conta a identidade do bem jurídico a ser tutelado; o enriquecimento da coisa julgada, com a previsão do julgado *secundum eventum probationis*; a ampliação dos esquemas da legitimação, para garantir maior acesso à justiça, mas com a paralela observância de requisitos que configuram a denominada "representatividade adequada" e põem em realce o necessário aspecto social da tutela dos interesses e direitos difusos, coletivos e individuais homogêneos, colocando a proteção dos direitos fundamentais de terceira geração a salvo de uma indesejada banalização.

5 — O Anteprojeto engloba todos os atuais processos coletivos brasileiros — com exceção dos relativos ao controle da constitucionalidade, que não se destinam à defesa de interesses ou direitos de grupos, categorias ou classes de pessoas —, sendo constituído de seis Capítulos.

O Capítulo I cuida das demandas coletivas em geral, aplicando-se a todas elas e tratando de manter diversos dispositivos vigentes, mas também regrando matérias novas ou reformuladas — como o pedido e a causa de pedir, a conexão e a continência, a relação entre ação coletiva e ações individuais, a questão dos processos individuais repetitivos. Também novas são as normas sobre interrupção da prescrição, a prioridade de processamento e a utilização de meios eletrônicos para a prática de atos processuais, a preferência pelo processamento e julgamento por juízos especializados, a previsão de gratificação financeira para segmentos sociais que atuem na condução do processo. A questão do ônus da prova é revisitada, dentro da moderna teoria da carga dinâmica da prova. As normas sobre coisa julgada, embora atendo-se ao regime vigente, são simplificadas, contemplando, como novidade, a possibilidade de repropositura da ação, no prazo de 2 (dois) anos contados da descoberta de prova nova, superveniente, idônea para mudar o resultado do primeiro processo e que neste não foi possível produzir, bem como a atenuação da coisa julgada *secundum eventum litis*, quando autor da demanda é o sindicato, legitimado pela Constituição como substituto processual. Os efeitos da apelação e a execução provisória têm regime próprio, adequado às novas tendências do direito processual.

O Capítulo II, dividido em duas seções, trata da ação coletiva. Preferiu-se essa denominação à tradicional de "ação civil pública", não só por razões doutrinárias, mas sobretudo para obstar a decisões que não têm reconhecido a legitimação de entidades privadas a uma ação que é denominada de "pública".

A Seção I deste Capítulo é voltada às disposições gerais, deixando-se expresso o cabimento da ação como instrumento do controle difuso de constitucionalidade. A grande novidade consiste em englobar nas normas sobre a legitimação ativa, consideravelmente ampliada, requisitos fixados por lei, correspondentes à categoria da "representatividade adequada". A representatividade adequada é, assim, comprovada por critérios objetivos, legais, para a grande maioria dos legitimados, com exceção da pessoa física — à qual diversas constituições ibero-americanas conferem legitimação — em relação a quem o juiz aferirá a presença dos requisitos em concreto. Por outro lado, a exigência de representatividade adequada é essencial para o reconhecimento legal da figura da ação coletiva passiva, objeto do Capítulo III, em que o grupo, categoria ou classe de pessoas figura na relação jurídica processual como réu.

A regra de competência territorial é deslocada para esse Capítulo (no CDC figura indevidamente entre as regras que regem a ação em defesa de interesses ou direitos individuais homogêneos, o que tem provocado não poucas discussões), eliminando-se, em alguns casos, a regra da competência concorrente entre Capitais dos Estados e Distrito Federal ou entre comarcas, motivo de proliferações de demandas e de decisões contraditórias. Para as demandas de índole nacional é fixada a competência territorial do Distrito Federal, único critério que possibilitará centralizá-las, evitando investidas do Legislativo atualmente consubstanciadas em proposta de Emenda Constitucional que pretende atribuir ao STJ a competência para decidir a respeito do foro competente.

O inquérito civil é mantido nos moldes da Lei da Ação Civil Pública, mas se deixa claro que as peças informativas nele colhidas só poderão ser aproveitadas na ação coletiva desde que tenha havido participação do investigado na sua colheita, com exclusão das provas periciais, em que o contraditório poderá ser diferido. Afinal, a Constituição Federal garante o contraditório no processo administrativo, conquanto não punitivo, em que haja "litigantes" (ou seja, titulares de conflitos de interesses) e o investigado tem direito a um contraditório adequado ao processo administrativo: o que não deixa de ser conveniente para o Ministério Público, uma vez que no processo judicial o juiz poderá antecipar a tutela com base nos dados colhidos no inquérito.

Deixa-se ao Ministério Público maior liberdade para intervir no processo como fiscal da lei. A audiência preliminar é tratada nos moldes de proposta legislativa existente para o processo individual, com o intuito de transformar o juiz em verdadeiro gestor do processo, dando-se ênfase aos meios alternativos de solução de controvérsias; deixa-se claro, aliás, até onde poderá ir a transação — outra dúvida que tem aparecido nas demandas coletivas — bem como seus efeitos no caso de acordo a que não adira o membro do grupo, categoria ou classe, em se tratando de direitos ou interesses individuais homogêneos. O Fundo dos Direitos Difusos e Coletivos, dividido em federal e estaduais, é regulamentado de modo a resguardar aderência à destinação do dinheiro arrecadado, cuidando-se também do necessário controle e da devida transparência. Além disso, norma de relevante interesse para os autores coletivos atribui ao Fundo a responsabilidade pelos custos das perícias.

A Seção II do Capítulo II trata da ação coletiva para a defesa de interesses ou direitos individuais homogêneos. E, com relação à ação de responsabilidade civil reparatória dos danos pessoalmente sofridos, inova no regime das notificações, necessárias não só no momento da propositura da demanda — como é hoje — mas também quando houver decisões que favoreçam os membros do grupo: com efeito, o desconhecimento da existência de liminares ou da sentença de procedência tem impedido aos beneficiados a fruição de seus direitos. Outra novidade está na sentença condenatória que, quando possível, não será genérica, mas poderá fixar a indenização devida aos membros do grupo, ressalvado o direito à liquidação individual. Estabelecem-se novas regras sobre a liquidação e a execução da sentença, coletiva ou individual, ampliando as regras de competência e a legitimação, tudo no intuito de facilitar a fruição dos direitos por parte dos beneficiários. É mantida a *fluid recovery*.

O Capítulo III introduz no ordenamento brasileiro a ação coletiva passiva, ou seja, a ação promovida não pelo, mas contra o grupo, categoria ou classe de pessoas. A jurisprudência brasileira vem reconhecendo o cabimento dessa ação (a *defendant class action* do sistema norte-americano), mas sem parâmetros que rejam sua admissibilidade e o regime da coisa julgada. A pedra de toque para o cabimento dessas ações é a representatividade adequada do legitimado passivo, acompanhada pelo requisito do interesse social. A ação coletiva passiva será admitida para a tutela de interesses ou direitos difusos ou coletivos, pois esse é o caso que desponta na *defendant class action*, conquanto os efeitos da sentença possam colher individualmente os membros do grupo, categoria ou classe de pessoas. Por isso, o regime da coisa julgada é perfeitamente simétrico ao fixado para as ações coletivas ativas.

O Capítulo IV trata do mandado de segurança coletivo, até hoje sem disciplina legal. Deixa-se claro que pode ele ser impetrado, observados os dispositivos constitucionais, para a defesa de direito líquido e certo ligado a interesses ou direitos difusos, coletivos e individuais homogêneos, espancando-se assim dúvidas doutrinárias e jurisprudenciais. Amplia-se a legitimação para abranger o MP, dentro do permissivo constitucional do art. 129, IX, CF, e a Defensoria Pública. De resto, aplicam-se ao mandado de segurança coletivo as disposições da Lei n. 1.533/51, no que não forem incompatíveis com a defesa coletiva, assim como o Capítulo I do Código, inclusive no que respeita às custas e honorários advocatícios.

O Capítulo V trata das ações populares, sendo a Seção I dedicada à ação popular constitucional. Aplicam-se aqui as disposições do Capítulo I e as regras da Lei n. 4.717/65, com a modificação de alguns artigos desta para dar maior liberdade de ação ao Ministério Público, para prever a cientificação do representante da pessoa jurídica de direito público e para admitir a repropositura da ação, diante de prova superveniente, nos moldes do previsto para a ação coletiva.

A Seção II do Capítulo V cuida da ação de improbidade administrativa que, embora rotulada pela legislação inerente ao MP como ação civil pública, é, no entanto, uma verdadeira ação popular (destinada à proteção do interesse público e não à defesa de interesses e direitos de grupos, categorias e classes de pessoas), com legitimação conferida por lei ao Ministério Público. Esta legitimação encontra embasamento no art. 129, IX, da Constituição. Aqui também a lei de regência será a Lei n. 8.429/92, aplicando-se à espécie as disposições do Capítulo I do Código.

Finalmente, o Capítulo VI trata das disposições finais, criando o Cadastro Nacional de Processos Coletivos, a ser organizado e mantido pelo Conselho Nacional de Justiça; fixando princípios de interpretação, determinando a aplicação subsidiária do Código de Processo Civil, no que não for incompatível, independentemente da Justiça competente e notadamente quanto aos recursos e dando nova redação a dispositivos legais (inclusive em relação à antecipação de tutela e à sua estabilização, nos moldes do *référé* francês e consoante Projeto de Lei do Senado). Revogam-se expressamente: a Lei da Ação Civil Pública e os arts. 81 a 104 do Código de Defesa do Consumidor (pois o Anteprojeto trata por completo da matéria); o § 3º do art. 5º da Lei da Ação Popular, que fixa a prevenção da competência no momento da propositura da ação, colidindo com o princípio do Capítulo I do Anteprojeto; bem como diversos dispositivos de leis esparsas que se referem à ação civil pública, cujo cuidadoso levantamento foi feito por Marcelo Vigliar e que tratam de matéria completamente regulada pelo Anteprojeto.

A entrada em vigor do Código é fixada em cento e oitenta dias a contar de sua publicação.

6 — Cumpre observar, ainda, que o texto ora apresentado deve ser amplamente divulgado e discutido, não só por especialistas e operadores do direito mas também pela sociedade civil, com o intuito de aperfeiçoá-lo. Por ora, pode-se afirmar que o Anteprojeto representa

um esforço coletivo, sério e equilibrado, no sentido de reunir, sistematizar e melhorar as regras brasileiras sobre processos coletivos, hoje existentes em leis esparsas, às vezes inconciliáveis entre si, harmonizando-as e conferindo-lhes tratamento consentâneo com a relevância jurídica, social e política dos interesses e direitos transindividuais e individuais homogêneos. Tudo com o objetivo de tornar sua aplicação mais clara e correta, de superar obstáculos e entraves que têm surgido na prática legislativa e judiciária e de inovar na técnica processual, de modo a extrair a maior efetividade possível de importantes instrumentos constitucionais de direito processual.

São Paulo, outubro de 2005

Ada Pellegrini Grinover

Professora Titular de Direito Processual da USP
Presidente do Instituto Brasileiro de Direito Processual

Outubro de 2005

Ministério da Justiça — 3ª versão

ANTEPROJETO DE CÓDIGO BRASILEIRO DE PROCESSOS COLETIVOS

Capítulo I
Das demandas coletivas

Art. 1º Da tutela jurisdicional coletiva — A tutela jurisdicional coletiva é exercida por intermédio da ação coletiva ativa (Capítulo II, Seções I e II), da ação coletiva passiva (Capítulo III), do mandado de segurança coletivo (Capítulo IV) e das ações populares (Capítulo V, Seções I e II), sem prejuízo de outras ações criadas por lei.

Art. 2º Efetividade da tutela jurisdicional — Para a defesa dos direitos e interesses indicados neste Código são admissíveis todas as espécies de ações e provimentos capazes de propiciar sua adequada e efetiva tutela, inclusive os previstos no Código de Processo Civil e em leis especiais.

Art. 3º Objeto da tutela coletiva — A demanda coletiva será exercida para a tutela de:

I — interesses ou direitos difusos, assim entendidos os transindividuais, de natureza indivisível, de que sejam titulares pessoas indeterminadas e ligadas por circunstâncias de fato;

II — interesses ou direitos coletivos, assim entendidos os transindividuais, de natureza indivisível, de que seja titular um grupo, categoria ou classe de pessoas ligadas, entre si ou com a parte contrária, por uma relação jurídica base;

III — interesses ou direitos individuais homogêneos, assim entendidos os decorrentes de origem comum.

Parágrafo único. Não se admitirá ação coletiva que tenha como pedido a declaração de inconstitucionalidade, mas esta poderá ser objeto de questão prejudicial, pela via do controle difuso.

Art. 4º Pedido e causa de pedir — Nas ações coletivas, a causa de pedir e o pedido serão interpretados extensivamente, em conformidade com o bem jurídico a ser protegido.

Parágrafo único. A requerimento da parte interessada, até a prolação da sentença, o juiz permitirá a alteração do pedido ou da causa de pedir, desde que seja realizada de boa-fé, não represente prejuízo injustificado para a parte contrária e o contraditório seja preservado, mediante possibilidade de nova manifestação de quem figure no polo passivo da demanda, no prazo de 5 (cinco) dias.

Art. 5º Relação entre demandas coletivas — Observado o disposto no art. 20 deste Código, as demandas coletivas de qualquer espécie poderão ser reunidas, de ofício ou a requerimento das partes, ficando prevento o juízo perante o qual a demanda foi distribuída em primeiro lugar, quando houver:

I — conexão, pela identidade de pedido ou causa de pedir, conquanto diferentes os legitimados ativos, e para os fins da ação prevista no Capítulo III, os legitimados passivos;

II — continência, pela identidade de partes e causa de pedir, observado o disposto no inciso anterior, sendo o pedido de uma das ações mais abrangente do que o das demais.

§ 1º Na análise da identidade do pedido e da causa de pedir, será considerada a identidade do bem jurídico a ser protegido.

§ 2º Na hipótese de conexidade entre ações coletivas referidas ao mesmo bem jurídico, o juiz prevento deverá obrigatoriamente determinar a reunião de processos para julgamento conjunto.

§ 3º Aplicam-se à litispendência as regras dos incisos I e II deste artigo, quanto à identidade de legitimados ativos ou passivos, e a regra de seu § 1º, quanto à identidade do pedido e da causa de pedir.

Art. 6º Relação entre demanda coletiva e ações individuais — A demanda coletiva não induz litispendência para as ações individuais em que sejam postulados direitos ou interesses próprios e específicos de seus autores, mas os efeitos da coisa julgada coletiva (art. 12 deste Código) não beneficiarão os autores das ações individuais, se não for requerida sua suspensão no prazo de 30 (trinta) dias, a contar da ciência efetiva da demanda coletiva nos autos da ação individual.

§ 1º Cabe ao demandado informar o juízo da ação individual sobre a existência de demanda coletiva que verse sobre idêntico bem jurídico, sob pena de, não o fazendo, o autor individual beneficiar-se da coisa julgada coletiva mesmo no caso de a ação individual ser rejeitada.

§ 2º A suspensão do processo individual perdurará até o trânsito em julgado da sentença coletiva, facultado ao autor requerer a retomada do curso do processo individual, a qualquer tempo, independentemente da anuência do réu, hipótese em que não poderá mais beneficiar-se da sentença coletiva.

§ 3º O Tribunal, de ofício, por iniciativa do juiz competente ou, após instaurar, em qualquer hipótese, o contraditório, poderá determinar a suspensão de processos individuais em que se postule a tutela de interesses ou direitos individuais referidos a relação jurídica substancial de caráter incindível, pela sua própria natureza ou por força de lei, a cujo respeito as questões devam ser decididas de modo uniforme e globalmente, quando houver sido ajuizada demanda coletiva versando sobre o mesmo bem jurídico.

§ 4º Na hipótese do parágrafo anterior, a suspensão do processo perdurará até o trânsito em julgado da sentença coletiva, vedada ao autor a retomada do curso do processo individual.

Art. 7º Comunicação sobre processos repetitivos — O juiz, tendo conhecimento da existência de diversos processos individuais correndo contra o mesmo demandado, com identidade de fundamento jurídico, notificará o Ministério Público e, na medida do possível, outros legitimados, a fim de que proponham, querendo, demanda coletiva, ressalvada aos autores individuais a faculdade prevista no artigo anterior.

Parágrafo único. Caso o Ministério Público não promova a demanda coletiva, no prazo de 90 (noventa) dias, o juiz, se considerar relevante a tutela coletiva, fará remessa das peças dos processos individuais ao procurador-geral, e este ajuizará a demanda coletiva, designará outro órgão do Ministério Público para fazê-lo, ou insistirá, motivadamente, no não ajuizamento da ação, informando o juiz.

Art. 8º Efeitos da citação —A citação válida para a demanda coletiva interrompe o prazo de prescrição das pretensões individuais e transindividuais direta ou indiretamente relacionadas com a controvérsia, retroagindo o efeito à data da propositura da ação.

Art. 9º Prioridade de processamento e utilização de meios eletrônicos — O juiz deverá dar prioridade ao processamento da demanda coletiva, servindo-se preferencialmente dos meios eletrônicos para a prática de atos processuais do juízo e das partes, observados os critérios próprios que garantam sua autenticidade.

Art. 10. Provas — São admissíveis em juízo todos os meios de prova, desde que obtidos por meios lícitos, incluindo a prova estatística ou por amostragem.

§ 1º Sem prejuízo do disposto no art. 333 do Código de Processo Civil, o ônus da prova incumbe à parte que detiver conhecimentos técnicos ou informações específicas sobre os fatos, ou maior facilidade em sua demonstração.

§ 2º O ônus da prova poderá ser invertido quando, a critério do juiz, for verossímil a alegação, segundo as regras ordinárias de experiência, ou quando a parte for hipossuficiente.

§ 3º Durante a fase instrutória, surgindo modificação de fato ou de direito relevante para o julgamento da causa (parágrafo único do art. 4º deste Código), o juiz poderá rever, em decisão motivada, a distribuição do ônus da prova, concedendo à parte a quem for atribuída a incumbência prazo razoável para sua produção, observado o contraditório em relação à parte contrária.

§ 4º O juiz poderá determinar de ofício a produção de provas, observado o contraditório.

Art. 11. Motivação das decisões judiciárias — Todas as decisões deverão ser especificamente fundamentadas, especialmente quanto aos conceitos jurídicos indeterminados.

Parágrafo único. Na sentença de improcedência, o juiz deverá explicitar, no dispositivo, se rejeita a demanda por insuficiência de provas.

Art. 12. Coisa julgada — Nas ações coletivas de que trata este código, a sentença fará coisa julgada *erga omnes*, exceto se o pedido for julgado improcedente por insuficiência de provas, hipótese em que qualquer legitimado poderá intentar outra ação, com idêntico fundamento valendo-se de nova prova.

§ 1º Tratando-se de interesses ou direitos individuais homogêneos (art. 3º, III, deste Código), em caso de improcedência do pedido, os interessados poderão propor ação a título individual, salvo quando a demanda coletiva tiver sido ajuizada por sindicato, como substituto processual da categoria.

§ 2º Os efeitos da coisa julgada nas ações em defesa de interesses ou direitos difusos ou coletivos (art. 3º, I e II, deste Código) não prejudicarão as ações de indenização por danos pessoalmente sofridos, propostas individualmente ou na forma prevista neste código, mas, se procedente o pedido, beneficiarão as vítimas e seus sucessores, que poderão proceder à liquidação e à execução, nos termos dos arts. 28 e 29 deste Código.

§ 3º Aplica-se o disposto no parágrafo anterior à sentença penal condenatória.

§ 4º A competência territorial do órgão julgador não representará limitação para a coisa julgada *erga omnes*.

§ 5º Mesmo na hipótese de sentença de improcedência, fundada nas provas produzidas, qualquer legitimado poderá intentar outra ação, com idêntico fundamento, no prazo de 2 (dois) anos contados da descoberta de prova nova, superveniente, que não poderia ser produzida no processo, desde que idônea, por si só, para mudar seu resultado.

§ 6º A faculdade prevista no parágrafo anterior, nas mesmas condições, fica assegurada ao demandado da ação coletiva julgada procedente.

Art. 13. Efeitos do recurso da sentença definitiva — O recurso interposto contra a sentença tem efeito meramente devolutivo, salvo quando a fundamentação for relevante e puder resultar à parte lesão grave e de difícil reparação, hipótese em que o juiz pode atribuir ao recurso efeito suspensivo.

Art. 14. Legitimação à liquidação e execução da sentença condenatória — Na hipótese de o autor da demanda coletiva julgada procedente não promover a liquidação ou execução da sentença, deverá fazê-lo o Ministério Público, quando se tratar de interesse público relevante, facultada igual iniciativa, em todos os casos, aos demais legitimados (art. 19 deste Código).

Art. 15. Execução definitiva e execução provisória — A execução é definitiva quando passada em julgado a sentença; e provisória, na pendência dos recursos cabíveis.

§ 1º A execução provisória corre por conta e risco do exequente, que responde pelos prejuízos causados ao executado, em caso de reforma da sentença recorrida.

§ 2º A execução provisória permite a prática de atos que importem em alienação do domínio ou levantamento do depósito em dinheiro.

§ 3º A pedido do executado, o tribunal pode suspender a execução provisória quando dela puder resultar lesão grave e de difícil reparação.

Art 16. Custas e honorários — Nas demandas coletivas de que trata este código, a sentença condenará o demandado, se vencido, nas custas, emolumentos, honorários periciais e quaisquer outras despesas, bem como em honorários de advogados.

§ 1º O Poder Público, quando demandado e vencido, incorrerá na condenação prevista neste artigo.

§ 2º No cálculo dos honorários, o juiz levará em consideração a vantagem para o grupo, categoria ou classe, a quantidade e qualidade do trabalho desenvolvido pelo advogado e a complexidade da causa.

§ 3º Se o legitimado for pessoa física, entidade sindical ou de fiscalização do exercício das profissões, associação civil ou fundação de direito privado, o juiz, sem prejuízo da verba da sucumbência, poderá fixar gratificação financeira quando sua atuação tiver sido relevante na condução e êxito da demanda coletiva.

§ 4º Os autores da demanda coletiva não adiantarão custas, emolumentos, honorários periciais e quaisquer outras despesas, nem serão condenados, salvo comprovada má-fé, em honorários de advogados, custas e despesas processuais.

§ 5º O litigante de má-fé e os responsáveis pelos respectivos atos serão solidariamente condenados ao pagamento das despesas processuais, em honorários advocatícios e em até o décuplo das custas, sem prejuízo da responsabilidade por perdas e danos.

Art 17. Juízos especializados — Sempre que possível, as demandas coletivas de que trata este Código serão processadas e julgadas em juízos especializados.

Capítulo II
Da ação coletiva ativa

Seção I
Disposições gerais

Art. 18. Cabimento da ação coletiva ativa — **A** ação coletiva ativa será exercida para a tutela dos interesses e direitos mencionados no art. 3º deste Código.

Art. 19. Legitimação — São legitimados concorrentemente à ação coletiva ativa:

I — qualquer pessoa física, para a defesa dos interesses ou direitos difusos, desde que o juiz reconheça sua representatividade adequada, demonstrada por dados como:

a) a credibilidade, capacidade e experiência do legitimado;

b) seu histórico na proteção judicial e extrajudicial dos interesses ou direitos difusos e coletivos;

c) sua conduta em eventuais processos coletivos em que tenha atuado;

II — o membro do grupo, categoria ou classe, para a defesa dos interesses ou direitos coletivos e individuais homogêneos, desde que o juiz reconheça sua representatividade adequada, nos termos do inciso I deste artigo;

III — o Ministério Público, para a defesa dos interesses ou direitos difusos e coletivos, bem como dos individuais homogêneos de relevante interesse social;

IV — a Defensoria Pública, para a defesa dos interesses ou direitos difusos, coletivos e individuais homogêneos, neste último caso quando os membros do grupo, categoria ou classe de pessoas forem predominantemente hipossuficientes;

V — as pessoas jurídicas de direito público interno, para a defesa dos interesses ou direitos difusos e, quando relacionados com suas funções, dos coletivos e individuais homogêneos;

VI — as entidades e órgãos da Administração Pública, direta ou indireta, ainda que sem personalidade jurídica, especificamente destinados à defesa dos interesses e direitos indicados neste Código;

VII — as entidades sindicais e de fiscalização do exercício das profissões, restritas as primeiras à defesa dos interesses e direitos ligados à categoria;

VIII — os partidos políticos com representação no Congresso Nacional, nas Assembleias Legislativas ou nas Câmaras Municipais, conforme o âmbito do objeto da demanda, para a defesa de direitos e interesses ligados a seus fins institucionais;

IX — as associações civis e as fundações de direito privado legalmente constituídas há pelo menos um ano e que incluam entre seus fins institucionais a defesa dos interesses ou direitos indicados neste Código, dispensadas a autorização assemblear ou pessoal e a apresentação do rol nominal dos associados ou membros.

§ 1º Na defesa dos interesses ou direitos difusos, coletivos e individuais homogêneos, qualquer legitimado deverá demonstrar a existência do interesse social e, quando se tratar de direitos coletivos e individuais homogêneos, a coincidência entre os interesses do grupo, categoria ou classe e o objeto da demanda;

§ 2º No caso dos incisos I e II deste artigo, o juiz poderá voltar a analisar a existência do requisito da representatividade adequada em qualquer tempo e grau de jurisdição, aplicando, se for o caso, o disposto no parágrafo seguinte.

§ 3º Em caso de inexistência do requisito da representatividade adequada (incisos I e II deste artigo), o juiz notificará o Ministério Público e, na medida do possível, outros legitimados, a fim de que assumam, querendo, a titularidade da ação.

§ 4º Em relação às associações civis e às fundações de direito privado, o juiz poderá dispensar o requisito da pré-constituição, quando haja manifesto interesse social evidenciado pelas características do dano ou pela relevância do bem jurídico a ser protegido.

§ 5º Será admitido o litisconsórcio facultativo entre os legitimados.

§ 6º Em caso de relevante interesse social, o Ministério Público, se não ajuizar a ação ou não intervier no processo como parte, atuará obrigatoriamente como fiscal da lei.

§ 7º Havendo vício de legitimação, desistência infundada ou abandono da ação, o juiz aplicará o disposto no § 3º deste artigo.

§ 8º Em caso de inércia do Ministério Público, aplica-se o disposto no parágrafo único do art. 7º deste Código.

§ 9º O Ministério Público e os órgãos públicos legitimados, agindo com critérios de equilíbrio e imparcialidade, poderão tomar dos interessados compromisso de ajustamento de conduta às exigências legais, mediante cominações, com eficácia de título executivo extrajudicial, sem prejuízo da possibilidade de homologação judicial do compromisso, se assim requererem as partes.

Art. 20. Competência territorial — É absolutamente competente para a causa o foro:

I — do lugar onde ocorreu ou deva ocorrer o dano, quando de âmbito local;

II — de qualquer das comarcas, quando o dano de âmbito regional compreender até 3 (três) delas, aplicando-se no caso as regras de prevenção;

III — da Capital do Estado, para os danos de âmbito regional, compreendendo 4 (quatro) ou mais comarcas;

IV — de uma das Capitais do Estado, quando os danos de âmbito interestadual compreenderem até 3 (três) Estados, aplicando-se no caso as regras de prevenção;

V — do Distrito Federal, para os danos de âmbito interestadual que comprendam mais de 3 (três) Estados, ou de âmbito nacional.

§ 1º A amplitude do dano será aferida conforme indicada na petição inicial da demanda.

§ 2º Ajuizada a demanda perante juiz territorialmente incompetente, este remeterá *incontinenti* os autos ao juízo do foro competente, sendo vedada ao primeiro juiz a apreciação de pedido de antecipação de tutela.

Art. 21. Inquérito civil — O Ministério Público poderá instaurar, sob sua presidência, inquérito civil, nos termos do disposto em sua Lei Orgânica.

§ 1º A eficácia probante, em juízo, das peças informativas do inquérito civil dependerá da participação do investigado, em sua colheita, ressalvadas as perícias, que poderão ser submetidas a contraditório posterior.

§ 2º Nos casos em que a lei impuser sigilo, incumbe ao Ministério Público, ao inquirido e a seu advogado a manutenção do segredo.

§ 3º Se o órgão do Ministério Público, esgotadas todas as diligências, se convencer da inexistência de fundamento para a propositura de ação coletiva, promoverá o arquivamento dos autos do inquérito civil ou das peças informativas, fazendo-o fundamentadamente.

§ 4º Os demais legitimados (art. 21 deste Código) poderão recorrer da decisão de arquivamento ao Conselho Superior do Ministério Público, conforme dispuser o seu regimento.

§ 5º O órgão do Ministério Público que promover o arquivamento do inquérito civil ou das peças informativas encaminhará, no prazo de 3 (três) dias, sob pena de falta grave, os respectivos autos ao Conselho Superior do Ministério Público, para homologação e para as medidas necessárias à uniformização da atuação ministerial.

§ 6º Deixando o Conselho de homologar a promoção do arquivamento, designará, desde logo, outro órgão do Ministério Público para o ajuizamento da ação.

§ 7º Constituem crime, punido com pena de reclusão de 1 (um) a 3 (três) anos, mais multa de 10 (dez) a 1.000 (mil) Obrigações do Tesouro Nacional, a recusa, o retardamento ou a omissão de dados técnicos indispensáveis à propositura da ação coletiva, quando requisitados pelo Ministério Público.

Art. 22. Da instrução da inicial — Para instruir a inicial, o legitimado poderá requerer às autoridades competentes as certidões e informações que julgar necessárias.

§ 1º As certidões e informações deverão ser fornecidas dentro de 15 (quinze) dias da entrega, sob recibo, dos respectivos requerimentos, e só poderão ser utilizados para a instrução da ação coletiva.

§ 2º Somente nos casos em que a defesa da intimidade ou o interesse social, devidamente justificados, exigirem o sigilo, poderá ser negada certidão ou informação.

§ 3º Ocorrendo a hipótese do parágrafo anterior, a ação poderá ser proposta desacompanhada das certidões ou informações negadas, cabendo ao juiz, após apreciar os motivos do indeferimento, requisitá-las; feita a requisição, o processo correrá em segredo de justiça, que cessará com o trânsito em julgado da sentença.

Art. 23. Audiência preliminar — Encerrada a fase postulatória, o juiz designará audiência preliminar, à qual comparecerão as partes ou seus procuradores, habilitados a transigir.

§ 1º O juiz ouvirá as partes sobre os motivos e fundamentos da demanda e tentará a conciliação, sem prejuízo de sugerir outras formas adequadas de solução do conflito, como a mediação, a arbitragem e a avaliação neutra de terceiro.

§ 2º A avaliação neutra de terceiro, de confiança das partes, obtida no prazo fixado pelo juiz, é sigilosa, inclusive para este, e não vinculante para as partes, sendo sua finalidade exclusiva a de orientá-las na tentativa de composição amigável do conflito.

§ 3º Preservada a indisponibilidade do bem jurídico coletivo, as partes poderão transigir sobre o modo de cumprimento da obrigação.

§ 4º Obtida a transação, será homologada por sentença, que constituirá título executivo judicial.

§ 5º Não obtida a conciliação, sendo ela parcial, ou quando, por qualquer motivo, não for adotado outro meio de solução do conflito, o juiz, fundamentadamente:

I — decidirá se a ação tem condições de prosseguir na forma coletiva, certificando-a como coletiva;

II — poderá separar os pedidos em ações coletivas distintas, voltadas à tutela, respectivamente, dos interesses ou direitos difusos e coletivos, de um lado, e dos individuais homogêneos, do outro, desde que a separação represente economia processual ou facilite a condução do processo;

III — fixará os pontos controvertidos, decidirá as questões processuais pendentes e determinará as provas a serem produzidas, designando audiência de instrução e julgamento, se for o caso;

IV — esclarecerá as partes sobre a distribuição do ônus da prova, de acordo com o disposto no § 1º do art. 10 deste Código, e sobre a possibilidade de ser determinada, no momento do julgamento, sua inversão, nos termos do § 2º do mesmo artigo.

Art. 24. Ação ressarcitória — Na ação ressarcitória dos danos provocados ao bem indivisivelmente considerado, a reparação consistirá na prestação de obrigações específicas, destinadas à compensação do dano sofrido, ou em indenização voltada à reparação do dano, a qual reverterá ao Fundo dos Direitos Difusos e Coletivos, de natureza federal ou estadual, de acordo com o bem jurídico prejudicado (art. 25 deste Código).

§ 1º Dependendo da especificidade do bem jurídico afetado, da extensão territorial abrangida e de outras circunstâncias consideradas relevantes, o juiz poderá especificar, em decisão fundamentada, a destinação da indenização e as providências a serem tomadas para a reconstituição dos bens lesados, podendo indicar a realização de atividades tendentes a minimizar a lesão ou a evitar que se repita, dentre outras que beneficiem o bem jurídico prejudicado;

§ 2º A decisão que especificar a destinação da indenização indicará, de modo claro e preciso, as medidas a serem tomadas pelo Conselho Gestor do Fundo, fixando prazo razoável para que as medidas sejam concretizadas;

§ 3º Vencido o prazo fixado pelo juiz, o Conselho Gestor do Fundo apresentará relatório das atividades realizadas, facultada, conforme o caso, a solicitação de sua prorrogação, para complementar as medidas determinadas na decisão judicial.

§ 4º Aplica-se ao descumprimento injustificado dos §§ 2º e 3º deste artigo o disposto no § 1º

Art. 25. Do Fundo dos Direitos Difusos e Coletivos — O Fundo será administrado por um Conselho Gestor federal ou por Conselhos Gestores estaduais, dos quais participarão necessariamente membros do Ministério Público, juízes e representantes da comunidade, sendo seus recursos destinados à reconstituição dos bens lesados ou, não sendo possível, à realização de atividades tendentes a minimizar a lesão ou a evitar que se repita, dentre outras que beneficiem o bem jurídico prejudicado, bem como a custear as perícias necessárias à defesa dos direitos ou interesses difusos, coletivos e individuais homogêneos.

§ 1º Além da indenização oriunda da sentença condenatória, prevista no *caput* do art. 24, e da execução pelos danos globalmente causados, de que trata o § 3º do art. 33, ambos deste Código, constituem receita do Fundo o produto da arrecadação de multas e da indenização devida quando não for possível o cumprimento da obrigação pactuada no compromisso de ajustamento de conduta.

§ 2º O representante legal do Fundo, considerado funcionário público para efeitos legais, responderá por sua atuação nas esferas administrativa, penal e civil.

§ 3º O Fundo será notificado da propositura de toda ação coletiva e sobre as decisões mais importantes do processo, podendo nele intervir em qualquer tempo e grau de jurisdição na função de *amicus curiae.*

§ 4º O Fundo manterá e divulgará registros que especifiquem a origem e a destinação dos recursos e indicará a variedade dos bens jurídicos a serem tutelados e seu âmbito regional;

§ 5º Semestralmente, o Fundo dará publicidade às suas demonstrações financeiras e atividades desenvolvidas.

Seção II
Da ação coletiva para a defesa de interesses ou direitos individuais homogêneos

Art. 26. Da ação coletiva para a defesa de interesses ou direitos individuais homogêneos — A ação coletiva para a defesa de interesses ou direitos individuais homogêneos será exercida para a tutela do conjunto de direitos ou interesses individuais, decorrentes de origem comum, de que sejam titulares os membros de um grupo, categoria ou classe.

§ 1º Para a tutela dos interesses ou direitos individuais homogêneos, além dos requisitos indicados no art. 19 deste Código, é necessária a aferição da predominância das questões comuns sobre as individuais e da utilidade da tutela coletiva no caso concreto.

§ 2º A determinação dos interessados poderá ocorrer no momento da liquidação ou execução do julgado, não havendo necessidade de a petição inicial estar acompanhada da relação de membros do grupo, classe ou categoria.

Art. 27. Ação de responsabilidade civil — Os legitimados poderão propor, em nome próprio e no interesse das vítimas ou seus sucessores, dentre outras (art. 2º deste Código), ação coletiva de responsabilidade pelos danos individualmente sofridos, de acordo com o disposto nos artigos seguintes.

Art. 28. Citação e notificações — Estando em termos a petição inicial, o juiz ordenará a citação do réu e a publicação de edital no órgão oficial, a fim de que os interessados possam intervir no processo como assistentes, observado o disposto no § 5º deste artigo.

§ 1º Sem prejuízo da publicação do edital, o juiz determinará sejam os órgãos e entidades de defesa dos interesses ou direitos indicados neste Código notificados da existência da demanda coletiva e de seu trânsito em julgado.

§ 2º Concedida a tutela antecipada e sendo identificáveis os beneficiários, o juiz determinará ao demandado que informe os interessados sobre a opção de exercerem, ou não, o direito à fruição da medida.

§ 3º Descumprida a determinação judicial de que trata o parágrafo anterior, o demandado responderá, no mesmo processo, pelos prejuízos causados aos beneficiários.

§ 4º Quando for possível a execução do julgado, ainda que provisória, o juiz determinará a publicação de edital no órgão oficial, às custas do demandado, impondo-lhe, também, o dever de divulgar, pelos meios de comunicação social, nova informação, compatível com a extensão ou gravidade do dano, observado o critério da modicidade do custo. Sem prejuízo das referidas providências, o juízo providenciará a comunicação aos órgãos e entidades de defesa dos interesses ou direitos indicados neste Código.

§ 5º Os intervenientes não poderão discutir suas pretensões individuais no processo coletivo de conhecimento.

Art. 29. Efeitos da transação — As partes poderão transacionar, ressalvada aos membros do grupo, categoria ou classe a faculdade de não aderir à transação, propondo ação a título individual.

Art. 30. Sentença condenatória — Sempre que possível, o juiz fixará na sentença o valor da indenização individual devida a cada membro do grupo, categoria ou classe.

§ 2º Quando o valor dos danos individuais sofridos pelos membros do grupo, categoria ou classe for uniforme, prevalentemente uniforme ou puder ser reduzido a uma fórmula matemática, a sentença coletiva indicará o valor ou a fórmula de cálculo da indenização individual.

§ 3º O membro do grupo, categoria ou classe que divergir quanto ao valor da indenização individual ou à fórmula para seu cálculo, estabelecidos na sentença coletiva, poderá propor ação individual de liquidação.

§ 4º Não sendo possível a prolação de sentença condenatória líquida, a condenação poderá ser genérica, fixando a responsabilidade do demandado pelos danos causados e o dever de indenizar.

Art. 31. Competência para a liquidação e execução — É competente para a liquidação e execução o juízo:

I — da ação condenatória ou da sede do legitimado à ação de conhecimento, quando coletiva a liquidação ou execução.

II — da ação condenatória ou do domicílio da vítima ou sucessor, no caso de liquidação ou execução individual.

Parágrafo único. O exequente poderá optar pelo juízo do local onde se encontrem bens sujeitos à expropriação.

Art. 32. Liquidação e execução individuais — A liquidação e execução serão promovidas individualmente pelo beneficiário ou seus sucessores, que poderão ser representados, mediante instrumento de mandato, por associações, entidades sindicais ou de fiscalização do exercício das profissões e defensorias públicas, ainda que não tenham sido autoras no processo de conhecimento, observados os requisitos do art. 15 deste Código.

§ 1º Na liquidação da sentença caberá ao liquidante provar, tão só, o dano pessoal, o nexo de causalidade e o montante da indenização.

§ 2º A liquidação da sentença poderá ser dispensada quando a apuração do dano pessoal, do nexo de causalidade e do montante da indenização depender exclusivamente de prova documental, hipótese em que o pedido de execução por quantia certa será acompanhado dos documentos comprobatórios e da memória do cálculo.

§ 3º Os valores destinados ao pagamento das indenizações individuais serão depositados em instituição bancária oficial, abrindo-se conta remunerada e individualizada para cada beneficiário, regendo-se os respectivos saques, sem expedição de alvará, pelas normas aplicáveis aos depósitos bancários.

§ 4º Na hipótese de o exercício da ação coletiva ter sido contratualmente vinculado ao pagamento de honorários por serviços prestados, o montante destes será deduzido dos valores destinados ao pagamento previsto no parágrafo anterior, ficando à disposição da entidade legitimada.

§ 5º A carta de sentença para a execução provisória poderá ser extraída em nome do credor, ainda que este não tenha integrado a lide no processo de conhecimento.

Art. 33. Liquidação e execução coletivas — Se possível, a liquidação e a execução serão coletivas, sendo promovidas por qualquer dos legitimados do art. 19 deste Código.

Art. 34. Liquidação e execução pelos danos globalmente causados — Decorrido o prazo de um ano sem habilitação de interessados em número compatível com a gravidade do dano, poderão os legitimados do art. 19 deste Código promover a liquidação e execução coletiva da indenização devida pelos danos causados.

§ 1º Na fluência do prazo previsto no *caput* deste artigo a prescrição não correrá.

§ 2º O valor da indenização será fixado de acordo com o dano globalmente causado, que poderá ser demonstrado por meio de prova pré-constituída ou, não sendo possível, mediante liquidação.

§ 3º O produto da indenização reverterá ao Fundo (art. 26 deste Código), que o utilizará para finalidades conexas à proteção do grupo, categoria ou classe beneficiados pela sentença.

Art. 35. Concurso de créditos — Em caso de concurso de créditos decorrentes de condenação de que trata o art. 26 deste Código e de indenizações pelos prejuízos individuais resultantes do mesmo evento danoso, estas terão preferência no pagamento.

Parágrafo único. Para efeito do disposto neste artigo, a destinação da importância recolhida ao Fundo ficará sustada enquanto pendentes de decisão de recurso ordinário as ações de indenização pelos danos individuais, salvo na hipótese de o patrimônio do devedor ser manifestamente suficiente para responder pela integralidade das dívidas.

Capítulo III
Da ação coletiva passiva

Art. 36. Ações contra o grupo, categoria ou classe — Qualquer espécie de ação pode ser proposta contra uma coletividade organizada, mesmo sem personalidade jurídica, desde que apresente representatividade adequada (art. 19, I, "a", "b" e "c"), se trate de tutela de interesses ou direitos difusos e coletivos (art. 3º) e a tutela se revista de interesse social.

Art. 37. Coisa julgada passiva —A coisa julgada atuará *erga omnes*, vinculando os membros do grupo, categoria ou classe e aplicando-se ao caso as disposições do art. 12 deste Código, no que dizem respeito aos interesses ou direitos transindividuais.

Art. 38. Aplicação complementar às ações coletivas passivas — Aplica-se complementarmente às ações coletivas passivas o disposto no Capítulo I deste Código, no que não for incompatível.

Parágrafo único. As disposições relativas a custas e honorários, previstas no art. 16 e seus parágrafos, serão invertidas, para beneficiar o grupo, categoria ou classe que figurar no polo passivo da demanda.

Capítulo IV
Do mandado de segurança coletivo

Art. 39. Cabimento do mandado de segurança coletivo — Conceder-se-á mandado de segurança coletivo, nos termos dos incisos LXIX e LXX do art. 5º da Constituição Federal, para proteger direito líquido e certo relativo a interesses ou direitos difusos, coletivos ou individuais homogêneos (art. 3º deste Código).

Art. 40. Legitimação ativa — O mandado de segurança coletivo pode ser impetrado por:

I — Ministério Público;

II — Defensoria Pública;

III — partido político com representação no Congresso Nacional;

IV — organização sindical, entidade de classe ou associação legalmente constituída e em funcionamento há pelo menos um ano, em defesa dos interesses de seus membros ou associados, dispensada a autorização assemblear.

Parágrafo único. O Ministério Público, se não impetrar o mandado de segurança coletivo, atuará como fiscal da lei, em caso de interesse público ou relevante interesse social.

Art. 41. Disposições aplicáveis — Aplicam-se ao mandado de segurança coletivo as disposições do Capítulo I deste Código, inclusive no tocante às custas e honorários (art. 16 e seus parágrafos), e as da Lei n. 1.533/51, no que não for incompatível.

Capítulo V
Das ações populares

Seção I
Da ação popular constitucional

Art. 42. Disposições aplicáveis — Aplicam-se à ação popular constitucional as disposições do Capítulo I deste Código e as da Lei n. 4.717, de 29 de junho de 1965.

Seção II
Ação de improbidade administrativa

Art. 43. Disposições aplicáveis — A ação de improbidade administrativa rege-se pelas disposições do Capítulo I deste Código e pelas da Lei n. 8.429, de 2 de junho de 1992.

Capítulo VI
Disposições finais

Art. 46. Do Cadastro Nacional de Processos Coletivos — O Conselho Nacional de Justiça organizará e manterá o Cadastro Nacional de Processos Coletivos, com a finalidade de permitir que todos os órgãos do Poder Judiciário e todos os interessados tenham acesso ao conhecimento da existência de ações coletivas, facilitando a sua publicidade.

§ 1º Os órgãos judiciários aos quais forem distribuídos processos coletivos remeterão, no prazo de 10 (dez) dias, cópia da petição inicial ao Cadastro Nacional de Processos Coletivos.

§ 2º O Conselho Nacional de Justiça, no prazo de 90 (noventa) dias, editará regulamento dispondo sobre o funcionamento do Cadastro Nacional de Processos Coletivos, incluindo a forma de comunicação pelos juízos quanto à existência de processos coletivos e aos atos processuais mais relevantes, como a concessão de antecipação de tutela, a sentença e o trânsito em julgado, a interposição de recursos e seu andamento, a execução provisória ou definitiva; disciplinará, ainda, os meios adequados a viabilizar o acesso aos dados e seu acompanhamento por qualquer interessado.

Art. 47. Instalação de órgãos especializados — A União, no prazo de 180 (cento e oitenta) dias, e os Estados criarão e instalarão órgãos especializados, em primeira e segunda instância, para o processamento e julgamento de ações coletivas.

Art. 48. Princípios de interpretação — Este Código será interpretado de forma aberta e flexível, compatível com a tutela coletiva dos direitos e interesses de que trata.

Art. 49. Aplicação subsidiária do Código de Processo Civil — Aplicam-se subsidiariamente às ações coletivas, no que não forem incompatíveis, as disposições do Código de Processo Civil, independentemente da Justiça competente para o processamento e julgamento.

Parágrafo único. Os recursos cabíveis e seu processamento seguirão o disposto no Código de Processo Civil e legislação correlata, no que não for incompatível.

Art. 50. Nova redação — Dê-se nova redação aos artigos de leis abaixo indicados:

a) O art. 273 do Código de Processo Civil passa a vigorar com a seguinte redação, acrescidos os arts. 273-A, 273-B, 273-C e 273-D:

"Art. 273 ....

§ 4º A tutela antecipada poderá ser revogada ou modificada, fundamentadamente, enquanto não se produza a preclusão da decisão que a concedeu (§ 1º do art. 273-B e art. 273-C)".

§ 5º "Na hipótese do inciso I deste artigo, o juiz só concederá a tutela antecipada sem ouvir a parte contrária em caso de extrema urgência ou quando verificar que o réu, citado, poderá torná-la ineficaz."

Art. 273-A. "A antecipação de tutela poderá ser requerida em procedimento antecedente ou na pendência do processo."

Art. 273-B. "Aplicam-se ao procedimento antecedente, no que couber, as disposições do Livro III, Título único, Capítulo I deste Código."

§ 1º "Concedida a tutela antecipada, é facultado, até 30 (trinta) dias contados da preclusão da decisão concessiva:

a) ao réu, propor demanda que vise à sentença de mérito;

b) ao autor, em caso de antecipação parcial, propor demanda que vise à satisfação integral da pretensão."

§ 2º "Não intentada a ação, a medida antecipatória adquirirá força de coisa julgada nos limites da decisão proferida."

Art. 273-C. "Concedida a tutela antecipada no curso do processo, é facultado à parte interessada, até 30 (trinta) dias contados da preclusão da decisão concessiva, requerer seu prosseguimento, objetivando o julgamento de mérito."

Parágrafo único. "Não pleiteado o prosseguimento do processo, a medida antecipatória adquirirá força de coisa julgada nos limites da decisão proferida".

Art. 273-D. "Proposta a demanda (§ 1º do art. 273-B) ou retomado o curso do processo (art. 273-C), sua eventual extinção, sem julgamento do mérito, não ocasionará a ineficácia da medida antecipatória, ressalvada a carência da ação, se incompatíveis as decisões."

b) O art. 10 da Lei n. 1.533, de 31 de dezembro de 1951, passa a ter a seguinte redação:

Art. 10: "Findo o prazo a que se refere o item I do art. 7º e ouvido, dentro de 5 (cinco) dias, o representante da pessoa jurídica de direito público, responsável pela conduta impugnada, os autos serão conclusos ao juiz, independentemente de solicitação da parte, para a decisão, a qual deverá ser proferida em 5 (cinco) dias, tenham sido ou não prestadas as informações pela autoridade coatora."

c) O art. 7º, inciso I, alínea "a", da Lei n. 4.717, de 29 de junho de 1965, passa a ter a seguinte redação:

Art. 7º "(...)

I — (...)

a) além da citação dos réus, a intimação do representante do Ministério Público, que poderá intervir no processo como litisconsorte ou fiscal da lei, devendo fazê-lo obrigatoriamente quando se tratar de interesse público relevante, vedada, em qualquer caso, a defesa dos atos impugnados ou de seus autores."

d) Acrescente-se ao art. 18 da Lei n. 4.717, de 29 de junho de 1965 um parágrafo único, com a seguinte redação:

Art. 18. "..

Parágrafo único. Mesmo na hipótese de improcedência fundada nas provas produzidas, qualquer legitimado poderá intentar outra ação, com idêntico fundamento, no prazo de 2 (dois) anos contados da descoberta de prova nova, superveniente, que não poderia ser produzida no processo, desde que idônea, por si só, para mudar seu resultado."

e) Acrescentem-se ao art. 17 da Lei n. 8.429, de 2 de junho de 1992, dois parágrafos, numerados como 1º e 2º, renumerando-se os atuais §§ 1º, 2º e 3º como 3º, 4º e 5º:

Art. 17. "..

§ 1º Nas hipóteses em que, pela natureza e circunstâncias de fato ou pela condição dos responsáveis, o interesse social não apontar para a necessidade de pronta e imediata intervenção do Ministério Público, este poderá, inicialmente, provocar a iniciativa do Poder Público colegitimado, zelando pela observância do prazo prescricional e, sendo proposta a ação, intervir nos autos respectivos como fiscal da lei, nada obstando que, em havendo omissão, venha a atuar posteriormente, inclusive contra a omissão, se for o caso.

§ 2º No caso de a ação principal ter sido proposta pelo Ministério Público, a pessoa jurídica interessada integrará a lide na qualidade de litisconsorte, cabendo-lhe suprir as omissões e falhas da inicial e apresentar ou indicar os meios de prova de que disponha.

§ 3º (...)

§ 4º (...)

§ 5º (...)".

f) O art. 80 da Lei n. 10.741, de 1º de outubro de 2003, passa a ter a seguinte redação:

Art. 80: "As ações individuais movidas pelo idoso serão propostas no foro de seu domicílio, cujo juízo terá competência absoluta para processar e julgar a causa".

Art. 51. Revogação — Revogam-se a Lei n. 7.347, de 24 de julho de 1985; os arts. 81 a 104 da Lei n. 8.078, de 11 de setembro de 1990; o § 3º do art. 5º da Lei n. 4.717, de 29 de junho de 1965; os arts. 3º, 4º, 5º, 6º e 7º da Lei n. 7.853, de 24 de outubro de 1989; o art. 3º da Lei n. 7.913, de 7 de dezembro de 1989; os arts. 210, 211, 212, 213, 215, 217, 218, 219, 222, 223 e 224 da Lei n. 8.069, de 13 de junho de 1990; o art. 2º da Lei n. 9.494, de 10 de setembro de 1997; e os arts. 81, 82, 83, 85, 91, 92 e 93 da Lei n. 10.741, de 1º de outubro de 2003.

Art. 52. Vigência — Este Código entrará em vigor dentro de cento e oitenta dias a contar de sua publicação.

Outubro de 2005.

PROPOSTA DE EMENDA À CONSTITUIÇÃO N. 369 DE 2005

Dá nova redação aos arts. 8º, 11, 37 e 114 da Constituição.

Art. 1º Os arts. 8º, 11, 37 e 114 da Constituição passam a vigorar com a seguinte redação:

"Art. 8º É assegurada a liberdade sindical, observado o seguinte:

I — o Estado não poderá exigir autorização para fundação de entidade sindical, ressalvado o registro no órgão competente, vedadas ao Poder Público a interferência e a intervenção nas entidades sindicais;

II — o Estado atribuirá personalidade sindical às entidades que, na forma da lei, atenderem a requisitos de representatividade, de participação democrática dos representados e de agregação que assegurem a compatibilidade de representação em todos os níveis e âmbitos da negociação coletiva;

III — às entidades sindicais cabe a defesa dos direitos e interesses coletivos ou individuais do âmbito da representação, inclusive em questões judiciais e administrativas;

IV — a lei estabelecerá o limite da contribuição em favor das entidades sindicais que será custeada por todos os abrangidos pela negociação coletiva, cabendo à assembleia geral fixar seu percentual, cujo desconto, em se tratando de entidade sindical de trabalhadores, será efetivado em folha de pagamento;

V — a contribuição associativa dos filiados à entidade sindical será descontada em folha de pagamento;

VI — ninguém será obrigado a filiar-se ou a manter-se filiado a sindicato;

VII — é obrigatória a participação das entidades sindicais na negociação coletiva;

VIII — o aposentado filiado tem direito a votar e ser votado nas organizações sindicais; e

IX — é vedada a dispensa do empregado sindicalizado a partir do registro da candidatura a cargo de direção ou representação sindical e, se eleito, ainda que suplente, até um ano após o final do mandato, salvo se cometer falta grave nos termos da lei.

Parágrafo único. As disposições deste artigo aplicam-se à organização de entidades sindicais rurais e de colônias de pescadores, atendidas as condições que a lei estabelecer." (NR)

"Art. 11. É assegurada a representação dos trabalhadores nos locais de trabalho, na forma da lei." (NR)

"Art. 37. ....

VII — a negociação coletiva e o direito de greve serão exercidos nos termos e nos limites definidos em lei específica;

.... " (NR)

"Art. 114. ....

....

III — as ações sobre representação sindical, entre entidades sindicais, entre entidades sindicais e trabalhadores, e entre entidades sindicais e empregadores;

....

§ 2º Recusando-se qualquer das partes à arbitragem voluntária, faculta-se a elas, de comum acordo, na forma da lei, ajuizar ação normativa, podendo a Justiça do Trabalho decidir o conflito, respeitadas as disposições mínimas legais de proteção ao trabalho, bem como as convencionadas anteriormente.

§ 3º Em caso de greve em atividade essencial, o Ministério Público do Trabalho tem legitimidade para ajuizamento de ação coletiva quando não forem assegurados os serviços mínimos à comunidade ou assim exigir o interesse público ou a defesa da ordem jurídica." (NR)

Art. 2º Esta Emenda Constitucional entra em vigor na data de sua publicação.

Brasília,

EXPOSIÇÃO DE MOTIVOS

Anteprojeto de Lei de Relações Sindicais

Excelentíssimo Senhor Presidente da República Federativa do Brasil

É com grande satisfação que encaminho a Vossa Excelência o anteprojeto de lei que trata da reforma da legislação sindical brasileira. Ele atende ao anseio de amplos setores interessados em fortalecer e dinamizar as relações coletivas de trabalho por meio do diálogo e da negociação com os principais atores do mundo do trabalho, uma das metas prioritárias do Governo Federal.

Esse compromisso, expresso em seu programa de ação governamental, traduziu-se na instalação do Fórum Nacional do Trabalho — FNT — coordenado pelo Ministério do Trabalho e Emprego — MTE —, por meio da Secretaria de Relações do Trabalho, e que conta com o apoio institucional da Organização Internacional do Trabalho — OIT.

Concebido como um órgão tripartite e paritário, o Fórum conduziu até agora a mais rica experiência nacional de negociação sobre questões sindicais e trabalhistas, cujo resultado está consolidado no Relatório Final da Reforma Sindical, entregue a Vossa Excelência em abril de 2004 e que serviu de base para a elaboração deste anteprojeto de lei.

Trabalhadores e empregadores escolheram livremente suas representações, em consonância com as normas da OIT e com base em critérios que valorizaram a participação de entidades de abrangência nacional, com notório reconhecimento, presença nos principais setores de atividade econômica e histórico de participação em fóruns e conselhos públicos.

Por 16 meses, essas representações reuniram-se com os representantes do governo para discutir todos os aspectos concernentes à redefinição das normas jurídicas relativas à organização sindical, à negociação coletiva e à solução de conflitos do trabalho. Mais de 500 pessoas participaram de 44 reuniões oficiais em Brasília e de diversos encontros preparatórios.

Durante esse período, foram realizadas Conferências Estaduais do Trabalho em todas as unidades da Federação. Elas contaram com a participação de mais de 20 mil pessoas ligadas à área sindical e trabalhista, em ciclos de debates, oficinas, seminários e plenárias. Coordenadas pelas Delegacias Regionais do Trabalho, as Conferências colheram subsídios para a Comissão de Sistematização do Fórum.

Também foram realizadas consultas a juristas, operadores do direito e membros de associações da área trabalhista, reunidos na Comissão Nacional de Direito e Relações do Trabalho, bem como a autoridades de outras esferas do Poder Público, como o Tribunal Superior do Trabalho — TST —, o Ministério Público do Trabalho — MPT —, a Câmara dos Deputados e o Senado Federal.

Além disso, a coordenação do Fórum recebeu e examinou diversas contribuições, de caráter individual e institucional, e o governo empenhou-se em dialogar com os setores que reivindicavam maior participação no debate, como as confederações de trabalhadores, com as quais chegou a realizar cinco encontros oficiais.

Mesmo depois de concluídas as atividades oficiais do Fórum sobre a reforma sindical, foram realizados diversos encontros com os membros da Comissão de Sistematização, com o objetivo de aperfeiçoar o anteprojeto de lei que ora submeto à apreciação de Vossa Excelência para a devida avaliação e eventual encaminhamento ao Congresso Nacional.

Sem ignorar as divergências que se explicitaram nas sucessivas rodadas de negociação, é inegável que os consensos obtidos superaram as expectativas. É preciso, portanto, saudar o esforço dos representantes de trabalhadores e de empregadores que negociaram até o limite da exaustão em busca de um novo padrão jurídico-institucional para as relações coletivas de trabalho no Brasil.

Foi precisamente a valorização do diálogo e da negociação que pautou a atuação do Governo. Isso implicou abdicar de uma proposta preliminar do Poder Executivo, que servisse de guia para o debate, em nome do consenso possível entre os principais interessados na reforma sindical — os próprios atores do mundo do trabalho.

A ênfase no diálogo social não significou, porém, ausência de orientação por parte deste Ministério quanto aos objetivos da pretendida reforma da legislação sindical, que foi pautada por um claro diagnóstico dos problemas que derivam do atual modelo de organização sindical, de negociação coletiva e de solução de conflitos do trabalho.

Como se sabe, o atual sistema de relações de trabalho é herdeiro de uma tradição corporativista que remonta à década de 30 e cujos fundamentos persistem até hoje, apesar dos inúmeros questionamentos à sua atualidade e funcionalidade. As mudanças introduzidas ao longo dos anos desfiguraram os propósitos originais desse sistema, mas não conduziram à plena democratização das relações de trabalho.

A Constituição de 1988 pôs fim à interferência e à intervenção do Poder Público na organização sindical, restabeleceu o direito de greve e consagrou o princípio da livre associação sindical e profissional. Ao mesmo tempo manteve a unicidade, o sistema confederativo, a contribuição sindical obrigatória, o poder normativo da Justiça do Trabalho e ainda criou a contribuição confederativa, que possibilitou o acesso a mais uma fonte de custeio para as entidades sindicais sem garantia de contrapartidas aos seus representados.

O fim do controle político e administrativo das entidades sindicais representou inegável avanço e tornou nulas as normas de enquadramento sindical e a exigência de autorização prévia para a criação de entidade sindical. Mas, diante da determinação constitucional de registro no órgão competente sem a devida regulamentação, o Ministério do Trabalho e Emprego, por decisão do Poder Judiciário, continuou a desempenhar esse papel.

Desde então, este Ministério enfrenta a difícil tarefa de disciplinar o registro sindical, por meio de instrumentos normativos de caráter administrativo, tendo que observar o princípio da unicidade sem afrontar a liberdade sindical. Isso tem sido motivo de grande insatisfação e de inúmeras decisões judiciais com entendimentos contraditórios.

A Constituição da República também assegurou aos servidores públicos o direito a livre associação sindical e o direito de greve, nos termos e nos limites definidos em lei específica. Contudo, os servidores não foram contemplados com o direito à negociação coletiva e continua pendente a regulamentação do exercício do direito de greve, assuntos que estão sendo apreciados pelo Fórum por meio da Câmara Setorial do Serviço Público.

Outro avanço inscrito na Constituição de 1988 foi o estabelecimento da garantia de eleição de um representante dos trabalhadores em empresas com mais de 200 empregados, com a finalidade exclusiva de promover-lhes o entendimento direto com os empregadores. Na prática, porém, esse direito não se efetivou por falta de regulamentação legal.

Descompasso semelhante ocorreu em relação às centrais sindicais. Organizadas à margem das imposições legais, algumas delas se firmaram como as principais entidades nacionais de representação dos trabalhadores.

Mas se as centrais conquistaram reconhecimento político-institucional, como indica a sua crescente participação em conselhos e fóruns públicos, não tiveram assegurada em lei a personalidade sindical.

Enfim, o texto constitucional refletiu o estágio das lutas sindicais e a dinâmica das relações de trabalho característicos do período de redemocratização nacional.

Contudo, a tentativa de conciliação da liberdade sindical com a unicidade sindical revelou-se contraditória e abriu brechas para a pulverização de entidades sindicais e para o surgimento de "sindicatos de carimbo".

O aumento significativo do número de entidades sindicais nos últimos anos, que já ultrapassa 18 mil, resultou menos do avanço na organização sindical e bem mais da fragmentação de entidades preexistentes, em um processo que está enfraquecendo tanto a representação de trabalhadores como a de empregadores, tendência que a vigência da unicidade não tem sido capaz de impedir.

É certo que não são poucas as entidades sindicais que possuem ampla representatividade e capacidade de atuação, mas isso contrasta com a proliferação de sindicatos cada vez menores e menos representativos, o que só reitera a necessidade de superação do atual sistema, há anos criticado por sua baixa representatividade e reduzida sujeição ao controle social.

Quanto à negociação coletiva, houve nos últimos anos um aumento do número de acordos coletivos e uma queda no número de julgamentos de dissídios coletivos, segundo dados oficiais do Tribunal Superior do Trabalho.

Mas esse crescimento deve ser ponderado, pois a possibilidade de recolhimento da contribuição confederativa estimulou o aumento artificial do número de acordos coletivos.

Também ocorreu uma dispersão da negociação coletiva, traduzida em sua progressiva descentralização para as empresas e que reflete, em certa medida, a tendência à pulverização sindical. Ademais, o processo de negociação coletiva continuou restrito ao momento da data-base e limitado em sua abrangência e níveis de articulação.

A Justiça do Trabalho, por sua vez, continuou a desempenhar relevante papel.

Contudo, o próprio Tribunal Superior do Trabalho admite que o País se tornou recordista em volume de reclamações trabalhistas. Além disso, a prevalência de soluções judiciais para conflitos de interesses tem representado, muitas vezes, a persistência de impasses que poderiam ser resolvidos por meio de composição voluntária, com segurança jurídica e sem prejuízo do acesso ao Poder Judiciário.

Essas e outras questões suscitam há décadas o debate público e indicam a necessidade de aprimorar o atual sistema de relações de trabalho, tarefa que exigirá operações complexas e que trará consequências tanto para os atores sociais como para as diferentes esferas do Poder Público ligadas à regulação do trabalho.

Não se trata, porém, de mera alteração legislativa, mas de um amplo reordenamento jurídico-institucional de caráter sistêmico que, do ponto de vista normativo, deverá envolver o Direito Sindical, a Legislação do Trabalho, o Direito Processual do Trabalho, os órgãos de Administração Pública do Trabalho e a Justiça do Trabalho.

A reforma sindical é o primeiro passo. A prioridade conferida a ela não decorre de motivações estritamente políticas, mas do entendimento de que a redefinição do sistema de relações coletivas de trabalho deve ser o centro dinâmico de qualquer esforço de democratização das relações de trabalho, precedendo, assim, a revisão dos demais institutos que regulam o trabalho no Brasil.

Ao contrário de se inspirar em um modelo doutrinário preconcebido, o presente anteprojeto de lei considerou a realidade atual do sindicalismo brasileiro, a dinâmica das relações coletivas de trabalho e o desejo de mudança dos próprios atores sociais, sem perder de vista a necessidade de incorporar princípios consagrados pelo direito internacional e supranacional.

Nos limites desta exposição de motivos, cabe destacar os principais objetivos da reforma sindical:

a) o fortalecimento da representação sindical, de trabalhadores e de empregadores, em todos os níveis e âmbitos de representação;

b) o estabelecimento de critérios de representatividade, organização sindical e democracia interna;

c) a definição de garantias eficazes de proteção à liberdade sindical e de prevenção de condutas antissindicais;

d) a promoção da negociação coletiva como procedimento fundamental do diálogo entre trabalhadores e empregadores;

e) a extinção de qualquer recurso de natureza parafiscal para custeio de entidades sindicais e a criação da contribuição de negociação coletiva;

f) o estímulo à adoção de meios de composição voluntária de conflitos do trabalho, sem prejuízo do acesso ao Poder Judiciário;

g) o reconhecimento da boa-fé como fundamento do diálogo social e da negociação coletiva;

h) a democratização da gestão das políticas públicas na área de relações de trabalho por meio do estímulo ao diálogo social;

i) a disciplina do exercício do direito de greve no contexto de uma ampla legislação sindical indutora da negociação coletiva;

j) a disposição de mecanismos processuais voltados à eficácia dos direitos materiais, da ação coletiva e da vocação jurisdicional da Justiça do Trabalho; e,

k) a definição de regras claras de transição, para que as entidades sindicais preexistentes possam se adaptar às novas regras.

Essa reforma, exaustivamente submetida à apreciação dos atores sociais, irá ao mesmo tempo valorizar a nossa cultura sindical e incorporar o princípio da autonomia privada coletiva, elevando a negociação coletiva à condição de meio preferencial para o reconhecimento e plena eficácia da liberdade sindical, em sintonia com o cenário jurídico predominante nas democracias contemporâneas.

Mas, como indica a experiência internacional, até mesmo em um contexto de ampla liberdade sindical não se pode prescindir de algum critério para identificar as entidades sindicais com um mínimo de representatividade. Se há o propósito de atribuir maior importância à negociação coletiva do trabalho, é indispensável identificar os atores da negociação habilitados ao exercício legítimo desse direito.

Qualquer entidade, independentemente de seu número de associados, poderá vir a se constituir em sindicato. Contudo, o exercício das prerrogativas asseguradas em lei, entre as quais a de instaurar o processo de negociação coletiva, exigirá um mínimo de representatividade do proponente, legitimando-o a exigir da contraparte a atenção e a qualificação necessárias ao pleno exercício da negociação coletiva.

Sem dúvida, a nova dimensão conferida à negociação coletiva deverá contribuir para a revitalização de confederações, federações e sindicatos. As confederações e federações, que hoje só negociam facultativamente, terão a prerrogativa de negociar em seus respectivos âmbitos de atuação. Os sindicatos não apenas irão preservar as suas prerrogativas de negociação como a celebração de qualquer contrato coletivo de trabalho estará sujeita ao crivo de seus representados.

A mesma orientação deverá nortear o novo modelo de organização sindical.

O reconhecimento da personalidade sindical das centrais e o fortalecimento das confederações e federações dependerão da representatividade dos sindicatos, que serão a fonte legitimadora das entidades de nível superior e a unidade fundamental de representação e negociação coletiva, de trabalhadores e de empregadores.

O reconhecimento da personalidade sindical das centrais irá conferir estatuto jurídico à realidade de fato. Não se justifica o receio de que elas possam concorrer com os sindicatos ou comprometer suas prerrogativas de negociação. Para além de sua atuação de caráter político-institucional, o papel das centrais no processo de negociação coletiva será o de articular os interesses do conjunto de seus representados, cabendo às suas confederações, federações e sindicatos a tarefa efetiva de negociar em seus respectivos níveis e âmbitos de representação.

Ainda no campo da organização sindical, será possível que continuem a ser únicos os sindicatos que já são reconhecidos pelo Ministério do Trabalho e Emprego. A chamada exclusividade de representação constitui, na verdade, uma garantia àqueles que defendem a manutenção da unicidade sindical. A exclusividade dependerá, no entanto, do aval dos próprios representados, da comprovação de representatividade e da adesão a normas estatutárias que garantam os princípios democráticos que assegurem ampla participação dos representados, além de perder o seu caráter vitalício.

No que se refere à sustentação financeira, prevê-se a extinção imediata das contribuições confederativa e assistencial e a extinção gradual da contribuição sindical obrigatória, que deverão ser substituídas pela contribuição de negociação coletiva. Essa contribuição, que terá um teto, estará condicionada ao exercício da negociação coletiva e à prestação de serviços por parte das entidades sindicais aos seus representados, corrigindo uma das distorções do sistema atual.

Se este anteprojeto for acolhido pelo Congresso Nacional, também serão incorporados ao nosso ordenamento jurídico diversos institutos em vigor no direito estrangeiro, como a já mencionada tipificação das condutas antissindicais, a caracterização do que se compreende por boa-fé, o delineamento da proteção à liberdade sindical, a promoção efetiva da negociação coletiva e o refinamento dos mecanismos de tutela jurisdicional.

Nesse último caso, procurou-se consolidar os mecanismos de tutela consagrados no direito processual civil, mas de aplicação ainda discutida na esfera do processo do trabalho. A base do processo coletivo comum, formada pelo Código de Defesa do Consumidor e pela Lei da Ação Civil Pública, foi incorporada de maneira a conferir maior atualidade aos mecanismos de tutela jurisdicional coletiva.

A proposta acordada pelos representantes do governo, dos trabalhadores e dos empregadores visa facilitar o acesso à Justiça e à universalização da tutela jurisdicional assegurada pela Constituição da República, sem ferir as garantias do devido processo legal, notadamente do direito ao contraditório e de ampla defesa do trabalhador e do empregador.

Outra alteração sugerida diz respeito ao exercício do poder normativo da Justiça do Trabalho, que ao longo do tempo se revelou um mecanismo de desestímulo à negociação coletiva. Para resolver conflitos coletivos de interesses, trabalhadores e empregadores poderão recorrer, de comum acordo, à arbitragem privada ou a um procedimento de jurisdição voluntária no Tribunal do Trabalho.

Também se deseja rever a ação judicial em matéria de greve, ajustando-a ao regime de liberdade sindical. A possibilidade jurídica de emissão de ordem para o retorno dos trabalhadores ao serviço ficará restrita às graves situações em que estejam em jogo os interesses maiores da comunidade ou quando houver risco de prejuízos irreversíveis a pessoas ou ao patrimônio do empregador ou de terceiros.

Ressalte-se, ainda, a criação do Conselho Nacional de Relações do Trabalho — CNRT —, concebido como um órgão tripartite e paritário, em consonância com as normas da Organização Internacional do Trabalho. Mais do que institucionalizar a prática já em curso do diálogo social, o CNRT terá a missão de democratizar a gestão pública no trato de questões pertinentes às relações coletivas de trabalho, de maneira a induzir a atuação do Poder Público em direção aos legítimos interesses dos atores sociais.

Por fim, este anteprojeto de lei quer dar um passo decisivo para que, de fato, seja assegurado o direito de representação dos trabalhadores nos locais de trabalho. Nesse ponto houve consenso quanto à relevância desse direito, mas não quanto à sua materialização. Todavia, o Governo considerou que tal garantia é imprescindível para dinamizar o relacionamento entre trabalhadores e empregadores, sobretudo para estimular o diálogo social e prevenir conflitos a partir dos locais de trabalho.

Além da divergência já mencionada, que levou o governo a impulsionar unilateralmente o processo legislativo, há outros dispositivos que não foram objeto de consenso com as representações de empregadores(1) e de trabalhadores(2). Há, ainda, outros dispositivos que incorporam os consensos registrados no Relatório Final da Reforma Sindical, mas sobre os quais houve divergências de interpretação com os representantes de empregadores(3).

Alguns aspectos do anteprojeto não tiveram origem nos consensos, mas se justificam pela necessidade de ajuste sistêmico e não são contraditórios com eles. Como não se tratava de uma reforma meramente pontual da legislação sindical, foi necessário articular, agregar e dispor coerentemente em um único diploma normativo os institutos afins dispersos no ordenamento jurídico nacional, em nome da clareza e da segurança jurídica.

Tenho a convicção de que essas divergências poderão ser superadas na nova etapa de diálogo e negociação que terá início com o envio deste anteprojeto de lei ao Congresso Nacional, a quem caberá soberanamente decidir sobre o formato final da nova legislação sindical brasileira, considerando, porém, as relevantes contribuições que tiveram origem no Fórum e que estão traduzidas nessa iniciativa do Poder Executivo.

A reforma da legislação sindical dependerá, ainda, de mudanças na Carta de 1988. Com a revogação e alteração de alguns dispositivos constitucionais, conforme a Proposta de Emenda Constitucional também sugerida por este Ministério a Vossa Excelência, estará aberto o caminho para que o Poder Legislativo dê prosseguimento ao debate e à avaliação das proposições aqui detalhadas.

Pelos motivos que acabo de expor, Excelentíssimo Senhor Presidente da República, passo às mãos de Vossa Excelência o presente anteprojeto de lei, confiante de que com a sua acolhida e as contribuições provenientes do debate parlamentar estará cumprida mais uma etapa para dotar o País de instituições verdadeiramente democráticas e sintonizadas com as novas exigências do desenvolvimento nacional e do mundo do trabalho.

Brasília, 02 de março de 2005

Ricardo José Ribeiro Berzoini
Ministro de Estado do Trabalho e Emprego

---

(1) Artigos sem consenso com os empregadores: 27, Título III (arts. 59 a 92), 175, 176, 189, 223, 224, 232 e 237, 205, 210, 212, 213.

(2) Artigos sem consenso com os trabalhadores: 27, Título III (arts. 59 a 92), capítulo IV (arts. 178 a 187).

(3) Artigos com divergência de interpretação com os empregadores: 94.

TÍTULO I

Das Disposições Preliminares

Arts. 1º a 3º

TÍTULO II

Da Organização Sindical

CAPÍTULO I

Da Liberdade e da Autonomia Sindical

Arts. 4º a 7º

CAPÍTULO II

Da Personalidade Sindical

Arts. 8º a 13

CAPÍTULO III

Das Entidades Sindicais de Trabalhadores

Seção I

Dos níveis de atuação e do âmbito territorial

Arts. 14 a 18

Seção II

Dos requisitos para o reconhecimento da representatividade

Arts. 19 a 23

Seção III

Das garantias da representação e dos dirigentes sindicais

Arts. 24 a 28

CAPÍTULO IV

Das Entidades Sindicais de Empregadores

Seção I

Dos níveis de atuação e do âmbito territorial

Arts. 29 a 32

Seção II

Dos requisitos para o reconhecimento da representatividade

Arts. 33 a 35

Seção III

Da direção das entidades sindicais

Arts. 36 e 37

CAPÍTULO V

Da Exclusividade de Representação

Arts. 38 a 41

CAPÍTULO VI
Do Custeio das Entidades Sindicais

Seção I
Das disposições gerais
Art. 42

Seção II
Da contribuição associativa
Arts. 43 e 44

Seção III
Da contribuição de negociação coletiva

Subseção I
Das disposições gerais
Arts. 45 a 47

Subseção II
Da contribuição de negociação coletiva dos trabalhadores
Arts. 48 a 50

Subseção III
Da contribuição de negociação coletiva dos empregadores
Arts. 51 a 55

Subseção IV
Da prestação de contas
Arts. 56 a 58

TÍTULO III
Da Representação dos Trabalhadores nos Locais de Trabalho

CAPÍTULO I
Das Disposições Preliminares
Arts. 59 a 61

CAPÍTULO II
Dos Objetivos
Art. 62

CAPÍTULO III
Da Instalação
Arts. 63 e 64

CAPÍTULO IV
Da Eleição e da Posse
Arts. 65 a 73

CAPÍTULO V
Do Mandato
Arts. 74 a 79

TÍTULO VII
Da Tutela Jurisdicional

CAPÍTULO I
Das Disposições Preliminares
Arts. 137 a 140

CAPÍTULO II
Das Ações Coletivas em Geral

Seção I
Dos direitos de trato processual coletivo
Art. 141

Seção II
Da competência para a ação coletiva
Arts. 142 e 143

Seção III
Da legitimidade para as ações coletivas
Art. 144

Seção IV
Dos provimentos destinados à tutela jurisdicional das ações coletivas
Arts. 145 a 148

Seção V
Das ações coletivas para a defesa de direitos individuais homogêneos

Subseção I
Das disposições gerais
Arts. 149 a 155

Subseção II
Da liquidação e da execução da decisão
Arts. 156 a 162

Seção VI
Das ações coletivas para a defesa de direitos individuais
Arts. 163 a 169

Seção VII
Da coisa julgada
Arts. 170 a 172

CAPÍTULO III
Da Ação de Prevenção e Repressão à Conduta Antissindical
Arts. 173 a 177

CAPÍTULO IV
Da Ação em Matéria de Greve

ANTEPROJETO DE LEI DE RELAÇÕES SINDICAIS

Dispõe sobre as relações sindicais, e dá outras providências.

TÍTULO I
DAS DISPOSIÇÕES PRELIMINARES

Art. 1º Obedecerão ao disposto nesta Lei a organização sindical, a representação dos trabalhadores nos locais de trabalho, o diálogo social, a negociação coletiva, o contrato coletivo de trabalho, o direito de greve, o Conselho Nacional de Relações do Trabalho — CNRT e a tutela jurisdicional nos conflitos coletivos de trabalho.

Art. 2º As disposições desta Lei não se aplicam aos servidores públicos da União, dos Estados, do Distrito Federal e dos Municípios, bem como das autarquias e das fundações públicas, cujas relações sindicais serão objeto de lei específica.

Art. 3º Integram o sistema sindical os princípios da Organização Internacional do Trabalho — OIT sobre liberdade sindical, proteção ao direito sindical, diálogo social, negociação coletiva, representação dos trabalhadores nos locais de trabalho, consulta tripartite e os princípios do direito do trabalho, observadas as disposições desta Lei.

TÍTULO II
DA ORGANIZAÇÃO SINDICAL

CAPÍTULO I
DA LIBERDADE E DA AUTONOMIA SINDICAL

Art. 4º Os trabalhadores e os empregadores têm direito a constituir entidades para fins sindicais, sem autorização prévia, cumprindo ao Ministério do Trabalho e Emprego o reconhecimento de representatividade.

Art. 5º Os trabalhadores e os empregadores têm direito de livre filiação, participação, permanência e desligamento das entidades sindicais que escolherem.

Art. 6º As entidades sindicais de trabalhadores e de empregadores podem eleger livremente seus representantes, organizar sua estrutura representativa e sua administração, formular seu programa de ação, filiar-se às respectivas organizações internacionais e elaborar seus estatutos, observando princípios democráticos que assegurem ampla participação dos representados.

Art. 7º As entidades sindicais de trabalhadores e de empregadores são independentes umas das outras, sendo-lhes vedadas, direta ou indiretamente, todas as formas de ingerência política, financeira ou administrativa destinadas a desvirtuar, impedir ou dificultar a atuação sindical.

CAPÍTULO II
DA PERSONALIDADE SINDICAL

Art. 8º A aquisição da personalidade sindical, que habilita ao exercício das atribuições e das prerrogativas sindicais, depende de prévio registro dos atos constitutivos da entidade e do reconhecimento de representatividade.

§ 1º Os atos constitutivos e os estatutos das entidades sindicais serão inscritos no Registro Civil de Pessoas Jurídicas, na forma da Lei n. 6.015, de 31 de dezembro de 1973.

§ 2º O reconhecimento da representatividade será requerido pela entidade sindical e será acompanhado de cópias autenticadas do estatuto, bem como das atas da assembleia de fundação e da última eleição de diretoria.

§ 3º A personalidade sindical será atribuída por ato do Ministro do Trabalho e Emprego sempre que forem preenchidos os requisitos de representatividade estabelecidos nesta Lei, ressalvada a hipótese de exclusividade de representação, disciplinada no Capítulo V deste Título.

§ 4º O Ministério do Trabalho e Emprego deverá providenciar ampla e periódica divulgação das entidades dotadas de personalidade sindical nos respectivos âmbitos de representação, indicando o número de representados e o índice de filiação de cada uma delas.

Art. 9º A agregação de trabalhadores e de empregadores nas respectivas entidades sindicais será definida por setor econômico, por ramo de atividade ou, quando se tratar de central sindical, pela coordenação entre setores econômicos e ramos de atividades.

§ 1º Os setores econômicos e os ramos de atividades serão definidos por ato do Ministro do Trabalho e Emprego, mediante proposta de iniciativa do Conselho Nacional de Relações de Trabalho — CNRT.

§ 2º A proposta de que trata o parágrafo anterior deverá respeitar as diferenças de organização entre as entidades sindicais de trabalhadores e de empregadores e assegurar a compatibilidade de representação dos atores coletivos para todos os níveis e âmbitos da negociação coletiva.

Art. 10. A representatividade da entidade sindical será:

I — comprovada, quando satisfeitos os requisitos de representatividade em cada âmbito de representação;

II — derivada, quando transferida de central sindical, confederação ou federação possuidora de representatividade comprovada.

Art. 11. A obtenção de personalidade sindical por representatividade derivada pressupõe índice de representatividade comprovada acima do exigido para a preservação da personalidade sindical da entidade transferidora e suficiente para a aquisição ou preservação da personalidade sindical pela entidade beneficiada.

§ 1º A aquisição ou a preservação da personalidade sindical por representatividade derivada vinculará a entidade beneficiada à estrutura organizativa da entidade transferidora, na forma do estatuto desta última.

§ 2º A aquisição ou a preservação da personalidade sindical de confederação de trabalhadores ou de federação de trabalhadores ou de empregadores prescinde da transferência de índice de representatividade comprovada.

Art. 12. Os índices de representatividade deverão ser confirmados sempre que houver contestação por qualquer outra entidade com ou sem personalidade sindical no mesmo âmbito de representação, desde que seja observado o intervalo mínimo de 3 (três) anos a partir da data da aquisição da personalidade sindical ou da última confirmação de representatividade.

§ 1º Os procedimentos e prazos relativos à contestação e à confirmação de representatividade serão definidos pelo CNRT e publicados por ato do Ministro do Trabalho e Emprego.

§ 2º Quando não for confirmada a representatividade, a entidade perderá a personalidade sindical.

Art. 13. São atribuições e prerrogativas da entidade dotada de personalidade sindical:

I — representar os interesses do respectivo âmbito de representação perante as autoridades administrativas e judiciárias;

II — propor e participar de negociação coletiva;

III — celebrar contratos coletivos de trabalho;

IV — atuar em juízo como legitimado ordinário ou extraordinário;

V — estabelecer contribuições de negociação coletiva.

CAPÍTULO III
DAS ENTIDADES SINDICAIS DE TRABALHADORES

Seção I
Dos níveis de atuação e do âmbito territorial

Art. 14. As entidades sindicais de trabalhadores poderão se organizar na forma de central sindical, confederação, federação e sindicato, em âmbito de atuação nacional, interestadual, estadual, intermunicipal e municipal.

Art. 15. A central sindical será constituída em âmbito nacional, a partir de sindicatos de pertencentes a qualquer setor econômico ou ramo de atividade, sendo-lhe permitida a criação de confederações, federações e sindicatos como parte de sua estrutura organizativa.

Art. 16. A confederação que não estiver filiada ou vinculada a central sindical será constituída em âmbito nacional, a partir de sindicatos do mesmo setor econômico, sendo-lhe permitida a criação de federações e sindicatos como parte de sua estrutura organizativa.

Art. 17. A federação que não estiver filiada ou vinculada a central sindical ou confederação será constituída a partir de sindicatos do mesmo ramo de atividade, em âmbito territorial mínimo correspondente aos Estados, sendo-lhe permitida a criação de sindicatos como parte de sua estrutura organizativa.

Parágrafo único. A criação de federação nacional por ramo de atividade é prerrogativa de confederação com personalidade sindical, que integrará a estrutura organizativa da entidade criadora.

Art. 18. O sindicato será constituído pelo critério do ramo de atividade preponderante dos empregadores em âmbito territorial mínimo correspondente ao município.

Seção II
Dos requisitos para o reconhecimento da representatividade

Art. 19. A central sindical obtém representatividade mediante a observância de 3 (três) dos seguintes requisitos:

I — filiação de sindicatos com representatividade comprovada em pelo menos 18 (dezoito) unidades da Federação, distribuídas nas 5 (cinco) regiões do país;

II — filiação de sindicatos com representatividade comprovada em pelo menos 9 (nove) unidades da Federação, com índice de filiação igual ou superior a 15% (quinze por cento) do total de trabalhadores em cada uma delas;

III — filiação de trabalhadores aos sindicatos filiados à central sindical em número igual ou superior a 22% (vinte e dois por cento) do total de trabalhadores nos respectivos âmbitos de representação;

IV — filiação de trabalhadores aos sindicatos filiados à central sindical, em pelo menos 7 (sete) setores econômicos, em número igual ou superior a 15% (quinze por cento) do total de trabalhadores em cada um desses setores em âmbito nacional.

Art. 20. A confederação obtém representatividade mediante filiação a central sindical ou com a observância dos seguintes requisitos:

I — filiação de sindicatos com representatividade comprovada em pelo menos 18 (dezoito) unidades da Federação, distribuídas nas 5 (cinco) regiões do país;

II — filiação de sindicatos com representatividade comprovada em pelo menos 9 (nove) unidades da Federação, com índice de filiação igual ou superior a 15% (quinze por cento) do total de trabalhadores no respectivo âmbito de representação em cada uma dessas unidades federativas;

III — filiação de trabalhadores aos sindicatos filiados à confederação em número igual ou superior a 22% (vinte e dois por cento) do total de trabalhadores nos respectivos âmbitos de representação.

Art. 21. A federação obtém representatividade mediante filiação a central sindical ou a confederação ou mediante a observância dos seguintes requisitos:

I — filiação de trabalhadores aos sindicatos filiados à federação em número igual ou superior a 22% (vinte e dois por cento) do total de trabalhadores nos respectivos âmbitos de representação desses sindicatos;

II — filiação de trabalhadores aos sindicatos filiados à federação em número igual ou superior a 15% (quinze por cento) do total de trabalhadores no âmbito de representação da federação.

Art. 22. O sindicato obtém representatividade mediante vinculação a central sindical, ou a confederação, ou a federação ou mediante a filiação de número igual ou superior a 20% (vinte por cento) dos trabalhadores do âmbito de representação.

Art. 23. Para aferição da representatividade será considerada a relação entre o número de filiados empregados e o número de trabalhadores que estejam efetivamente empregados no âmbito de representação do sindicato.

Seção III
Das garantias da representação e dos dirigentes sindicais

Art. 24. São condições para o exercício do direito de voto e para a investidura em cargo de direção sindical:

I — ser filiado à entidade sindical e estar empregado no respectivo âmbito de representação;

II — ser maior de 16 (dezesseis) anos para votar e de 18 (dezoito) para ser votado.

Art. 25. Não pode concorrer a cargo de direção sindical, nem permanecer no seu exercício:

I — quem tiver rejeitadas suas contas de exercício em cargo de administração sindical;

II — quem houver, comprovadamente, lesado o patrimônio de qualquer entidade sindical.

Art. 26. É assegurado aos dirigentes sindicais:

I — proteção contra dispensa a partir do registro da candidatura e, se eleito, ainda que suplente, até um ano após o final do mandato, salvo se cometer falta grave nos termos da lei;

II — proteção contra transferência unilateral que dificulte ou torne impossível o desempenho das atribuições sindicais, ressalvado o caso de extinção do estabelecimento.

Art. 27. Para efeito das garantias de que trata o artigo anterior, a direção das entidades sindicais observará o seguinte limite:

I — 81 (oitenta e um) dirigentes na central sindical;

II — 81 (oitenta e um) dirigentes na confederação;

III — 81 (oitenta e um) dirigentes na federação;

IV — 81 (oitenta e um) dirigentes no sindicato.

§ 1º. Nas empresas com até 200 (duzentos) trabalhadores, no âmbito de representação das entidades sindicais, poderá haver 1 (um) dirigente, acrescido de mais 1 (um) a cada 200 (duzentos) ou fração superior a 100 (cem) trabalhadores.

§ 2º. Os limites estabelecidos neste artigo poderão ser ampliados mediante contrato coletivo.

§ 3º. Os dirigentes afastados do trabalho a pedido da entidade sindical serão por ela remunerados, salvo disposto em contrato coletivo.

Art. 28. A entidade sindical notificará o empregador, dentro de 48 (quarenta e oito) horas e por escrito, o dia e a hora do registro da candidatura de seu empregado e, em igual prazo, sua eleição e posse, fornecendo-lhe comprovante no mesmo sentido.

CAPÍTULO IV
DAS ENTIDADES SINDICAIS DE EMPREGADORES

Seção I
Dos níveis de atuação e do âmbito territorial

Art. 29. As entidades sindicais de empregadores poderão se organizar na forma de confederação, federação e sindicato, em âmbito de atuação nacional, interestadual, estadual, intermunicipal e municipal.

Art. 30. A confederação será constituída mediante filiação de federações e de sindicatos do mesmo setor econômico, em âmbito nacional, sendo-lhe permitida a criação de federações e sindicatos como parte de sua estrutura organizativa.

Art. 31. A federação que não estiver filiada ou vinculada a confederação será constituída mediante filiação ou vinculação de sindicatos do mesmo ramo ou setor econômico, em âmbito de atuação estadual ou interestadual, sendo-lhe permitida a criação de sindicatos como parte de sua estrutura organizativa.

Parágrafo único. A criação de federação nacional por ramo de atividade é prerrogativa de confederação com personalidade sindical, que integrará a estrutura organizativa da entidade criadora.

Art. 32. O sindicato será constituído pelo critério do setor econômico ou do ramo de atividade preponderante das empresas ou das unidades econômicas em âmbito territorial mínimo correspondente ao Município.

Seção II
Dos requisitos para o reconhecimento da representatividade

Art. 33. A confederação obtém representatividade mediante a observância de 3 (três) dos seguintes requisitos:

I — filiação de sindicatos, com representatividade comprovada, em pelo menos 18 (dezoito) unidades da Federação, distribuídas nas 5 (cinco) regiões do país;

II — filiação de sindicatos, com representatividade comprovada, em pelo menos 12 (doze) unidades da Federação, com índice de filiação igual ou superior a 20% (vinte por cento) da soma das empresas ou unidades econômicas correspondentes aos âmbitos de representação desses sindicatos;

III — filiação de sindicatos, com representatividade comprovada, em pelo menos 18 (dezoito) unidades da Federação, nas quais a soma do capital social das empresas ou unidades econômicas filiadas aos sindicatos vinculados à confederação seja igual ou superior a 20% (vinte por cento) da soma do capital social das empresas ou unidades econômicas correspondentes aos âmbitos de representação desses sindicatos;

IV — filiação de sindicatos, com representatividade comprovada, em pelo menos 18 (dezoito) unidades da Federação, nas quais a soma do número de empregados nas empresas ou unidades econômicas filiadas aos sindicatos vinculados à confederação seja igual ou superior a 20% (vinte por cento) da soma dos empregados das empresas ou unidades econômicas correspondentes aos âmbitos de representação desses sindicatos.

Parágrafo único. Para efeito de comprovação da representatividade de que trata este artigo, serão considerados os sindicatos filiados à federação que estiver filiada ou vinculada à confederação.

Art. 34. A federação obtém representatividade mediante filiação ou vinculação a confederação ou com a observância de três dos seguintes requisitos:

I — filiação de sindicatos com representatividade comprovada, em pelo menos 3 (três) ramos de atividade econômica;

II — filiação de sindicatos com representatividade comprovada e cuja soma de empresas ou unidades econômicas filiadas seja igual ou superior a 20% (vinte por cento) da soma das empresas ou unidades econômicas nos respectivos âmbitos de representação;

III — filiação de sindicatos com representatividade comprovada e cuja soma de capital social das empresas ou unidades econômicas filiadas seja igual ou superior a 20% (vinte por cento) da soma do capital social das empresas ou unidades econômicas nos respectivos âmbitos de representação;

IV — filiação de sindicatos com representatividade comprovada e cuja soma do número de empregados nas empresas ou unidades econômicas filiadas seja igual ou superior a 20% (vinte por cento) da soma do número de empregados das empresas ou unidades econômicas nos respectivos âmbitos de representação.

Art. 35. O sindicato obtém representatividade mediante vinculação a confederação ou a federação ou com a observância de 2 (dois) dos seguintes requisitos:

I — filiação de número igual ou superior a 20% (vinte por cento) das empresas ou unidades econômicas em seu âmbito de representação;

II — filiação de empresas ou unidades econômicas, cuja soma de capital social seja igual ou superior a 20% (vinte por cento) da soma do capital social das empresas ou unidades econômicas no respectivo âmbito de representação;

III — filiação de empresas ou unidades econômicas, cuja soma do número de seus empregados seja igual ou superior a 20% (vinte por cento) da soma do número de empregados das empresas ou unidades econômicas no respectivo âmbito de representação.

Seção III
Da direção das entidades sindicais

Art. 36. Constitui condição para o direito de voto e para a investidura em cargo de direção sindical o efetivo exercício da atividade econômica no âmbito da representação.

Art. 37. Não pode ser eleito a cargo de direção sindical nem permanecer no seu exercício:

I — quem tiver rejeitadas suas contas de exercício em cargo de administração sindical;

II — quem houver, comprovadamente, lesado o patrimônio de qualquer entidade sindical.

CAPÍTULO V
DA EXCLUSIVIDADE DE REPRESENTAÇÃO

Art. 38. Para os fins desta Lei, considera-se exclusividade de representação a concessão de personalidade sindical a um único sindicato no respectivo âmbito de representação.

Art. 39. O sindicato que obteve registro antes da vigência desta Lei poderá obter a exclusividade de representação mediante deliberação de assembleia de filiados e não filiados e a inclusão em seu estatuto de normas destinadas a garantir princípios democráticos que assegurem ampla participação dos representados.

Parágrafo único. As condições para a obtenção da exclusividade de representação deverão ser comprovadas no prazo de 12 (doze) meses, contados da data da aprovação, pelo Ministro do Trabalho e Emprego, dos requisitos estatutários propostos pelo CNRT, período durante o qual o sindicato conservará a exclusividade no respectivo âmbito de representação.

Art. 40. Havendo modificação no âmbito de representação, será permitida a existência de mais de um sindicato com personalidade sindical.

§ 1º Em caso de fusão entre sindicato com exclusividade de representação e outro que optou pela liberdade de organização, a prerrogativa da exclusividade será mantida apenas no âmbito de representação da entidade que a requereu dentro do prazo de que trata o parágrafo único do artigo anterior.

§ 2º Em caso de fusão entre sindicatos com exclusividade de representação, a prerrogativa da exclusividade será mantida no âmbito de representação da entidade constituída.

Art. 41. O Ministério do Trabalho e Emprego cancelará a exclusividade de representação do sindicato se, no término do período de transição estabelecido nesta Lei, não for comprovada a representatividade, hipótese em que poderá existir mais de um sindicato no mesmo âmbito de representação.

Parágrafo único. O sindicato conservará sua personalidade sindical quando se vincular a central sindical, confederação ou federação, tratando-se de entidade de trabalhadores, ou a confederação ou a federação, tratando-se de entidade de empregadores, na forma do art. 11 desta Lei.

CAPÍTULO VI
DO CUSTEIO DAS ENTIDADES SINDICAIS

Seção I
Das disposições gerais

Art. 42. São receitas das entidades sindicais:

I — a contribuição associativa;

II — a contribuição de negociação coletiva;

III — os frutos dos rendimentos de seu patrimônio;

IV — as doações e legados, quando aceitos na forma de seus estatutos;

V — as multas e outras rendas.

Parágrafo único. As entidades sindicais não terão finalidade lucrativa, sendo-lhes facultado, na forma dos estatutos, o desempenho de atividade econômica.

Seção II
Da contribuição associativa

Art. 43. A contribuição associativa é a prestação espontânea de recursos fundada no vínculo associativo em favor das entidades sindicais, conforme o disposto em estatuto e deliberações de assembleia.

Art. 44. É prerrogativa da entidade sindical de trabalhadores, quando expressamente autorizada por seus filiados, requisitar por escrito à empresa o desconto da contribuição associativa em folha de pagamento.

Parágrafo único. O repasse da contribuição deverá ser efetuado até o 10º (décimo) dia subsequente ao desconto, sob pena de multa no valor de 10% (dez por cento) sobre o montante retido, acrescido de juros de mora sobre o principal da dívida, sem prejuízo de cominações penais, em especial as relativas à apropriação indébita.

Seção III
Da contribuição de negociação coletiva

Subseção I
Das disposições gerais

Art. 45. A contribuição de negociação coletiva é o valor devido em favor das entidades sindicais, com periodicidade anual, fundada na participação na negociação coletiva ou no efeito geral do seu resultado, ainda que por meio de sentença proferida na forma do Capítulo V, do Título VII, desta Lei.

§ 1º A proposta do valor da contribuição será submetida anualmente à apreciação e deliberação de assembleia dos destinatários da negociação coletiva, filiados ou não à entidade sindical.

§ 2º Observadas as exigências desta Lei, a cobrança da contribuição de negociação coletiva aprovada em assembleia geral não comportará oposição.

§ 3º O desconto ou pagamento será realizado mediante a celebração do contrato coletivo ou da comprovação da frustração da negociação coletiva, de acordo com os respectivos valores ou percentuais das contribuições determinadas pelas respectivas assembleias dos sindicatos envolvidos nas negociações.

Art. 46. O contrato coletivo ou os documentos dos quais trata o artigo anterior deverão especificar as entidades sindicais para as quais serão feitos os repasses correspondentes à sua participação na contribuição de negociação coletiva.

§ 1º Quando mais de uma entidade sindical participar da negociação coletiva, os valores correspondentes à contribuição serão distribuídos de maneira proporcional ao índice de sindicalização de cada uma delas.

§ 2º Nos contratos coletivos de âmbito municipal, intermunicipal, estadual, interestadual e nacional, os valores correspondentes à contribuição de negociação coletiva serão distribuídos de maneira proporcional à representatividade das entidades dentro da estrutura organizativa a que pertencem.

§ 3º Os documentos de que trata o artigo anterior serão depositados no Ministério do Trabalho e Emprego.

Art. 47. O recolhimento e os procedimentos de repasse da contribuição de negociação coletiva serão definidos por ato do Ministro do Trabalho e Emprego, ouvido o CNRT.

Subseção II
Da contribuição de negociação coletiva dos trabalhadores

Art. 48. A contribuição de negociação coletiva não poderá ultrapassar 1% (um por cento) do valor da remuneração recebida no ano anterior ao do desconto e será paga, no mínimo, em 3 (três) parcelas mensais, a partir do mês de abril, independentemente do número de contratos coletivos celebrados nos diversos âmbitos de negociação da entidade sindical.

§ 1º A base de cálculo da contribuição corresponderá ao "Total dos Rendimentos" indicado no "Comprovante de Rendimentos Pagos e de Retenção de Imposto de Renda na Fonte", deduzidas as quantias correspondentes ao Imposto de Renda Retido na Fonte e às contribuições previdenciárias oficial e privada.

§ 2º Quando o contrato de trabalho for extinto antes do desconto, a contribuição será paga de maneira proporcional ao número de meses trabalhados, no ato do pagamento das verbas rescisórias.

§ 3º O empregador deverá informar ao sindicato, até o final do mês de abril, o número de trabalhadores e o valor total dos salários, bruto e líquido, que foram considerados para o pagamento da contribuição.

Art. 49. A cobrança de contribuição de negociação coletiva é prerrogativa exclusiva do sindicato, cumprindo aos empregadores descontá-la da remuneração dos trabalhadores.

Parágrafo único. O repasse da contribuição deverá ser efetuado até o 10º (décimo) dia subsequente ao desconto, sob pena de multa no valor de 10% (dez por cento) sobre o montante retido, acrescidos de juros de mora sobre o principal da dívida, sem prejuízo de cominações penais, em especial as relativas à apropriação indébita.

Art. 50. O rateio da contribuição aos demais integrantes da estrutura organizativa da entidade que participou da negociação coletiva obedecerá ao procedimento proposto pelo CNRT e aprovado pelo Ministro do Trabalho e Emprego, com os seguintes percentuais:

I — 10% (dez por cento) para as centrais sindicais;

II — 5% (cinco por cento) para as confederações;

III — 10% (dez por cento) para as federações;

IV — 70% (setenta por cento) para os sindicatos;

V — 5% (cinco por cento) para o Fundo Solidário de Promoção Sindical — FSPS, de que trata o Capítulo IV, do Título VI, desta Lei.

Parágrafo único. Quando a entidade sindical que participou da negociação não estiver filiada ou vinculada a qualquer dessas entidades, os percentuais a elas correspondentes serão repassados ao FSPS.

Subseção III
Da contribuição de negociação coletiva dos empregadores

Art. 51. A contribuição de negociação coletiva será paga no mês de maio de cada ano por todas as empresas ou unidades econômicas, independentemente do porte e do número de trabalhadores.

Parágrafo único. Estão isentas de pagamento as empresas ou unidades econômicas que não tiveram empregados para execução de suas atividades no ano anterior à estipulação da contribuição, conforme a Relação Anual das Informações Sociais — RAIS.

Art. 52. O valor da contribuição não poderá ultrapassar 0,8% (oito décimos percentuais) do valor do capital social da empresa ou unidade econômica registrada nas respectivas juntas comerciais ou órgãos equivalentes, e, para o setor rural, do valor da terra nua tributável, declarada no Imposto sobre a Propriedade Territorial Rural — ITR.

§ 1º A Secretaria da Receita Federal poderá celebrar convênios com as entidades sindicais do setor rural, com a finalidade de fornecer dados cadastrais de imóveis rurais que possibilitem a cobrança da contribuição de negociação coletiva a elas devidas.

§ 2º O recolhimento da contribuição efetuado fora do prazo previsto no artigo anterior será acrescido de multa de 10% (dez por cento) sobre o montante devido, além de juros de mora sobre o principal da dívida.

Art. 53. O valor mínimo da contribuição será equivalente a R$ 100,00 (cem reais), revisto anualmente com base na média de reajustes salariais concedidos pelo respectivo setor econômico no ano anterior, e não poderá ultrapassar a quantia equivalente a 800 (oitocentas) vezes o valor mínimo.

Art. 54. A confederação poderá propor à assembleia a tabela de contribuição de negociação coletiva, observados os critérios referidos nos artigos anteriores.

Art. 55. O rateio da contribuição com os demais integrantes da estrutura organizativa da entidade que participou da negociação coletiva obedecerá ao procedimento proposto pelo CNRT, aprovado pelo Ministro do Trabalho e Emprego, com os seguintes percentuais:

I — 10% (dez por cento) para as confederações;

II — 20% (vinte por cento) para as federações;

III — 65% (sessenta e cinco por cento) para os sindicatos;

IV — 5% (cinco por cento) para o FSPS.

Parágrafo único. Quando a entidade sindical que participou da negociação coletiva não estiver filiada ou vinculada a qualquer dessas entidades, os percentuais a elas correspondentes serão repassados ao FSPS.

Subseção IV
Da prestação de contas

Art. 56. As entidades sindicais organizarão os lançamentos contábeis de forma a permitir o acompanhamento das transações, dos débitos e dos créditos, do recolhimento e do repasse das contribuições, assim como o conhecimento da composição patrimonial, a determinação dos custos dos serviços, o levantamento dos balanços gerais, a análise e a interpretação dos resultados econômicos e financeiros.

Art. 57. Os dirigentes sindicais responderão pela violação aos deveres de:

I — proceder à regular escrituração contábil e à prestação anual de contas na forma e segundo os padrões e normas gerais da contabilidade, ajustados às peculiaridades das respectivas entidades;

II — manter disponíveis à livre consulta de qualquer representado, pelo prazo de 5 (cinco) anos, o balanço, os balancetes, a memória completa dos lançamentos contábeis dos créditos e dos repasses referentes à contribuição de negociação coletiva, a cópia do estatuto da entidade vigente no período respectivo e a relação nominal atualizada dos dirigentes sindicais, com a respectiva ata de posse;

III — proporcionar, por todos os meios a alcance, o acesso dos representados aos estatutos e às informações aludidas nos incisos anteriores deste artigo.

Art. 58. A entidade sindical deverá manter atualizado o registro dos nomes e endereços de seus filiados.

Parágrafo único. As alterações na diretoria e no estatuto da entidade sindical deverão ser informadas ao Ministério do Trabalho e Emprego.

TÍTULO III
DA REPRESENTAÇÃO DOS TRABALHADORES NOS LOCAIS DE TRABALHO

CAPÍTULO I
DAS DISPOSIÇÕES PRELIMINARES

Art. 59. É assegurada a representação dos trabalhadores, nos locais de trabalho, com a finalidade de promover-lhes o entendimento direto com a empresa.

Art. 60. A representação dos trabalhadores nos locais de trabalho obedecerá ao disposto neste Título e, no que for cabível, às normas da Recomendação n. 143 e da Convenção n. 135 da Organização Internacional do Trabalho — OIT.

Art. 61. A representação dos trabalhadores nos locais de trabalho integra o sistema sindical e, sem prejuízo de sua autonomia, atua em colaboração com as entidades sindicais.

§ 1º Somente poderá existir uma única representação por local de trabalho.

§ 2º A representação dos trabalhadores será exercida conforme o regimento aprovado em assembleia.

CAPÍTULO II
DOS OBJETIVOS

Art. 62. A representação dos trabalhadores tem como objetivos:

I — representar os trabalhadores perante a administração da empresa;

II — aprimorar o relacionamento entre a empresa e seus trabalhadores com base nos princípios da boa-fé e do respeito mútuo;

III — promover o diálogo e o entendimento no ambiente de trabalho com o fim de prevenir conflitos;

IV — buscar soluções para os conflitos decorrentes da relação de trabalho, de forma rápida e eficaz, visando à efetiva aplicação das normas legais e contratuais;

V — mediar e conciliar os conflitos individuais do trabalho;

VI — assegurar tratamento justo e imparcial aos trabalhadores, impedindo qualquer forma de discriminação por motivo de sexo, idade, raça, cor, religião, opinião política, atuação sindical, nacionalidade ou origem social;

VII — encaminhar reivindicações específicas dos trabalhadores de seu âmbito de representação;

VIII — acompanhar o cumprimento das leis trabalhistas, previdenciárias e dos contratos coletivos.

CAPÍTULO III
DA INSTALAÇÃO

Art. 63. A representação dos trabalhadores será instalada pelo sindicato com personalidade sindical, por sua iniciativa ou por solicitação escrita de 20% (vinte por cento) dos trabalhadores com mais de 6 (seis) meses na empresa.

§ 1º O sindicato deverá comunicar previamente a instalação da representação ao empregador e ao órgão local do Ministério do Trabalho e Emprego.

§ 2º O sindicato que receber a solicitação dos trabalhadores terá o prazo de 30 (trinta) dias para convocar as eleições.

§ 3º Existindo mais de um sindicato no mesmo âmbito de representação, a constituição da representação dos trabalhadores será promovida de forma conjunta, sendo que a recusa de um deles não poderá impedir a iniciativa do outro.

§ 4º Caracterizada a recusa do sindicato, os trabalhadores poderão instalar diretamente a representação.

Art. 64. A representação dos trabalhadores será constituída nas empresas, de acordo com a seguinte proporção:

I — de 30 (trinta) a 80 (oitenta) trabalhadores: 1 (um) representante;

II — de 81 (oitenta e um) a 150 (cento e cinquenta) trabalhadores: 2 (dois) representantes;

III — de 151 (cento e cinquenta e um) a 300 (trezentos) trabalhadores: 3 (três) representantes;

IV — de 301 (trezentos e um) a 500 (quinhentos) trabalhadores: 4 (quatro) representantes;

V — de 501 (quinhentos e um) a 800 (oitocentos) trabalhadores: 5 (cinco) representantes;

VI — de 801 (oitocentos e um) a 1.000 (mil) trabalhadores: 6 (seis) representantes.

§ 1º Em empresa com mais de 1.000 (mil) trabalhadores, deverão ser acrescidos 2 (dois) representantes para cada 1.000 (mil) ou fração superior a 500 (quinhentos) trabalhadores.

§ 2º Em empresa com menos de 30 (trinta) trabalhadores, a representação poderá ser criada por contrato coletivo.

§ 3º Em empresa que possua, no mesmo âmbito de representação sindical, mais de um estabelecimento com menos de 30 (trinta) trabalhadores cada um, mas que, somados, alcancem esse número, a representação será constituída com base no total de trabalhadores.

§ 4º Na hipótese do parágrafo anterior, o sindicato indicará em qual estabelecimento será constituída a representação, cujos membros deverão ser eleitos e atuar nos respectivos locais de trabalho.

§ 5º Para a fixação do número de representantes, será considerada a quantidade de trabalhadores na empresa no período de 3 (três) meses anteriores à data marcada para a eleição.

CAPÍTULO IV
DA ELEIÇÃO E DA POSSE

Art. 65. Cabe ao sindicato com personalidade sindical convocar a eleição para escolha de representante dos trabalhadores na empresa do respectivo âmbito de representação, com antecedência de 30 (trinta) dias.

Art. 66. Existindo mais de um sindicato no mesmo âmbito de representação, a eleição será promovida de forma conjunta, sendo que a recusa de um deles não impedirá a realização do processo eleitoral.

Art. 67. Os representantes serão eleitos mediante sufrágio livre, pessoal, direto e secreto.

§ 1º Os candidatos participarão da eleição por meio de chapas.

§ 2º Os candidatos à representação concorrerão em igualdade de condições, em especial no que concerne ao tempo de campanha e à disposição dos nomes na cédula eleitoral.

§ 3º A composição da representação dos trabalhadores será determinada pela proporcionalidade dos votos obtidos pelas chapas que alcançarem no mínimo 20% (vinte por cento) dos votos válidos.

§ 4º O empregador deverá oferecer os meios necessários para o normal desenvolvimento do processo eleitoral.

Art. 68. São eleitores todos os que estiverem trabalhando na empresa há mais de 6 (seis) meses.

Art. 69. Podem ser eleitos todos os trabalhadores com mais de 18 (dezoito) anos de idade e empregados na empresa há mais de 12 (doze) meses, contados os períodos descontínuos.

Art. 70. Os ocupantes de cargos de gestão não poderão votar nem ser votados para a representação dos trabalhadores.

Parágrafo único. O representante promovido a cargo de gestão perderá imediatamente seu mandato.

Art. 71. Apurados os votos, serão declarados os eleitos, que tomarão posse no primeiro dia útil seguinte à eleição ou ao término do mandato anterior.

Parágrafo único. Os eleitos, de comum acordo, poderão indicar o coordenador e o secretário da representação.

Art. 72. Os documentos referentes ao processo eleitoral deverão permanecer, pelo prazo de 6 (seis) anos, sob a guarda do sindicato e à disposição para livre consulta de qualquer trabalhador, do Ministério Público do Trabalho e do Ministério do Trabalho e Emprego.

Parágrafo único. São documentos essenciais ao processo eleitoral:

I — ata da reunião que indicou os integrantes da mesa eleitoral, da comissão eleitoral e o presidente do processo eleitoral;

II — edital de convocação;

III — cópia do requerimento de registro de chapa e fichas de qualificação

individual dos candidatos;

IV — lista de eleitores;

V — exemplar da cédula eleitoral;

VI — ata da votação;

VII — ata da eleição;

VIII — cópia das impugnações e das decisões;

IX — ata de posse.

Art. 73. As omissões na disciplina do processo eleitoral serão integradas pelas disposições do estatuto do sindicato destinadas a regulamentar a eleição dos dirigentes sindicais.

CAPÍTULO V
DO MANDATO

Art. 74. O mandato dos representantes será de 3 (três) anos, sendo permitida uma reeleição.

Art. 75. A representação dos trabalhadores não poderá sofrer redução no número de representantes e nem ser extinta antes do término do mandato, ainda que haja diminuição de trabalhadores, ressalvado o caso de encerramento das atividades da empresa.

Art. 76. Os representantes poderão ser destituídos somente por deliberação de assembleia convocada especialmente para esse fim pelo sindicato ou por, no mínimo, 1/3 (um terço) dos trabalhadores da empresa.

Parágrafo único. A destituição será decidida pelo voto da maioria absoluta dos trabalhadores, mediante sufrágio pessoal, livre, direto e secreto, com a observância dos princípios do contraditório e da ampla defesa.

Art. 77. Havendo vacância, será realizada eleição para a escolha do substituto que concluirá o mandato.

Parágrafo único. Caso fique comprovado que a vacância decorreu de ato discriminatório do empregador, o representante afastado retornará à representação, sem prejuízo do mandato do substituto.

Art. 78. A vacância, a substituição e a extinção do mandato deverão ser comunicadas ao Ministério do Trabalho e Emprego.

Art. 79. Os trabalhadores deverão ser informados sobre o exercício do mandato da representação.

CAPÍTULO VI
DA PROTEÇÃO AOS REPRESENTANTES E À REPRESENTAÇÃO

Art. 80. O representante dos trabalhadores goza de proteção contra todo ato de discriminação em razão de sua atuação, contemporânea ou pregressa.

Art. 81. São assegurados ao representante:

I — proteção contra dispensa a partir do registro da candidatura e, se eleito, até um ano após o final do mandato, salvo se cometer falta grave nos termos da lei;

II — proteção contra transferência unilateral, exceto no caso de extinção do estabelecimento;

III — liberdade de opinião, garantindo-se a publicação e distribuição de material de interesse dos trabalhadores.

Art. 82. Para o exercício de suas funções, o representante terá direito a crédito mensal de horas, conforme o disposto em contrato coletivo.

Art. 83. A representação dos trabalhadores deverá dispor de local adequado na empresa para que possa desenvolver suas atividades, além de um ou mais quadros de aviso.

Art. 84. Constitui conduta antissindical a violação das garantias destinadas à proteção dos representantes e à instalação, eleição, funcionamento e renovação da representação dos trabalhadores.

CAPÍTULO VII
DO DIREITO DE INFORMAÇÃO E DE REUNIÃO

Art. 85. A representação dos trabalhadores terá acesso às informações da empresa que forem necessárias ao efetivo cumprimento de suas atribuições.

Art. 86. O representante deverá preservar o sigilo das informações que forem recebidas com a expressa advertência do caráter confidencial, o qual será observado mesmo após o final do mandato.

Art. 87. É direito dos trabalhadores reunirem-se em assembleia, que poderá ser convocada pela representação ou por, pelo menos, 20% (vinte por cento) dos trabalhadores da empresa.

Parágrafo único. A assembleia durante o horário de trabalho poderá ser convocada somente mediante acordo com a empresa.

CAPÍTULO VIII
DA NEGOCIAÇÃO COLETIVA NA EMPRESA

Art. 88. A negociação coletiva na empresa poderá ser conduzida diretamente pela representação dos trabalhadores.

§ 1º No prazo de até 5 (cinco) dias antes do início da negociação coletiva, o sindicato deverá ser notificado sobre o objeto da negociação e poderá avocar sua direção.

§ 2º Em caso de omissão do sindicato, presume-se que a representação dos trabalhadores está autorizada a prosseguir na negociação coletiva.

§ 3º Até a aprovação da proposta por assembleia de trabalhadores, o sindicato poderá avocar a direção da negociação coletiva.

§ 4º Após a aprovação da proposta, a representação dos trabalhadores comunicará ao sindicato o acordo para a celebração do contrato coletivo.

§ 5º Em caso de recusa do sindicato em celebrar o contrato coletivo, aplicar-se-á o disposto no art. 103 desta Lei.

CAPÍTULO IX
DA CONCILIAÇÃO DE CONFLITO INDIVIDUAL

Art. 89. Os trabalhadores poderão requerer à representação que promova tentativa de conciliação com o empregador.

§ 1º O pedido de conciliação deverá esclarecer o objeto da pretensão e será formulado por escrito ou reduzido a termo pela representação, entregando-se cópia datada e assinada ao empregador e ao trabalhador.

§ 2º O sindicato deverá ser comunicado do requerimento com 72 (setenta e duas) horas de antecedência, para que possa acompanhar a reunião designada pela representação.

Art. 90. Não prosperando a conciliação, será fornecida ao empregado e ao empregador declaração da tentativa conciliatória frustrada com a descrição de seu objeto, firmada por eles e pela representação.

Art. 91. Alcançada a conciliação, será lavrado termo discriminando o objeto e as condições do ajuste, que será assinado pelo trabalhador, pelo empregador, pelo membro do sindicato e pela representação, fornecendo-se cópias às partes.

Parágrafo único. O termo de conciliação é título executivo extrajudicial e terá eficácia liberatória somente em relação aos títulos e períodos que nele forem expressamente discriminados.

Art. 92. O prazo prescricional será suspenso a partir do requerimento de conciliação, recomeçando a fluir, pelo que lhe resta, a partir da data da declaração de que trata o art. 90 desta Lei.

TÍTULO IV
DO DIÁLOGO SOCIAL, DA NEGOCIAÇÃO COLETIVA E DO CONTRATO COLETIVO DE TRABALHO

Art. 93. O Estado promoverá o diálogo social, o fortalecimento das negociações tripartites e a participação proporcional das centrais sindicais e das confederações de empregadores nos colegiados dos órgãos públicos em que seus interesses sejam objeto de discussão e deliberação.

Parágrafo único. O diálogo social e as negociações tripartites serão conduzidos pelas centrais sindicais e pelas entidades sindicais de empregadores, conforme a natureza dos interesses envolvidos.

Art. 94. A negociação coletiva e o contrato coletivo de trabalho obedecerão ao disposto neste Título e, no que for cabível, às normas das Convenções n. 98 e n. 154, da Organização Internacional do Trabalho — OIT.

Art. 95. O Estado deverá incentivar a negociação coletiva para que os contratos coletivos tenham aplicação ao maior número possível de trabalhadores e de empregadores.

Art. 96. Para os fins desta Lei, consideram-se:

I — atores coletivos, as entidades sindicais, os empregadores e as representações dos trabalhadores nos locais de trabalho;

II — negociação coletiva, o procedimento adotado pelos atores coletivos visando à celebração de contrato coletivo ou à resolução de conflitos coletivos de trabalho;

III — contrato coletivo, o negócio jurídico por meio do qual se estabelecem condições de trabalho e relações obrigacionais entre os atores coletivos;

IV — nível de negociação e de contrato coletivo, a empresa ou grupo de empresas, o ramo de atividade e o setor econômico.

Art. 97. A negociação coletiva e o contrato coletivo de trabalho poderão ter abrangência nacional, interestadual, estadual, intermunicipal e municipal.

Parágrafo único. As confederações, federações e sindicatos de trabalhadores e de empregadores poderão instaurar a negociação coletiva e celebrar o contrato coletivo.

Art. 98. A negociação coletiva deverá guardar correspondência com o âmbito de representação dos atores coletivos.

§ 1º O nível inicial da negociação coletiva corresponde à organização dos sindicatos de trabalhadores.

§ 2º As diferenças de organização e de critérios de agregação entre as entidades sindicais de trabalhadores e de empregadores não poderão ser invocadas como justificativa para a recusa à negociação coletiva.

Art. 99. A conduta de boa-fé constitui princípio da negociação coletiva.

§ 1º Para os fins desta Lei, considera-se boa-fé o dever de:

I — participar da negociação coletiva quando regularmente requerida, salvo justificativa razoável;

II — formular e responder a propostas e contrapropostas que visem a promover o diálogo entre os atores coletivos;

III — prestar informações, definidas de comum acordo, no prazo e com o detalhamento necessário à negociação;

IV — preservar o sigilo das informações recebidas com esse caráter;

V — obter autorização da assembleia para propor negociação coletiva, celebrar contrato coletivo de trabalho e provocar a atuação da Justiça do Trabalho, de árbitro ou de órgão arbitral para a solução do conflito coletivo de interesses.

§ 2º A violação ao dever de boa-fé equipara-se à conduta antissindical.

Art. 100. As entidades sindicais de trabalhadores e de empregadores apenas poderão propor a negociação coletiva com pauta específica e celebrar contratos coletivos por deliberação de assembleia geral dos sindicatos especialmente convocada para esses fins, conforme o disposto nos respectivos estatutos.

§ 1º A assembleia será precedida de ampla e efetiva divulgação, com antecedência razoável.

§ 2º Havendo negociação de nível superior ao âmbito de atuação dos sindicatos, a participação na assembleia será definida no estatuto da entidade de atuação mais abrangente.

§ 3º O contrato coletivo de nível superior poderá indicar as cláusulas que não serão objeto de modificação em níveis inferiores.

§ 4º O sindicato ficará vinculado ao contrato coletivo de nível superior se não requerer sua exclusão até o momento da celebração.

Art. 101. Quando existir mais de uma entidade com personalidade sindical no mesmo âmbito de representação, quem tomar a iniciativa da negociação deverá notificar todas as demais para que possam participar do procedimento.

§ 1º A negociação será conduzida por comissão formada na proporção da representatividade das entidades sindicais.

§ 2º Os atores coletivos estabelecerão, de comum acordo, o limite numérico para a composição das respectivas bancadas.

§ 3º As entidades sindicais de trabalhadores ou de empregadores definirão, de comum acordo, a pauta de negociação e os procedimentos de consulta aos representados.

§ 4º O contrato coletivo poderá ser celebrado por qualquer entidade sindical que participar da negociação, e que cumpra os procedimentos de consulta aos representados, e terá por abrangência todos os representados na empresa, ramo de atividade ou setor econômico.

Art. 102. Os atores coletivos têm o dever de participar da negociação coletiva nos respectivos âmbitos de representação, mas não de celebrar o contrato coletivo.

Art. 103. Havendo recusa, devidamente comprovada, à negociação por parte das entidades representativas, será conferida a outra entidade sindical do mesmo ramo de atividade ou setor econômico a titularidade da negociação coletiva.

§ 1º A recusa reiterada à negociação caracteriza conduta antissindical e sujeita as entidades sindicais de trabalhadores ou de empregadores à perda da personalidade sindical.

§ 2º A recusa em celebrar o contrato coletivo não caracteriza recusa à negociação coletiva.

Art. 104. Os contratos coletivos observarão a forma escrita e deverão conter as condições ajustadas e ementa, com indicação dos sujeitos, do nível e do âmbito de representação dos atores coletivos.

§ 1º No prazo de 8 (oito) dias da data da celebração, os atores coletivos promoverão o depósito de uma via do contrato coletivo no órgão competente do Ministério do Trabalho e Emprego.

§ 2º O Ministério do Trabalho e Emprego deverá providenciar ampla e periódica divulgação das ementas dos contratos coletivos registrados.

Art. 105. A vigência dos contratos coletivos será de até 3 (três) anos, salvo acordo em sentido contrário.

§ 1º Os contratos coletivos poderão estabelecer regras para que os efeitos de suas cláusulas subsistam após o término de sua vigência.

§ 2º Os efeitos do contrato coletivo subsistirão durante os 90 (noventa) dias subsequentes ao término da vigência, após os quais as partes, de comum acordo, poderão ajustar nova prorrogação.

§ 3º Em caso de impasse, os atores coletivos, desde que de comum acordo e mediante autorização das respectivas assembleias, poderão requerer à Justiça do Trabalho ou a órgão arbitral a solução do conflito de interesses, na forma prevista no Capítulo V do Título VII desta Lei.

TÍTULO V
DO DIREITO DE GREVE

Art. 106. A greve é direito fundamental dos trabalhadores e seu exercício será disciplinado pelo presente Título.

Art. 107. Entende-se por greve a suspensão coletiva e temporária, total ou parcial, da prestação pessoal de serviços.

Art. 108. A titularidade do direito de greve e a oportunidade de sua deflagração pertencem aos trabalhadores.

Parágrafo único. O estatuto da entidade sindical deverá estabelecer as formalidades de convocação da assembleia geral e o número mínimo de trabalhadores para deliberar sobre a deflagração da greve.

Art. 109. O empregador ou suas entidades sindicais serão comunicados por escrito, com antecedência mínima de 72 (setenta e duas) horas, do início da paralisação.

Parágrafo único. Em caso de greve motivada por atraso no pagamento de salário ou por descumprimento de contrato coletivo ou de sentença proferida na forma do Capítulo V do Título VII desta Lei, fica dispensado o prévio aviso, salvo nos serviços e atividades essenciais à comunidade.

Art. 110. São assegurados aos grevistas o emprego de meios pacíficos tendentes a persuadir os trabalhadores a aderirem à greve, a arrecadação de fundos e a livre divulgação do movimento.

§ 1º Os meios adotados por trabalhadores e empregadores não poderão violar nem constranger os direitos e garantias fundamentais.

§ 2º As manifestações e os atos de persuasão não poderão causar dano à pessoa nem à propriedade.

§ 3º É vedado ao empregador constranger o trabalhador a comparecer ao trabalho com o objetivo de frustrar ou dificultar o exercício do direito de greve.

§ 4º É nulo de pleno direito todo ato que represente discriminação em razão do exercício do direito de greve.

Art. 111. A greve implica suspensão do contrato de trabalho, podendo seus efeitos ser regidos por contrato coletivo ou por sentença proferida na forma do Capítulo V do Título VII desta Lei.

§ 1º O pagamento correspondente aos dias de paralisação dependerá de estipulação em contrato coletivo ou de sentença proferida na forma do Capítulo V do Título VII desta Lei.

§ 2º É vedada a dispensa do trabalhador durante a greve, bem como a contratação de mão de obra destinada à substituição de grevistas.

Art. 112. As reivindicações de greve que tenham por objetivo a criação, a modificação ou a extinção de direitos serão objeto de contrato coletivo ou de sentença judicial ou arbitral, na forma do Capítulo V do Título VII desta Lei.

Art. 113. Durante a greve, a entidade sindical de trabalhadores, mediante acordo com o empregador, deverá manter equipes com o objetivo de assegurar os serviços cuja paralisação resulte em danos a pessoas ou prejuízo irreparável pela deterioração irreversível de bens, além de garantir a manutenção dos serviços necessários à retomada das atividades.

§ 1º A entidade sindical de trabalhadores e os empregadores, ou suas entidades sindicais, poderão, previamente ou durante a greve, definir os setores e o número de trabalhadores necessários à preservação dos serviços mínimos enquanto perdurar a paralisação.

§ 2º Não havendo acordo, o empregador poderá, durante o período de greve, contratar diretamente os serviços mínimos, definindo, de modo razoável, os setores e o número de trabalhadores, sem comprometer o exercício e a eficácia do direito de greve, sob pena de caracterizar ato antissindical.

Art. 114. São considerados serviços ou atividades essenciais à comunidade, independentemente do regime jurídico da prestação de serviços:

I — tratamento e abastecimento de água, produção e distribuição de energia elétrica, gás e combustíveis;

II — assistência médica e hospitalar;

III — distribuição e comercialização de medicamentos e alimentos;

IV — funerários;

V — transporte coletivo;

VI — captação e tratamento de esgoto e lixo;

VII — telecomunicações;

VIII — guarda, uso e controle de substâncias radioativas, equipamentos e materiais nucleares;

IX — processamento de dados ligados a serviços essenciais;

X — controle de tráfego aéreo;

XI — compensação bancária.

Art. 115. Nos serviços ou atividades essenciais, as necessidades inadiáveis da comunidade serão atendidas na forma do art. 113 desta Lei.

Parágrafo único. São necessidades inadiáveis da comunidade aquelas que, quando não atendidas, coloquem em perigo iminente a vida, a saúde ou a segurança das pessoas.

Art. 116. Na greve em serviços ou atividades essenciais, a Administração poderá propor e participar da negociação coletiva, visando garantir a satisfação das necessidades inadiáveis da comunidade.

Art. 117. Na greve em serviços ou atividades essenciais, a entidade sindical de trabalhadores deverá comunicar à população a data do início da paralisação e o empregador ou suas entidades sindicais deverão informar os serviços mínimos que serão mantidos, com antecedência de 48 (quarenta e oito) horas.

Art. 118. É vedada a paralisação das atividades, por iniciativa do empregador, com o objetivo de frustrar a negociação ou dificultar o atendimento de reivindicações dos respectivos empregados (*lockout*).

Parágrafo único. A paralisação por iniciativa do empregador assegura aos trabalhadores o direito ao pagamento dos salários durante o respectivo período.

Art. 119. A responsabilidade pelos atos ilícitos ou crimes cometidos no curso da greve será apurada, conforme o caso, segundo a legislação trabalhista, civil e penal.

TÍTULO VI
DO CONSELHO NACIONAL DE RELAÇÕES DE TRABALHO

CAPÍTULO I
DAS DISPOSIÇÕES PRELIMINARES

Art. 120. Fica instituído no âmbito do Ministério do Trabalho e Emprego o Conselho Nacional de Relações de Trabalho — CNRT, de caráter tripartite e paritário, composto de representantes indicados pelo Governo Federal, pelos trabalhadores e pelos empregadores.

Art. 121. Compete ao Ministério do Trabalho e Emprego a nomeação dos membros dos órgãos do CNRT, observadas as indicações das respectivas representações.

Art. 122. A atividade exercida no CNRT é de relevante interesse público e não confere o direito ao pagamento de qualquer remuneração.

Art. 123. Os mandatos dos representantes dos trabalhadores e dos empregadores têm caráter institucional, facultando-se às respectivas entidades sindicais substituir seus representantes, na forma do Regimento Interno do CNRT.

§ 1º Os representantes dos trabalhadores e dos empregadores terão mandato de 3 (três) anos, permitida uma recondução.

§ 2º A cada três (3) anos, deverá haver a renovação de, pelo menos, um terço (1/3) dos representantes dos trabalhadores e dos empregadores.

§ 3º A convocação dos suplentes será assegurada mediante a justificativa da ausência do respectivo titular, na forma do Regimento Interno do CNRT.

Art. 124. Todas as decisões do Ministro do Trabalho e Emprego em matéria de competência do CNRT serão motivadas, sob pena de nulidade.

CAPÍTULO II
DA ESTRUTURA

Art. 125. O CNRT é constituído pela Câmara Tripartite e por 2 (duas) Câmaras Bipartites.

Art. 126. A Câmara Tripartite é constituída por 15 (quinze) membros e respectivos suplentes, assim definidos:

I — 5 (cinco) representantes dos trabalhadores, indicados pelas centrais sindicais com personalidade sindical;

II — 5 (cinco) representantes dos empregadores, indicados pelas confederações com personalidade sindical;

III — 5 (cinco) representantes do Governo, indicados pelo Ministro do Trabalho e Emprego.

Art. 127. As Câmaras Bipartites são compostas, cada uma, por 10 (dez) membros e respectivos suplentes, assim definidos:

I — 5 (cinco) representantes dos trabalhadores, indicados pelas centrais sindicais com personalidade sindical, e 5 (cinco) representantes do Governo, indicados pelo Ministro do Trabalho e Emprego;

II — 5 (cinco) representantes dos empregadores, indicados pelas confederações com personalidade sindical, e 5 (cinco) representantes do Governo, indicados pelo Ministro do Trabalho e Emprego.

Parágrafo único. É vedada aos membros da Câmara Tripartite a participação na composição das Câmaras Bipartites.

Art. 128. O preenchimento das vagas dos representantes dos trabalhadores no CNRT, quando necessário, observará a proporcionalidade da representação das centrais sindicais.

CAPÍTULO III
DO FUNCIONAMENTO

Art. 129. A Presidência e a Vice-Presidência do CNRT serão exercidas pelas mesmas pessoas que ocuparem a Presidência e a Vice-Presidência da Câmara Tripartite.

§ 1º A Presidência da Câmara Tripartite terá mandato definido e será alternada entre as representações, na forma do Regimento Interno.

§ 2º A Vice-Presidência da Câmara Tripartite será exercida por um representante do Governo, quando a presidência couber à representação dos trabalhadores ou dos empregadores, e será indicada dentre os integrantes dessas representações quando a presidência couber ao Governo.

Art. 130. A coordenação das Câmaras Bipartites será alternada entre as representações, na forma do Regimento Interno do CNRT, sendo exercida pelo Ministério do Trabalho e Emprego, quando couber à representação do Governo.

Parágrafo único. O critério de desempate na votação será definido no Regimento Interno do CNRT.

CAPÍTULO IV
DO FUNDO SOLIDÁRIO DE PROMOÇÃO SINDICAL

Art. 131. Fica instituído, nas respectivas esferas de representação, o Fundo Solidário de Promoção Sindical (FSPS), vinculado ao Ministério do Trabalho e Emprego, destinado ao custeio das atividades do CNRT e de programas, estudos, pesquisas e ações voltadas à promoção das relações sindicais e do diálogo social.

Art. 132. O FSPS é constituído pelos recursos da contribuição de negociação coletiva a ele recolhidos e é composto de duas contas:

I — conta da contribuição dos trabalhadores;

II — conta da contribuição dos empregadores.

§ 1º A administração da respectiva conta deverá observar as normas de direito financeiro aplicáveis à espécie.

§ 2º Os responsáveis pela execução dos programas financiados pelo FSPS deverão apresentar às Câmaras Bipartites relatórios periódicos de acompanhamento físico e financeiro dos recursos aplicados.

CAPÍTULO V
DAS ATRIBUIÇÕES

Art. 133. Compete à Câmara Tripartite:

I — aprovar o regimento interno do CNRT;

II — examinar e encaminhar para deliberação do Ministro do Trabalho e Emprego a lista de agregação por setores econômicos e ramos de atividades das entidades sindicais de trabalhadores e de empregadores, conforme propostas apresentadas pelas respectivas Câmaras Bipartites;

III — aprovar o procedimento de recolhimento e da prestação de contas dos valores da contribuição de negociação coletiva;

IV — propor, para aprovação do Ministro do Trabalho e Emprego, as disposições estatutárias mínimas a serem observadas pelos sindicatos que postularem a exclusividade de representação, visando assegurar princípios de liberdade organizativa, democracia interna e de respeito aos direitos de minoria;

V — definir os procedimentos e prazos relativos à contestação e à confirmação da personalidade sindical;

VI — propor os setores econômicos e os ramos de atividade suscetíveis de representação específica, consideradas suas peculiaridades;

VII — propor a revisão de critérios e dirimir dúvidas relativas aos setores econômicos e ramos de atividade;

VIII — examinar, a cada 8 (oito) anos, a necessidade de revisão dos critérios de representatividade das entidades sindicais, propondo as alterações que julgar cabíveis;

IX — propor diretrizes de políticas públicas e opinar sobre programas e ações governamentais no âmbito das relações de trabalho;

X — opinar sobre as matérias previstas no art. 5º da Convenção n. 144 da Organização Internacional do Trabalho;

XI — opinar sobre pareceres referentes aos projetos legislativos em tramitação no Congresso Nacional, no âmbito das relações de trabalho;

XII — propor disposições normativas sobre assuntos afetos às relações de trabalho;

XIII — definir critérios para a utilização dos recursos do FSPS, considerando as propostas elaboradas pelas Câmaras Bipartites;

XIV — elaborar a proposta orçamentária do FSPS;

XV — deliberar sobre a prestação de contas e os relatórios de execução orçamentária e financeira do FSPS;

XVI — acompanhar a fiscalização e a administração do FSPS, podendo solicitar informações sobre contratos celebrados, ou em vias de celebração, e quaisquer outros atos, sem prejuízo das competências dos órgãos de controle interno e externo;

XVII — dar publicidade, com periodicidade anual, aos critérios de alocação e de uso dos recursos do FSPS;

XVIII — propor a alteração do rol de serviços ou atividades essenciais previsto nesta Lei;

XIX — propor diretrizes sobre as estatísticas e as informações referentes às relações de trabalho, representatividade, índice de filiação sindical, práticas antissindicais, greves, celebração de contratos coletivos e sentenças judiciais e arbitrais proferidas na solução de conflitos coletivos de interesses.

Art. 134. Os critérios referidos no inciso II do art. 133 desta Lei deverão observar, no que couber:

I — a compatibilidade entre os níveis de atuação das entidades sindicais de trabalhadores e de empregadores para efeito de negociação coletiva;

II — os índices oficiais de estatística em matéria de relações de trabalho.

Art. 135. As disposições referidas no inciso IV do art. 133 desta Lei deverão versar sobre os seguintes assuntos:

I — direitos e deveres dos filiados e dos membros da direção;

II — estrutura organizativa e suas finalidades;

III — composição da direção e suas atribuições;

IV — período dos mandatos dos membros da direção;

V — penalidades e perda do mandato;

VI — requisitos para votar e ser votado;

VII — conselho fiscal e prestação de contas;

VIII — remuneração dos membros da direção;

IX — processo eleitoral;

X — dissolução da entidade.

Art. 136. Compete às Câmaras Bipartites, nas respectivas esferas de representação:

I — definir a lista dos setores econômicos e dos ramos de atividade, submetendo-a à apreciação da Câmara Tripartite;

II — propor critérios para a utilização dos recursos do FSPS à Câmara Tripartite;

III — gerir o FSPS;

IV — selecionar programas a serem financiados com recursos do FSPS;

V — encaminhar à Câmara Tripartite subsídios para a elaboração da proposta orçamentária do FSPS;

VI — acompanhar a execução dos programas financiados com recursos do FSPS;

VII — proceder à prestação anual de contas referentes ao FSPS;

VIII — elaborar os relatórios de execução orçamentária e financeira do FSPS;

IX — recomendar soluções ao Ministro do Trabalho e Emprego nas contestações ao reconhecimento de personalidade sindical;

X — mediar e conciliar os conflitos de representatividade sindical;

XI — analisar o desempenho dos índices de sindicalização, conforme os critérios de representatividade definidos em lei;

XII — recomendar soluções ao Ministro do Trabalho e Emprego sobre os pedidos de reconsideração das decisões de cancelamento da exclusividade de representação e de perda da personalidade sindical.

TÍTULO VII
DA TUTELA JURISDICIONAL

CAPÍTULO I
DAS DISPOSIÇÕES PRELIMINARES

Art. 137. A tutela jurisdicional nos conflitos coletivos decorrentes da relação de trabalho obedecerá ao disposto neste Título.

Art. 138. Para a defesa dos direitos coletivos decorrentes da relação de trabalho, são admissíveis todas as espécies de ações capazes de propiciar tempestiva, adequada e efetiva tutela jurisdicional.

Art. 139. Os juízes e os tribunais do trabalho empregarão sempre os seus bons ofícios e capacidade de persuasão para alcançar solução conciliatória dos conflitos coletivos decorrentes da relação de trabalho.

Art. 140. Às ações coletivas de que trata esta Lei aplicam-se os dispositivos do Título X da Consolidação das Leis do Trabalho (CLT), que disciplinam o processo do trabalho, naquilo que for compatível e sem prejuízo da aplicação subsidiária do processo comum.

CAPÍTULO II
DAS AÇÕES COLETIVAS EM GERAL

Seção I
Dos direitos de trato processual coletivo

Art. 141. A defesa coletiva dos direitos decorrentes da relação de trabalho será exercida quando se tratar de:

I — direitos coletivos, assim entendidos os transindividuais, de natureza indivisível, de que seja titular grupo de pessoas ligadas entre si ou com a parte contrária por uma relação jurídica base;

II — direitos individuais homogêneos, assim entendidos os de natureza divisível, de que sejam titulares pessoas determinadas, que tenham origem no mesmo fato ou ato jurídico e que sejam caracterizados pela prevalência das questões comuns sobre as questões individuais;

III — direitos individuais, assim entendidos os de natureza divisível e de que sejam titulares pessoas determinadas, sempre que apresentarem afinidade de questões por um ponto comum de fato ou de direito, nas hipóteses previstas nesta lei.

Parágrafo único. O disposto nesta lei não prejudicará as hipóteses de defesa de direitos difusos previstas no processo comum.

Seção II
Da competência para a ação coletiva

Art. 142. As demandas coletivas serão processadas e julgadas pelo juízo:

I — do foro do lugar da prestação de serviços;

II — do foro da sede ou de filial do réu, quando se tratar de pedido de âmbito intermunicipal, estadual, interestadual ou nacional.

Art. 143. É competente para a execução o juízo:

I — da ação condenatória, nas hipóteses dos incisos I e III do art. 141 desta Lei;

II — da ação condenatória ou da liquidação da sentença, na hipótese do inciso II do art. 141 desta Lei.

Seção III
Da legitimidade para as ações coletivas

Art. 144. As entidades dotadas de personalidade sindical, nos respectivos âmbitos de representação, têm legitimidade concorrente para as ações coletivas.

Parágrafo único. Quando não ajuizar a demanda nos casos previstos em lei, o Ministério Público do Trabalho atuará como fiscal da lei, sempre que estiver presente o interesse público ou social.

Seção IV

Dos provimentos destinados à tutela jurisdicional das ações coletivas Art. 145. Sendo relevante o fundamento da demanda e havendo justificado receio de ineficácia do provimento final, é lícito ao juiz, mediante requerimento da parte, conceder a tutela liminarmente ou após justificação prévia, citado o réu

Parágrafo único. A liminar poderá ser revogada ou modificada, a qualquer tempo, em decisão fundamentada.

Art. 146. Quando a ação tiver por objeto o cumprimento de obrigação de fazer ou não fazer, o juiz concederá a tutela específica ou determinará providências que assegurem o resultado prático equivalente ao do adimplemento.

§ 1º A conversão da obrigação em perdas e danos somente será admissível se por elas optar o autor ou se for impossível a tutela específica ou a obtenção do resultado prático correspondente.

§ 2º A indenização por perdas e danos será definida sem prejuízo da multa de que trata este artigo.

§ 3º O juiz poderá, na liminar ou na sentença, impor multa diária ao réu, independentemente de pedido do autor, se for suficiente ou compatível com a obrigação, fixando prazo razoável para o cumprimento do preceito.

§ 4º Para a tutela específica ou para a obtenção do resultado prático equivalente, o juiz poderá determinar as medidas necessárias, tais como busca e apreensão, remoção de coisas e pessoas, desfazimento de obra, impedimento de atividade nociva, além de requisição de força policial.

§ 5º O juiz poderá, de ofício, modificar o valor ou a periodicidade da multa, caso verifique que ela se tornou insuficiente ou excessiva, bem como providenciar a imediata execução da quantia já vencida.

§ 6º A multa será exigível desde o dia em que se houver configurado o descumprimento à ordem e ficará depositada, em instituição oficial de crédito, até o trânsito em julgado da decisão.

§ 7º O valor da multa será destinado a fundo público cuja finalidade guarde conexão com o objeto da demanda.

Art. 147. Quando a ação tiver por objeto a entrega de coisa, o juiz, ao conceder a tutela específica, fixará o prazo para o cumprimento da obrigação.

Parágrafo único. Não cumprida a obrigação no prazo estabelecido, expedir-se-á em favor do credor mandado de busca e apreensão ou de imissão de posse, conforme se tratar de coisa móvel ou imóvel, sem prejuízo da aplicação da multa de que trata o artigo anterior.

Art. 148. O disposto nesta seção aplicar-se-á a todas as ações previstas neste Título.

Seção V
Das ações coletivas para a defesa de direitos individuais homogêneos

Subseção I
Das disposições gerais

Art. 149. O sindicato dotado de personalidade sindical, no âmbito de sua representação, poderá propor, em nome próprio e no interesse dos trabalhadores, demanda coletiva para a defesa de direitos individuais homogêneos.

Art. 150. Para os fins do art. 841 da Consolidação das Leis do Trabalho, o réu será citado para comparecer à primeira audiência desimpedida, depois do prazo de 30 (trinta) dias.

Art. 151. O sindicato poderá se conciliar com o réu mediante fórmula genérica, que fixará as condições do acordo e os critérios para que os beneficiados possam ser identificados na liquidação.

Parágrafo único. Vincular-se-ão às condições da conciliação os beneficiados que requererem a liquidação individual dentro do prazo ajustado no acordo e os filiados ao sindicato que, após a comunicação de que trata o art. 165 desta Lei, não requererem sua exclusão do processo.

Art. 152. O processo será extinto sem julgamento do mérito quando a origem do direito em que se amparar o pedido não for comum aos integrantes do grupo ou quando as questões individuais prevalecerem sobre as questões comuns.

Art. 153. Em caso de procedência do pedido, a condenação será genérica, fixando a responsabilidade do réu pelos danos causados e os critérios para que os beneficiados possam ser identificados na liquidação.

Art. 154. O sindicato deverá providenciar ampla divulgação da propositura da demanda e da sentença de homologação da conciliação ou do trânsito em julgado da sentença.

Art. 155. O ajuizamento da demanda coletiva não interromperá o prazo de prescrição das pretensões individuais dos integrantes do grupo.

Parágrafo único. No processo coletivo as pretensões individuais não serão atingidas pela prescrição intercorrente.

Subseção II
Da liquidação e da execução da decisão

Art. 156. A liquidação e a execução poderão ser promovidas pelo trabalhador ou pelo sindicato dotado de personalidade sindical, no âmbito de sua representação, em nome próprio e no interesse de seus filiados ou em nome de seus representados.

Art. 157. A liquidação, individual ou coletiva, poderá ser requerida no foro da prestação de serviços dos beneficiados e deverá ser acompanhada de certidão da sentença de homologação da conciliação ou de certidão da sentença de condenação, da qual deverá constar a ocorrência ou não do trânsito em julgado.

Art. 158. A liquidação coletiva deverá identificar os beneficiados, fornecer as informações individuais necessárias à fixação do crédito e estar acompanhada ou de prova de filiação ao sindicato ou dos instrumentos de mandato dos representados.

Art. 159. Com a prudência de não frustrar as vantagens da tutela jurisdicional coletiva, o juiz poderá limitar o número de substituídos ou de representados quando ele dificultar a defesa ou comprometer o julgamento do pedido.

Parágrafo único. O requerimento de limitação interromperá o prazo para resposta, que recomeçará da intimação da decisão.

Art. 160. Quando for necessário provar fato novo, a liquidação far-se-á por artigos, um para cada fato que se pretenda demonstrar, observado o procedimento comum da Consolidação das Leis do Trabalho.

Parágrafo único. Se for desnecessária a produção de prova oral, o juiz poderá dispensar a audiência e determinar que a contestação seja apresentada em Secretaria.

Art. 161. Será admitida a efetivação de decisão imediatamente executiva, decorrente de antecipação de tutela, quando a petição inicial estiver acompanhada de memória discriminada e atualizada dos cálculos, com a justificativa dos valores e suficiente identificação dos beneficiados.

Art. 162. A execução coletiva decorrente de sentença condenatória abrangerá os indivíduos cujos créditos já tenham sido fixados em sentença de liquidação, sem prejuízo do ajuizamento de outras execuções.

Seção VI
Das ações coletivas para a defesa de direitos individuais

Art. 163. O sindicato dotado de personalidade sindical, no âmbito de sua representação, poderá propor, em nome próprio e no interesse dos seus filiados, demanda coletiva para defesa de direitos individuais nas hipóteses previstas no § 2º do art. 195 da Consolidação das Leis do Trabalho, no art. 25 da Lei n. 8.036, de 11 de maio de 1990, e visando ao cumprimento de cláusula de contrato coletivo ou de sentença proferida na forma do Capítulo V do Título VII desta Lei.

Art. 164. A petição inicial deverá identificar os substituídos, fornecer as informações individuais que forem necessárias ao julgamento da pretensão e será instruída com prova de filiação ao sindicato.

Art. 165. No prazo de 10 (dez) dias, após o ajuizamento da demanda, o sindicato deverá comprovar que divulgou a instauração do processo, esclarecendo aos substituídos que os efeitos da sentença, favorável ou contrária, serão vinculativos para quem não requerer sua exclusão do processo.

§ 1º No prazo de 40 (quarenta) dias, após o ajuizamento da demanda, o substituído poderá requerer sua exclusão do processo, independentemente da concordância do réu.

§ 2º Decorrido o prazo de que trata o parágrafo anterior, a exclusão dependerá da concordância do réu.

§ 3º O pedido será extinto sem julgamento do mérito se não for comprovada a tempestiva e adequada divulgação da instauração do processo aos substituídos.

§ 4º Observar-se-á o disposto neste artigo sempre que, em nome próprio e no interesse de seus filiados, o sindicato requerer a liquidação de sentença genérica proferida em processo instaurado para a defesa de direitos individuais homogêneos.

Art. 166. A conciliação será permitida apenas mediante autorização escrita ou por requerimento do substituído, ouvido o sindicato.

Art. 167. Em caso de procedência do pedido, a condenação fixará o direito de cada substituído e a responsabilidade do réu pelos danos causados.

Art. 168. A liquidação e a execução da sentença serão promovidas pelo substituído ou pelo sindicato, sendo desnecessária a providência de que trata o art. 165 desta Lei.

Art. 169. Às ações coletivas de que trata esta Seção aplica-se o disposto nos arts. 150 e 159 desta Lei.

Seção VII
Da coisa julgada

Art. 170. Nas ações coletivas previstas neste Título, o conteúdo da sentença fará coisa julgada:

I — *ultra partes*, mas limitadamente ao grupo, quando se tratar da hipótese prevista no inciso I do art. 141 desta Lei;

II — *erga omnes*, apenas no caso de procedência do pedido, para beneficiar todos os integrantes do grupo, na hipótese do inciso II do art. 141 desta Lei;

III — *erga omnes*, no caso de procedência ou de improcedência do pedido, para beneficiar ou prejudicar o autor da demanda e o titular da relação jurídica controvertida, na hipótese do inciso III do art. 141 desta Lei, bem como na liquidação coletiva de direitos individuais homogêneos.

§ 1º Na hipótese prevista no inciso I, a coisa julgada não prejudicará direitos individuais dos integrantes do grupo.

§ 2º Na hipótese prevista no inciso II, em caso de improcedência do pedido os interessados poderão ajuizar igual demanda a título individual, no prazo de até 2 (dois) anos após o trânsito em julgado da sentença.

Art. 171. Configurar-se-á litispendência quando o Ministério Público do Trabalho ou qualquer entidade sindical do mesmo âmbito de representação ajuizar demanda com a mesma causa de pedir e o mesmo pedido em face do réu.

Parágrafo único. Nas hipóteses previstas nos incisos I e II do art. 141 desta Lei, as demais entidades sindicais do mesmo âmbito de representação serão notificadas do ajuizamento da demanda e poderão intervir como assistentes litisconsorciais.

Art. 172. Nas hipóteses previstas nos incisos I e II do art. 141 desta Lei, as demandas coletivas não induzirão litispendência para as demandas individuais, mas a autoridade da coisa julgada não beneficiará os autores destas se não for requerida a suspensão do processo no prazo de 30 (trinta) dias, a contar da ciência nos autos do ajuizamento da demanda coletiva.

CAPÍTULO III
DA AÇÃO DE PREVENÇÃO E REPRESSÃO À CONDUTA ANTISSINDICAL

Art. 173. Sempre que o empregador comportar-se de maneira a impedir ou limitar a liberdade e a atividade sindical, bem como o exercício do direito de greve, o juiz do trabalho, em decisão imediatamente executiva, poderá ordenar a cessação do comportamento ilegítimo e a eliminação de seus efeitos.

Art. 174. Têm legitimidade concorrente para o ajuizamento da demanda a entidade dotada de personalidade sindical, no âmbito de sua representação, e o trabalhador prejudicado pela conduta antissindical.

Art. 175. Sem prejuízo de outras hipóteses previstas em lei, configura conduta antissindical todo e qualquer ato do empregador que tenha por objetivo impedir ou limitar a liberdade ou a atividade sindical, tais como:

I — subordinar a admissão ou a preservação do emprego à filiação ou não a uma entidade sindical;

II — subordinar a admissão ou a preservação do emprego ao desligamento de uma entidade sindical;

III — despedir ou discriminar trabalhador em razão de sua filiação a sindicato, participação em greve, atuação em entidade sindical ou em representação dos trabalhadores nos locais de trabalho;

IV — conceder tratamento econômico de favorecimento com caráter discriminatório em virtude de filiação ou atividade sindical;

V — interferir nas organizações sindicais de trabalhadores;

VI — induzir o trabalhador a requerer sua exclusão de processo instaurado por entidade sindical em defesa de direito individual;

VII — contratar, fora dos limites desta Lei, mão de obra com o objetivo de substituir trabalhadores em greve;

VIII — contratar trabalhadores em quantidade ou por período superior ao que for razoável para garantir, durante a greve, a continuidade dos serviços mínimos nas atividades essenciais à comunidade ou destinados a evitar danos a pessoas ou prejuízo irreparável ao próprio patrimônio ou de terceiros;

IX — constranger o trabalhador a comparecer ao trabalho com o objetivo de frustrar ou dificultar o exercício do direito de greve;

X — violar o dever de boa-fé na negociação coletiva.

Art. 176. Quando se configurar conduta antissindical, o juiz do trabalho, mediante provocação, avaliando a gravidade da infração, eventual reincidência e a capacidade econômica do infrator, aplicará multa punitiva em valor de um até quinhentas vezes o menor piso salarial do âmbito de representação da entidade sindical, ou referência equivalente, sem prejuízo da aplicação da multa coercitiva destinada ao cumprimento de obrigação de fazer ou não fazer, prevista no art. 146 desta Lei.

Parágrafo único. A multa punitiva será executada por iniciativa do juiz e será destinada à conta da representação do prejudicado no FSPS.

Art. 177. As providências judiciais destinadas à prevenção e repressão da conduta antissindical, até mesmo a condenação no pagamento da multa punitiva, são cabíveis quando a entidade sindical de trabalhadores:

I — induzir o empregador a admitir ou dispensar alguém em razão de filiação ou não a uma entidade sindical;

II — interferir nas organizações sindicais de empregadores;

III — violar o dever de boa-fé na negociação coletiva;

IV — deflagrar greve sem a prévia comunicação de que trata o art. 109 desta Lei.

CAPÍTULO IV
DA AÇÃO EM MATÉRIA DE GREVE

Seção I
Das disposições gerais

Art. 178. As entidades dotadas de personalidade sindical, no âmbito de sua representação, e os empregadores têm legitimidade para o ajuizamento de demanda destinada a garantir serviços mínimos durante a greve.

Parágrafo único. O Ministério Público do Trabalho tem legitimidade para o ajuizamento da demanda quando não forem assegurados os serviços mínimos nas atividades essenciais à comunidade ou assim exigir o interesse público ou a defesa da ordem jurídica.

Art. 179. É competente para o julgamento da demanda:

I — o Tribunal Superior do Trabalho, quando o conflito coletivo exceder a competência territorial dos Tribunais Regionais do Trabalho, ressalvado o disposto no art. 12 da Lei n. 7.520, de 15 de julho de 1986;

II — o Tribunal Regional do Trabalho do local em que ocorrer o conflito coletivo que conduziu à greve.

Parágrafo único. Compete ao juiz do trabalho do local da paralisação o julgamento da demanda de prevenção e repressão à conduta antissindical praticada durante a greve.

Art. 180. O tribunal do trabalho, em decisão imediatamente executiva, poderá ordenar a cessação do comportamento abusivo e a eliminação de seus efeitos nas seguintes situações:

I — quando os trabalhadores deflagrarem greve sem garantir os serviços mínimos destinados ao atendimento das necessidades inadiáveis da comunidade;

II — quando os trabalhadores deflagrarem greve sem garantir os serviços mínimos destinados a evitar danos a pessoas ou o prejuízo irreparável ao patrimônio do empregador ou de terceiros;

III — quando os trabalhadores não cumprirem o acordo de que trata o art. 113 desta Lei, prejudicando os serviços mínimos destinados ao atendimento das necessidades inadiáveis da comunidade ou destinados a evitar danos a pessoas ou o prejuízo irreparável ao patrimônio do empregador ou de terceiros;

IV — quando o empregador contratar trabalhadores em número superior ao que for razoável para garantir a continuidade dos serviços mínimos destinados ao atendimento das necessidades inadiáveis da comunidade ou destinados a evitar danos a pessoas ou prejuízo irreparável ao seu patrimônio ou de terceiros;

V — quando a paralisação envolver serviços técnicos especializados nos quais é impraticável recrutar pessoal treinado ou que possa ser treinado durante o período de prévio aviso, configurando grave risco de danos a pessoas ou de prejuízo irreparável ao patrimônio do empregador, de terceiros ou à continuidade de atividades essenciais à comunidade.

§ 1º Nas hipóteses dos incisos I, II e III, o tribunal do trabalho ordenará à entidade sindical que os trabalhadores cumpram o acordo ou assegurem os serviços mínimos durante o período em que perdurar a greve.

§ 2º Na hipótese do inciso IV, o tribunal do trabalho ordenará ao empregador que reduza imediatamente o contingente de trabalhadores temporários ao número necessário para a simples preservação dos serviços mínimos.

§ 3º Na hipótese do inciso V, o tribunal do trabalho ordenará à entidade sindical que os trabalhadores mantenham os serviços mínimos durante o período necessário para o treinamento ou para a contratação de pessoal especializado.

Art. 181. A multa coercitiva de que cuida o art. 146 desta Lei será paga pelo empregador ou pela entidade sindical e será destinada à conta da representação do prejudicado no FSPS.

Parágrafo único. O tribunal do trabalho poderá expedir carta de ordem para a execução das decisões que proferir.

Art. 182. Apenas mediante requerimento formulado em conjunto pelos atores coletivos envolvidos na greve, o tribunal do trabalho poderá criar, modificar ou extinguir condições de trabalho.

Seção II
Do procedimento

Art. 183. A petição inicial será autuada e encaminhada ao juiz competente, na forma do Regimento Interno, que deverá designar audiência para tentativa de conciliação, apresentação de defesa e instrução no prazo de até 48 (quarenta e oito) horas.

Art. 184. O juiz-relator poderá expedir carta de ordem ao juízo do local da paralisação para a tentativa de conciliação e para as diligências necessárias ao esclarecimento do litígio, com a presteza que a urgência da situação exigir.

Art. 185. Alcançada ou não a conciliação e depois de realizadas as diligências necessárias ao esclarecimento dos fatos, o juiz deverá restituir os autos à Secretaria com o "visto" em até 24 (vinte e quatro) horas, para inclusão em pauta de julgamento, sem revisor, na primeira sessão no prazo de até 24 (vinte e quatro) horas.

Art. 186. O membro do Ministério Público do Trabalho presente à sessão de julgamento poderá apresentar parecer oral, que deverá ser reduzido a termo na certidão.

Art. 187. Concluído o julgamento ou homologada a conciliação, o acórdão deverá ser lavrado em até 48 (quarenta e oito) horas, para publicação no órgão oficial.

CAPÍTULO V
DO CONFLITO COLETIVO DE INTERESSES

Seção I
Das disposições gerais

Art. 188. No fracasso da negociação coletiva destinada à celebração ou à renovação de norma coletiva, os atores coletivos em conflito poderão, de comum acordo, provocar a atuação do tribunal do trabalho, de árbitro ou de órgão arbitral para o fim de criar, modificar ou extinguir condições de trabalho.

Parágrafo único. Consideram-se normas coletivas o contrato coletivo e a sentença proferida pelo tribunal do trabalho, por árbitro ou por órgão arbitral para a solução de conflito coletivo de interesses.

Art. 189. Em atividades submetidas a controle tarifário, em nenhuma hipótese, quer pela via judicial, quer pela via da arbitragem ou do contrato coletivo, a concessão de reajuste ou aumento de salário poderá ser utilizada para justificar reivindicação de aumento de tarifa.

Art. 190. Sob pena de nulidade, todas as entidades com personalidade sindical no mesmo âmbito de representação deverão ser notificadas da instauração do processo judicial ou arbitral.

Parágrafo único. A entidade sindical que não participar da instauração do processo não ficará vinculada à coisa julgada.

Art. 191. A sentença atingirá todos os representados pelas entidades sindicais e produzirá efeitos:

I — a partir da data de sua publicação, quando o processo for instaurado após o prazo previsto no § 2º do art. 105 desta Lei;

II — a partir do dia imediato ao termo final de vigência da norma coletiva, quando o processo for instaurado dentro do prazo previsto no § 2º do art. 105 desta Lei.

Seção II
Da ação normativa

Subseção I
Das disposições gerais

Art. 192. A solução do conflito coletivo de interesses compete:

I — ao Tribunal Superior do Trabalho, quando o conflito coletivo exceder a competência territorial dos Tribunais Regionais do Trabalho, ressalvado o disposto no art. 12 da Lei n. 7.520, de 15 de julho de 1986;

II — ao Tribunal Regional do Trabalho do local em que ocorrer o conflito coletivo.

Parágrafo único. As ações incidentais à negociação coletiva e à arbitragem privada são de competência do juízo da localidade em que esses atos estão sendo praticados.

Art. 193. O processo será instaurado por petição assinada em conjunto pelos atores coletivos envolvidos na negociação coletiva e deverá indicar:

I — a qualificação dos requerentes e o respectivo âmbito de representação;

II — as propostas e contrapropostas de cada parte, com seus fundamentos;

III — a existência de outra entidade com personalidade sindical no mesmo âmbito de representação:

IV — o período de vigência das cláusulas controvertidas.

Art. 194. A nulidade dos atos processuais deverá ser alegada na primeira oportunidade em que couber à parte falar em audiência ou nos autos, sob pena de preclusão.

Parágrafo único. Não se aplica esta disposição às nulidades que o juiz tiver de decretar de ofício e nem prevalece a preclusão quando a parte provar que não praticou o ato por justa causa.

Art. 195. O tribunal do trabalho decidirá nos limites do requerimento conjunto, sendo-lhe vedado conceder mais do que foi postulado, atribuir coisa diversa da que foi reivindicada ou oferecida e deixar de decidir sobre cláusula a cujo pronunciamento está obrigado.

Parágrafo único. As partes poderão estabelecer que a solução do conflito seja feita por ofertas finais.

Art. 196. A sentença comporta apenas recurso de embargos de declaração, na forma do art. 897-A da Consolidação das Leis do Trabalho.

Subseção II
Do Procedimento

Art. 197. O requerimento conjunto será autuado e encaminhado ao juiz competente, na forma do Regimento Interno, que deverá designar audiência para tentativa de conciliação, no prazo de até 10 (dez) dias, notificando as partes.

Art. 198. Alcançada ou não a conciliação, o juiz deverá restituir os autos à Secretaria com o "visto" em até 5 (cinco) dias, para inclusão em pauta de julgamento, sem revisor, na primeira sessão no prazo de até 5 (cinco) dias.

Art. 199. O membro do Ministério Público do Trabalho presente à sessão de julgamento poderá apresentar parecer oral, que deverá ser reduzido a termo na certidão.

Art. 200. Concluído o julgamento ou homologada a conciliação, o acórdão deverá ser lavrado em até 5 (cinco) dias, para publicação no órgão oficial.

Seção III
Da arbitragem

Art. 201. A arbitragem nos conflitos coletivos de interesses obedecerá ao disposto nesta Lei e, nos casos omissos, reger-se-á segundo as disposições da Lei n. 9.307, de 23 de setembro de 1996.

Art. 202. O árbitro e o órgão arbitral deverão ser registrados junto ao Ministério do Trabalho e Emprego.

Art. 203. O processo arbitral deverá respeitar os princípios do contraditório, da igualdade das partes, da publicidade, da imparcialidade e do livre convencimento do árbitro.

Art. 204. Quando existir cláusula compromissória e houver resistência na instituição da arbitragem, o interessado poderá requerer a citação da parte contrária para comparecer ao tribunal do trabalho a fim de lavrar-se o compromisso arbitral, na forma do art. 7º da Lei n. 9.307, de 23 de setembro de 1996.

CAPÍTULO VI
DAS AÇÕES DE ANULAÇÃO, DECLARAÇÃO E REVISÃO DE NORMA COLETIVA

Seção I
Das disposições gerais

Art. 205. As ações de anulação, de declaração e de revisão de norma coletiva são de competência originária do tribunal do trabalho que solucionou o conflito coletivo de interesses ou daquele a quem competiria o julgamento.

Seção II
Da ação de anulação de norma coletiva

Art. 206. A demanda de anulação de norma coletiva poderá ser ajuizada pelos sujeitos do contrato coletivo, pelas partes do processo, judicial ou arbitral, ou pelo Ministério Público do Trabalho, nos termos do art. 83 da Lei Complementar n. 75, de 20 de maio de 1993.

Art. 207. A sentença será anulada quando:

I — proferida pela Justiça do Trabalho, incorrer em qualquer dos vícios previstos no art. 485 do Código de Processo Civil;

II — proferida por órgão arbitral, incorrer em qualquer dos vícios previstos no art. 32 da Lei n. 9.307, de 23 de setembro de 1996.

Art. 208. Os contratos coletivos poderão ser anulados como os negócios jurídicos em geral, na forma prevista em lei.

Art. 209. Anulada a norma coletiva, reputam-se de nenhum efeito todas as suas cláusulas.

§ 1º Quando o vício incidir somente sobre uma cláusula que seja independente das outras, o tribunal do trabalho pronunciará a nulidade parcial da norma coletiva.

§ 2º Quando a nulidade não atingir a convenção de arbitragem, aplicar-se-á o disposto no § 2º do art. 33 da Lei n. 9.307, de 23 de setembro de 1996.

Art. 210. A petição inicial da demanda de anulação obedecerá aos requisitos do art. 282 do Código de Processo Civil, incumbindo ao autor:

I — cumular ao pedido de anulação, se for o caso, o pedido para que a cláusula anulada seja objeto de julgamento no mesmo processo;

II — comprovar o depósito da quantia correspondente a 100 (cem) vezes o menor piso salarial do ramo de atividade ou do setor econômico, ou referência equivalente, a título de multa, que reverterá para o réu caso a pretensão seja declarada inadmissível ou improcedente.

Parágrafo único. A União, o Distrito Federal, os Estados, os Municípios e o Ministério Público do Trabalho estão dispensados do depósito de que trata este artigo.

Art. 211. A demanda para a anulação de norma coletiva observará o procedimento comum do Código de Processo Civil e deverá ser proposta no prazo de até 90 (noventa) dias contados da celebração do contrato coletivo ou da ciência da sentença ou da decisão de embargos de declaração.

Parágrafo único. O juiz-relator deverá designar audiência para tentativa de conciliação.

Art. 212. O acolhimento da pretensão de impugnação à norma coletiva não importará na restituição das vantagens já recebidas pelos trabalhadores.

Seção III
Da ação declaratória de norma coletiva

Art. 213. As entidades dotadas de personalidade sindical, no âmbito de sua representação, o Ministério Público do Trabalho ou qualquer outra entidade que tenha participado da celebração do contrato coletivo ou da instauração do processo, judicial ou arbitral, poderão ajuizar demanda declaratória visando à obtenção de certeza quanto à aplicação ou interpretação de cláusula de norma coletiva.

Seção IV
Da ação de revisão de norma coletiva

Art. 214. As entidades dotadas de personalidade sindical, no âmbito de sua representação, o Ministério Público do Trabalho ou qualquer outra entidade que tenha participado da celebração da norma coletiva ou da instauração do processo, judicial ou arbitral, poderão ajuizar demanda de revisão de cláusula de contrato coletivo sempre que sobrevier modificação no estado de fato ou de direito, por fato superveniente e imprevisível.

TÍTULO VIII
DAS DISPOSIÇÕES FINAIS E TRANSITÓRIAS

Art. 215. O período de transição para a aplicação das normas de que trata o Título I desta Lei será de:

I — 36 (trinta e seis) meses para as entidades de trabalhadores, prorrogáveis por 24 (vinte e quatro) meses, por solicitação da entidade sindical ao Ministério do Trabalho e Emprego, conforme a análise de desempenho dos índices de sindicalização pela Câmara Bipartite, contados da data de início da vigência desta Lei;

II — 60 (sessenta) meses para as entidades de empregadores, prorrogáveis por 24 (vinte e quatro) meses, por solicitação da entidade sindical ao Ministério do Trabalho e Emprego, conforme a análise de desempenho dos índices de sindicalização pela Câmara Bipartite, contados da data de início da vigência desta Lei.

Art. 216. Durante o período de transição, a entidade sindical com registro concedido anteriormente ao início da vigência desta Lei preservará a personalidade sindical.

Parágrafo único. A personalidade sindical será cancelada se, até 3 (três) meses após o término do período de transição, a entidade não comprovar a representatividade perante o Ministério do Trabalho e Emprego.

Art. 217. A central sindical obtém representatividade transitória mediante a observância de 3 (três) dos seguintes requisitos:

I — filiação de sindicatos com representatividade comprovada em pelo menos 18 (dezoito) unidades da Federação, distribuídas nas 5 (cinco) regiões do país e em 7 (sete) setores econômicos;

II — filiação de sindicatos com representatividade comprovada em pelo menos 12 (doze) unidades da Federação, com índice de filiação igual ou superior a 5% (cinco por cento) do total de trabalhadores nessas unidades da Federação;

III — filiação de trabalhadores aos sindicatos filiados à central sindical em número igual ou superior a 20% (vinte por cento) do total de trabalhadores nos respectivos âmbitos de representação;

IV — filiação de trabalhadores aos sindicatos filiados à central sindical, em pelo menos 5 (cinco) setores econômicos, em número igual ou superior a 5% (cinco por cento) do total de trabalhadores nesses setores econômicos em âmbito nacional.

Art. 218. A confederação obtém representatividade mediante filiação a central sindical ou com a observância dos seguintes requisitos:

I — filiação de sindicatos com representatividade comprovada em pelo menos 18 (dezoito) unidades da Federação, distribuídas nas 5 (cinco) regiões do país;

II — filiação de sindicatos com representatividade comprovada em pelo menos 9 (nove) unidades da Federação, com índice de filiação igual ou superior a 15% (quinze por cento) do total de trabalhadores no respectivo âmbito de representação em cada uma dessas unidades federativas;

III — filiação de trabalhadores aos sindicatos filiados à confederação em número igual ou superior a 20% (vinte por cento) do total de trabalhadores nos respectivos âmbitos de representação.

Art. 219. A federação obtém representatividade mediante filiação a central sindical ou a confederação ou mediante a observância dos seguintes requisitos:

I — filiação de trabalhadores aos sindicatos filiados à federação em número igual ou superior a 20% (vinte por cento) do total de trabalhadores nos respectivos âmbitos de representação desses sindicatos;

II — filiação de trabalhadores aos sindicatos filiados à federação em número igual ou superior a 5% (cinco por cento) do total de trabalhadores no âmbito de representação da federação.

Art. 220. A contribuição sindical dos trabalhadores será extinta no período de três anos, a partir do início da vigência desta Lei e corresponderá a:

I — 75% (setenta e cinco por cento) de um dia de trabalho no primeiro ano;

II — 55% (cinquenta e cinco por cento) de um dia de trabalho no segundo ano;

III — 35% (trinta e cinco por cento) de um dia de trabalho no terceiro ano.

§ 1º Durante o período de transição, o percentual de repasse da contribuição sindical será de 5% (cinco por cento) para as confederações, 15% (quinze por cento) para as federações, 60% (sessenta por cento) para os sindicatos e 20% (vinte por cento) para a "Conta Especial Emprego e Salário".

§ 2º O sindicato deverá indicar a confederação e a federação para as quais serão destinados os recursos referidos no parágrafo anterior.

Art. 221. A contribuição sindical dos empregadores será extinta no período de 5 (cinco) anos, observando-se a base de cálculo e o procedimento de recolhimento previstos no art. 580, III, §§ 1º, 2º e 3º, e no art. 581 da Consolidação das Leis do Trabalho.

§ 1º A partir do terceiro ano contado do início da vigência desta Lei, a contribuição sindical corresponderá a:

I — 75% (setenta e cinco por cento) no terceiro ano;

II — 55% (cinquenta e cinco por cento) no quarto ano;

III — 35% (trinta e cinco por cento) no quinto ano.

§ 2º Durante o período de transição, o percentual de repasse da contribuição sindical será de 5% (cinco por cento) para as confederações, 15% (quinze por cento) para as federações, 60% (sessenta por cento) para os sindicatos e 20% (vinte por cento) para a "Conta Especial Emprego e Salário";

§ 3º O sindicato deverá indicar a confederação e a federação para as quais serão destinados os recursos referidos no parágrafo anterior.

§ 4º Durante o decurso do prazo de que trata este artigo, a entidade sindical que comprovar sua representatividade, ou obtiver declaração expressa da confederação respectiva do setor econômico, garantindo o cumprimento dos critérios de representatividade, poderá substituir a cobrança da contribuição sindical pela contribuição de negociação coletiva.

Art. 222. Até que seja aprovada a lei específica de que trata o art. 2º desta Lei, aplicar-se-ão às entidades sindicais de servidores públicos da União, dos Estados, do Distrito Federal e dos Municípios, bem como das autarquias e fundações públicas, os arts. 4º a 13, incisos I, 14 a 25, 27, 28, 43 e 56 a 58 desta Lei.

Parágrafo único. A presente Lei não será, de modo algum, interpretada em detrimento dos direitos e dos costumes que regulam as relações sindicais dos servidores públicos até que venha a ser aprovada a lei específica de que trata o art. 2º desta Lei.

Art. 223. Durante o período de 3 (três) anos após o início da vigência desta Lei, a representação dos trabalhadores nos locais de trabalho será constituída nas empresas conforme a seguinte proporção:

I — de 100 (cem) a 200 (duzentos) trabalhadores: 1 (um) representante;

II — de 201 (duzentos e um) a 300 (trezentos) trabalhadores: 2 (dois) representantes;

III — de 301 (trezentos e um) a 500 (quinhentos) trabalhadores: 3 (três) representantes;

IV — de 501 (quinhentos e um) a 800 (oitocentos) trabalhadores: 4 (quatro) representantes;

V — de 801 (oitocentos e um) a 1.000 (mil) trabalhadores: 5 (cinco) representantes.

§ 1º Em empresa com mais de 1.000 (mil) trabalhadores, deverão ser acrescidos 2 (dois) representantes para cada 1.000 (mil) ou fração superior a 500 (quinhentos) trabalhadores.

§ 2º Em empresa com menos de 30 (trinta) trabalhadores, a representação poderá ser criada por contrato coletivo.

§ 3º Em empresa que possua, no mesmo âmbito de representação sindical, mais de 1 (um) estabelecimento com menos de 30 (trinta) trabalhadores cada um, mas que, somados, alcancem esse número, a representação será constituída com base no total de trabalhadores.

§ 4º Na hipótese do parágrafo anterior, o sindicato indicará em qual estabelecimento será constituída a representação, cujos membros deverão ser eleitos e atuar nos respectivos locais de trabalho.

§ 5º Para a fixação do número de representantes será considerada a quantidade de trabalhadores na empresa no período de 3 (três) meses anteriores à data marcada para a eleição.

Art. 224. Nos 3 (três) anos seguintes ao período de que trata o artigo anterior, a representação dos trabalhadores será constituída conforme a seguinte proporção, após o quê será observada a proporção fixada no art. 64 desta Lei:

I — de 50 (cinquenta) a 100 (cem) trabalhadores: 1 (um) representante;

II — de 101 (cento e um) a 200 (duzentos) trabalhadores: 2 (dois) representantes;

III — de 201 (duzentos e um) a 400 (quatrocentos) trabalhadores: 3 (três) representantes;

IV — de 401 (quatrocentos e um) a 600 (seiscentos) trabalhadores: 4 (quatro) representantes;

V — de 601 (seiscentos e um) a 800 (oitocentos) trabalhadores: 5 (cinco) representantes;

VI — de 801 (oitocentos e um) a 1.000 (mil) trabalhadores: 6 (seis) representantes.

§ 1º Em empresa com mais de 1.000 (mil) trabalhadores, deverão ser acrescidos 2 (dois) representantes para cada 1.000 (mil) ou fração superior a 500 (quinhentos) trabalhadores.

§ 2º Em empresa com menos de 30 (trinta) trabalhadores, a representação poderá ser criada por contrato coletivo.

§ 3º Em empresa que possua, no mesmo âmbito de representação sindical, mais de 1 (um) estabelecimento com menos de 30 (trinta) trabalhadores cada um, mas que, somados, alcancem esse número, a representação será constituída com base no total de trabalhadores.

§ 4º Na hipótese do parágrafo anterior, o sindicato indicará em qual estabelecimento será constituída a representação, cujos membros deverão ser eleitos e atuar nos respectivos locais de trabalho.

§ 5º Para a fixação do número de representantes será considerada a quantidade de trabalhadores na empresa no período de 3 (três) meses anteriores à data marcada para a eleição.

Art. 225. Caberá ao Ministério do Trabalho e Emprego instalar o CNRT no prazo de 30 (trinta) dias, contados da publicação desta Lei.

Art. 226. Nos primeiros 12 (doze) meses após sua instalação, a Câmara Tripartite será composta por 18 (dezoito) membros e respectivos suplentes, observada a proporcionalidade da representação.

Art. 227. Nos primeiros 12 (doze) meses após sua instalação, as Câmaras Bipartites serão compostas, cada uma, por 12 (doze) membros e respectivos suplentes, observada a proporcionalidade da representação.

Art. 228. Caberá à representação do Governo as duas primeiras Presidências e Coordenações da Câmara Tripartite e das Câmaras Bipartites, respectivamente.

Art. 229. No período de que tratam os arts. 226 e 227 desta Lei, as representações dos trabalhadores e dos empregadores serão exercidas pelas entidades sindicais, participantes do Fórum Nacional do Trabalho, referidas no inciso II, do § 2º, do art. 2º do Decreto n. 4.796, de 29 de julho de 2003.

Art. 230. No prazo de 90 (noventa) dias a contar da instalação do CNRT, a Câmara Tripartite deverá propor, para deliberação do Ministro do Trabalho e Emprego, as matérias de que cuidam os incisos II e IV do art. 133 desta Lei.

Art. 231. As normas de direito processual desta Lei aplicar-se-ão desde logo, sem prejuízo da validade dos atos praticados antes da vigência delas.

Art. 232. Nas ações de que trata esta Lei, são devidos honorários advocatícios, nos termos do Código de Processo Civil e da Lei n. 8.906, de 4 de julho de 1994.

Art. 233. O § 4º do art. 789 da Consolidação passa a ter seguinte redação:

"§ 4º Na ação normativa, as partes responderão em proporções iguais pelo pagamento das custas, sobre o valor arbitrado na sentença."

Art. 234. O art. 876 de Consolidação das Leis do Trabalho passa a ter a seguinte redação:

"Art. 876. As decisões passadas em julgado ou das quais não tenha havido recurso com efeito suspensivo; os contratos coletivos, quando não cumpridos; os termos de ajuste de conduta firmados perante o Ministério Público do Trabalho e os termos de conciliação firmados com assistência da Representação dos Trabalhadores nos Locais de Trabalho serão executados pela forma estabelecida neste Capítulo.

Parágrafo único. Serão executados *ex officio* os créditos previdenciários devidos em decorrência de decisão proferida pelos juízes e tribunais do trabalho, resultantes de condenação ou homologação de acordo."

Art. 235. O art. 12 da Lei n. 7.520, de 15 de julho de 1986, passa a ter a seguinte redação:

"Art. 12. Compete exclusivamente ao Tribunal Regional do Trabalho da 2ª Região processar a ação normativa e a ação em matéria de greve cujas decisões produzirão efeitos em área territorial alcançada, em parte, pela jurisdição desse mesmo Tribunal e, em outra parte, pela jurisdição do Tribunal Regional do Trabalho da 15ª Região."

Art. 236. Fica extinta a contribuição assistencial e qualquer outra existente sob igual hipótese de incidência ou base de cálculo.

Art. 237. Ficam revogados os arts. 511 a 625, 625-A a 625-H e 856 a 875 da Consolidação das Leis do Trabalho, assim como a Lei n. 4.725, de 13 de julho de 1965, a Lei n. 7.783, de 28 de junho de 1989 e a Lei n. 8.073, de 30 de julho de 1990.

Parágrafo único. O art. 580, III, §§ 1º, 2º e 3º, e o art. 581 da Consolidação das Leis do Trabalho serão revogados ao término do período de transição definido no art. 221 desta Lei.

Art. 238. Esta Lei entra em vigor na data de sua publicação, revogadas as disposições em contrário, correndo suas despesas por dotações orçamentárias próprias, ou suplementadas, se necessário.

PROJETO DE LEI [1]

Disciplina a ação civil pública para a tutela de interesses difusos, coletivos ou individuais homogêneos, e dá outras providências

O CONGRESSO NACIONAL decreta:

CAPÍTULO I
DAS DISPOSIÇÕES GERAIS

Art. 1º Regem-se pelas disposições desta Lei as ações civis públicas destinadas à proteção:

I — do meio ambiente, da saúde, da educação, do trabalho, do desporto, da segurança pública, dos transportes coletivos, da assistência jurídica integral e da prestação de serviços públicos;

II — do consumidor, do idoso, da infância e juventude e das pessoas portadoras de deficiência;

III — da ordem social, econômica, urbanística, financeira, da economia popular, da livre concorrência, do patrimônio público e do erário;

IV — dos bens e direitos de valor artístico, cultural, estético, histórico, turístico e paisagístico; e

V — de outros interesses ou direitos difusos, coletivos ou individuais homogêneos.

---

(1) PL 5.139/2009

§ 1º Não será cabível ação civil pública para veicular pretensões que envolvam tributos, concessão, revisão ou reajuste de benefícios previdenciários ou assistenciais, contribuições previdenciárias, o Fundo de Garantia do Tempo de Serviço — FGTS ou outros fundos de natureza institucional cujos beneficiários podem ser individualmente determinados.

§ 2º Aplicam-se as disposições desta Lei às ações coletivas destinadas à proteção de interesses ou direitos difusos, coletivos ou individuais homogêneos.

Art. 2º A tutela coletiva abrange os interesses ou direitos:

I — difusos, assim entendidos os transindividuais, de natureza indivisível, de que sejam titulares pessoas indeterminadas, ligadas por circunstâncias de fato;

II — coletivos em sentido estrito, assim entendidos os transindividuais, de natureza indivisível, de que seja titular grupo, categoria ou classe de pessoas ligadas entre si ou com a parte contrária por uma relação jurídica base; e

III — individuais homogêneos, assim entendidos aqueles decorrentes de origem comum, de fato ou de direito, que recomendem tutela conjunta a ser aferida por critérios como facilitação do acesso à Justiça, economia processual, preservação da isonomia processual, segurança jurídica ou dificuldade na formação do litisconsórcio.

§ 1º A tutela dos interesses ou direitos difusos, coletivos e individuais homogêneos presume-se de relevância social, política, econômica ou jurídica.

§ 2º A análise da constitucionalidade ou inconstitucionalidade de lei ou ato normativo poderá ser arguida incidentalmente, como questão prejudicial, pela via do controle difuso.

CAPÍTULO II
DOS PRINCÍPIOS DA TUTELA COLETIVA

Art. 3º O processo civil coletivo rege-se pelos seguintes princípios:

I — amplo acesso à justiça e participação social;

II — duração razoável do processo, com prioridade no seu processamento em todas as instâncias;

III — isonomia, economia processual, flexibilidade procedimental e máxima eficácia;

IV — tutela coletiva adequada, com efetiva precaução, prevenção e reparação dos danos materiais e morais, individuais e coletivos, bem como punição pelo enriquecimento ilícito;

V — motivação específica de todas as decisões judiciais, notadamente quanto aos conceitos indeterminados;

VI — publicidade e divulgação ampla dos atos processuais que interessem à comunidade;

VII — dever de colaboração de todos, inclusive pessoas jurídicas públicas e privadas, na produção das provas, no cumprimento das decisões judiciais e na efetividade da tutela coletiva;

VIII — exigência permanente de boa-fé, lealdade e responsabilidade das partes, dos procuradores e de todos aqueles que de qualquer forma participem do processo; e

IX — preferência da execução coletiva.

CAPÍTULO III
DOS PRESSUPOSTOS PROCESSUAIS E DAS CONDIÇÕES DA AÇÃO COLETIVA

Art. 4º É competente para a causa o foro do local onde ocorreu ou deva ocorrer o dano ou o ilícito, aplicando-se as regras da prevenção e da competência absoluta.

§ 1º Se a extensão do dano atingir a área da capital do Estado, será esta a competente; se também atingir a área do Distrito Federal será este o competente, concorrentemente com os foros das capitais atingidas.

§ 2º A extensão do dano será aferida, em princípio, conforme indicado na petição inicial.

§ 3º Havendo, no foro competente, juízos especializados em razão da matéria e juízos especializados em ações coletivas, aqueles prevalecerão sobre estes.

Art. 5º A distribuição de uma ação coletiva induzirá litispendência para as demais ações coletivas que tenham o mesmo pedido, causa de pedir e interessados e prevenirá a competência do juízo para todas as demais ações coletivas posteriormente intentadas que possuam a mesma causa de pedir ou o mesmo objeto, ainda que diferentes os legitimados coletivos, quando houver:

I — conexão, pela identidade de pedido ou causa de pedir, ainda que diferentes os legitimados;

II — conexão probatória; ou

III — continência, pela identidade de interessados e causa de pedir, quando o pedido de uma das ações for mais abrangente do que o das demais.

§ 1º Na análise da identidade da causa de pedir e do objeto, será preponderantemente considerado o bem jurídico a ser protegido.

§ 2º Na hipótese de litispendência, conexão ou continência entre ações coletivas que digam respeito ao mesmo bem jurídico, a reunião dos processos poderá ocorrer até o julgamento em primeiro grau.

§ 3º Iniciada a instrução, a reunião dos processos somente poderá ser determinada se não houver prejuízo para a duração razoável do processo.

Art. 6º São legitimados concorrentemente para propor a ação coletiva:

I — o Ministério Público;

II — a Defensoria Pública;

III — a União, os Estados, o Distrito Federal, os Municípios e respectivas autarquias, fundações públicas, empresas públicas, sociedades de economia mista, bem como seus órgãos despersonalizados que tenham como finalidades institucionais a defesa dos interesses ou direitos difusos, coletivos ou individuais homogêneos;

IV — a Ordem dos Advogados do Brasil, inclusive as suas seções e subseções;

V — as entidades sindicais e de fiscalização do exercício das profissões, restritas à defesa dos interesses ou direitos difusos, coletivos e individuais homogêneos ligados à categoria;

VI — os partidos políticos com representação no Congresso Nacional, nas Assembleias Legislativas ou nas Câmaras Municipais, conforme o âmbito do objeto da demanda, a ser verificado quando do ajuizamento da ação; e

VII — as associações civis e as fundações de direito privado legalmente constituídas e em funcionamento há pelo menos um ano, para a defesa de interesses ou direitos relacionados com seus fins institucionais, dispensadas a autorização assemblear ou pessoal e a apresentação do rol nominal dos associados ou membros.

§ 1º O juiz poderá dispensar o requisito da pré-constituição de um ano das associações civis e das fundações de direito privado quando haja manifesto interesse social evidenciado pelas características do dano ou pela relevância do bem jurídico a ser protegido.

§ 2º O Ministério Público, se não intervier no processo como parte, atuará obrigatoriamente como fiscal da ordem jurídica.

§ 3º Admitir-se-á o litisconsórcio facultativo entre os legitimados, inclusive entre os ramos do Ministério Público e da Defensoria Pública.

§ 4º As pessoas jurídicas de direito público, cujos atos sejam objeto de impugnação, poderão abster-se de contestar o pedido, ou atuar ao lado do autor, desde que isso se afigure útil ao interesse público, a juízo do respectivo representante legal ou dirigente.

Art. 7º É vedada a intervenção de terceiros nas ações coletivas, ressalvada a possibilidade de qualquer legitimado coletivo habilitar-se como assistente litisconsorcial em qualquer dos polos da demanda.

§ 1º A apreciação do pedido de assistência far-se-á em autos apartados, sem suspensão do feito, salvo quando implicar deslocamento de competência, recebendo o interveniente o processo no estado em que se encontre.

§ 2º O juiz rejeitará liminarmente o pedido de habilitação como assistente do membro do grupo, na ação em defesa de interesses ou direitos individuais homogêneos, quando o interessado não demonstrar, de plano, razões de fato ou de direito que assegurem utilidade à tutela coletiva e justifiquem a sua intervenção, podendo o juiz limitar o número de assistentes, quando este comprometer o bom andamento e a duração razoável do processo.

§ 3º As pretensões individuais, na fase de conhecimento do processo coletivo, somente poderão ser discutidas e decididas de modo coletivo, facultando-se o agrupamento em subclasses ou grupos.

Art. 8º Ocorrendo desistência infundada, abandono da ação coletiva ou não interposição do recurso de apelação, no caso de sentença de extinção do processo ou de improcedência do pedido, serão intimados pessoalmente o Ministério Público e, quando for o caso, a Defensoria Pública, sem prejuízo de ampla divulgação pelos meios de comunicação social, podendo qualquer legitimado assumir a titularidade, no prazo de quinze dias.

Art. 9º Não haverá extinção do processo coletivo, por ausência das condições da ação ou pressupostos processuais, sem que seja dada oportunidade de correção do vício em qualquer tempo ou grau de jurisdição ordinária ou extraordinária, inclusive com a substituição do autor coletivo, quando serão intimados pessoalmente o Ministério Público e, quando for o caso, a Defensoria Pública, sem prejuízo de ampla divulgação pelos meios de comunicação social, podendo qualquer legitimado adotar as providências cabíveis, em prazo razoável, a ser fixado pelo juiz.

CAPÍTULO IV
DO PROCEDIMENTO

Art. 10. A ação coletiva de conhecimento seguirá o rito ordinário estabelecido na Lei n. 5.869, de 11 de janeiro de 1973 — Código de Processo Civil, obedecidas as modificações previstas nesta Lei.

§ 1º Até o momento da prolação da sentença, o juiz poderá adequar as fases e atos processuais às especificidades do conflito, de modo a conferir maior efetividade à tutela do bem jurídico coletivo, garantido o contraditório e a ampla defesa.

§ 2º A inicial deverá ser instruída com comprovante de consulta ao cadastro nacional de processos coletivos, de que trata o *caput* do art. 53 desta Lei, sobre a inexistência de ação coletiva que verse sobre bem jurídico correspondente.

§ 3º Incumbe à serventia judicial verificar a informação constante da consulta, certificando nos autos antes da conclusão ao juiz.

Art. 11. Nas ações coletivas, para instruir a inicial o interessado poderá requerer de qualquer pessoa, física ou jurídica, indicando a finalidade, as certidões e informações que julgar necessárias, a serem fornecidas no prazo de quinze dias.

§ 1º Não fornecidas as certidões e informações referidas no *caput*, poderá a parte propor a ação desacompanhada destas, facultado ao juiz, após apreciar os motivos do não fornecimento, requisitá-las.

§ 2º A recusa, o retardamento ou a omissão, injustificados, de dados técnicos ou informações indispensáveis à propositura da ação coletiva, quando requisitados pelo juiz, implicará o pagamento de multa de dez a cem salários mínimos.

Art. 12. Sendo inestimável o valor dos direitos ou danos coletivos, o valor da causa será indicado pelo autor, segundo critério de razoabilidade, com a fixação em definitivo pelo juiz em saneamento ou na sentença.

Art. 13. Estando em termos a petição inicial, o juiz ordenará a citação do réu e, em se tratando de interesses ou direitos individuais homogêneos, a intimação do Ministério Público e da Defensoria Pública, bem como a comunicação dos interessados, titulares dos respectivos interesses ou direitos objeto da ação coletiva, para que possam exercer, até a publicação da sentença, o seu direito de exclusão em relação ao processo coletivo, sem prejuízo de ampla divulgação pelos meios de comunicação social.

Parágrafo único. A comunicação dos membros do grupo, prevista no *caput*, poderá ser feita pelo correio, inclusive eletrônico, por oficial de justiça ou por inserção em outro meio de comunicação ou informação, como contracheque, conta, fatura, extrato bancário e outros, sem obrigatoriedade de identificação nominal dos destinatários, que poderão ser caracterizados enquanto titulares dos mencionados interesses ou direitos, fazendo-se referência à ação, às partes, ao pedido e à causa de pedir, observado o critério da modicidade do custo.

Art. 14. O juiz fixará o prazo para a resposta nas ações coletivas, que não poderá ser inferior a quinze ou superior a sessenta dias, atendendo à complexidade da causa ou ao número de litigantes.

Parágrafo único. À Fazenda Pública aplicam-se os prazos previstos na Lei nº 5.869, de 1973 — Código de Processo Civil.

Art. 15. A citação válida nas ações coletivas interrompe o prazo de prescrição das pretensões individuais direta ou indiretamente relacionadas com a controvérsia, desde a distribuição até o final do processo coletivo, ainda que haja extinção do processo sem resolução do mérito.

Art. 16. Nas ações coletivas, a requerimento do autor, até o momento da prolação da sentença, o juiz poderá permitir a alteração do pedido ou da causa de pedir, desde que realizada de boa-fé e que não importe em prejuízo para a parte contrária, devendo ser preservado o contraditório, mediante possibilidade de manifestação do réu no prazo mínimo de quinze dias, facultada prova complementar.

Art. 17. Sendo relevante o fundamento da demanda e havendo justificado receio de ineficácia do provimento final, o juiz poderá, independentemente de pedido do autor, antecipar, total ou parcialmente, os efeitos da tutela pretendida.

§ 1º Atendidos os requisitos do *caput*, a tutela poderá ser antecipada sem audiência da parte contrária, em medida liminar ou após justificação prévia.

§ 2º A tutela antecipada também poderá ser concedida após a resposta do réu, durante ou depois da instrução probatória, se o juiz se convencer de que há abuso do direito de defesa, manifesto propósito protelatório ou quando houver parcela incontroversa do pedido.

§ 3º A multa cominada liminarmente será devida desde o dia em que se houver configurado o descumprimento e poderá ser exigida de forma imediata, em autos apartados, por meio de execução definitiva.

Art. 18. Se não houver necessidade de audiência de instrução e julgamento, de acordo com a natureza do pedido e as provas documentais apresentadas pelas partes ou requisitadas pelo juiz, observado o contraditório, simultâneo ou sucessivo, a lide será julgada imediatamente.

Art. 19. Não sendo o caso de julgamento antecipado, encerrada a fase postulatória, o juiz designará audiência preliminar, à qual comparecerão as partes ou seus procuradores, habilitados a transigir.

§ 1º O juiz ouvirá as partes sobre os motivos e fundamentos da demanda e tentará a conciliação, sem prejuízo de outras formas adequadas de solução do conflito, como a mediação, a arbitragem e a avaliação neutra de terceiro, observada a natureza disponível do direito em discussão.

§ 2º A avaliação neutra de terceiro, de confiança das partes, obtida no prazo fixado pelo juiz, é sigilosa, inclusive para este, e não vinculante para as partes, tendo por finalidade exclusiva orientá-las na tentativa de composição amigável do conflito.

§ 3º Quando indisponível o bem jurídico coletivo, as partes poderão transigir sobre o modo de cumprimento da obrigação.

§ 4º Obtida a transação, será ela homologada por sentença, que constituirá título executivo judicial.

Art. 20. Não obtida a conciliação ou quando, por qualquer motivo, não for utilizado outro meio de solução do conflito, o juiz, fundamentadamente:

I — decidirá se o processo tem condições de prosseguir na forma coletiva;

II — poderá separar os pedidos em ações coletivas distintas, voltadas à tutela dos interesses ou direitos difusos e coletivos, de um lado, e dos individuais homogêneos, do outro, desde que a separação represente economia processual ou facilite a condução do processo;

III — fixará os pontos controvertidos, decidirá as questões processuais pendentes e determinará as provas a serem produzidas;

IV — distribuirá a responsabilidade pela produção da prova, levando em conta os conhecimentos técnicos ou informações específicas sobre os fatos detidos pelas partes ou segundo a maior facilidade em sua demonstração;

V — poderá ainda distribuir essa responsabilidade segundo os critérios previamente ajustados pelas partes, desde que esse acordo não torne excessivamente difícil a defesa do direito de uma delas;

VI — poderá, a todo momento, rever o critério de distribuição da responsabilidade da produção da prova, diante de fatos novos, observado o contraditório e a ampla defesa;

VII — esclarecerá as partes sobre a distribuição do ônus da prova; e

VIII — poderá determinar de ofício a produção de provas, observado o contraditório.

Art. 21. Em sendo necessária a realização de prova pericial requerida pelo legitimado ou determinada de ofício, o juiz nomeará perito.

Parágrafo único. Não havendo servidor do Poder Judiciário apto a desempenhar a função pericial, competirá a este Poder remunerar o trabalho do perito, após a devida requisição judicial.

Art. 22. Em qualquer tempo e grau do procedimento, o juiz ou tribunal poderá submeter a questão objeto da ação coletiva a audiências públicas, ouvindo especialistas no assunto e membros da sociedade, de modo a garantir a mais ampla participação social possível e a adequada cognição judicial.

CAPÍTULO V
DAS TÉCNICAS DE TUTELA COLETIVA

Art. 23. Para a defesa dos direitos e interesses protegidos por esta Lei, são admissíveis todas as espécies de ações e provimentos capazes de propiciar sua adequada e efetiva tutela.

Art. 24. Na ação que tenha por objeto a imposição de conduta de fazer, não fazer, ou de entregar coisa, o juiz determinará a prestação ou a abstenção devida, bem como a cessação da atividade nociva, em prazo razoável, sob pena de cominação de multa e de outras medidas indutivas, coercitivas e sub-rogatórias, independentemente de requerimento do autor.

§ 1º A conversão em perdas e danos somente será admissível se inviável a tutela específica ou a obtenção do resultado prático correspondente e, no caso de interesses ou direitos coletivos ou individuais homogêneos, se houver interesse do grupo titular do direito.

§ 2º A indenização por perdas e danos far-se-á sem prejuízo da multa, quando cabível.

Art. 25. Na ação reparatória dos danos provocados ao bem indivisivelmente considerado, sempre que possível e independentemente de pedido do autor, a condenação consistirá na prestação de obrigações específicas, destinadas à reconstituição do bem, mitigação e compensação do dano sofrido.

Parágrafo único. Dependendo das características dos bens jurídicos afetados, da extensão territorial abrangida e de outras circunstâncias, o juiz poderá determinar, em decisão fundamentada e independentemente do pedido do autor, as providências a serem tomadas para a reconstituição dos bens lesados, podendo indicar, entre outras, a realização de atividades tendentes a minimizar a lesão ou a evitar que se repita.

Art. 26. Na ação que tenha por objeto a condenação ao pagamento de quantia em dinheiro, deverá o juiz, sempre que possível, em se tratando de valores a serem individualmente pagos aos prejudicados ou de valores devidos coletivamente, impor a satisfação desta prestação de ofício e independentemente de execução, valendo-se da imposição de multa e de outras medidas indutivas, coercitivas e sub-rogatórias.

Art. 27. Em razão da gravidade do dano coletivo e da relevância do bem jurídico tutelado e havendo fundado receio de dano irreparável ou de difícil reparação, ainda que tenha havido o depósito das multas e prestação de caução, poderá o juiz determinar a adoção imediata, no todo ou em parte, das providências contidas no compromisso de ajustamento de conduta ou na sentença.

§ 1º Quando a execução envolver parcelas ou prestações individuais, sempre que possível o juiz determinará ao réu que promova dentro do prazo fixado o pagamento do valor da dívida, sob pena de multa e de outras medidas indutivas, coercitivas e sub-rogatórias, independentemente de habilitação judicial dos interessados.

§ 2º Para fiscalizar os atos de liquidação e cumprimento da sentença do processo coletivo, poderá o juiz nomear pessoa qualificada, que terá acesso irrestrito ao banco de dados e à documentação necessária ao desempenho da função.

§ 3º Na sentença condenatória à reparação pelos danos individualmente sofridos, sempre que possível, o juiz fixará o valor da indenização individual devida a cada membro do grupo ou um valor mínimo para a reparação do dano.

§ 4º Quando o valor dos danos individuais sofridos pelos membros do grupo forem uniformes, prevalecentemente uniformes ou puderem ser reduzidos a uma fórmula matemática, a sentença do processo coletivo indicará esses valores, ou a fórmula de cálculo da indenização individual e determinará que o réu promova, no prazo que fixar, o pagamento do valor respectivo a cada um dos membros do grupo.

§ 5º O membro do grupo que divergir quanto ao valor da indenização individual ou à fórmula para seu cálculo, estabelecidos na liquidação da sentença do processo coletivo, poderá propor ação individual de liquidação, no prazo de um ano, contado do trânsito em julgado da sentença proferida no processo coletivo.

§ 6º Se for no interesse do grupo titular do direito, as partes poderão transacionar, após a oitiva do Ministério Público, ressalvada aos membros do grupo, categoria ou classe a faculdade de não concordar com a transação, propondo nesse caso ação individual no prazo de um ano, contado da efetiva comunicação do trânsito em julgado da sentença homologatória, observado o disposto no parágrafo único do art. 13.

Art. 28. O juiz poderá impor multa ao órgão, entidade ou pessoa jurídica de direito público ou privado responsável pelo cumprimento da decisão que impôs a obrigação, observados a necessidade de intimação e o contraditório prévio.

Art. 29. Não sendo possível a prolação de sentença condenatória líquida, a condenação poderá ser genérica, fixando a responsabilidade do demandado pelos danos causados e o dever de indenizar.

Art. 30. O juiz poderá, observado o contraditório, desconsiderar a personalidade jurídica da sociedade quando, em detrimento dos interesses tratados nesta Lei, houver abuso de direito, excesso de poder, exercício abusivo do dever, infração da lei, fato ou ato ilícito ou violação dos estatutos ou contrato social, bem como falência, estado de insolvência, encerramento ou inatividade da pessoa jurídica, provocados por má administração.

§ 1º A pedido da parte interessada, o juiz determinará que a efetivação da responsabilidade da pessoa jurídica recaia sobre o acionista controlador, o sócio majoritário, os sócios-gerentes, os administradores societários, as sociedades que a integram, no caso de grupo societário, ou outros responsáveis que exerçam de fato a administração da empresa.

§ 2º A desconsideração da personalidade jurídica poderá ser efetivada em qualquer tempo ou grau de jurisdição, inclusive nas fases de liquidação e execução.

§ 3º Se o réu houver sido declarado falido, o administrador judicial será intimado a informar a existência de seguro de responsabilidade, facultando-se, em caso afirmativo, o ajuizamento de ação de indenização diretamente contra o segurador, vedada a denunciação da lide ao Instituto de Resseguros do Brasil e dispensado o litisconsórcio obrigatório com este.

CAPÍTULO VI
DOS RECURSOS, DA COISA JULGADA COLETIVA E DA RELAÇÃO ENTRE DEMANDAS COLETIVAS E INDIVIDUAIS

Art. 31. Os recursos interpostos nas ações coletivas serão recebidos no efeito meramente devolutivo, salvo quando sua fundamentação for relevante e da decisão puder resultar lesão grave e de difícil reparação, hipótese em que o juiz, a requerimento do interessado, ponderando os valores em questão, poderá atribuir-lhe o efeito suspensivo.

Art. 32. A sentença no processo coletivo fará coisa julgada *erga omnes*, independentemente da competência territorial do órgão prolator ou do domicílio dos interessados.

Art. 33. Se o pedido for julgado improcedente por insuficiência de provas, qualquer legitimado poderá ajuizar outra ação coletiva, com idêntico fundamento, valendo-se de nova prova.

Art. 34. Os efeitos da coisa julgada coletiva na tutela de direitos individuais homogêneos não prejudicarão os direitos individuais dos integrantes do grupo, categoria ou classe, que poderão propor ações individuais em sua tutela.

§ 1º Não serão admitidas novas demandas individuais relacionadas com interesses ou direitos individuais homogêneos, quando em ação coletiva houver julgamento de improcedência em matéria exclusivamente de direito, sendo extintos os processos individuais anteriormente ajuizados.

§ 2º Quando a matéria decidida em ação coletiva for de fato e de direito, aplica-se à questão de direito o disposto no § 1º e à questão de fato o previsto no *caput* e no § 6º do art. 37.

§ 3º Os membros do grupo que não tiverem sido devidamente comunicados do ajuizamento da ação coletiva, ou que tenham exercido tempestivamente o direito à exclusão, não serão afetados pelos efeitos da coisa julgada previstos nos §§ 1º e 2º.

§ 4º A alegação de falta de comunicação prevista no § 3º incumbe ao membro do grupo, mas o demandado da ação coletiva terá o ônus de comprovar a comunicação.

Art. 35. No caso de extinção dos processos individuais como efeito da decisão prolatada em ações coletivas, não haverá condenação ao pagamento de novas despesas processuais, custas e honorários, salvo a atuação de má-fé do demandante.

Art. 36. Nas ações coletivas que tenham por objeto interesses ou direitos difusos ou coletivos, as vítimas e seus sucessores poderão proceder à liquidação e ao cumprimento da sentença, quando procedente o pedido.

Parágrafo único. Aplica-se a regra do *caput* à sentença penal condenatória.

Art. 37. O ajuizamento de ações coletivas não induz litispendência para as ações individuais que tenham objeto correspondente, mas haverá a suspensão destas, até o julgamento da demanda coletiva em primeiro grau de jurisdição.

§ 1º Durante o período de suspensão, poderá o juiz, perante o qual foi ajuizada a demanda individual, conceder medidas de urgência.

§ 2º Cabe ao réu, na ação individual, informar o juízo sobre a existência de demanda coletiva que verse sobre idêntico bem jurídico, sob pena de, não o fazendo, o autor individual beneficiar-se da coisa julgada coletiva mesmo no caso de o pedido da ação individual ser improcedente, desde que a improcedência esteja fundada em lei ou ato normativo declarados inconstitucionais pelo Supremo Tribunal Federal.

§ 3º A ação individual somente poderá ter prosseguimento, a pedido do autor, se demonstrada a existência de graves prejuízos decorrentes da suspensão, caso em que não se beneficiará do resultado da demanda coletiva.

§ 4º A suspensão do processo individual perdurará até a prolação da sentença da ação coletiva, facultado ao autor, no caso de procedência desta e decorrido o prazo concedido ao réu para cumprimento da sentença, requerer a conversão da ação individual em liquidação provisória ou em cumprimento provisório da sentença do processo coletivo, para apuração ou recebimento do valor ou pretensão a que faz jus.

§ 5º No prazo de noventa dias contado do trânsito em julgado da sentença proferida no processo coletivo, a ação individual suspensa será extinta, salvo se postulada a sua conversão em liquidação ou cumprimento de sentença do processo coletivo.

§ 6º Em caso de julgamento de improcedência do pedido em ação coletiva de tutela de direitos ou interesses individuais homogêneos, por insuficiência de provas, a ação individual será extinta, salvo se for requerido o prosseguimento no prazo de trinta dias contado da intimação do trânsito em julgado da sentença proferida no processo coletivo.

Art. 38. Na hipótese de sentença de improcedência, havendo suficiência de provas produzidas, qualquer legitimado poderá intentar ação revisional, com idêntico fundamento, no prazo de um ano contado do conhecimento geral da descoberta de prova técnica nova, superveniente, que não poderia ser produzida no processo, desde que idônea para mudar seu resultado.

§ 1º A faculdade prevista no *caput*, nas mesmas condições, fica assegurada ao demandado da ação coletiva com pedido julgado procedente, caso em que a decisão terá efeitos *ex nunc*.

§ 2º Para a admissibilidade da ação prevista no § 1º, deverá o autor depositar valor a ser arbitrado pelo juiz, que não será inferior a dez por cento do conteúdo econômico da demanda.

Art. 39. A ação rescisória objetivando desconstituir sentença ou acórdão de ação coletiva, cujo pedido tenha sido julgado procedente, deverá ser ajuizada em face do legitimado coletivo que tenha ocupado o polo ativo originariamente, podendo os demais co-legitimados atuar como assistentes.

Parágrafo único. No caso de ausência de resposta, deverá o Ministério Público, quando legitimado, ocupar o polo passivo, renovando-se-lhe o prazo para responder.

CAPÍTULO VII
DA LIQUIDAÇÃO, EXECUÇÃO E CUMPRIMENTO DE SENTENÇAS DO PROCESSO COLETIVO

Art. 40. É competente para a liquidação e execução coletiva o juízo da ação de conhecimento ou o foro do local onde se encontrem bens sujeitos à expropriação ou do domicílio do executado.

Parágrafo único. Sempre que possível, a liquidação e a execução serão coletivas, sendo promovidas por qualquer dos legitimados à ação coletiva, pelas vítimas ou por seus sucessores.

Art. 41. É competente para a liquidação e execução individual o foro do processo de conhecimento, do domicílio do autor da liquidação ou da execução, ou do local onde se encontrem bens sujeitos à expropriação, não havendo prevenção do juízo da ação coletiva originária.

§ 1º Quando a competência para a liquidação não for do juízo da fase de conhecimento, o executado será intimado, na pessoa do seu procurador, seguindo a execução o procedimento do art. 475-A e seguintes da Lei n. 5.869, de 1973 — Código de Processo Civil.

§ 2º Na hipótese do § 1º, o executado será intimado para a execução após a penhora.

Art. 42. Na liquidação da sentença condenatória à reparação dos danos individualmente sofridos, deverão ser provados, tão só, o dano pessoal, o nexo de causalidade e o montante da indenização.

Art. 43. A liquidação da sentença poderá ser dispensada quando a apuração do dano pessoal, do nexo de causalidade e do montante da indenização depender exclusivamente de prova documental, hipótese em que o pedido de execução por quantia certa será acompanhado dos documentos comprobatórios e da memória do cálculo.

Art. 44. Os valores destinados ao pagamento das indenizações individuais serão depositados, preferencialmente, em instituição bancária oficial, abrindo-se conta remunerada e individualizada para cada beneficiário, regendo-se os respectivos saques pelas normas aplicáveis aos depósitos bancários.

Parágrafo único. Será determinado ao réu, além da ampla divulgação nos meios de comunicação, a comprovação da realização dos depósitos individuais e a notificação aos beneficiários com endereço conhecido.

Art. 45. Em caso de sentença condenatória genérica de danos sofridos por sujeitos indeterminados, decorrido o prazo prescricional das pretensões individuais, poderão os legitimados coletivos, em função da não habilitação de interessados em número compatível com a gravidade do dano ou do locupletamento indevido do réu, promover a liquidação e execução da indenização pelos danos globalmente sofridos pelos membros do grupo, sem prejuízo do correspondente ao enriquecimento ilícito do réu.

Parágrafo único. No caso de concurso de créditos decorrentes de ações em defesa de interesses ou direitos individuais homogêneos, coletivos e difusos, a preferência com relação ao pagamento será decidida pelo juiz, aplicando os princípios da proporcionalidade e da razoabilidade.

Art. 46. Havendo condenação em pecúnia, inclusive decorrente de dano moral coletivo, originária de ação relacionada com interesses ou direitos difusos e coletivos, a quantia será depositada em juízo, devendo ser aplicada na recuperação específica dos bens lesados ou em favor da comunidade afetada.

§ 1º O legitimado coletivo, com a fiscalização do Ministério Público, deverá adotar as providências para a utilização do valor depositado judicialmente, inclusive podendo postular a contratação de terceiros ou o auxílio do Poder Público do local onde ocorreu o dano.

§ 2º Na definição da aplicação da verba referida no *caput*, serão ouvidos em audiência pública, sempre que possível, os membros da comunidade afetada.

CAPÍTULO VIII
DO COMPROMISSO DE AJUSTAMENTO DE CONDUTA E DO INQUÉRITO CIVIL

Art. 47. Os órgãos públicos legitimados poderão tomar dos interessados compromisso de ajustamento de sua conduta às exigências legais, mediante a fixação de deveres e obrigações, com as respectivas multas devidas no caso do descumprimento.

Art. 48. O valor da cominação pecuniária deverá ser suficiente e necessário para coibir o descumprimento da medida pactuada.

Parágrafo único. A cominação poderá ser executada imediatamente, sem prejuízo da execução específica.

Art. 49. O compromisso de ajustamento de conduta terá natureza jurídica de transação, com eficácia de título executivo extrajudicial, sem prejuízo da possibilidade da sua homologação judicial, hipótese em que sua eficácia será de título executivo judicial.

Parágrafo único. Não será admitida transação no compromisso de ajustamento de conduta que verse sobre bem indisponível, salvo quanto ao prazo e ao modo de cumprimento das obrigações assumidas.

Art. 50. A execução coletiva das obrigações fixadas no compromisso de ajustamento de conduta será feita por todos os meios, inclusive mediante intervenção na empresa, quando necessária.

§ 1º Quando o compromisso de ajustamento de conduta contiver obrigações de naturezas diversas, poderá ser ajuizada uma ação coletiva de execução para cada uma das obrigações, sendo as demais apensadas aos autos da primeira execução proposta.

§ 2º Nas hipóteses do § 1º, as execuções coletivas propostas posteriormente poderão ser instruídas com cópias do compromisso de ajustamento de conduta e documentos que o instruem, declaradas autênticas pelo órgão do Ministério Público, da Defensoria Pública ou pelo advogado do exequente coletivo.

§ 3º Qualquer um dos colegitimados à defesa judicial dos direitos ou interesses difusos, coletivos e individuais homogêneos poderá propor a ação de execução do compromisso de ajustamento de conduta, mesmo que tomado por outro colegitimado.

§ 4º Quando o ajustamento abranger interesses ou direitos individuais homogêneos, o indivíduo diretamente interessado poderá solicitar cópia do termo de compromisso de ajustamento de conduta e documentos que o instruem, para a propositura da respectiva ação individual de liquidação ou de execução.

§ 5º Nos casos do § 4º, o indivíduo interessado poderá optar por ajuizar a ação individual de liquidação ou de execução do compromisso de ajustamento de conduta no foro do seu domicílio ou onde se encontrem bens do devedor.

Art. 51. O Ministério Público poderá instaurar, sob sua presidência, inquérito civil, ou requisitar, de qualquer organismo público ou particular, certidões, informações, exames ou perícias, no prazo que assinalar, o qual não poderá ser inferior a dez dias úteis.

§ 1º O inquérito civil deverá contar com mecanismos de controle interno quanto ao processamento e à adequação da sua instauração.

§ 2º É autorizada a instauração de inquérito civil fundamentado em manifestação anônima, desde que instruída com elementos mínimos de convicção.

Art. 52. Se, depois de esgotadas todas as diligências, o órgão do Ministério Público se convencer da inexistência de fundamento para a propositura da ação coletiva, promoverá o arquivamento dos autos do inquérito civil ou das peças informativas, fazendo-o fundamentadamente, sem prejuízo da atuação dos demais colegitimados com relação ao mesmo objeto.

§ 1º Os autos do inquérito civil ou das peças de informação arquivados serão remetidos ao órgão revisor competente, conforme dispuser o seu regimento, no prazo de até quinze dias, sob pena de se incorrer em falta grave.

§ 2º Até que o órgão revisor homologue ou rejeite a promoção de arquivamento, poderão os interessados apresentar razões escritas ou documentos, que serão juntados aos autos do inquérito, anexados ao inquérito civil ou às peças de informação.

§ 3º Deixando o órgão revisor de homologar a promoção de arquivamento no inquérito civil ou peças de informação, designará, desde logo, outro órgão do Ministério Público para o ajuizamento da ação ou a adoção de outras providências cabíveis e manifestação fundamentada.

CAPÍTULO IX
DO CADASTRO NACIONAL DE PROCESSOS COLETIVOS E DO CADASTRO NACIONAL DE INQUÉRITOS CIVIS E COMPROMISSOS DE AJUSTAMENTO DE CONDUTA

Art. 53. O Conselho Nacional de Justiça organizará e manterá o Cadastro Nacional de Processos Coletivos, com a finalidade de permitir que os órgãos do Poder Judiciário e os interessados tenham amplo acesso às informações relevantes relacionadas com a existência e o estado das ações coletivas.

§ 1º Os órgãos judiciários aos quais forem distribuídos processos coletivos remeterão, no prazo de dez dias, cópia da petição inicial, preferencialmente por meio eletrônico, ao Cadastro Nacional de Processos Coletivos.

§ 2º No prazo de noventa dias, contado da publicação desta Lei, o Conselho Nacional de Justiça editará regulamento dispondo sobre o funcionamento do Cadastro Nacional de Processos Coletivos e os meios adequados a viabilizar o acesso aos dados e seu acompanhamento por qualquer interessado através da rede mundial de computadores.

§ 3º O regulamento de que trata o § 2º disciplinará a forma pela qual os juízos comunicarão a existência de processos coletivos e os atos processuais mais relevantes sobre o seu andamento, como a concessão de antecipação de tutela, a sentença, o trânsito em julgado, a interposição de recursos e a execução.

Art. 54. O Conselho Nacional do Ministério Público organizará e manterá o Cadastro Nacional de Inquéritos Civis e de Compromissos de Ajustamento de Conduta, com a finalidade de permitir que os órgãos do Poder Judiciário, os colegitimados e os interessados tenham amplo acesso às informações relevantes relacionadas com a abertura do inquérito e a existência do compromisso.

§ 1º Os órgãos legitimados que tiverem tomado compromissos de ajustamento de conduta remeterão, no prazo de dez dias, cópia, preferencialmente por meio eletrônico, ao Cadastro Nacional de Inquéritos Civis e de Compromissos de Ajustamento de Conduta.

§ 2º O Conselho Nacional do Ministério Público, no prazo de noventa dias, a contar da publicação desta Lei, editará regulamento dispondo sobre o funcionamento do Cadastro Nacional de Inquéritos Civis e Compromissos de Ajustamento de Conduta, incluindo a forma de comunicação e os meios adequados a viabilizar o acesso aos dados e seu acompanhamento por qualquer interessado.

CAPÍTULO X
DAS DESPESAS, DOS HONORÁRIOS E DOS DANOS PROCESSUAIS

Art. 55. A sentença do processo coletivo condenará o demandado, se vencido, ao pagamento das custas, emolumentos, honorários periciais e quaisquer outras despesas, bem como dos honorários de advogado, calculados sobre a condenação.

§ 1º Tratando-se de condenação à obrigação específica ou de condenação genérica, os honorários advocatícios serão fixados levando-se em consideração a vantagem obtida para os interessados, a quantidade e qualidade do trabalho desenvolvido pelo advogado e a complexidade da causa.

§ 2º Os legitimados coletivos não adiantarão custas, emolumentos, honorários periciais e quaisquer outras despesas, nem serão condenados em honorários de advogado, custas e demais despesas processuais, salvo comprovada má-fé.

Art. 56. O legitimado coletivo somente responde por danos processuais nas hipóteses em que agir com má-fé processual.

Parágrafo único. O litigante de má-fé e os responsáveis pelos respectivos atos serão solidariamente condenados ao pagamento das despesas processuais, em honorários advocatícios e em até o décuplo das custas, sem prejuízo da responsabilidade por perdas e danos.

CAPÍTULO XI
DO PROGRAMA EXTRAJUDICIAL DE PREVENÇÃO OU REPARAÇÃO DE DANOS

Art. 57. O demandado, a qualquer tempo, poderá apresentar em juízo proposta de prevenção ou reparação de danos a interesses ou direitos difusos, coletivos ou individuais homogêneos, consistente em programa extrajudicial.

§ 1º O programa poderá ser proposto no curso de ação coletiva ou ainda que não haja processo em andamento, como forma de resolução consensual de controvérsias.

§ 2º O programa objetivará a prestação pecuniária ou a obrigação de fazer, mediante o estabelecimento de procedimentos a serem utilizados no atendimento e satisfação dos interesses e direitos referidos no *caput*.

§ 3º Em se tratando de interesses ou direitos individuais homogêneos, o programa estabelecerá sistema de identificação de seus titulares e, na medida do possível, deverá envolver o maior número de partes interessadas e afetadas pela demanda.

§ 4º O procedimento poderá compreender as diversas modalidades de métodos alternativos de resolução de conflitos, para possibilitar a satisfação dos interesses e direitos referidos no *caput*, garantidos a neutralidade da condução ou supervisão e o sigilo.

Art. 58. A proposta poderá ser apresentada unilateralmente ou em conjunto com o legitimado ativo, no caso de processo em curso, ou com qualquer legitimado à ação coletiva, no caso de inexistir processo em andamento.

Art. 59. Apresentado o programa, as partes terão o prazo de cento e vinte dias para a negociação, prorrogável por igual período, se houver consentimento de ambas.

Art. 60. O acordo que estabelecer o programa deverá necessariamente ser submetido à homologação judicial, após prévia manifestação do Ministério Público.

Art. 61. A liquidação e execução do programa homologado judicialmente contarão com a supervisão do juiz, que poderá designar auxiliares técnicos, peritos ou observadores para assisti-lo.

CAPÍTULO XII
DAS DISPOSIÇÕES FINAIS

Art. 62. Qualquer pessoa poderá provocar a iniciativa do Ministério Público, ou de qualquer outro legitimado, ministrando-lhe informações sobre fatos que constituam objeto da ação coletiva e indicando-lhe os elementos de convicção.

Art. 63. As ações coletivas terão tramitação prioritária sobre as individuais.

Art. 64. A União, os Estados e o Distrito Federal poderão criar juízos e órgãos especializados para o processamento e julgamento de ações coletivas em primeira e segunda instância.

Art. 65. É admissível homologação de sentença estrangeira na tutela dos direitos ou interesses difusos coletivos e individuais homogêneos.

§ 1º A homologação de sentença estrangeira coletiva deverá ser requerida perante o Superior Tribunal de Justiça pelos legitimados arrolados no art. 6º.

§ 2º As vítimas ou seus sucessores também poderão utilizar, individualmente, da sentença estrangeira coletiva no Brasil, requerendo a sua homologação perante o Superior Tribunal de Justiça.

Art. 66. As multas administrativas originárias de violações dos direitos ou interesses difusos, coletivos ou individuais homogêneos reverterão a fundo gerido por conselho federal ou por conselhos estaduais de que participarão necessariamente o Ministério Público e representantes da sociedade civil, sendo seus recursos destinados à reconstituição dos bens lesados e a projetos destinados à prevenção ou reparação dos danos.

Parágrafo único. Sem prejuízo do disposto no art. 46, poderá o juiz, após prévia oitiva das partes interessadas, atendidas as especificidades da demanda e o interesse coletivo envolvido, destinar o produto da condenação em dinheiro originária de ação coletiva para o fundo previsto no *caput*.

Art. 67. As disposições desta Lei aplicam-se à ação popular e ao mandado de segurança coletivo, no que não forem incompatíveis com as regras próprias que disciplinam e regulam as referidas ações.

Art. 68. Os dispositivos desta Lei aplicam-se no âmbito das relações de trabalho, ressalvadas as peculiaridades e os princípios informadores do processo trabalhista.

Art. 69. Aplica-se à ação civil pública e às demais ações coletivas previstas nesta Lei, subsidiariamente, a Lei n. 5.869, de 1973 — Código de Processo Civil, naquilo em que não contrarie suas disposições e desde que seja compatível com o sistema de tutela coletiva.

§ 1º À ação civil pública e demais ações coletivas previstas nesta Lei aplica-se ainda o disposto nas Leis ns. 4.348, de 26 de junho de 1964, 5.021, de 9 de junho de 1966, 8.437, de 30 de junho de 1992, e 9.494, de 10 de setembro de 1997.

§ 2º A execução por quantia certa das decisões judiciais proferidas contra a Fazenda Pública, na ação civil pública e nas demais ações coletivas de que trata esta Lei, deverá se dar na forma do art. 730 da Lei n. 5.869, de 1973 — Código de Processo Civil.

Art. 70. Esta Lei entra em vigor após cento e oitenta dias contados de sua publicação.

Art. 71. Ficam revogados:

I — a Lei n. 7.347, de 24 de julho de 1985;

II — os arts. 3º a 7º da Lei n. 7.853, de 24 de outubro de 1989;

III — o art. 3º da Lei n. 7.913, de 7 de dezembro de 1989;

IV — os arts. 209 a 213 e 215 a 224 da Lei n. 8.069, de 13 de julho de 1990;

V — os arts. 81 a 84, 87, 90 a 95, 97 a 100, 103 e 104 da Lei n. 8.078, de 11 de setembro de 1990;

VI — o art. 88 da Lei n. 8.884, de 11 de junho de 1994;

VII — o art. 7º da Lei n. 9.008, de 21 de março de 1995, na parte em que altera os arts. 82, 91 e 92 da Lei n. 8.078, de 11 de setembro de 1990;

VIII — os arts. 2º e 2º-A da Lei n. 9.494, de 10 de setembro de 1997;

IX — o art. 54 da Lei n. 10.257, de 10 de julho de 2001;

X — os arts. 4º, na parte em que altera o art. 2º-A da Lei n. 9.494, de 10 de setembro de 1997, e 6º da Medida Provisória n. 2.180-35, de 24 de agosto de 2001;

XI — os arts. 74, inciso I, 80 a 89 e 92, da Lei nº 10.741, de 1º de outubro de 2003; e

XII — a Lei n. 11.448, de 15 de janeiro de 2007.

Brasília,

ANEXO II

JULGADOS DO SUPREMO TRIBUNAL FEDERAL, DO SUPERIOR TRIBUNAL DE JUSTIÇA, DO TRIBUNAL SUPERIOR DO TRABALHO, DE TRIBUNAIS DE JUSTIÇA E DE TRIBUNAIS REGIONAIS DO TRABALHO

SUPREMO TRIBUNAL FEDERAL

Autorização

MI 3475/400, de 07.05.93

Relator: Ministro Néri da Silveira

Publicado na íntegra na LTr 58-09/1057:

"18.(...) Essa norma, em cotejo com a do art. 5º, XXI da mesma Lei Maior, revela-se de caráter especial, afastando qualquer óbice ou condição estabelecida na norma geral.

19. Daí resulta que o sindicato, constituindo-se em entidade associativa de atuação específica no campo das relações trabalhistas, para a defesa dos 'direitos e interesses coletivos ou individuais' da categoria por ele representada, 'inclusive em questões judiciais ou administrativas', não dependa da expressa autorização de seus filiados para representá-los em juízo. No particular, portanto, o sindicato recebeu tratamento distinto do conferido 'às entidades associativas' em geral, pelo art. 5º, XXI, da Constituição, que a elas atribui 'legitimidade para representar seus filiados judicial ou extrajudicialmente', 'quando expressamente autorizadas'."

RE202.063.PR

Relator: Ministro Octavio Galloti

Publicado em 27.6.97

"O art. 8º, III, da Constituição Federal c/c o art. 3º da Lei n. 8.073/90, autoriza a substituição processual ao sindicato, para atuar na defesa dos direitos e interesses coletivos ou individuais de seus associados."

Legitimidade

Ageg no RE 472.489-8 Rio Grande do Sul

Relator: Min. Celso de Mello

Agravante: Instituto Nacional do Seguro Social — INSS

Agravado: Ministério Público Federal

DJE 29.08.2008

"MINISTÉRIO PÚBLICO — Ação civil pública — Legitimidade *ad causam* — Previdência Social — Demanda interposta pelo Parquet contra o Instituto Nacional do Seguro Social visando à garantia do direito de petição e de obtenção de certidão parcial de tempo de serviço — Admissibilidade — Defesa de direitos individuais homogêneos, impregnados de relevante natureza social — Inteligência do art. 129, II, da CF.

EMENTA OFICIAL: Direitos individuais homogêneos — Segurados da previdência social — Certidão parcial de tempo de serviço — Recusa da autarquia previdenciária — Direito de petição e direito de obtenção de certidão em repartições públicas — Prerrogativas jurídicas de índole eminentemente constitucional — Existência de relavante interesse social — Ação Civil Pública — Legitimação ativa do Ministério Público como 'defensor do povo' (CF, art. 129, II) — Doutrina — Precedentes — Recurso agravado improvido.

— O direito à certidão traduz prerrogativa jurídica, de extração constitucional destinada a viabilizar, em favor do indivíduo ou de uma determinada coletividade (como a dos segurados do sistema de previdência social), a defesa (individual ou coletiva) de direitos ou o esclarecimento de situações.

— A injusta recusa estatal em fornecer certidões, não obstante presentes os prossupostos legitimadores dessapretensão, autorizará a utilização de instrumentos processuais adequados, como o mandado de segurança ou a própria ação civil pública.

— O Ministério Público tem legitimidade ativa para a defesa, em juízo, dos direitos e interesses individuais homogêneos, quando impregnados de relevante natureza social, como sucede com o direito de petição e o direito de obtenção de certidão em repartições públicas. Doutrina. Precedentes."

RE 210029

Relator o Ministro Carlos Mário Velloso

RE 210029 / RS — RIO GRANDE DO SUL

RECURSO EXTRAORDINÁRIO

Relator(a): Min. CARLOS VELLOSO

Julgamento: 12.6.2006

Órgão Julgador: Tribunal Pleno

Publicação 17.8.2007

Parte(s)

RECTE. : SINDICATO DOS EMPREGADOS EM ESTABELECIMENTOS BANCÁRIOS DE PASSO FUNDO

RECDO. BANCO DO ESTADO DO RIO GRANDE DO SUL S/A — BANRISUL

EMENTA: PROCESSO CIVIL. SINDICATO. ART. 8º, III, DA CONSTITUIÇÃO FEDERAL. LEGITIMIDADE. SUBSTITUIÇÃO PROCESSUAL. DEFESA DE DIREITOS E INTERESSES COLETIVOS OU INDIVIDUAIS. RECURSO CONHECIDO E PROVIDO. O art. 8º, III, da Constituição Federal estabelece a legitimidade extraordinária dos sindicatos para defender em juízo os direitos e interesses coletivos ou individuais dos integrantes da categoria que representam. Essa legitimidade extraordinária é ampla, abrangendo a liquidação e a execução dos créditos reconhecidos aos trabalhadores. Por se tratar de típica hipótese de substituição processual, é desnecessária qualquer autorização dos substituídos. Recurso conhecido e provido.

Decisão

Por unanimidade, a Turma deliberou afetar ao Plenário, o julgamento do recurso. Ausente, justificadamente, neste julgamento, o Senhor Ministro Maurício Corrêa. 2ª Turma, 16.09.97.

Decisão: Depois do voto do Ministro Carlos Velloso (Relator), conhecendo do recurso e dando-lhe provimento, o julgamento foi adiado em razão do pedido de vista do Ministro Nelson Jobim. Falaram, pelo recorrente, o Dr. José Eymard Loguércio, pelo recorrido, o Dr. José Alberto Couto Maciel, e, pelo Ministério Público Federal, o Dr. Geraldo Brindeiro. Ausente, justificadamente, o Ministro Celso de Mello, Presidente.

Presidiu o julgamento o Ministro Carlos Velloso, Vice-Presidente.

Plenário, 15.10.97.

Decisão: Após o voto do Senhor Ministro Carlos Velloso, Relator, que, dando exegese ao inciso III do art. 8º da Constituição Federal, conheceu e deu provimento ao recurso extraordinário, o julgamento foi suspenso para dar-se a ele

prosseguimento com a presença completa do quorum. Ausente, justificadamente, o Senhor Ministro Marco Aurélio. Falaram, pelo recorrente, o Dr. José Eymard Loguércio, pelo recorrido, o Dr. José Alberto Couto Maciel e, pelo Ministério Público Federal, o Dr. Antonio Fernando Barros e Silva de Souza, Vice-Procurador-Geral da República.

Renovados o relatório e as sustentações.

Presidência do Senhor Ministro Maurício Corrêa. Plenário, 19.11.2003.

Decisão: Após os votos do Senhor Ministro Carlos Velloso, Relator, e dos Senhores Ministros Joaquim Barbosa e Carlos Britto, que davam interpretação ao inciso III do art. 8º da Constituição Federal para conhecer e dar provimento ao recurso, e do voto do Senhor Ministro Nelson Jobim, que conhecia do recurso e lhe dava parcial provimento para dar interpretação ao referido inciso da Constituição para assegurar ao sindicato como substituto processual nas ações coletivas de defesa de direitos e interesses individuais comuns ou homogêneos dos integrantes da categoria, dispensada qualquer autorização, e negar legitimação de seus integrantes como substituto processual para promover a liquidação e/ou a execução de sentença prolatada nessas ações, pediu vista dos autos o Senhor Ministro Cezar Peluso.

Presidência do Senhor Ministro Maurício Corrêa. Plenário, 20.11.2003.

Decisão: Renovado o pedido de vista do Senhor Ministro Cezar Peluso, justificadamente, nos termos do § 1º do art. 1º da Resolução n. 278, de 15 de dezembro de 2003.

Presidência do Senhor Ministro Maurício Corrêa. Plenário, 28.04.2004.

Decisão: Após os votos dos Senhores Ministros Carlos Velloso (Relator), Joaquim Barbosa, Carlos Britto e Sepúlveda Pertence, conhecendo e dando provimento integral ao recurso para dar interpretação ao inciso III do art. 8º da Constituição Federal, e dos votos dos Senhores Ministros Nelson Jobim (Presidente), Cezar Peluso e Eros Grau, dando provimento parcial ao recurso, pediu vista dos autos o Senhor Ministro Gilmar Mendes. Ausente, justificadamente, o Senhor Ministro Celso de Mello.

Plenário, 16.11.2005.

Decisão: Renovado o pedido de vista do Senhor Ministro Gilmar Mendes, justificadamente, nos termos do § 1º do art. 1º da Resolução n. 278, de 15 de dezembro de 2003.

Presidência do Senhor Ministro Nelson Jobim. Plenário, 08.02.2006.

Decisão: O Tribunal, por maioria, conheceu e deu provimento ao recurso extraordinário, vencidos, parcialmente, os Senhores Ministros Nelson Jobim, Cezar Peluso, Eros Grau, Gilmar Mendes e Ellen Gracie (Presidente). Redigirá o acórdão o Senhor Ministro Joaquim Barbosa. Ausente, justificadamente, o Senhor

Ministro Ricardo Lewandowski.

Plenário, 12.06.2006.

Observação

— Acórdãos citados: MI 20, MI 73 (RTJ 160/743), MI 102, AO 152 (RTJ 172/710), MI 342, MI 347 (RTJ 153/15), MI 361 (RTJ 158/375), MI 363 (RTJ 140/1036), MS 20936 (RTJ 142/446), MS 21273, MS 21278 AgR (RTJ 146/131), MS 21291 AgR-QO (RTJ 159/454), RMS 21514 (RTJ 150/104), RE 141733, AI 153148 AgR, AI 156338 AgR, AI 158708 AgR, RE 181438 (RTJ 162/1108), RE 182543 (RTJ 165/714), RE 192305 (RTJ 173/259), RE 202063, RE 211872, RE 213693, RE 213782, RE 223151, RE 225965, RE 231111, RE 233297 (RTJ 169/1087).

— Legislação estrangeira citada: art. 81 do CPC da Itália; art. 2900 do Código Civil Italiano de 1942; regra 23 das *Federal Rules* dos EUA, de 1966, relativas a *class actions for damages*.

Doutrina

ALLORIO, Enrico. *La cosa giudicat a rispetto ai terzi*. Milano: Giuffrè, 1992.

BOBBIO, Norberto. *O futuro da democracia*. São Paulo: Paz e Terra, 2004.

CALAMANDREI, Piero. Istituzioni di Diritto Processuale Civile. In: *Opere Giuridiche*. Morano Editore, 1970. v. IV.

CALMON DE PASSOS, J.J. Parecer inédito na reclamatória trabalhista ajuizada pelo SINDICATO DOS TRABALHADORES NAS INDÚSTRIAS DA CONSTRUÇÃO E DO MOBILIÁRIO DE OURO BRANCO contra CONSTRUTORA NORBERTO ODEBRECHT S/A.1989. (Obs.: não foi indicado no acórdão o juízo onde tramita essa Reclamação.)

_______. Parecer na Reclamação ajuizada pelo SINDICATO DOS TRABALHADORES DE EMPRESAS DE ELECOMUNICAÇÕES E OPERADORES DE MESA TELEFÔNICA DO PARÁ — SINTTEL-PA contra a TELECOMUNICAÇÕES DO PARÁ S/A — TELEPARÁ, 2000. (Obs.: não foi indicado no acórdão o juízo onde tramita essa Reclamação.)

CHIOVENDA, Giuseppe. *Instituições de direito processual civil*. Trad. port. de J. Menegale. v. 2, 3. ed. São Paulo: Saraiva, 1969. p. 252-253.

_______. *Instituições de direito processual civil*. v. 2. Campinas: Bookseller, 1998. p. 300-303.

_______. *Principii di diritto processuale civili*. Napoli: Casa Editrice Dott. Eugenio Jovene, 1965. p. 596-597.

DINAMARCO, Cândido Rangel. *Instituições de direito processual civil*. 4. ed. v. II. São Paulo: Malheiros, 2002. p. 337-338, n. 564.

_______. As três figuras da liquidação de sentença. In: BARBOSA MOREIRA, José Carlos (coord.). *Estudos de Direito Processual em memória de Luiz Machado Guimarães*. Rio de Janeiro: Forense, 1999. p. 97.

GARBAGNATI, Edoardo. *La sostituzione processuale nel nuovo codice di procedura civile*. Milano: Giuffrè, 1942. p. 205.

GRINOVER, Ada Pellegrini. Da *class action for damages* à ação de classe brasileira: os requisitos de admissibilidade. In: MILARÉ, Edis. *Ação Civil Pública*. Lei n. 7.347/2985 — 15 anos. 2. ed. São Paulo: RT, 2002. p. 30-31.

GRINOVER, Ada Pellegrini *et al*. *Código brasileiro de defesa do consumidor comentado pelos autores do anteprojeto*. 7. ed. São Paulo: Forense Universitária, 2001. p. 785, 817, 820.

LACERDA, Galeno. *Despacho Saneador*. Livraria Sulina, 1953. p. 78-79.

LAMARCA, Antonio. *O Livro da Competência*. São Paulo: 1979. p. 232.

MARQUES, Jose Frederico. *Instituições de direito processual civil*. 2. ed. v. II. Forense, 1962. p. 224-226, n. 373-374.

MASCARO NASCIMENTO, Amauri. *Curso de direito processual do trabalho*. 17. ed. Saraiva, 1997. p. 192, n. 128, p. 258; n. 192, p. 297; n. 223.

_______. Substituição Processual. Constituição Federal/88, art. 8º, inciso III. In: *IV Ciclo de Estudos de Direito do Trabalho*, IBCB, p. 107-108.

MONACCIANI, Luigi. *Azione e legittimazione*. Giuffrè, 1951. p. 399-400.

OLIVEIRA JÚNIOR, Waldemar Mariz de. *Substituição processual*. São Paulo: Revista dos Tribunais, 1971. p. 88-90.

SÜSSEKIND, Arnaldo. Substituição Processual ou Representação Legal exercida de ofício. *Revista LTr*, 57-09, set. 1993.

WATANABE, Kazuo. *et al*. *Código brasileiro de defesa do consumidor comentado pelos autores do anteprojeto*. 7. ed. São Paulo: Forense Universitária, 2001. p. 745.

ZAVASCKI, Teori Albino. Defesa de direitos coletivos e defesa coletiva de direito. *Revista de Informação Legislativa*. p. 83-96, n. 127. 1995.

_______. Comentários ao código de processo civil. Ed. *Revista dos Tribunais*, v. 8, p. 58, n. 7. 2000.

_______. *Revista de Informação Legislativa*, n. 127, p. 92.

Concluído julgamento de uma série de recursos extraordinários nos quais se discutia sobre o âmbito de incidência do inciso III do art. 8º da CF/88 ("ao sindicato cabe a defesa dos direitos e interesses coletivos ou individuais da categoria, inclusive em questões judiciais e administrativas;") — v. Informativos 84, 88, 330 e 409. O Tribunal, por maioria, na linha da orientação fixada no MI 347/SC (DJU de 8.4.94), no RE 202063/PR (DJU de 10.10.97) e no AI 153148 AgR/PR (DJU de 17.11.95), conheceu dos recursos e lhes deu provimento para reconhecer que o referido dispositivo assegura ampla legitimidade ativa *ad causam* dos sindicatos como substitutos processuais das categorias que representam na defesa de direitos e interesses coletivos ou individuais de seus integrantes. Vencidos, em parte, os Ministros Nelson Jobim, Cezar Peluso, Eros Grau, Gilmar Mendes e Ellen Gracie, que conheciam dos recursos e lhes davam parcial provimento, para restringir a legitimação do sindicato como substituto processual às hipóteses em que atuasse na defesa de direitos e interesses coletivos e individuais homogêneos de origem comum da categoria, mas apenas nos processos de conhecimento, asseverando que, para a liquidação e a execução da sentença prolatada nesses processos, a legitimação só seria possível mediante representação processual, com expressa autorização do trabalhador.

RE 193503/SP, RE 193579/SP, RE 208983/SC, RE 210029/RS, RE 211874/RS, RE 214668/ES, Rel. orig. Min. Carlos Velloso, rel. p/ o acórdão Min. Joaquim Barbosa, 12.6.2006. (RE-214668)

SUPERIOR TRIBUNAL DE JUSTIÇA

Execução

"EXECUÇÃO. SINDICATO. JUSTIÇA GRATUITA.

Segundo a jurisprudência deste Superior Tribunal, a legitimidade conferida aos sindicatos, em ações coletivas, não se limita à fase de conhecimento, alcança também a fase de execução dessas sentenças, sendo dispensável a autorização individual de seus filiados.

Outrossim, tem reconhecido que as entidades sem fins lucrativos podem reivindicar o benefício da Justiça gratuita, uma vez comprovado não possuírem condições de arcar com as despesas do processo. Com essas considerações, a Turma deu provimento ao recurso. Precedentes citados: REsp 1.017.659-RS, DJ 16.6.2008; AgRg no REsp 847.319-RS, DJ 31.3.2008; AgRg no REsp 926.608-RS, DJ 2.8.2007; AgRg no REsp 573.612-RS, DJ 10.9.2007; AgRg nos Edcl no Ag 990.156-SC, DJ 4.8.2008, e REsp 1.038.634-ES, DJ 30.5.2008" (REsp 834.363-RS, Rel. Min. Eliana Calmon, julgado em 2.9.2008).

"SINDICATO. CUMPRIMENTO. SENTENÇA. PROCESSO COLETIVO.

Busca-se definir se, no cumprimento de sentença prolatada em processo coletivo referente a direito individual homogêneo de servidores civis federais, o sindicato atua como substituto processual (independeria de autorização dos filiados) ou como representante processual (necessitaria de mandato específico). Ressalte-se que a questão foi levantada já na sentença da ação de conhecimento, não havendo, pois, qualquer incidente processual a ser resolvido, senão a necessidade de autorização específica para que o sindicato prossiga no cumprimento da sentença. Quanto a isso, é certo que o art. 3º da Lei n. 8.073/1990 autoriza a entidade sindical a atuar sem qualquer restrição na condição de substituto processual da categoria. Uma leitura conjunta desse dispositivo com os arts. 97 e 98 do CDC leva à conclusão de que a execução coletiva pode ser promovida pelos mesmos legitimados a ajuizar a ação de conhecimento, daí não haver óbice a que o sindicato também atue no cumprimento da sentença como substituto processual. Doutro lado, o art. 8º, III, da CF/1988 deve ser interpretado com a máxima amplitude possível, a fim de possibilitar ao sindicato o referido cumprimento, justamente porque aquele dispositivo constitucional não faz ressalva a essa condição e não é dado ao intérprete restringir o que o legislador não restringiu no que tocar às garantias constitucionais. Porém, essa interpretação não afasta a necessidade de que, no cumprimento da sentença, indique-se, individualmente, o credor substituído e o valor devido. Precedentes citados do STF: RE 213.111-SP, DJ 24.8.2007; do STJ: REsp 1.082.891-RN, Dje 24.9.2008" (EREsp 760.840-RS, Rel. Min. Nancy Andrighi, julgados em 4.11.2009).

"EMBARGOS DE DIVERGÊNCIA. LEGITIMIDADE DOS SINDICATOS. SUBSTITUIÇÃO PROCESSUAL. LIQUIDAÇÃO E EXECUÇÃO DO PROCESSO COLETIVO *LATO SENSU*.

1 — O cerne da controvérsia gira em torno da legitimidade dos **sindicatos** para atuar na fase executiva do processo coletivo *lato sensu*. Consoante recente entendimento consignado no âmbito da Quinta e Sexta Turmas desta Corte e do Supremo Tribunal Federal, os **sindicatos** agem na qualidade de substitutos **processuais** quer na fase de conhecimento, quer na fase de liquidação e execução das ações em que se discute direitos coletivos e individuais homogêneos de seus filiados. 2 — Embargos de divergência conhecidos, mas rejeitados" (EREsp 108291 / RN Embargos de Divergência no Recurso Especial 2009/0027213-1, Relator: Ministro Fernando Gonçalves, DJ. 21.5.2009).

"PROCESSUAL CIVIL. RECURSO ESPECIAL EM AGRAVO DE INSTRUMENTO. LEGITIMIDADE DE ENTIDADE SINDICAL PARA LIQUIDAÇÃO E EXECUÇÃO DE TÍTULO JUDICIAL. SUBSTITUIÇÃO PROCESSUAL. JURISPRUDÊNCIA DO STF E DO STJ.

1. Trata-se de recurso especial onde se discute a legitimidade de entidade sindical, a título de substituição processual, para execução do título judicial.

2. O Supremo Tribunal Federal colocou fim à discussão sobre a atuação das entidades sindicais na execução de julgados oriundos de ações coletivas, decidindo que o art. 8º, III, da Constituição Federal estabelece a legitimidade extraordinária dos sindicatos para

defender em juízo os direitos e interesses coletivos ou individuais dos integrantes da categoria que representam; que essa legitimidade extraordinária é ampla, abrangendo a liquidação e a execução dos créditos reconhecidos aos trabalhadores; e que, por se tratar de típica hipótese de substituição processual, é desnecessária qualquer autorização dos substituídos (*v. g.*: RE 210.029/RS; RE 193.503/SP).

3. Recurso Especial provido para reconhecer a legitimidade do sindicato para promover a liquidação e a execução do título judicial, em regime de substituição processual." (REsp 1078796 / RS RECURSO ESPECIAL 2008/0168689-6 — 1ª Turma, Relator: Ministro Benedito Gonçalves, DJ 16.9.09.)

Honorários Advocatícios

"EMBARGOS DIVERGÊNCIA. PROCESSUAL CIVIL. HONORÁRIOS ADVOCATÍCIOS. EXECUÇÃO INDIVIDUAL DE SENTENÇA GENÉRICA ORIUNDA DE AÇÃO COLETIVA MOVIDA POR SINDICATO. CABIMENTO. ART. 1.º-D DA LEI N. 9.494/97. INAPLICABILIDADE. ENTENDIMENTO SUMULADO NO ENUNCIADO N. 345 DESTE TRIBUNAL.

1. Cabível a condenação da Fazenda Pública em honorários advocatícios nas execuções individuais de sentenças genéricas proferidas em sede de ação coletiva promovida por Sindicato, propostas após o advento da Medida Provisória n. 2.180-35/2001, independentemente da oposição dos embargos à execução.

2. EMBARGOS DE DIVERGÊNCIA ACOLHIDOS" (ERESP 638878/RS EMBARGOS DE DIVERGÊNCIA NO RECURSO ESPECIAL 2006/0088588-6 , RELATORA: MINISTRA LAURITA VAZ, S3 3ª SEÇÃO, DJ 17.6.2009).

"Direito civil. Propositura, pelo Sindicato, de ação coletiva, como substituto processual da categoria. Sentença de procedência. Ingresso na fase de cumprimento da sentença, também pelo Sindicato, como substituto processual. Recebimento das verbas em nome dos trabalhadores. Retenção, pelo Sindicato, no momento de restituir os valores recebidos aos titulares, de percentual destinado ao pagamento de honorários advocatícios. Irresignação da trabalhadora. Propositura de ação de indenização para que a devolução do montante retido. Procedência.

— No âmbito da atuação do Sindicato para defesa dos direitos e interesses de seus associados, há profunda diferença entre as ações individuais propostas, nas quais a entidade, se solicitada, limita-se a assistir o trabalhador no exercício de sua pretensão, e as ações coletivas, propostas pelo Sindicato muitas vezes sem o conhecimento dos trabalhadores, na qualidade de substituto processual.

— Para as ações individuais, o Sindicato, em princípio, tem direito de ser remunerado pelos serviços prestados, seja pelo réu, quando presentes os requisitos fixados pela Súmula n. 219/TST, seja pelo trabalhador, dependendo do que dispuser a respeito eventual contrato firmado ou a convenção coletiva de trabalho. Para as ações coletivas, contudo, não há prévio consentimento do trabalhador para a atuação do Sindicato, de modo que não há prévia anuência do titular do direito quanto a eventual remuneração que o Sindicato pretenda receber.

— Não havendo prévio consenso entre Sindicato e trabalhador, é indevida a retenção, promovida de mão própria, de parcela do crédito executado pela entidade como substituta processual do obreiro. Se o Sindicato entende ter qualquer valor a receber, compete-lhe exercer tal pretensão mediante a propositura de ação adequada. Nessa ação, facultar-se-á aos trabalhadores manifestar oposição sustentando e provando sua condição de miserabilidade, nos termos do art. 14, § 1º, da Lei n. 5.584/70.

Recurso especial improvido" (REsp. 931036/RS RECURSO ESPECIAL 2007/0047424-6 — 3ª Turma, Relatora Ministra Nancy Andrighi, DJ 2.12.2009).

TRIBUNAL SUPERIOR DO TRABALHO

Coisa Julgada

RR — 5473/2006-011-09-40.6

Relator: Ministro Walmir Oliveira da Costa

DJ 12.12.2008

"**RECURSO DE REVISTA DO RECLAMANTE — COISA JULGADA — AÇÃO COLETIVA — EXTENSÃO A TODOS OS MEMBROS DA CATEGORIA PROFISSIONAL — POSSIBILIDADE.** A Constituição Federal, em seu art. 8º, III, elevou os sindicatos ao patamar de legítimos defensores dos direitos e interesses coletivos ou individuais dos membros da respectiva categoria profissional, em questões administrativas ou judiciais. Tal legitimação, consoante se depreende da amplitude com que foi redigido o dispositivo em comento, afigura-se ampla, ou seja, independe de norma infraconstitucional que a preveja. Outro não é o motivo que levou o TST a cancelar a sua Súmula n. 310, em atenção a diversos pronunciamentos do Supremo Tribunal Federal, no sentido de que o aludido verbete limitava, contrariamente ao disposto na Carta Magna, a atuação das entidades em exame. Entretanto, de nenhuma serventia se afigura a ampla legitimidade conferida pela Carta Magna aos sindicatos representativos das categorias profissionais para a defesa em juízo dos interesses dos trabalhadores, se inexistente um conjunto de normas que disciplinem o processo coletivo. Isso porque os direitos tutelados pelos sindicatos transcendem a esfera jurídica do empregado individualmente considerado, motivo pelo qual institutos como a coisa julgada, a litispendência, a legitimidade de partes e outros devem ostentar traços peculiares no dissídio ora examinado, sob pena de ineficácia da norma constante no art. 8º, III, da Constituição da República. A Consolidação das Leis do Trabalho, como se sabe, não rege o processo coletivo, motivo pelo qual, nos termos do art. 8º, parágrafo único, do diploma consolidado, deve-se utilizar o direito comum como fonte subsidiária da lei trabalhista. No ordenamento jurídico brasileiro, três são os diplomas que regem a tutela dos direitos transindividuais, quais sejam, o Código de Defesa do Consumidor, a Lei n. 7.347/85 (relativa à ação civil pública) e a Lei n. 4.717/65 (atinente à ação popular). Assim, o estudo de qualquer demanda coletiva deve ter como parâmetro as leis em comento. Com efeito, o exame dos incisos I, II e III do art. 103 do CDC nos leva a concluir que a eficácia da decisão proferida nas ações ora analisadas dependerá da espécie de direito tutelado. Trata-se, pois, da coisa julgada *secundum eventum litis* , em que há a extensão subjetiva dos seus efeitos, atingindo-se indivíduos que não fizeram parte da relação processual, mas nela encontram-se representados, por meio de associações legitimadas para tanto. Nessas ações, a procedência do pedido, independentemente da espécie de direito tutelado (difuso, coletivo ou individual homogêneo), ensejará a concessão de efeitos *erga omnes* ou *ultra partes* ao pronunciamento judicial, que não se limitará às partes do processo. A adaptação do instituto em questão às demandas transindividuais atende ao postulado do efetivo acesso à justiça, constante no art. 5º, XXXV, da Constituição Federal, pois afigurar-se-ia sem sentido que uma decisão proferida em ação ajuizada pelo adequado representante do direito postulado não atingisse a todos que se encontrassem na situação objeto de exame pelo Poder Judiciário. Além da coisa julgada *secundum eventum litis* , o Código de Defesa do Consumidor, no § 3º do seu art. 103, institui outro mecanismo destinado a adaptar o instituto em comento às demandas coletivas. Trata-se do transporte *in utilibus* , que outra coisa não é senão a possibilidade de a vítima do evento danoso valer-se da decisão proferida em ação civil pública para reaver os prejuízos oriundos da conduta lesiva aos direitos tutelados pela Lei n. 7.347/85. Para tanto, basta que siga o procedimento previsto nos arts. 96 a 99 da referida codificação. Nesse caso, além da extensão subjetiva do provimento emanado em ação civil pública, amplia-se o objeto do processo, que passa a incluir o pleito atinente à reparação dos danos individualmente suportados por cada vítima do evento lesivo. Consoante se depreende de todo o exposto, o Código de Defesa do Consumidor, norma que disciplina o instituto da coisa julgada nas ações coletivas a fim de possibilitar a efetiva tutela dos interesses que não ostentam caráter meramente individual, instituiu mecanismos que ampliam subjetiva e objetivamente os efeitos da garantia prevista no art. 5º, XXXVI, da Constituição Federal. Tecidas essas considerações, a outra conclusão não se pode chegar, senão a de que as sentenças proferidas em reclamações trabalhistas ajuizadas pelo sindicato representativo da categoria profissional em defesa de direitos difusos, coletivos e individuais homogêneos sujeitam-se, ante a ausência de normatização sobre o assunto na CLT, à legislação que disciplina o processo coletivo, em especial o Código de Defesa do Consumidor, no tocante aos efeitos da coisa julgada. Entendimento diverso ensejaria o retorno ao disposto na Súmula n. 310, V, do TST, no sentido de restringir a eficácia da sentença proferida no dissídio em comento apenas aos empregados associados à referida pessoa jurídica de direito privado, em patente ofensa à interpretação conferida pelo STF à matéria ora analisada. Na espécie, acórdão regional que mantém a limitação do alcance de decisão proferida em reclamação coletiva ajuizada pelo sindicato representativo da categoria profissional aos empregados arrolados na respectiva peça de ingresso incide em má-aplicação do art. 8º, III, da Carta Magna, por restringir o campo de atuação outorgado pelo poder constituinte originário às mencionadas entidades . **Recurso de revista conhecido e provido. RECURSO DE REVISTA ADESIVO DO RECLAMADO — PRESCRIÇÃO — ART. 7º, XXIX, da CARTA MAGNA — MATÉRIA DE CUNHO EMINENTEMENTE INTERPRETATIVO.** A matéria analisada pela Corte Regional, qual seja, a extensão dos efeitos de ação coletiva ajuizada pelo sindicato representativo da categoria profissional aos empregados não filiados à mencionada entidade, é regida pelos arts. 91 a 100 do Código de Defesa do Consumidor. Dessa forma, a prescrição incidente sobre a pretensão em comento, por ostentar cunho eminente interpretativo, já que necessária análise do mencionado diploma legal sob a óptica dos princípios inerentes às relações de trabalho, não se encontra objetivamente disciplinada pelo art. 7º, XXIX, da Constituição Federal, motivo pelo qual reputo incólume o dispositivo invocado. **Recurso de revista não conhecido.**"

RR — 20500-98.2002.5.15.0091

Relator Ministro: João Batista Brito Pereira

DJ 22.9.2009

"**ESTABILIDADE PROVISÓRIA. ADESÃO A PROGRAMA DE DEMISSÃO VOLUNTÁRIA — PDV. DIFERENÇAS SALARIAIS.** Os julgados trazidos para confronto são inespecíficos, pois consignam como premissa aspecto diverso daquele utilizado pelo Tribunal Regional em suas razões de decidir. De fato, incide a Súmula n. 296 desta Corte, porque os arestos colacionados tratam de resilição unilateral por dispensa imotivada, quando, na hipótese dos autos, o término do contrato de trabalho se deu em virtude de resilição bilateral por adesão ao **PDV. PARCELA DENOMINADA. FUNÇÃO ACESSÓRIA. NATUREZA JURÍDICA. INTEGRAÇÃO AO SALÁRIO**. Os arestos colacionados são inespecíficos, haja vista não adotarem como razão de decidir a mesma premissa da decisão recorrida, qual seja, a previsão da natureza da parcela na própria norma coletiva instituidora do benefício. Dessa forma, a admissibilidade do Recurso de Revista encontra óbice na Súmula n. 296 desta Corte. **ADICIONAL DE PERICULOSIDADE. DIFERENÇAS.**

PEDIDO FORMULADO EM AÇÃO ANTERIORMENTE AJUIZADA PELO SINDICATO. ACORDO. COISA JULGADA. A jurisprudência desta Corte é firme no sentido de que a substituição processual promovida pelo sindicato é ampla e irrestrita, abrangendo a defesa dos direitos individuais homogêneos de toda a categoria. Logo, não há como deixar de reconhecer os efeitos da coisa julgada da ação coletiva interposta pelo Sindicato na presente ação individual ajuizada pelo Reclamante. Outrossim, o art. 267, § 3º, do CPC é claro ao prescrever que a objeção de coisa julgada pode e deve ser pronunciada pelo juiz, independentemente de provocação, justamente por se tratar de matéria não sujeita à preclusão, seja para o juiz, seja para a parte. **VALE-REFEIÇÃO E CESTA BÁSICA. INTEGRAÇÃO AO SALÁRIO.** O Recurso de Revista está desfundamentado, à luz do art. 896 da CLT, porque não há indicação de ofensa a dispositivo de lei nem transcrição de julgado para aferição da divergência jurisprudencial. Recurso de Revista de que não se conhece."

Coisa Julgada — extensão

RR — 559/2002-051-03-00

Relatora: Ministra Kátia Magalhães Arruda

DJ 29.10.2009

"**I — RECURSO DE REVISTA INTERPOSTO POR CALSETE SIDERURGIA LTDA. NULIDADE DO ACÓRDÃO. NEGATIVA DE PRESTAÇÃO JURISDICIONAL.** O dever legal de fundamentar as decisões judiciais, previsto no art. 93, IX, da Constituição Federal foi plenamente atendido pela Corte regional, contendo o acórdão recorrido, de forma explícita, os fundamentos pelos quais se deu solução à controvérsia. Recurso de revista de que não se conhece. INCONSTITUCIONALIDADE DO ART. 83, III, DA LEI COMPLEMENTAR N. 75. O entendimento do STF e do TST quanto à legitimidade do Ministério Público para a defesa de direitos coletivos dos trabalhadores, considerando que a própria Constituição — art. 129, III — inclui a promoção da ação civil pública para a proteção de interesses difusos e coletivos dentre as suas funções institucionais, afasta a possibilidade de reconhecer-se a inconstitucionalidade do art. 83, III, da Lei Complementar n. 75/93. Recurso de revista de que não se conhece. ILEGITIMIDADE ATIVA DO MINISTÉRIO PÚBLICO DO TRABALHO. TERCEIRIZAÇÃO. ATIVIDADE-FIM. FALTA DE INTERESSE DE AGIR. O Ministério Público pode agir como substituto processual em nome da sociedade na defesa de interesses ou direitos individuais homogêneos. Para tanto, é necessário que esteja presente a relevância social, bem como a adequação com o desempenho de sua função institucional. A relevância social é auferida conforme a natureza do dano (saúde, segurança e educação públicas). Já a compatibilidade com a função institucional encontra amparo quando o direito ou interesse relaciona-se com a ordem jurídica, com o regime democrático, interesses sociais e individuais indisponíveis, conforme disposto no art. 127 da Constituição Federal. Nesse contexto, tratando-se de direito indisponível, amparado pela Constituição Federal (art. 7º, XIII), constata-se a legitimidade e interesse de agir do Ministério Público para propor esta ação civil pública. Recurso de revista de que não se conhece. CARÊNCIA DE AÇÃO. FALTA DE INTERESSE DE AGIR. VIGÊNCIA DE TERMO DE AJUSTE DE CONDUTA. Nas razões do recurso de revista (item 8 do recurso de revista), não houve indicação de violação de dispositivos da lei ou da Constituição Federal, contrariedade a súmula de jurisprudência deste Tribunal, tampouco indicação de divergência jurisprudencial. O recurso, portanto, está sem fundamentação, quanto ao tópico. Recurso de revista de que não se conhece. TERCEIRIZAÇÃO. ATIVIDADE-FIM. O recurso não prospera por divergência jurisprudencial, pois os paradigmas ora são provenientes de Turmas desta Corte Superior, fonte não autorizada pelo art. 896 da CLT, ora são inespecíficos, nos termos da Súmula n. 296 do TST, pois não analisam caso de ação civil pública ajuizada para discutir a terceirização de atividade-fim da empresa. Incidência da Súmula n. 296. Recurso de revista de que não se conhece.

II — RECURSO DE REVISTA INTERPOSTO PELO MINISTÉRIO PÚBLICO DO TRABALHO. INDENIZAÇÃO PELOS DANOS CAUSADOS. Conforme se depreende da leitura dos arts. 3º e 13 da Lei n. 7.347, é possível a cumulação de pedidos de obrigação de fazer ou não fazer com a de indenizar, o que não foi tratado no acórdão do Regional. Ademais, o outro dispositivo tão só estabelece para quem a indenização deverá ser revertida, o que também não foi analisado pelo Tribunal Regional, haja vista ter entendido que não há recomposição pecuniária em relação à coletividade. Recurso de revista de que não se conhece. ABRANGÊNCIA DOS EFEITOS DA SENTENÇA. Conforme art. 16 da Lei n. 7.347/85, com a alteração promovida pela Lei n. 9.494/97, verifica-se que o legislador optou expressamente pela competência territorial como limite à eficácia *erga omnes* da sentença proferida em sede de ação civil pública, sendo, portanto, vedada a interpretação de que, na verdade, o legislador refere-se à competência material. Acrescente-se que se o recorrente objetivasse imprimir efeito *erga omnes* à sentença proferida para além da área geográfica, integrante da competência territorial da Vara de origem, a fim de alcançar toda a área do Estado Federado, deveria tê-lo feito perante uma das Varas do Trabalho da capital do Estado, o que não o fez, pois ajuizou a ação civil pública perante a Comarca de Caratinga. Ademais, cumpre registrar, em reforço à interpretação do art. 16 da Lei n. 7.347, com a redação dada pela Lei n. 9.494, de 10.9.1997, o entendimento desta Corte, consubstanciado na OJ 130 da SBDI-2. Recurso de revista a que se nega provimento."

AIRR-98557/2006-011-09-40.5

Relator: Ministro Guilherme Caputo Bastos

DJ 27.5.2009

"AGRAVO DE INSTRUMENTO. LEGITIMIDADE DE REPRESENTAÇÃO DO SINDICATO. COISA JULGADA SUBJETIVA. VIOLAÇÃO DO ART. 8º, III, DA CONSTITUIÇÃO FEDERAL. NÃO CONFIGURAÇÃO. NÃO PROVIMENTO.

1. Inadmissível o processamento do recurso de revista com fundamento na violação do art. 8º, III, da Constituição Federal, porquanto, na hipótese, tornou-se imutável e indiscutível a questão relativa aos titulares do direito reconhecido nos autos da Reclamação Trabalhista n. 5.053/1992, e, por conseguinte, dos legitimados para proceder à execução deste, não cabendo, portanto, em fase de execução, a ampliação desses legitimados, sob pena de ofensa aos limites subjetivos da coisa julgada. 2. Agravo de instrumento a que se nega provimento."

AIRR-98507/2006-011-09-40.8

Ministro: Emmanoel Pereira

DJ 6.5.2009

"SUBSTITUIÇÃO PROCESSUAL. ART. 8º, INCISO III, DA CONSTITUIÇÃO DE 1988. ALCANCE. COISA JULGADA. Tendo o Tribunal Regional registrado que houve a individualização dos substituídos na reclamação trabalhista e que a decisão transitada em julgado fez expressa referência aos beneficiários dos valores concedidos, apontando apenas os substituídos constantes do rol apresentado pelo Sindicato, neste aspecto, apontado pelo Regional, a extensão das diferenças de gratificações a trabalhadores, que não constaram do rol apresentado com a inicial, implicaria ofensa à coisa julgada. Agravo de Instrumento a que se nega provimento."

Competência

CC — 200641/2008-000-00-00

Relator: Ministro José Simpliciano Fontes de F. Fernandes

DJ 20.3.2009

"**CONFLITO NEGATIVO DE COMPETÊNCIA. AÇÃO CIVIL PÚBLICA. DANO DE ÂMBITO REGIONAL. COMPETÊNCIA TERRITORIAL DE UMA DAS VARAS DO TRABALHO DA CAPITAL DO ESTADO. CONTRATAÇÃO POR INTERPOSTA PESSOA, ALICIAMENTO DE TRABALHADORES E DESCUMPRIMENTO DE NORMAS DE SEGURANÇA E HIGIENE DO TRABALHO.** Conforme a Orientação Jurisprudencial 130 da SBDI-2, a competência territorial em sede de ação civil pública define-se pela extensão do dano causado ou a ser reparado. Se a extensão do dano a ser reparado limitar-se ao âmbito regional, a competência é de uma das Varas do Trabalho da Capital do Estado, conforme incidência analógica do art. 93 do Código de Defesa do Consumidor. Nas ações civis públicas que tenham como pretensão a abstenção na contratação de trabalhadores por interposta pessoa, a abstenção de aliciamento de trabalhadores em outros locais do território nacional, e o cumprimento do dever de segurança e higiene do trabalho como finalidade ao combate da prática de exploração de trabalho degradante e em condições análogas à de escravo em que se noticia a existência de alojamentos e meios de transportes sem condições dignas humanas, não se desloca a competência para uma das Varas do Trabalho do Distrito Federal, quando as irregularidades noticiadas e, portanto, a extensão do dano, limitam-se ao âmbito de atuação do empregador, que, no caso, restringem-se aos municípios mineiros de Iturama, Limeira do Oeste e Campo Florido. Logo, uma vez constado que, no caso, o dano não excede a jurisdição do TRT da 3ª Região, seu âmbito não é nacional, e sim regional, tanto que as empresas pertencentes ao grupo econômico ligadas ao fato, bem como as empresas ditas fornecedoras, estão situadas nos municípios de Iturama, Limeira do Oeste e Campo Florido, todos localizados no Estado de Minas Gerais. Declara-se a incompetência das Varas do Trabalho de Brasília/DF para o julgamento do feito e competentes as Varas do Trabalho da Capital do Estado em que o dano ocorreu, nos termos dos arts. 2º e 21 da Lei n. 7.347/85 e 93 Lei n. 8.078/90 e OJ 130 da SBDI-2 do TST. Conflito negativo de competência julgado procedente, para declarar a competência da 20ª Vara do Trabalho de Belo Horizonte/MG, que se encontra preventa."

RR — 117900-89.2007.5.05.0035

Relatora: Juíza Convocada Maria Doralice Novaes

DJ 12.3.2010

"**COMPETÊNCIA TERRITORIAL — SUBSTITUIÇÃO PROCESSUAL .** A legitimidade conferida aos sindicatos pelo art. 8º, III, da Constituição Federal para a defesa de direitos e interesses da categoria que representa, assegura a substituição processual ampla de todos seus integrantes. A exigência de que a competência territorial para o ajuizamento da ação seja definida em face do local em que ocorreu a prestação de serviços de cada um dos substituídos desvirtua a finalidade precípua do instituto da substituição processual, destinado a garantir aos jurisdicionados o amplo acesso à Justiça. Em consequência, inaplicável à presente hipótese a regra contida no art. 651 da CLT."

Execução

AIRR-11754/2006-011-09-40.8

Relator: Ministro Walmir Oliveira da Costa

DJ 12.8.2009

"**AGRAVO DE INSTRUMENTO. RECURSO DE REVISTA. AÇÃO DE EXECUÇÃO. SUBSTITUIÇÃO PROCESSUAL.** Em face do quadro fático delineado no acórdão do Tribunal Regional, conclui-se que o título executivo não beneficiou toda a categoria dos empregados bancários do Estado do Paraná, mas apenas os bancários de Curitiba. Logo, não há falar em legitimidade processual ampla do sindicato, uma vez que a exequente não integra a categoria dos bancários de Curitiba, fato por ela reconhecido no processo, restando ileso o art. 8º, III, da Constituição Federal. Agravo de instrumento a que se nega provimento."

Honorários Advocatícios

RR — 649/2004-751-04-00

Relator: Ministro Barros Levenhagen

DJ 4.4.2008

"**HONORÁRIOS ADVOCATÍCIOS. SUBSTITUIÇÃO PROCESSUAL.** I — Com o cancelamento da súmula n. 310 do TST, impõe-se ao exegeta interpretar o art. 14, da Lei n. 5.584/70, não mais a partir da sua literalidade, mas sim a partir da finalidade ali perseguida de assegurar ao **sindicato,** que atua como substituto **processual,** o direito aos **honorários advocatícios** que o foram na condição de assistente judicial. Com efeito, os **honorários advocatícios,** guardadas as peculiaridades do processo do trabalho, nada mais são do que a contraprestação patrimonial destinada àqueles que exercem auxílio técnico às partes envolvidas no litígio. II — Se ao **sindicato,** além de ter sido conferida a prerrogativa de prestar individualmente assistência judiciária ao empregado, o fora também a de substituir a categoria por ele representada, não se mostra razoável a tese que o inabilite à percepção de **honorários advocatícios** a título de contraprestação pelos seus serviços, na condição de substituto **processual**. III — Sobretudo tendo em conta a nova orientação jurisprudencial sobre a amplitude e extensão da **substituição processual,** em função da qual não se deve mais prestigiar a interpretação gramatical do art. 14 da Lei n. 5.584/70, até mesmo para se prevenir o ajuizamento de inúmeras ações individuais, na contramão do moderno movimento de coletivização das ações judiciais. IV — Em que pese a interpretação finalística da legislação extravagante sugerir se deva igualmente evoluir a jurisprudência para reconhecer ao **sindicato,** como substituto **processual,** o direito aos **honorários advocatícios,** esses, no Processo do Trabalho, não decorrem da mera sucumbência mas do requisito suplementar da insuficiência financeira, conforme preconiza aliás a OJ 305 da SBDI-I. V Compulsando o acórdão recorrido, constata-se não ter o Regional consignado a existência do requisito suplementar consubstanciado na aludida insuficiência financeira dos substituídos; seja porque percebessem salários inferiores à dobra do salário mínimo, seja porque teriam, eles ou o advogado do **sindicato,** firmado declaração de estado de miserabilidade, nem foi exortado a tanto em embargos de declaração, de modo que, à falta do prequestionamento da súmula n. 297, não há como o TST deliberar conclusivamente sobre o deferimento dos **honorários advocatícios**. VI — Recurso conhecido e desprovido."

RR — 83600-94.2006.5.03.0099

Relatora: Ministra Rosa Maria Weber

DJ: 16.4.2010

"**RECURSO DE REVISTA. SINDICATO COMO SUBSTITUTO PROCESSUAL. INTERVALO INTRAJORNADA. IMPOSSIBILIDADE JURÍDICA DE QUESTIONAMENTO, PELO SINDICATO FIRMATÁRIO, DA VALIDADE DA NORMA COLETIVA, RESTRITA SUA ATUAÇÃO A AÇÃO DE CUMPRIMENTO.** A decisão regional, nos termos em que proferida, analisou o recurso do autor sob o aspecto da impossibilidade jurídica de o sindicato discutir em juízo a validade de cláusulas pactuadas em instrumento coletivo, quando a própria entidade firmou o ajuste, tema que diz respeito inclusive ao princípio da inafastabilidade do controle jurisdicional. Concluiu, o Tribunal de origem, que o demandante só poderia questionar a observância ou não dos acordos coletivos, em ação de cumprimento. Desse modo, considerando que o dispositivo — CLT, art. 71, § 4º — e os verbetes jurisprudenciais invocados — OJ 307 e 342 da SDI-I/TST —, são impertinentes ao cerne do debate, em recurso de natureza extraordinária, o recorrente não logrou infirmar os fundamentos da decisão recorrida. Aplicação da Súmula 422/TST. **HONORÁRIOS ADVOCATÍCIOS. SINDICATO. SUBSTITUTO PROCESSUAL.** O entendimento desta Corte, ressalvada a posição pessoal da Ministra Relatora, é no sentido de que o sindicato, atuando como substituto processual, faz jus aos honorários advocatícios apenas quando preenchidos os requisitos evocados na Súmula n. 219/TST. À falta de um dos requisitos, qual seja, prova ou declaração de miserabilidade jurídica dos substituídos , indevidos os honorários assistenciais. Recurso de revista integralmente não conhecido."

RR — 96400-40.2003.5.03.0074

Relator: Ministro Lelio Bentes Corrêa

DJ 9.4.2010

"**SINDICATO. SUBSTITUIÇÃO PROCESSUAL. HONORÁRIOS ADVOCATÍCIOS. INTERPRETAÇÃO SISTEMÁTICA.** 1. O art. 8º, III, da Constituição da República de 1988 autoriza expressamente a atuação ampla dos entes sindicais na defesa — inclusive judicial — dos interesses da categoria. Já não paira controvérsia na jurisprudência desta Corte uniformizadora quanto ao entendimento de que o sindicato tem legitimidade para atuar como substituto processual de toda a categoria. 2. A Lei Maior conferiu ao sindicato profissional a incumbência de atuar em defesa de toda a categoria, prestigiando a moderna concepção jurídica relativa à coletivização das ações judiciais, cuja utilização tem obviado o ajuizamento de inúmeras ações individuais e, por conseguinte, contribuído para afastar a malfadada insegurança jurídica. Tal tendência revela-se ainda mais relevante e atual ante a necessidade de se outorgarem ao empregado meios de promover a defesa dos seus interesses sem a exposição resultante de um confronto direto com o empregador — o que, em muitas ocasiões, resultaria na perda do próprio emprego. 3. Corolário do prestígio outorgado à atuação do sindicato, visando à litigância coletiva na defesa dos interesses dos integrantes da categoria, é o reconhecimento ao ente sindical dos meios necessários para fazê-lo, inclusive no tocante ao custeio das despesas do processo — aí incluída a remuneração dos serviços do profissional da advocacia necessário à postulação em juízo. 4. Resulta imperioso, portanto, conferir ao sindicato o direito de receber os honorários assistenciais, quando vencedor em demanda em que atua na qualidade de substituto processual, independentemente da exigência de comprovação da hipossuficiência de cada um dos substituídos. Com efeito, tal exigência importaria em retrocesso em relação a tema já superado com o cancelamento da Súmula n. 310, uma vez que corresponderia à necessidade de prévia individualização de cada um dos substituídos — exigência que se aboliu mediante a dispensa da juntada da lista dos empregados substituídos processualmente. 5. Vale destacar, ainda, a diretriz traçada no art. 8º da Consolidação das Leis do Trabalho, no sentido de que as decisões judiciais, em face de lacuna normativa, devem sempre contemplar o interesse público. No caso, o reconhecimento do direito à percepção dos honorários advocatícios pelo sindicato que atua na qualidade de substituto processual revela-se consentâneo com o interesse público, na medida em que reforça a relevância e o incentivo da coletivização das ações judiciais, que tem contribuído diretamente para o desafogamento dos Tribunais, bem como para a diminuição da insegurança jurídica resultante da multiplicação de ações individuais, com possibilidade de prolação de decisões judiciais contraditórias em relação a objeto idêntico. 6. Recurso de revista conhecido e provido."

RR — 115700-89.2004.5.09.0654

Relator: Ministro Augusto César Leite de Carvalho

DJ 30.3.2010.

"**RECURSO DE REVISTA. SINDICATO. SUBSTITUIÇÃO PROCESSUAL. HONORÁRIOS ADVOCATÍCIOS.** Devidos os honorários advocatícios, na medida em que o sindicato atua na condição de substituto processual e há evidência de miserabilidade jurídica dos substituídos. Recurso de revista conhecido e provido . **REFLEXOS DAS HORAS EXTRAS NO REPOUSO SEMANAL REMUNERADO. CRITÉRIO DE CÁLCULO**. O entendimento consubstanciado na Súmula n. 172 do TST, conforme se extrai, não se limita apenas ao repouso semanal remunerado a que aludem a Constituição (art. 7º, inciso XV) e a legislação laboral (arts. 1º da Lei n. 605/49 e 67 da CLT), estendendo seu âmbito de aplicação a todos os repousos remunerados que venham a ser concedidos em virtude de orientação contida em demais diplomas legais, instrumentos coletivos, condições contratuais ou liberalidade patronal. Precedentes. Recurso de revista conhecido e provido."

Interesses Individuais Homogêneos

RR — 1581/2000-012-15-00

Relatora: Ministra Dora Maria da Costa

DJ 22.5.2009

RECURSO DE REVISTA. SINDICATO. SUBSTITUIÇÃO PROCESSUAL. Esta Corte, em razão da evolução natural da jurisprudência e, também, do posicionamento do Supremo Tribunal Federal, cancelou a Súmula n. 310/TST e passou a adotar o entendimento de que a substituição processual assegurada aos Sindicatos pela atual Lei Maior (art. 8º, III) deve ser interpretada de forma ampla, remetendo a aferição da matéria à análise pormenorizada de cada caso concreto, tendo em vista que a referida substituição não é irrestrita, pois limita-se às ações que objetivem a proteção de direitos e interesses coletivos ou individuais homogêneos da categoria, consoante prevê o art. 8º, inciso III, da Constituição da República. Todavia, na hipótese em exame, o Regional não delineou claramente o quadro fático, nada consignando acerca do pedido do sindicato na presente reclamação trabalhista. Frise-se que a análise de tal premissa é questão fática imprescindível para o deslinde da controvérsia, porquanto permitiria verificar se o sindicato obreiro efetivamente atua na defesa de direitos e interesses coletivos ou individuais homogêneos da categoria. Incidência do óbice da Súmula n. 126 do TST. Recurso de revista não conhecido."

ERR636.470/2000.9

Redator: Ministro Lélio Bentes Corrêa

Publicado na integra *in* LTr 68-09/1111-1115.

"**MINISTÉRIO PÚBLICO DO TRABALO. LEGITIMIDADE ATIVA. AÇÃO CIVIL PÚBLICA. DIREITOS COLETIVOS E DIREITOS INDIVIDUAIS HOMOGÊNEOS INDISPONÍVEIS**. Tem Legitimidade o Ministério Público do Trabalho para propor ação civil pública, visando a tutelar direitos coletivos. Tal é a hipótese sob exame, em que o Parquet Trabalhista persegue a imposição de obrigação de não fazer, com efeitos projetados para o futuro, em diante provimento jurisdicional de caráter cominatório, consistente em não repassar para os salários eventuais prejuízos decorrentes da atividade empresarial, inclusive decorrente de operação com bomba de combustível na venda de produto ao público e de cheques de clientes sem provisão de fundos, observada, no entanto, a exceção contida no § 1º do art. 462, da CLT. Inteligência dos arts. 83, III, da Lei Complementar n. 75/93 e 129 da Constituição Federal. Tal legitimidade alcança, ainda, os direitos individuais homogêneos, que na dicção da jurisprudência corrente do exc. Supremo Tribunal Federal, nada mais são senão direitos coletivos em sentido lato, uma vez que todas as formas de direitos metaindividuais (difusos, coletivos e individuais homogêneos), passíveis de tutela mediante ação civil pública, são coletivos. Imperioso observar, apenas, em razão do disposto no art. 127 da Constituição Federal, que o direito individual homogêneo a ser tutelado deve revestir-se do caráter de indisponibilidade. Recurso de Embargos conhecido e provido."

Legitimidade

RR — 774/2004-097-03-00

Relator: Ministro Lélio Bentes Corrêa

DJ 27.10.2006

"**SUBSTITUIÇÃO PROCESSUAL. LEGITIMIDADE ATIVA. SINDICATO. INTERRUPÇÃO DA PRESCRIÇÃO. PROTESTO.** O Sindicato tem legitimidade para ajuizar protesto judicial na qualidade de substituto processual da categoria que representa. A jurisprudência dominante nesta Corte superior, bem como no Supremo Tribunal Federal, orienta-se no sentido de admitir que o disposto no art. 8º, inciso III, da Constituição Federal assegura o exercício, de forma ampla, da substituição processual dos integrantes da categoria profissional pelo sindicato respectivo. Recurso de revista de que não se conhece. AUSÊNCIA DE IDENTIFICAÇÃO DOS SUBSTITUÍDOS. Pacificado o entendimento de que o sindicato ostenta legitimidade ativa para defender, de forma ampla, os direitos e interesses da categoria, na qualidade de substituto processual, e em razão de não mais ser exigível a individualização dos empregados substituídos (item V da cancelada Súmula n. 310 do TST), não há como dar guarida à apontada alegação de inépcia da petição inicial por irregularidade na identificação dos substituídos processualmente. Recurso de revista não conhecido. FGTS. INDENIZAÇÃO DE 40%. DIFERENÇAS DECORRENTES DA REPOSIÇÃO DOS EXPURGOS INFLACIONÁRIOS. PRESCRIÇÃO. TERMO INICIAL. MATÉRIA A CUJO RESPEITO JÁ FOI EXERCIDA A FUNÇÃO UNIFORMIZADORA DA JURISPRUDÊNCIA PELO TRIBUNAL SUPERIOR DO TRABALHO. PROTESTO JUDICIAL. O termo inicial do prazo prescricional para o empregado pleitear em juízo diferenças da multa do FGTS, decorrentes dos expurgos inflacionários, deu-se com a vigência da Lei Complementar n. 110, em 30.6.01, salvo comprovado trânsito em julgado de decisão proferida em ação proposta anteriormente na Justiça Federal, que reconheça o direito à atualização do saldo da conta vinculada. Nesse sentido é a jurisprudência pacífica do Tribunal Superior do Trabalho, que se traduz no Precedente n. 344 da SBDI-1, com a redação que lhe emprestou o Tribunal Pleno quando do julgamento do IUJ-RR-1577/2003 (DJU de 22.11.2005). Verifica-se, no caso concreto, que o ajuizamento do protesto judicial pelo Sindicato obreiro, em nome de toda a categoria profissional, deu-se dentro do biênio contado da edição da Lei Complementar n. 110/2001."

RR — 694807/2000

Relator: Ministro Lélio Bentes Corrêa

DJ 23.2.2007

"**PRELIMINAR DE ILEGITIMIDADE ATIVA DO SINDICATO. SUBSTITUIÇÃO PROCESSUAL.** Discute-se nos presentes autos a legitimidade do Sindicato obreiro para ajuizar ação postulando a condenação dos reclamados ao pagamento de correção monetária pelo atraso no pagamento dos salários e o restabelecimento do seu pagamento em uma única vez, até o último dia do mês trabalhado. A ação foi ajuizada pelo Sindicato na condição de substituto processual com o objetivo de obter para a categoria a que pertencem — os substituídos — o reconhecimento de direito individual homogêneo. A substituição processual revela-se, então, legítima, nos exatos termos do art. 8º, inciso III, da Constituição Federal. Recurso de revista de que não se conhece. SERVIDOR PÚBLICO CELETISTA. ALTERAÇÃO UNILATERAL DO CONTRATO DE TRABALHO."

E-RR — 702231/2000

Relator: Ministro Lélio Bentes Corrêa

DJ 16.2.2007

"**SINDICATO. LEGITIMIDADE PARA ATUAR COMO SUBSTITUTO PROCESSUAL. ART. 8º, III, DA CONSTITUIÇÃO FEDERAL. DIFERENÇAS SALARIAIS. VIOLAÇÃO DO ART. 896 DA CONSOLIDAÇÃO DAS LEIS DO TRABALHO NÃO CARACTERIZADA.** O art. 8º, III, da Carta Política de 1988 autoriza expressamente a atuação ampla das entidades sindicais na defesa inclusive judicial dos interesses da categoria. Recurso de embargos não conhecido. CORREÇÃO MONETÁRIA. JUROS DA MORA. VIOLAÇÃO DO ART. 46 DO ATO DAS DISPOSIÇÕES CONSTITUCIONAIS TRANSITÓRIAS. INOVAÇÃO RECURSAL. 1. Constitui inovação recursal a alegação, deduzida nos embargos, de fundamento jurídico não suscitado nas razões do recurso de revista. 2. Deixando a embargante de atacar os fundamentos em que calcada a decisão da Turma, e optando por enveredar por tema não ferido no recurso de revista, resta caracterizada a carência de fundamentação do apelo, a teor da Súmula n. 422 desta Corte superior. 3. Recurso de embargos não conhecido."

RR — 1289/2003-465-02-00

Relator: Ministro Lélio Bentes Corrêa

DJ 23.2.2007

"**CARÊNCIA DE AÇÃO. DEMANDA TRABALHISTA. SUBMISSÃO A COMISSÃO DE COMISSÃO DE CONCIALIÇÃO PRÉVIA.** A exigência de submissão da demanda a comissão de conciliação prévia, como condição do exercício do direito de ação, consubstancia obstáculo ao direito-garantia constitucional insculpido no art. 5º, XXXV, da Constituição da República. Recurso de revista de que se conhece por divergência e a que se nega provimento. SUBSTITUIÇÃO PROCESSUAL. SINDICATO. LEGITIMIDADE. A Constituição Federal assegurou ao sindicato a defesa dos direitos individuais da categoria (art. 8º, inc. III), outorgando-lhe titularidade para a propositura de qualquer ação, inclusive cautelar, para, em nome próprio, resguardar os direitos individuais homogêneos dos integrantes da categoria que representa. O Sindicato profissional ostenta, portanto, legitimidade ativa para pleitear diferenças salariais decorrentes do cômputo dos expurgos inflacionários na multa de 40% incidente sobre o FGTS. O Tribunal Superior do Trabalho, por meio da Resolução n. 119 (DJ de 1º/10/03), cancelou o Enunciado n. 310. Recurso de revista de que não se conhece. FGTS. MULTA DE 40%. DIFERENÇAS DECORRENTES DA REPOSIÇÃO DOS EXPURGOS INFLACIONÁRIOS. PRESCRIÇÃO. TERMO INICIAL. MATÉRIA A CUJO RESPEITO JÁ FOI EXERCIDA A FUNÇÃO UNIFORMIZADORA DA JURISPRUDÊNCIA PELO TRIBUNAL SUPERIOR DO TRABALHO. O termo inicial do prazo prescricional para o empregado pleitear em juízo diferenças da multa do FGTS, decorrentes dos expurgos inflacionários, deu-se com a vigência da Lei Complementar n. 110, em 30.6.01, salvo comprovado trânsito em julgado de decisão proferida em ação proposta anteriormente na Justiça Federal, que reconheça direito à atualização do saldo da conta vinculada. Nesse sentido é a jurisprudência pacífica do Tribunal Superior do Trabalho, que se traduz no Precedente n. 344 da SBDI-1, com a redação que lhe emprestou o Tribunal Pleno quando do julgamento do IUJ-RR-1577/2003 (DJU de 22.11.2005). Não se conhece de recurso de revista que veicule tema a cujo respeito o Tribunal Superior do Trabalho já exerceu a sua função uniformizadora em termos contrários à pretensão recursal. Recurso de revista de que não se conhece."

RR — 605288/1999

Relator: Ministro Lélio Bentes Corrêa

DJ 11.5.2007

"**RECURSO DE REVISTA. AÇÃO DE CUMPRIMENTO. LEGITIMIDADE DO SINDICATO PARA ATUAR COMO SUBSTITUTO PROCESSUAL DOS INTEGRANTES DA CATEGORIA.** O art. 872, parágrafo único, da Consolidação das Leis do Trabalho foi recepcionado apenas em parte pela Constituição Federal de 1988. A expressão de seus associados não foi recepcionada, porque incompatível com a nova ordem constitucional. O art. 8º, III, da Carta Magna autoriza a atuação ampla do sindicato, na qualidade de substituto processual, dada a sua função institucional de defesa dos direitos e interesses individuais e coletivos da categoria. Revista conhecida e não provida. DIFERENÇAS SALARIAIS. Afigura-se inviável o conhecimento do recurso de revista quando o recorrente não logra preencher os pressupostos intrínsecos de admissibilidade recursal previstos no art. 896, alíneas a e c, da Consolidação das Leis do Trabalho. Recurso de revista não conhecido."

Lesões Estruturais — Sociedade de Massas

RODC — 309/2009-000-15-00

Relator: Ministro Maurício José Godinho Delgado

DJ 4.9.2009

RECURSO ORDINÁRIO EM DISSÍDIO COLETIVO. DISPENSAS TRABALHISTAS COLETIVAS. MATÉRIA DE DIREITO COLETIVO. IMPERATIVA INTERVENIÊNCIA SINDICAL. RESTRIÇÕES JURÍDICAS ÀS DISPENSAS COLETIVAS. ORDEM CONSTITUCIONAL E INFRACONSTITUCIONAL DEMOCRÁTICA EXISTENTE DESDE 1988. A sociedade produzida pelo sistema capitalista é, essencialmente, uma sociedade de massas. A lógica de funcionamento do sistema econômico-social induz a concentração e centralização não apenas de riquezas, mas também de comunidades, dinâmicas socioeconômicas e de problemas destas resultantes. A massificação das dinâmicas e dos problemas das pessoas e grupos sociais nas comunidades humanas, hoje, impacta de modo frontal a estrutura e o funcionamento operacional do próprio Direito. Parte significativa dos danos mais relevantes na presente sociedade e das correspondentes pretensões jurídicas têm natureza massiva. O caráter massivo de tais danos e pretensões obriga o Direito a se adequar, deslocando-se da matriz individualista de enfoque, compreensão e enfrentamento dos problemas a que tradicionalmente perfilou-se. A construção de uma matriz jurídica adequada à massividade dos danos e pretensões característicos de uma sociedade contemporânea sem prejuízo da preservação da matriz individualista, apta a tratar os danos e pretensões de natureza estritamente atomizada é, talvez, o desafio mais moderno proposto ao universo jurídico, e é sob esse aspecto que a questão aqui proposta será analisada. As dispensas coletivas realizadas de maneira maciça e avassaladora, somente seriam juridicamente possíveis em um campo normativo hiperindividualista, sem qualquer regulamentação social, instigador da existência de mercado hobbesiano na vida econômica, inclusive entre empresas e trabalhadores, tal como, por exemplo, respaldado por Carta Constitucional como a de 1891, já há mais de um século superada no país. Na vigência da Constituição de 1988, das convenções internacionais da OIT ratificadas pelo Brasil relativas a direitos humanos e, por consequência, direitos trabalhistas, e em face da leitura atualizada da legislação infraconstitucional do país, é inevitável concluir-se pela presença de um Estado Democrático de Direito no Brasil, de um regime de império da norma jurídica (e não do poder incontrastável privado), de uma sociedade civilizada, de uma cultura de bem-estar social e respeito à dignidade dos seres humanos, tudo repelindo, imperativamente, dispensas massivas de pessoas, abalando empresa, cidade e toda uma importante região. Em consequência, fica fixada, por interpretação da ordem jurídica, a premissa de que a negociação coletiva é imprescindível para a dispensa em massa de trabalhadores. DISPENSAS COLETIVAS TRABALHISTAS. EFEITOS JURÍDICOS. A ordem constitucional e infraconstitucional democrática brasileira, desde a Constituição de 1988 e diplomas internacionais ratificados (Convenções OIT n. 11, 87, 98, 135, 141 e 151, ilustrativamente), não permite o manejo meramente unilateral e potestativista das dispensas trabalhistas coletivas, por se tratar de ato/fato coletivo, inerente ao Direito Coletivo do Trabalho, e não Direito Individual, exigindo, por consequência, a participação do(s) respectivo(s) sindicato(s) profissional(is) obreiro(s). Regras e princípios constitucionais que determinam o respeito à dignidade da pessoa humana (art. 1º, III, CF), a valorização do trabalho e especialmente do emprego (arts. 1º , IV, 6º e 170, VIII, CF), a subordinação da propriedade à sua função socioambiental (arts. 5º, XXIII e 170, III, CF) e a intervenção sindical nas questões coletivas trabalhistas (art. 8º, III e VI, CF), tudo impõe que se reconheça distinção normativa entre as dispensas meramente tópicas e individuais e as dispensas massivas, coletivas, as quais são social, econômica, familiar e comunitariamente impactantes. Nesta linha, seria inválida a dispensa coletiva enquanto não negociada com o sindicato de trabalhadores, espontaneamente ou no plano do processo judicial coletivo. A d. Maioria, contudo, decidiu apenas fixar a premissa, para casos futuros, de que a negociação coletiva é imprescindível para a dispensa em massa de trabalhadores, observados os fundamentos supra. Recurso ordinário a que se dá provimento parcial."

Litispendência

PROC: RR — 2124/2001-301-02-00

Relatora Ministra: Dora Maria da Costa

DJ 28.3.2008

"**1 — LITISPENDÊNCIA**. A iterativa, notória e atual jurisprudência desta Corte tem se posicionado no sentido de haver litispendência entre a ação individual do empregado e aquela proposta por sindicato na qualidade de substituto processual, quando possuírem o mesmo objeto. Recurso de revista não conhecido.

2 — ADICIONAL DE PERICULOSIDADE. O regional concluiu não haver habitualidade no abastecimento das bolsas, afastando a periculosidade no trabalho do reclamante. Entendimento contrário demandaria o reexame do conjunto fático-probatório existente nos autos, o que é vedado nesta instância extraordinária pela Súmula n. 126/TST. Recurso de revista não conhecido."

Renúncia Transação

RR — 5747800-36.2002.5.21.0900

Relator Ministro: José Simpliciano Fontes de F. Fernandes

DJ 13.9.2006

"**REAJUSTE SALARIAL. SENTENÇA NORMATIVA. ACORDO COLETIVO POSTERIOR. DESISTÊNCIA DA AÇÃO DE CUMPRIMENTO. TRANSAÇÃO. POSSIBILIDADE.** Esta Corte tem reiteradamente se manifestado no sentido de ser possível que o reajuste salarial fixado em sentença normativa venha a ser recusado por ulterior acordo coletivo. Não se trata aqui de renúncia a direito do empregado, mas de transação tutelada pelo sindicato, que, consoante os termos do art. 7º, VI e XXVI, da Constituição Federal, na qualidade de substituto processual, tem legitimidade para transacionar direitos relativos à categoria que representa. Incidência do entendimento contido na Súmula n. 333 do TST, como óbice ao conhecimento do Recurso de Revista. Recurso de Revista não conhecido."

RR-727.986/2001.7

Relator: Ministro Emmanoel Pereira

DJ 14.12.2005

"**SUBSTITUIÇÃO PROCESSUAL. RENÚNCIA DOS SUBSTITUÍDOS. SÚMULAS NS. 255 E 310 DESTA CORTE. CANCELAMENTO. NÃO CONHECIMENTO.**

1. Inviável a possibilidade de conhecimento do apelo por contrariedade à Súmula n. 310 desta Corte — como pretende a Reclamada — em virtude de seu cancelamento por este Tribunal, por intermédio da Resolução n. 119, publicada no Diário de Justiça do dia 1º.10.2003. Esse procedimento decorreu da evolução natural da jurisprudência e, também, do posicionamento do excelso Supremo Tribunal Federal. Por isso, esta Corte passou a adotar o entendimento de que a substituição processual assegurada aos Sindicatos pela atual Lei Maior — art. 8º, III — deve ser interpretada de forma ampla, não havendo qualquer restrição no exercício de seu direito. De outra forma, diante do cancelamento da Súmula n. 255 deste Tribunal, por intermédio da Resolução n. 121, publicada no Diário da Justiça do dia 21.11.2003, o recurso de revista não alcança conhecimento. Os arestos transcritos nas razões do apelo revelam-se inservíveis e inespecíficos para demonstrar a existência de dissenso jurisprudencial. **2.** Recurso de revista não conhecido."

Rol de Substituídos

RR — 252/2002-007-04-40

Relator: Ministro Vieira de Mello Filho

DJ 4.4.2008

"**SINDICATO ATUAÇÃO COMO SUBSTITUTO PROCESSUAL AÇÃO DE CUMPRIMENTO. ABRANGÊNCIA.** Hipótese na qual o sindicato postula, na condição de substituto processual, vantagem assegurada em sentença normativa. Decisão proferida em sede de recurso ordinário mediante a qual foi considerada prescindível a apresentação nos autos da relação nominal dos trabalhadores substituídos. Julgado que reflete, no particular, entendimento consentâneo com recente posicionamento adotado pelo Supremo Tribunal Federal, notadamente no julgamento do processo STF-RE-163231-3/SP (Ac. 2ª Turma, Rel. Min. Maurício Corrêa, DJ. de 29.6.2001), quando a excelsa Corte reconheceu os direitos ou interesses individuais homogêneos como subespécie de interesses coletivos — todos abrangidos pela substituição processual assegurada no art. 8º, inciso III, da Constituição da República. Em razão disso, sobreveio o julgamento do E-RR-353334/1997.9, pela SBDI-1 do Tribunal Superior do Trabalho, do qual resultou o cancelamento da Súmula n. 310 da jurisprudência. Em circunstâncias que tais, a pretendida reforma do julgado revisando encontra óbice na previsão expressa do § 4º do art. 896 da CLT. Recurso de revista não conhecido."

PROC: AIRR e RR — 5381/2006-011-09-40.6,

Relator: Ministro: Aloysio Corrêa da Veiga, 6ª Turma

DJ 30.5.2008.

"**AGRAVO DE INSTRUMENTO DO RECLAMANTE. DESPROVIMENTO. PRETENSÃO DE EXECUÇÃO INDIVIDUALIZADA. RECLAMANTE QUE NÃO FEZ PARTE DO ROL DE SUBSTITUÍDOS. SUBSTITUIÇÃO PROCESSUAL. ART. 8º, III, DA CONSTITUIÇÃO FEDERAL.** Nega-se provimento ao agravo de instrumento, em processo de execução, quando o v. acórdão regional não nega a possibilidade de substituição processual, constatando apenas que o exequente não se encontra acobertado pela decisão exequenda, e decidir em sentido contrário violaria a coisa julgada assegurada no art. 5º, XXXVI, da Carta Magna. Não demonstrada violação direta a dispositivo constitucional, incide o disposto no art. 896, § 2º, da CLT e na Súmula n. 266 do TST. RECURSO DE REVISTA ADESIVO DO RECLAMADO. PREJUDICADO. Recurso de revista adesivo prejudicado, em face do desprovimento do agravo de instrumento do recurso de revista principal."

TRIBUNAL DE JUSTIÇA DO ESTADO DE SÃO PAULO

Prescrição — Interesses difusos

APELAÇÃO .CÍVEL COM REVISÃO n. 462.624- 5/6-00 , da Comarca de CANANEIA

Relator: Renato Nalini

"**AÇÃO CIVIL PÚBLICA.** INVASÃO E EDIFICAÇÃO EM PARQUE ECOLÓGICO.

UTILIZAÇÃO INDEVIDA DE UNIDADE DE CONSERVAÇÃO. AUSÊNCIA DE DIREITO ADQUIRIDO CONTRA A NATUREZA. APELO DO RÉU DESPROVIDO.

AÇÃO CIVIL PÚBLICA. PRESCRIÇÃO. O MEIO AMBIENTE É DIREITO FUNDAMENTAL IMPRESCRITÍVEL, POIS TITULARIZADO PELAS FUTURAS GERAÇÕES. NÃO FARIA SENTIDO A INCIDÊNCIA DE VELHOS PARADIGMAS CALCADOS NOS EFEITOS DO DECURSO DE TEMPO EM RELAÇÃO A TITULAR DE DIREITO ESSENCIAL PREVISTO NA CONSTITUIÇÃO PARA QUEM AINDA NÃO NASCEU. PRELIMINAR REJEITADA. **AÇÃO CIVIL PÚBLICA. PERDA DE OBJETO.** DESCABIDO AFIRMAR-SE QUE A AÇÃO CIVIL PÚBLICA PERDEU O OBJETO PORQUE O OCUPANTE CLANDESTINO DE UMA UNIDADE DE CONSERVAÇÃO TRANSMITIU SEUS DIREITOS POSSESSÓRIOS A OUTRA PESSOA. OBJETO DA AÇÃO CIVIL PÚBLICA QUE CONTINUA ÍNTEGRO. O INTUITO É FAZER COM QUE A OCUPAÇÃO CLANDESTINA VENHA A CESSAR, INDEPENDENTEMENTE DE QUEM A PROTAGONIZE. PRELIMINAR REJEITADA. **UNIDADE DE CONSERVAÇÃO INTEGRAL.** INVIABILIDADE DE OCUPAÇÃO E EDIFICAÇÃO. DANOS AMBIENTAIS COMPROVADOS POR LAUDO TÉCNICO. INVIABILIDADE DE OUTRA DESTINAÇÃO QUE NÃO A PRESERVAÇÃO DA NATUREZA. AÇÃO CIVIL PÚBLICA AMBIENTAL PROCEDENTE. APELO DO RÉU DESPROVIDO. As Unidades de Conservação constituem o derradeiro instrumento posto à disposição da comunidade para ver preservados os fragmentos de cobertura vegetal ainda não devastados. Não há possibilidade de leniência em relação à sua invasão, ocupação clandestina, edificação irregular ou qualquer outro uso incompatível com a destinação restrita à preservação integral da natureza."

TRIBUNAIS REGIONAIS DO TRABALHO

Ação Rescisória

"**EMENTA: AÇÃO RESCISÓRIA. SUBSTITUIÇÃO PROCESSUAL**. A substituição processual decorrente de lei, para o processo originário, não se projeta no tempo, de forma perene, para permitir que possa o substituto responder por ações rescisórias, envolvendo direito patrimonial de terceiro, ainda que adquirido por ação que tenha figurado como parte, no caso tipicamente excepcional. O Réu, substituto processual, autorizado a conseguir o direito, em ação específica, não poderá defender esse mesmo direito como parte, em ação rescisória, tanto por ausência de previsão legal, como por não lhe pertencer o benefício alcançado para terceiros, através de regra de exceção. O direito foi entregue aos substituídos, "alheio(s)", em virtude de sua participação indireta na ação originária e somente eles, como detentores do patrimônio e titulares do direito, têm capacidade de estar em Juízo. A partir da *res judicata* exauriu-se a figura e a atividade excepcional daquele que veio a Juízo postular o direito 'alheio'." (TRT 2ª Região — Ação Rescisória — Relator: Argemiro Gomes Autos no. 00929/1998-0 Ano: 1998 SDI DJ: 19.2.1999.)

"**EMENTA**: Embargos de declaração. 1) Omissão. Pedido de condenação em honorários advocatícios formulado em defesa: Embargos de declaração acolhidos para sanar omissão relativa ao pedido formulado em defesa de condenação da autora em honorários advocatícios e despesas processuais. **2) Sindicato. Substituto Processual na reclamatória trabalhista. Ação rescisória.** Honorários advocatícios indevidos: Por ter atuado como substituto processual não há que falar em condenação em honorários advocatícios, vez que não preenchidos os requisitos da assistência judiciária, nos termos da Súmula n. 219, do c. TST, além de que a ação rescisória visava rescindir decisão proferida em reclamatória trabalhista em que o sindicato, ora embargante, postulou diferenças salariais, de modo que a lide decorre da relação de emprego e está incluída na exceção prevista no art. 5º da Instrução Normativa n. 126/2005, do c. TST." (TRT 2ª Região — Ação Rescisória — Relatora Wilma Nogueira de Araújo Vaz da Silva Autos n.: 12267-2004-000-02-00-0 Ano: 2004 SDI DJ: 24.8.2007.)

Coisa Julgada

"**EMENTA: Substituição processual. Coisa julgada**. Para que na substituição processual de diferenças salariais de planos econômicos exista coisa julgada em relação ao empregado, é preciso que o sindicato arrole os substituídos na ação proposta ou então que sejam seus associados. Não se pode falar em coisa julgada quando faltam tais requisitos, pois o reclamante não foi parte naquela ação, nem substituído pelo sindicato. Sentença que se anula para outra ser proferida." (TRT 2ª Região — Relator: Sérgio Pinto Martins Autos n.: 02960341753 Ano: 1996 TURMA: 3ª DJ: 23.9.1997.)

"**EMENTA: AÇÃO CIVIL PÚBLICA. EFEITOS DA COISA JULGADA. REVOGAÇÃO DO ART. 16 DA LEI N. 7.347/95. INADEQUAÇÃO SISTEMÁTICA E INCOMPATIBILIDADE DOGMÁTICA** — A decisão proferida em Ação Civil Pública faz coisa julgada *erga omnes* e *ultra partes,* limitadamente ao grupo, categoria ou classe atingida, independentemente de se localizarem fora da competência territorial do órgão prolator, nos termos do parágrafo único do art. 2º da Lei n. 7.347/95, que revogou, por incompatibilidade, o art. 16 do mesmo estatuto legal — inteligência do § 1º do art. 2º da Lei de Introdução do Código Civil.

A alteração legislativa do art. 16 da Lei de Ação Civil Pública, levada a efeito pela Lei n. 9.494/97, é absolutamente assistemática, e até incompatível com o complexo normativo de defesa dos direitos transindividuais, cuja tutela desafia, ao revés, abordagem holística e isonômica. Fragmentar a tutela coletiva significa retroceder todo o sistema, e incutir no seio da ação coletiva os ranços individualistas, que, com muito custo, a ciência contemporânea do processo procura transcender.

O mencionado art. 16 se revela incompatível inclusive com a própria dogmática interna da Lei n. 7.347/85, mormente após a alteração legislativa posterior à da Lei n. 9.494/97, qual seja, a da Medida Provisória 2.180-35/2001, cujo escopo se justifica à vista da própria pragmática da ação coletiva, já que se em sede individual mero *timor ne varie dicetur* não impõe a formação nem mesmo de listisconsórcio, sendo, dessa forma, admissível, em tese, o conflito lógico entre decisões, no plano coletivo, ao contrário, o caráter *erga omnes* do julgado impõe maiores cuidados, preocupação e cautela com a isonomia de tratamento entre os beneficiados pela tutela judicial." (TRT 3ª Região — 00813-2002-017-03-00-5-RO — Relator José Eduardo de Resende Chaves Júnior.)

"**EMENTA: COISA JULGADA.** Em observância ao comando exequendo, os substituídos processuais que exerçam as funções de impressor devem ser incluídos nos cálculos de liquidação." (TRT 3ª Região Autos AP01618-2005-016-03-00-9 publicado em 28.4.07, 2ª Turma, Relatora Maria Lúcia Cardoso de Magalhães.)

"**EMENTA: SENTENÇA SEM TRÂNSITO EM JULGADO. CAUTELAR DEFERIDA. RESULTADO PRÁTICO DO PROCESSO.** É certo que, via de regra, a decisão judicial somente produz efeitos após o seu trânsito em julgado. Há hipóteses, no entanto, em que a prestação jurisdicional poderá ser executada antes mesmo de se tornar definitiva, podendo produzir efeitos no mundo jurídico, dentre elas, a obrigação de não fazer. Trata-se da tutela de urgência, gênero do qual a antecipação de tutela é espécie, objetivando antecipação do provimento final, o resultado prático pretendido, ou seja "a execução provisória tem por base a produção provisória dos efeitos de liquidez e certeza do título judicial que ainda não se revestiu da definitividade própria da coisa julgada". Nos termos do art. 273 do CPC, o provimento em questão dependerá do requerimento da parte e da comprovação de dois requisitos; quais sejam: a prova inequívoca tendente a um imediato juízo de verossimilhança e a existência de perigo de dano irreparável ou de difícil reparação ou, alternativamente, o abuso do direito de defesa por parte do réu ou o seu manifesto intuito protelatório. No caso dos autos, é certo que na inicial o Sindicato-Autor não pretendeu os efeitos da antecipação da tutela, requerendo na inicial fosse determinada a proibição de a reclamada promover novas contratações de pessoas terceirizadas para os serviços de segurança operacional; a determinação de substituição num prazo de noventa dias de todo o pessoal terceirizado que trabalha na segurança operacional, promovendo de imediato concurso público para o preenchimento das vagas dos atuais terceirizados; aplicação de multa diária de 100 salários mínimos, no caso da reclamada descumprir determinação judicial neste sentido, não tendo o Sindicato-Autor se referido à pretensão de ver tal medida satisfeita provisoriamente, antes do trânsito em julgado da decisão. No entanto, há a possibilidade excepcional de tal medida ser concedida independentemente de requerimento da parte, na inicial, mormente, se este fora formulado após a interposição, pela reclamada, de agravo de Instrumento para o Col. Tribunal Superior do Trabalho, por denegado seguimento ao recurso de revista por ela interposto e, ainda, por ter esta iniciado procedimento licitatório para celebrar contratos com terceiros para a realização dos serviços de segurança, em atitude contrária ao que determina a sentença, confirmada no acórdão. Aliás, isto seria possível, inclusive, de ofício, em se tratando de situações excepcionais, quando se possa vislumbrar o risco iminente de perecimento do direito que se busca preservar por meio da atuação jurisdicional. Trata-se do poder geral de cautela, previsto no art. 798 do CPC. No caso dos autos, o d. Juízo de origem concedeu a satisfação antecipada do direito pretendido na inicial e deferido na r. sentença, confirmada no acórdão de f. 342/353, objetivando evitar que a reclamada procedesse a atos contrários ao determinado judicialmente, uma vez haver a probabilidade de ocorrência de um dano irreparável ou de difícil reparação em virtude da espera do provimento final (art. 273, I, do CPC). Tal conclusão se impõe, tendo em vista que a reclamada iniciara um procedimento licitatório para contratação terceirizada de segurança, o que pode impedir o exercício dos direitos perseguidos nesta ação que não se referem apenas à categoria profissional (embora também a ela pertença) mas abarcam um número indeterminável de pessoas, a saber, todos os que podem ser direta ou indiretamente atingidos pelo descumprimento dos comandos insertos no art. 37, da CR/88, no que se refere à obrigatoriedade do concurso público para ocupação de cargos da administração pública; àquelas pessoas que podem ser vítimas de abuso do poder usurpado por particulares no irregular exercício de atribuições típicas do Estado; bem como a segurança pública do serviço metroviário. A aplicação subsidiária das novas normas processuais civis determina uma significativa revisão da jurisprudência até então dominante no campo das obrigações de fazer e não fazer no âmbito trabalhista, no sentido da impossibilidade de sua "execução provisória", ao fundamento de que sua imediata efetivação antes do trânsito em julgado da sentença que as reconhecesse como devidas produziria efeitos definitivos e irreparáveis. Neste contexto, apresenta-se inegável que a determinação de que a reclamada se abstenha de promover novas contratações de pessoas terceirizadas para os serviços de Segurança Operacional; da substituição de todo o pessoal terceirizado nesse cargo, em 90 dias, com promoção de imediato concurso público, para o preenchimento das vagas atuais e de multa diária de 100 salários mínimos, no caso de a reclamada promover contratação de pessoal terceirizado na função de Segurança Operacional, como também se houver o descumprimento da determinação contida na sentença é medida que visa garantir o interesse de um número indeterminável de pessoas. Portanto, a cautelar da forma deferida pela d. Julgadora primeva, visou assegurar direitos de um número indeterminável de pessoas, objetivando garantir o resultado prático pretendido. Aliás, conforme decidido naquela decisão, a possibilidade de poder uma decisão produzir efeitos, ainda que sujeita a recurso, é decorrência lógica do princípio da boa-fé processual, da soberania das decisões do judiciário, que impedem a fraude e o atentado à dignidade da justiça. O fato de ter sido pretendido pelo autor a execução provisória da sentença não obsta ao seu deferimento como medida cautelar, se da fundamentação do pedido pode-se concluir que se pretende a proteção do resultado prático do processo, como ocorreu na hipótese dos autos. Não há, portanto, o que modificar na r. sentença recorrida." (TRT 3ª Região — 24 01302-2005-017-03-00-3 AP Data de Publicação: 15.11.2008 Órgão Julgador: Quarta Turma — Relator Júlio Bernardo do Carmo.)

Competência

"**EMENTA: Substituição processual**. O art. 8º, inciso III, da Constituição Federal, não assegura indiscriminadamente a substituição processual pelo Sindicato de seus integrantes profissionais, mas apenas na forma do art. 6º do CPC, sendo que o parágrafo único do art. 872 da CLT, somente confere esse poder, na cobrança de salários, na conformidade do acordo coletivo ou da decisão proferida em dissídio coletivo. A Lei n. 8.984/95, assegura somente a competência da Justiça do Trabalho, 'para conciliar e julgar os dissídios que tenham origem no cumprimento de convenções coletivas de trabalho ou acordos coletivos de trabalho, mesmo quando ocorram entre sindicatos ou entre sindicato de trabalhadores e empregador', donde se conclui que a alteração introduzida no nosso sistema jurídico-trabalhista é apenas no sentido de conferir competência da Justiça do Trabalho, 'mesmo' quando as partes não se tratam basicamente, de empregado e empregador, mas de pessoas jurídicas sindicais e de sindicato profissional e empregadores." (TRT 2ª Região Relator Décio Sebastião Daidone Autos n.: 02990098504 ANO: 1999 Turma: 3ª DJ: 22.2.2000.)

"EMENTA: SINDICATO. BASE TERRITORIAL. EMPRESA QUE OPERA EM TODO O PAÍS. NEGOCIAÇÃO EXCLUSIVA COM O SINDICATO DE SUA SEDE. ILEGALIDADE. É ilegal o procedimento da empresa que, a pretexto de operar em nível nacional, unifica os procedimentos e valores pagos a seus empregados tomando por referência apenas as negociações com o sindicato de sua sede no Distrito Federal. Com efeito, nos termos do art. 611 da CLT, as normas coletivas obrigam toda a categoria profissional na base territorial do sindicato e não da sede da empresa, que não pode simplesmente 'optar' pela situação que mais lhe convém, sem atentar para os direitos dos trabalhadores, auferidos em conformidade com as particularidades de cada região no Brasil. *In casu*, além de ilegal, o procedimento gerou prejuízos, já que as normas coletivas da base sindical em São Paulo preveem piso salarial maior do que o estipulado nas normas do sindicato do Distrito Federal ao qual o reclamante não estava jungido. É notória a diversidade de custo de vida entre as regiões apontadas na defesa (Brasília, Belo Horizonte e São Paulo), de sorte que a aplicação do piso salarial das normas coletivas da base sindical da categoria em Brasília resultou em decréscimo salarial e de padrão de vida para o reclamante. A par do flagrante atentado ao dispositivo legal referido, a prática patronal afetou, também, a organização dos empregados em seu local de trabalho, razão pela qual determina-se a expedição de ofício ao Ministério Público do Trabalho para as providências cabíveis. Recurso provido, no particular." (TRT 2ª Região — Relator Ricardo Artur Costa e Trigueiros Autos n.: 00673-2007-072-02-00-7 Ano: 2007 Turma: 4ª DJ 19.10.2007.)

"EMENTA: AÇÃO DE PRESTAÇÃO DE CONTAS. SUBSTITUIÇÃO PROCESSUAL. PARTE DO CRÉDITO RETIDA PELO SINDICATO PROFISSIONAL PARA PAGAMENTO DE HONORÁRIOS A ADVOGADOS. COMPETÊNCIA. Por força do art. 114, inc. III, da Constituição Federal de 1988, é da Justiça do Trabalho a competência para julgar ação de prestação de contas, ajuizada por substituído processual em confronto com o sindicato profissional, que, nos autos de reclamatória trabalhista, reteve parte do crédito do trabalhador para pagamento de honorários a advogados." (TRT 3ª Região 01283-2008-041-03-00-1 RO Data de Publicação: 4.2.2009 Órgão Julgador: Segunda Turma — Relator: Sebastião Geraldo de Oliveira.)

Dano Moral Coletivo

"EMENTA: AÇÃO CIVIL PÚBLICA TRABALHISTA. DANOS MORAIS COLETIVOS. A evolução do dano moral no nosso sistema jurídico permite, atualmente, com base na Constituição brasileira e nas leis que regulamentam a tutela coletiva, a condenação pertinente à reparação dos danos morais coletivos. Busca-se, com essa indenização, oferecer à coletividade de trabalhadores uma compensação pelo dano sofrido, atenuando, em parte, as consequências da lesão, como também visa a aplicar uma sanção pelo ilícito praticado. A indenização deve ser revertida ao Fundo de Amparo do Trabalhador (art. 13, da Lei n. 7.347/85), em razão de este ser destinado ao custeio de programas assistenciais dos trabalhadores." (TRT 3ª R 4ª Turma 00292-2004-112-03-00-4 RO Relator Fernando Luiz Gonçalves Rios Neto DJMG 13.11.2004.)

"EMENTA: AÇÃO CIVIL PÚBLICA. DANO MORAL COLETIVO. CONFIGURAÇÃO. A prática de atos que violam direitos fundamentais dos trabalhadores, afetam a sociedade, haja vista ser do interesse de todos a observância das garantias legais para a realização do trabalho, sendo certo que o desrespeito aos valores, tão fundamentais, desencadeia um sentimento coletivo de indignação e repulsa, caracterizando-se ofensa à moral social. De fato, a valorização e a proteção ao trabalho devem nortear as relações entre empregados e empregadores, sendo importante para a sociedade a preservação de tais princípios. Não restam dúvidas de que o pedido de indenização por dano moral em decorrência da violação aos direitos coletivos e difusos encontra suporte na legislação pátria, haja vista o art. 5º, inciso X, da CRF de 1988, bem como os arts. 186 e 927 do Código Civil de 2002, sendo certo que o patrimônio moral da sociedade, assim como o do indivíduo deve ser preservado, oferecendo-se à coletividade compensação pelo dano sofrido. Portanto, comprovada a ocorrência de dano, em virtude de ato da empresa, há que deferir a indenização postulada."(TRT 3ª Região — Autos: 01488-2005-067-03-00-7 RO. Relator: Bolívar Viégas Peixoto DJ 19.8.2006.)

"**EMENTA: AÇÃO CIVIL PÚBLICA TRABALHISTA. LEGITIMIDADE DO MINISTÉRIO PÚBLICO DO TRABALHO.** O art. 5º da Lei n. 7.347/85 estabelece a legitimidade do Ministério Público para a propositura de ações civis públicas. A nível constitucional, o Ministério Público tem reconhecida sua legitimidade para propor ação civil pública para defesa de interesses difusos e coletivos. Com efeito, nos termos do art. 129, III, da CR, a promoção de ação civil pública é função institucional do Ministério Público, dentre outras. A Carta Constitucional legitimou o Ministério Público para agir na defesa dos interesses sociais, individuais indisponíveis, difusos e coletivos, nos termos do art. 127, *caput*. Por outro lado, no plano infraconstitucional, a Lei Complementar n. 75/93, ao regular as atribuições que competem ao Ministério Público do Trabalho exercer junto aos órgãos da Justiça do Trabalho, veio a consolidar definitivamente a atuação desse, através do ajuizamento da ação civil pública, no âmbito desta Especializada, para defesa de interesses coletivos, quando desrespeitados os direitos sociais constitucionalmente garantidos aos trabalhadores, possuindo legitimidade, também, para defesa dos interesses individuais homogêneos, conforme expressamente preveem seus arts. 83 e 84 c/c art. 6º, VII, *c* e *d* c/c art. 128, I, *b*, da Constituição da República.

[...]

INDENIZAÇÃO POR DANO MORAL COLETIVO

Requer a recorrente seja decotada da condenação a indenização imposta a título de dano moral coletivo, sustentado, em síntese, que '(...)regularizou a denunciada conduta irregular'; que '(...)inexistente o alegado dano, impossível o deferimento da indenização estabelecida, haja vista que ausente pressuposto legal para tanto não há comprovação nos autos da ocorrência de ato ilícito, pois todas as eventuais extrapolações de jornada ocorridas se deram com base na exceção disposta pelo art. 61 da CLT'; que '(...)o dano moral trata-se de instituto de direito personalíssimo, afeto à pessoa de forma individualizada e, por esta razão, impossível seu deferimento em proveito da sociedade, tal e qual determinado pela v. decisão guerreada' e que '(...)a controvérsia cinge-se a um determinado grupo de pessoas, perfeitamente identificáveis, quais sejam os empregados da Ré, e não à coletividade, afastando ainda mais a possibilidade de caracterização do dano moral coletivo' (fls. 1336 e 1338). *Ad argumentandum*, requer seja reduzido o valor fixado a título de indenização, '(...)em quantia compatível com a natureza das lesões, o grau de culpa e a situação econômico-financeira da Ré', aduzindo que o mesmo é '(...)excessivo e até mesmo exorbitante, diante da indubitável demonstração de correção das supostas condutas irregulares por parte da Recorrente' (fls. 1339/1340).

Sem razão, contudo.

A Lei n. 7.347/85 disciplina a ação civil pública de responsabilidade por danos morais e patrimoniais causados (inciso IV do art. 1º) 'a qualquer outro interesse difuso ou coletivo', estando a noção de responsabilidade associada à ideia de injuridicidade, retratando uma conduta contrária a um dever jurídico preexistente, de acordo com a melhor definição a respeito de dano moral. Nesse contexto, o objetivo da ação civil pública não é apenas restabelecer a ordem jurídica, mas também punir ou reprimir a imoralidade dos atos praticados contra a parcela da sociedade que a Lei visou a proteger, buscando o ressarcimento do dano provocado.

Esta questão encontra-se bem posicionada por Nehemias Domingos de Melo, inclusive sob o enfoque do novo Código Civil Brasileiro, em sua monografia *DANO MORAL COLETIVO NAS RELAÇÕES DE CONSUMO*, publicada no *Juris Síntese* n. 49 — SET/OUT de 2004, prelecionando que: "Durante longo período, a aceitação da tese da reparabilidade do dano moral no Brasil, esteve restrito única e exclusivamente às pessoas naturais e individualmente consideradas. Contudo, esta questão foi sendo superada após o advento da Constituição de 1988 porquanto a mesma não fez nenhuma distinção entre pessoa física e pessoa jurídica, surgindo daí a tese da aceitação da reparação por danos morais para as pessoas jurídicas. Hoje não mais se discute se a pessoa jurídica é passível de sofrer dano moral ou não. Esta questão está pacificada nos Tribunais, tanto que o E. Superior Tribunal de Justiça editou a súmula n. 227 deixando assentado que a pessoa jurídica pode sofrer danos morais. Não bastasse isto, o novo Código Civil (Lei n. 10.406/02), ao tratar das pessoas jurídicas, estabeleceu em seu art. 52 que 'aplica-se às pessoas jurídicas, no que couber, a proteção dos direitos da personalidade'. É importante destacar que foi possível cogitar-se do dano moral coletivo a partir do alargamento da conceituação do dano moral, porquanto, conforme preleciona André de Carvalho Ramos, 'com a aceitação da reparabilidade do dano moral em face de entes diversos das pessoas físicas, verifica-se a possibilidade de sua extensão ao campo dos chamados interesses difusos e coletivos'.

A doutrina pátria tem se esforçado para definir adequadamente o dano moral coletivo. Nesse aspecto, o jurista Carlos Alberto Bittar Filho procurou defini-lo, afirmando ser '(...)a injusta lesão da esfera moral de uma dada comunidade, ou seja, é a violação antijurídica de um determinado círculo de valores coletivos'. E, posteriormente, arrematar: 'Quando se fala em dano moral coletivo, está-se fazendo menção ao fato de que o patrimônio valorativo de uma certa comunidade (maior ou menor), idealmente considerado, foi agredido de maneira absolutamente injustificável do ponto de vista jurídico: quer isso dizer, em última instância, que se feriu a própria cultura, em seu aspecto imaterial'.

O pedido de indenização por dano moral coletivo, decorrente da violação de direitos difusos e coletivos, encontra amparo no art. 5º, inciso X, da Constituição da República, bem como nos arts. 186 e 927 do Código Civil c/c art. 8º, parágrafo único, da CLT.

No caso presente, de acordo com o que restou demonstrado quando da análise da questão precedente, houve desrespeito às normas trabalhistas que vedam o trabalho extraordinário além do limite de duas horas diárias e que asseguram o gozo do intervalo de 11 horas entre duas jornadas de trabalho e do descanso semanal remunerado.

Assim, foram lesionados os direitos não apenas dos empregados da ré, mas dos trabalhadores em geral, afetando o patrimônio moral de toda a sociedade, haja vista que a observância da legislação trabalhista interessa a todos, caracterizando-se a sua violação como ofensa à moral social.

Uma vez comprovada a ocorrência do alegado dano moral coletivo, por violação a direitos coletivos e individuais homogêneos, decorrente de atos ilícitos da ré, deve ser mantida a condenação da recorrente ao pagamento da indenização respectiva.

Nada impede, contudo, que as obrigações de não fazer a cujo cumprimento foi condenada a ré sejam cumuladas com a condenação em pecúnia, sendo essa a inteligência do disposto no art. 3º da Lei n. 7.347/85.

A reversão ao Fundo de Amparo ao Trabalhador — FAT — da indenização em razão de dano moral coletivo, para fins de custeio de programas assistenciais aos trabalhadores, atende plenamente ao determinado no art. 13 da Lei de n. 7.347/85.

A indenização por dano moral tem caráter reparador, punitivo e pedagógico, porquanto objetiva compensar a dor experimentada pela vítima, punir o ofensor e desestimulá-lo a reincidir na prática do ato ilícito.

A fixação da verba indenizatória tem que se pautar dentro dos parâmetros do princípio da razoabilidade, levando em consideração as condições econômico-financeiras das partes, a natureza e a extensão do dano causado, bem como a gravidade da culpa, não se justificando que a reparação seja arbitrada em valor exorbitante, que possa ensejar o enriquecimento sem causa, ou inexpressivo, que torne inócua a condenação, por desconfigurar seu caráter inibitório.

Como não existem parâmetros fixos para o arbitramento do valor da indenização, deve o magistrado adotar critérios de prudência e proporcionalidade, observando, em cada caso, não somente a reparação da dor moral causada à vítima, mas também a prevenção da prática de ato ilícito por parte do ofensor.

No entendimento deste Relator, a indenização fixada pelo d. Juízo de origem, no importe de R$ 50.000,00 (cinquenta mil reais), foi estimada com prudência e moderação, dentro dos critérios de razoabilidade e proporcionalidade, não se mostrando excessivo ou exorbitante o valor arbitrado, e sim adequado e satisfatório, pois se trata de montante suficiente para atender aos fins a que se destina, ou seja, punir a empresa- ré, reparar o dano moral coletivo por ela causado e, ao mesmo tempo, desencorajar a reincidência da mesma nos atos ilícitos (funções recompensatória, pedagógica e penalizante da pena), não havendo, pois, que falar na sua redução.

Nada, portanto, a prover." (RO 00092-2006-113-03-00-0 TRT 3ª Região — 3ª Turma Relator Irapuan de Oliveira Teixeira Lyra DJ: 3.3.2007.)

"EMENTA: AÇÃO CIVIL PÚBLICA. VIOLAÇÃO A DIREITOS TRANSINDIVIDUAIS. DANO MORAL COLETIVO. CABIMENTO. Demonstrada a violação a direitos coletivos, difusos e individuais homogêneos, torna-se pertinente a reparação do dano coletivo, porquanto configurada a lesão a interesses transindividuais, independentemente de eventual ressarcimento de danos morais e materiais a serem postulados individualmente pelos titulares dos direitos violados. O ordenamento jurídico brasileiro admite a indenização por danos morais para a reparação de lesão extrapatrimonial causada não só às pessoas físicas, como também às pessoas jurídicas, assim como à coletividade genericamente considerada, mormente tendo-se em vista a massificação das relações de trabalho e suas repercussões na sociedade. Se há desrespeito a direitos fundamentais dos trabalhadores, com sua exposição a situações indignas, sujeitos a baixos salários, péssimas condições de trabalho e riscos à integridade física, deve haver a reparação do dano causado, tanto na esfera individual quanto na coletiva, devendo o valor dessa reparação, ainda, atender a um caráter, ao mesmo tempo, pedagógico e compensatório."(RO 01261-2006-013-03-00-0 — TRT 3ª Região — 7ª Turma — Relator Emerson Alves Lage — DJMG 9.9.2008.)

Desistência

"EMENTA: DESISTÊNCIA DA AÇÃO. FORMULÁRIOS DE CONTEÚDO PADRONIZADO, SIMPLESMENTE ASSINADOS PELOS EMPREGADOS SUBSTITUÍDOS, LOGO APÓS O AJUIZAMENTO DA RECLAMAÇÃO PELO SINDICATO PROFISSIONAL "VÍCIO DE CONSENTIMENTO PRESUMIDO" NÃO HOMOLOGAÇÃO. Devem ser vistos com cautela os formulários de desistência da ação, de conteúdo padronizado, e simplesmente assinados pelos empregados, logo após o ajuizamento de reclamação pelo sindicato profissional, como substituto processual. Nesse caso, com o respaldo do inciso III do art. 8º da Constituição Federal, o sindicato pode demandar independentemente da manifestação volitiva dos substituídos, em defesa de direitos individuais homogêneos dos integrantes da categoria profissional. Os direitos trabalhistas têm natureza irrenunciável, sendo graves os efeitos da declaração de desistência, especialmente porque 'são empregados da reclamada, a ela estão atrelados pela subordinação e, evidentemente, temem, com fundado receio, perder o emprego, um dos bens mais valiosos nos dias de hoje, em que o desemprego prolifera, deixando rastros de miséria e fome. Por conseguinte, ao firmarem as padronizadas desistências incrustadas nos autos, não externaram, efetivamente, as suas vontades, mas a vontade se sua empregadora, que (...) não se constrangeu em obrigar os empregados a dizerem não, quando queriam dizer sim, à ação que tem por escopo assegurar-lhes mais direitos' (Juiz Hudson Teixeira Pinto — sentença recorrida). Negativa de homologação que se mantém." (RO 01030-2001-099-03-00-9 — TRT 3ª Região, 6ª Turma, Relator Sebastião Geraldo de Oliveira — DJMG 23.6.2005.)

"**EMENTA. AÇÃO DE CUMPRIMENTO. SINDICATO-AUTOR. DESISTÊNCIA MANIFESTADA PELO SUBSTITUÍDO.** O cancelamento das Súmulas de n. 180 e 255, do TST, que admitiam a possibilidade de o substituído manifestar o seu propósito de desistência, evidencia nova diretriz traçada por aquela Corte, deixando evidente que os substituídos não detém referida prerrogativa, pelo que deve ser ratificada a decisão recorrida, que não acolheu os pedidos individualmente formulados" (RO00095-2006-099-03-00-1 — TRT 3ª Região, 4ª Turma, Relator Caio Luiz de Almeida Vieira de Mello, DJMG 7.10.2006).

Honorários Advocatícios

"**EMENTA: HONORÁRIOS ADVOCATÍCIOS — SUBSTITUIÇÃO PROCESSUAL — SINDICATO** — A questão dos honorários advocatícios, na hipótese de substituição processual, era regulada pela Súmula n. 310/TST, que foi cancelada. Assim, a matéria deve ser analisada à luz das Leis ns. 1.060/50, 5.584/70 e 7.115/83, Súmulas ns. 219 e 329 e Orientações Jurisprudenciais 304 e 305, do Colendo TST. Com efeito, na Justiça do Trabalho, consoante entendimento consubstanciado na Súmula n. 219/TST, a condenação em honorários advocatícios, nunca superiores a 15%, não decorre pura e simplesmente da sucumbência, mas do preenchimento dos requisitos do art. 14, da Lei n. 5.584/70. Neste sentido, ao sindicato são devidos os honorários advocatícios, quando esteja prestando a assistência judiciária, nos termos da Lei n. 5.584/70, aí se equiparando a hipótese da substituição processual, pois maior razão assiste neste caso, em que representa direitos homogêneos de parte da categoria." (TRT 3ª Região — 01840-2001-042-03-00-4-RO — Relator Luiz Otávio Linhares Renault).

"**EMENTA: Honorários de advogado fixados em sentença em favor do Sindicato.** Homologação de acordo firmado diretamente pela parte antes do trânsito em julgado. Recurso Ordinário do Sindicato. Falta de legitimidade. Acordo firmado diretamente pela autora antes de transitada em julgado a sentença em que estavam fixados honorários em favor do Sindicato. Acordo que, como solução do litígio ditada pelas próprias partes, substitui a sentença. Os honorários de advogado que constavam da sentença eram mera expectativa de direito, enquanto não transitada em julgado. Direito que não se constituiu e que, por isso, afasta a legitimação do Sindicato para interpor recurso, ainda que apenas para reclamar os honorários." (TRT 2ª Região — Relator: Eduardo de Azevedo Silva Autos n.: 01433-2005-036-02-00-4 Ano 2006 Turma 11ª DJ: 23.6.2006.)

"**EMENTA: Expurgos Inflacionários. FGTS. Prescrição.** Segundo entendimento assentado pelo c. TST, é de dois anos o prazo prescricional para o empregado pleitear em juízo diferenças da multa do FGTS, decorrentes dos expurgos inflacionários, iniciando-se com a vigência da LC n. 110, em 30.06.01, salvo comprovado trânsito em julgado de decisão proferida em ação proposta anteriormente na Justiça Federal, que reconheça o direito à atualização do saldo da conta vinculada (OJ 344, SDI 1). No caso examinado, a presente ação proposta foi pelo sindicato substituto processual, em 18.3.2003, antes do termo final da prescrição do direito de reivindicar diferenças da multa de 40% sobre os depósitos do FGTS, resultantes dos expurgos de planos econômicos, que ocorreria em 30.6.2003. Recurso da reclamada não provido. Substituição Processual. Honorários Advocatícios. A possibilidade de defesa judicial dos interesses individuais e coletivos da categoria, autorizada aos sindicatos pelo art. 8º, inciso III, da Constituição Federal, viabiliza a pretensão em honorários advocatícios também na sua atuação como substituto processual, e não só na representação como assistente, de modo a ressarcir os serviços prestados por profissionais habilitados. Soma-se a isso o fato de o c. TST ter cancelado, a partir de 1.10.2003, o entendimento constante do Enunciado 310, que limitava os casos de substituição processual por associações sindicais na esfera trabalhista, assinalando uma provável ampliação das demandas envolvendo essa legitimidade, refletindo, assim, em mais atividade por parte dos advogados das respectivas entidades. Recurso do sindicato reclamante provido." (TRT 2ª Região — Relatora Wilma Nogueira de Araújo Vaz da Silva Autos n.: 01416-2003-464-02-00-7 Ano: 2006 Turma 11ª DJ 14.7.2006.)

"**EMENTA: HONORÁRIOS ADVOCATÍCIOS. AÇÃO PROPOSTA PELO SINDICATO COMO SUBSTITUTO PROCESSUAL. POSSIBILIDADE.** A teor do que preceitua o art. 8º, III, da CR/88, é ampla a prerrogativa de substituição processual pelo sindicato, abrangendo, subjetivamente, os integrantes da categoria, e, objetivamente, seus direitos individuais homogêneos, a par dos direitos coletivos da comunidade de trabalhadores. Assim, se devidos honorários advocatícios ao sindicato quando da prestação da assistência jurídica ao empregado, não se justifica o indeferimento da verba honorária na hipótese em que ele atua como substituto processual." (TRT 3ª Região — 00988-2006-099-03-00-7-RO — Relator Maurício Godinho Delgado.)

"**EMENTA: HONORÁRIOS ADVOCATÍCIOS. SUBSTITUIÇÃO PROCESSUAL. CABIMENTO.** Atendidos os requisitos previstos no art. 14 da Lei n. 5.584/1970, é devida a verba honorária à entidade sindical que presta assistência jurídica ao trabalhador. Se o sindicato é contemplado com a verba honorária ao prestar assistência a apenas um trabalhador que integra a categoria profissional que representa, com maior razão faz *jus* à mencionada parcela quando, na qualidade de substituto processual, assiste um conjunto de trabalhadores por intermédio de uma única ação. Entendimento contrário implicaria em desestímulo à atuação dos sindicatos nessa condição, fomentando o ajuizamento de ações individuais e provocando, com isso, maior sobrecarga aos órgãos jurisdicionais, com evidente prejuízo à almejada celeridade processual. Recurso do sindicato a que se dá provimento." (TRT 15ª Região Autos 01205-2006-007-15-00-9 RO publicado em 30.5.2008 Relator Fernando da Silva Borges.)

"**EMENTA: HONORÁRIOS ADVOCATÍCIOS. SUBSTITUIÇÃO PROCESSUAL.** Não são cabíveis honorários advocatícios em favor do Sindicato vencedor da ação, nos termos da Lei n. 5.584/70, quando figurar como substituto processual." PRECEDENTES: 01118-2006-112-03-00-0-RO — Relator Des. Manuel Cândido Rodrigues — 1ª Turma — DJMG 27.4.07 — Decisão por maioria 00959-2005-059-03-00-5-RO — Relator Des. Bolívar Viégas Peixoto — 3ª Turma — DJMG 18.02.06 — Decisão unânime 00460-2006-023-03-00-9-RO — Relator Des. Caio Luiz de A. Vieira de Mello — 4ª Turma — DJMG 17.02.07 — Decisão unânime 01105-2005-102-03-00-3-RO — Relatora Des. Lucilde D'Ajuda L. de Almeida — 5ª Turma — DJMG 17.10.06 — Decisão unânime 00347-2006-023-03-00-3-RO — Relator Des. Ricardo Antônio Mohallem — 6ª Turma — DJMG 30.11.06 — Decisão por maioria 00407-2005-135-03-00-5-RO — Relator Paulo Roberto de Castro — 7ª Turma — DJMG 1.3.07 — Decisão unânime 01657-2005-003-03-00-0-RO — Relatora Des. Denise Alves Horta — 8ª Turma — DJMG 21.10.06 — Decisão unânime **REF.:** Lei n. 5.584/1970 **VIDE:** Resolução Administrativa RT 3ª R./STPOE 67/2007, que aprovou esta súmula. (TRT 3ª R. DJMG 30.08.2007, 31.08.2007 e 01.09.2007.)

"**EMENTA: SINDICATO ATUANDO COMO SUBSTITUTO PROCESSUAL. HONORÁRIOS ASSISTENCIAIS.** O hermeneuta jurídico deve buscar a interpretação das normas visando atingir seu caráter sistemático-teleológico, prestigiando a lógica no momento de sua aplicação. Desse modo, se ao sindicato foi conferido, além da prerrogativa de prestar individualmente assistência, o poder de substituir a categoria por ele representada, evidente fazer jus ao recebimento dos honorários advocatícios, em ambas as hipóteses. Interpretar a lei de forma literal, retirando do ente sindical o direito à percepção dos honorários advocatícios, na hipótese de substituição, é afrontar o princípio da economia processual, estimulando a proposição de inúmeras ações individuais pelo sindicato, na qualidade de assistente, ensejando verdadeiro tumulto de processos, fato que diminuiria a celeridade para solucioná-los." (TRT 3ª Região 00400-2008-132-03-0-7 RO Data de Publicação: 11.2.2009 Órgão Julgador: Turma Recursal de Juiz de Fora Relator: José Miguel de Campos.)

"**EMENTA: SUBSTITUIÇÃO PROCESSUAL. HONORÁRIOS ADVOCATÍCIOS. LEI N. 5.584/70. INAPLICABILIDADE. SÚMULA N. 26 DO TRT DA 3ª REGIÃO** — A assistência judiciária prestada pelo sindicato não se confunde com a substituição processual por ele exercida. A primeira, de acordo com a Lei n. 5.584/70, é estendida a empregado em situação de miserabilidade, derivando, portanto, da garantia prevista no art. 5º, inciso LXXXIV, da Constituição Federal. A substituição processual, por outro lado, não configura, via de regra, assistência judiciária, mas tão somente o poder constitucionalmente conferido aos sindicatos para atuar em defesa dos interesses coletivos e individuais homogêneos de sua categoria (art. 8º, inciso III, da Constituição Federal). Nessa situação, o sindicato não presta assistência judiciária a qualquer trabalhador, mas age em nome próprio, sendo titular do direito de ação, não sendo o caso de se lhe deferirem os honorários advocatícios. Nesse sentido é a Súmula n. 26 do Tribunal Regional do Trabalho da Terceira Região." (TRT 3ª Região — 00221-2009-144-03-00-0 — Publicação 8.7.2009 — 2ª Turma — Relator Desembargador Sebastião Geraldo de Oliveira.)

Interesses — Abrangência

"**EMENTA: SUBSTITUIÇÃO SINDICAL. ÂMBITO DE ABRANGÊNCIA. INTERPRETAÇÃO DO ART. 8º DA C.F.** A substituição processual da categoria, hoje elevada a nível constitucional, não se faz mais sob o signo limitativo do art. 6º do CPC, mas sob a inspiração da própria natureza da atuação dos sindicatos no âmbito do Direito Coletivo do Trabalho, onde atuam, não como soma, mas como síntese dos interesses individuais transpersonalizados em pretensões coletivas. Se no campo do Direito do Trabalho as pretensões transcendem a esfera de seus titulares para se transformarem em interesse de toda a categoria, está o Sindicato automaticamente autorizado a reivindicá-las na condição de substituto e não apenas de representante. A substituição, por ser conquista do sindicalismo moderno, deve sempre ser interpretada ampliativamente." (TRT 3ª Região — RO 1157/93 — 3ª Turma — Rel. Juiz Antônio Álvares da Silva — MG 27.9.94.)

"**EMENTA: Substituição processual.** O Sindicato, autorizado pelo § 2º do art. 195, da CLT, pode propor ação como substituto processual de associados, pleiteando adicional de insalubridade ou periculosidade. A autorização se limita à propositura da ação, não podendo como substituto processual transigir sobre direito individual do associado." (TRT 2ª Região RELATOR: Sérgio Prado de Mello Autos n.: 02980125193 Ano: 1998 Turma 6ª DJ 26.2.1999.)

"**EMENTA: SUBSTITUIÇÃO PROCESSUAL. SINDICATO. CF, ART. 8º, III.** Detém o sindicato da categoria profissional legitimidade para atuar como substituto processual da categoria, independentemente da natureza da pretensão deduzida em juízo, desde que se trate efetivamente de direitos coletivos ou individuais homogêneos dos integrantes da categoria, emanados de uma fonte normativa comum, prerrogativa que se encontra assegurada pelo art. 8º, III, da CF/88 e pelo art. 3º da Lei n. 8.073/90, posição que conta inclusive com o respaldo do E. STF. Trata-se, ainda, de substituição de caráter concorrente, vale dizer, detém o substituído (titular do direito material postulado em juízo) a faculdade de a qualquer momento assumir a condição de parte, ocupando a posição originariamente destinada ao substituto. Tem ainda caráter autônomo, ou seja, resguarda-se o direito do substituído de desistir da ação ou transacionar o objeto da pretensão de direito material, já que o contrário significaria amesquinhar a liberdade e a capacidade de discernimento do trabalhador. A substituição processual no âmbito trabalhista constitui moderno instrumento de acesso ao Judiciário e de tutela dos interesses coletivos e individuais homogêneos da categoria profissional, além de viabilizar a desejável uniformização das decisões acerca de pretensões idênticas, emanadas de fonte normativa comum, propiciando, da mesma forma, o desafogamento das instâncias jurisdicionais, ao condensar numa única demanda uma multiplicidade de pretensões idênticas. Permite que direitos de índole coletiva sejam demandados em juízo, no curso da relação contratual, sem o risco de retaliação do empregador, sendo este, sem dúvida, o objetivo precipuamente visado pelo Constituinte ao autorizar que os sindicatos, em nome próprio, encabecem ações visando a observância dos direitos e interesses coletivos e individuais da categoria. Cabe ressaltar que o instituto da substituição processual sindical insere-se no esforço do processo moderno de criação de mecanismos de tutela coletiva de direitos, conferindo legitimidade processual a sindicatos e associações profissionais e civis para defender em juízo os interesses de seus integrantes, de forma a ampliar os estreitos limites traçados pelo CPC. Nesse sentido podem ser citadas as inovações trazidas pela Lei n. 7.347/85 (que introduziu entre nós a proteção civil pública aos denominados interesses difusos de toda a população), a Lei n. 8.078/90 (Código de Defesa do Consumidor, que a partir de seu art. 81 prevê a aplicação dos mecanismos acima mencionados para a defesa do consumidor em juízo) e a Lei Complementar n. 75/93, que previu em seu art. 6º, XII, a legitimidade do Ministério Público para propor ação civil coletiva para defesa de interesses individuais homogêneos." (TRT 2ª Região Relatora: Wilma Nogueira de Araújo Vaz da Silva Autos n.: 02980423933 Ano: 1998 Turma: 8ª DJ 8.10.1999.)

"**EMENTA: SUBSTITUIÇÃO PROCESSUAL SINDICAL. CATEGORIZAÇÃO SUBJETIVA.** Somente entidade sindical como tal comprovadamente reconhecida, através de carta sindical ou certidão de registro da Secretaria de Relações de Trabalho, pode atuar como substituto processual dos integrantes da categoria. Mera associação de laboristas de um único empreendimento não preenche os requisitos mínimos para o alcance do *status* sindical, porque afronta os princípios constitucionais da unicidade e base territorial municipal mínima (art. 8º, II da CRFB/88). Ilegitimidade *ad causam* caracterizada. SUBSTITUIÇÃO PROCESSUAL SINDICAL — LIMITES OBJETIVOS. O art. 8º, inciso III, da CRFB/88 não assegura, por si só, a substituição processual sindical, pois nada diz além do que já dizia o art. 503, alínea *a*, da CLT. O art. 5º, inciso XXI da CRFB/88 não se aplica ao sindicato como sucedâneo de autorização legal para substituição processual (art. 6º do CPC), pois diz respeito aos chamados direitos difusos. O art. 8º, III, da CRFB/88 exige regulamentação, razão de ser do Enunciado 310 do C. TST. A Lei n. 8.073/90 (inciso IV, E. 310 C. TST), amputada por força de veto, tem sua face desfigurada, mas nem por isto perdeu sua identidade. Dita lei, autoriza a substituição processual sindical apenas para as demandas que têm como causa de pedir a política nacional de salários. Em razão do disposto no art. 6º do CPC, a falta de autorização legal para atuação como substituto processual, em demanda relativa à equiparação salarial, implica não atendimento do pressuposto de constituição válida e regular da substituição processual. — Recurso ordinário a que se nega provimento, com manutenção da r. decisão que extinguiu o processo sem julgamento de mérito." (TRT 15ª Região Autos 01578-2000-012-15-00-0 RO publicado em 22.4.2002 Relator Luiz Felipe Paim da Luz Bruno Lobo.)

"**EMENTA: Sindicato. Defesa de direitos individuais. Alcance.** Cabe ao sindicato a defesa dos direitos individuais de seus representados, independentemente de filiação a seus quadros. A conciliação supõe necessariamente a existência de um litígio, quando o direito reclamado é negado justificadamente. Mesmo assim, quando configurado, com o propósito de conciliação, o sindicato ainda defende os interesses em jogo. De tal modo a negociação coletiva deve significar um resultado *in melius* e não *in pejus* para o trabalhador, a parte mais fraca na relação de emprego, de modo que o conteúdo da avença deve ser interpretado sempre em favor dele, não contra ele. A menos que se alegue e comprove que o acordo que pôs fim aos contratos de trabalho esgotou todos os recursos do empregador, seu alcance não pode nunca significar quitação daquilo que não pagou." (TRT 2ª Região Relator: José Carlos da Silva Arouca Autos n.: 15863-2002-902-02-00-7 ano: 2002 TURMA: 8ª DJ 13.8.2002.)

"**EMENTA: SINDICATO DA CATEGORIA PROFISSIONAL ATUANDO COMO SUBSTITUTO PROCESSUAL. AUTONOMIA RESTRITA.** O art. 8º, inciso III, da Constituição Federal deve ser interpretado de forma harmônica com outros institutos, já que o sindicato, na qualidade de substituto processual, tem autonomia restrita, dependendo sempre de lei para a sua atuação." (TRT 2ª Região Relatora Maria Luíza Freitas Autos n.: 34835-2002-902-02-00-9 ano: 2002 turma: 8ª DJ: 12.8.2003.)

"**EMENTA: EXPURGOS INFLACIONÁRIOS E A MULTA DE 40% DO FGTS. 1. Ilegitimidade da entidade sindical. O sindicato, na qualidade de substituto processual, solicita a multa de 40% sobre os expurgos inflacionários (FGTS).** De acordo com o art. 8º, III, da Constituição Federal, ao 'sindicato cabe a defesa dos direitos e interesses coletivos ou individuais da categoria, inclusive em questões judiciais ou administrativas'. O Sindicato tem a legitimidade para os interesses coletivos e individuais da categoria (individuais homogêneos). A multa dos 40%, pelos expurgos inflacionários, reputa-se interesse individual homogêneo (para todos os reclamantes), isto é, decorrente de 'origem comum, fixa no tempo, correspondente a ato concreto lesivo ao ordenamento jurídico, que permite a determinação imediata de quais membros da coletividade foram atingidos'. Se não bastasse essa argumentação, o art. 3º, da Lei n. 8.073/90, determina que as entidades sindicais poderão atuar como substitutos processuais dos integrantes da categoria, o que a suprir a exigência legal do art. 6º, do CPC. Portanto, patente à legitimação da entidade sindical. Rejeita-se. **2. Ilegitimidade de parte do empregador.** Por lei, a multa dos 40% é obrigação do empregador, sendo uma verba própria e decorrente da rescisão contratual, portanto, típica controvérsia trabalhista afeta ao liame empregatício entre as partes. A CEF, como a responsável pelas contas, responde pelo principal (resíduos inflacionários e a recomposição do saldo da conta vinculada. O empregador, como o responsável pela dispensa imotivada, responde pelo acessório, ou seja, a multa. Rejeito. 3. Prescrição total. A prescrição surge a partir do momento em que houve a lesão ao direito: a multa dos 40% é uma obrigação acessória, a qual decorre do principal, o qual é a recomposição do entre as partes. A CEF, como a responsável pelas contas, responde pelo principal (resíduos inflacionários e a recomposição do saldo da conta vinculada. O empregador, como o responsável pela dispensa imotivada, responde pelo acessório, ou seja, a multa. Rejeito. 3. Prescrição total. A prescrição surge a partir do momento em que houve a lesão ao direito: a multa dos 40% é uma obrigação acessória, a qual decorre do principal, o qual é a recomposição do FGTS pelos expurgos inflacionários; esses expurgos, literalmente, foram reconhecidos pela Lei Complementar n. 110, após a decisão histórica do STF. Portanto, a prescrição surge a partir da publicação da Lei Complementar n. 110. Rejeito. 4. Mérito: Pela sistemática da Lei n. 8.036/90, a multa dos 40% é típica obrigação patronal, cuja base de cálculo é o FGTS, com todos os seus acréscimos. Se houve a recomposição do FGTS, por expressa determinação legal, impõe-se o principal, o qual gera o acessório, isto é, a multa. O contrato abrange o período da recomposição do FGTS. Defere-se o valor solicitado." (TRT 2ª Região Relator Francisco Ferreira Jorge Neto Autos n.: 01421-2003-262-02-00-0 ano: 2003 Turma: 4ª DJ: 9.1.2004.)

"**EMENTA: Sindicato. Substituição Processual. Possibilidade. Autorização Constitucional. Súmula n. 310 do C. TST Revogada**. A substituição processual prevista no art. 6º do CPC, se opera em face do sindicato em relação à sua categoria, *ex-vi* art. 8º, III, da Constituição Federal combinado com art. 3º da Lei n. 8.073/90. O Enunciado n. 310 do C. TST já foi revogado para adequar a jurisprudência daquela Corte à jurisprudência dominante no C. STF e para dar efetividade ao comando constitucional." (TRT 2ª Região Relator Paulo Sérgio Spósito Autos n.: 01434-2003-433-02-00-0 ano: 2004 Turma: 2ª DJ: 9.3.2004.)

"**EMENTA: SUBSTITUIÇÃO PROCESSUAL. SINDICATO**. a substituição processual, conceitualmente, depende de lei expressa que a autorize e o art. 8º, inciso III da Constituição Federal, nada contém de que se possa extrair a condição do Sindicato como substituto processual para que tenha iniciativa própria, em ações individuais, indiscriminadamente. É cristalino que o art. 8º, inciso III da Constituição Federal, não dá ao Sindicato, sempre, em ações individuais trabalhistas, a posição jurídica — excepcional — de substituto processual. Referido preceito em nada modificou, nessa questão, o direito positivo infraconstitucional vigente no País. Por haver se tornado fonte de interpretações errôneas e equivocadas, infere-se que a redação do retrocitado inciso III não é satisfatória. Entende-se que o espírito do constituinte, ao redigir a norma, foi o de garantir ao Sindicato a possibilidade de defesa exclusiva dos interesses coletivos da categoria (profissional ou econômica) e, ainda, defender os interesses individuais dos trabalhadores, como representante dos mesmos, atuando como substituto processual apenas nos casos expressamente autorizados por lei: CLT, art. 857, art. 872, parágrafo único, art. 195, § 2º; Lei n. 6.708, de 30.10.79, Lei n. 7.238, de 29.10.84, Lei n. 7.888, de 3.7.89, Lei n. 8.073, de 30.10.90. Não há como adotar o entendimento pretendido pelo Sindicato-autor, quando a Constituição Federal, no mesmo art. 8º, no seu inciso V, proclama a sindicalização livre, posto que poderá se fazer presente a possibilidade de repulsa ou divergência do trabalhador quanto ao Sindicato — seja por atuação ideológica, por motivos de foro íntimo. Aquele que no uso do seu direito constitucional não se sindicaliza, e mesmo assim, poderá ver, eventualmente, o Sindicato como seu substituto processual, deve ter, sempre, ciência exata do que se pede e recebe em nome dele, somente se podendo admitir que o sindicato, como substituto, atue à sua revelia se a lei expressamente o autorizar. E o 'remanescente', art. 3º da Lei n. 8.073/90, haveria de estabelecer limites. Em não o tendo feito, há de merecer interpretação estrita." (TRT 2ª Região Relatora Odette Silveira Moraes Autos n.: 01505-2003-461-02-00-4 Ano 2004 Turma: 4ª DJ: 14.5.2004.)

"**EMENTA: AÇÃO COLETIVA. Sindicato. Inteligência do art. 8º, III, da CF**. O interesse do trabalhador individualmente considerado deve também se caracterizar como interesse da categoria, ou grupo de trabalhadores. Utilização de substituição processual, ou ação plúrima, quando inexiste direito difuso, coletivo, ou individual homogêneo, com a finalidade de uniformizar o que é diverso, de dar resultado idêntico a situações variadas, é dar aso àqueles que, na contramão da necessária reformulação do direito processual, acenam com toda sorte de obstáculos à legítima coletivização." (TRT 2ª Região Relatora Designada Catia Lungov Autos n.: 00915-1994-013-02-00-0 Ano 2003 Turma 8ª DJ: 3.9.2004.)

"**EMENTA: SUBSTITUIÇÃO PROCESSUAL. INCISO III DO ART. 8º DA CONSTITUIÇÃO FEDERAL. ALCANCE**. A legitimação extraordinária equacionada nos arts. 195, § 2º e 872, parágrafo único, ambos da CLT, e em leis específicas instituidoras de correção salarial automática, foi assimilada no inciso III do art. 8º da Carta Magna, estendendo-a a defesa de direitos e interesses coletivos ou individuais do contingente de integrantes da categoria profissional abarcados pelas premissas que orientam a pretensão." (TRT 2ª Região Relatora: Mariângela de Campos Argento Muraro Autos n.: 01769-1997-463-02-00-1 Ano 2004 Turma 2ª DJ: 13.6.2006.)

"**EMENTA: SINDICATO. AÇÃO INDIVIDUAL. INTERESSE INDIVIDUAL HOMOGÊNEO. REGISTRO DE CONTRATO DE TRABALHO. IMPOSSIBILIDADE.** Muito embora possam ter os interesses dos eventuais empregados uma origem comum — a ausência de registro de seus contratos de trabalho —, é evidente que os efeitos desse fato são absolutamente distintos, cuja execução provocaria situação processual absolutamente antieconômica, que faria desaparecer a razão de existir da medida coletiva intentada, tornando-a inadequada e retirando, pois, do Sindicato Autor o interesse processual de agir. Recurso a que se nega provimento." (TRT 2ª Região — Autos n.: 00662-2006-069-02-00-3 Ano 2007 Turma 5ª DJ: 30.11.2007 Relatora Anelia Li Chum.)

"**EMENTA: SUBSTITUIÇÃO PROCESSUAL. LEGITIMAÇÃO EXTRAORDINÁRIA. LIMITES.** As prerrogativas insertas nos arts. 81, parágrafo único, inciso III, e 82 da Lei n. 8.078/90, ao preverem a tutela, inclusive por associação legalmente constituída há pelo menos um ano, dos interesses individuais homogêneos, não consubstanciam permissivo para o elastecimento da legitimação extraordinária equacionada, restritivamente, nos arts. 195, § 2º e 872, parágrafo único, ambos da CLT, e em leis específicas instituidoras de correção salarial automática, e assimilada no inciso III do art. 8º da Carta Magna, estendendo tal legitimação à defesa de direitos e interesses da categoria profissional." (TRT 2ª Região Autos n.: 00862-2006-001-02-00-1 — Ano 2007 Turma: 2ª — DJ 26.2.2008 — Relator: Nelson Nazar.)

"**EMENTA: EM DETERMINADAS SITUAÇÕES PODE O SINDICATO DOS EMPREGADOS NEGOCIAR E ESTABELECER CLÁUSULAS COM O SINDICATO DOS EMPREGADORES, QUE FAVOREÇAM A COLETIVIDADE, EMBORA PAREÇAM PREJUDICIAIS SOB A ANÁLISE DOS DIREITOS INDIVIDUAIS DOS TRABALHADORES. INTELIGÊNCIA DO ART. 8º, DA CLT.** É lícito que os Sindicatos — dos empregados e dos empregadores — fixem normas de trabalho, com base na C. Federal. O Sindicato dos empregados, quando negocia e estabelece cláusulas, o faz pela proteção geral de uma coletividade, ainda que em relação ao direito individual, aparentemente, os empregados pareçam sair prejudicados. Aplicável a parte final do art. 8º da CLT — há de ser privilegiado, em primeiro lugar o interesse público e depois o interesse de classe e por fim o interesse particular. Não tem sentido lógico-jurídico, o Estado, em determinadas situações, permitir a existência de regras menos favoráveis ao empregado e o Sindicato de sua própria categoria não ter possibilidade de fazê-lo. Entendemos que a liberdade e a responsabilidade sindical, bem como o exercício pleno do Direito, pelos seus beneficiários, demanda uma nova fase na vida do sistema jurídico interno, em que os trabalhadores, por intermédio de suas associações, devem dar legitimidade à vontade coletiva. Caso o Sindicato não represente essa vontade, então, o mesmo, não serve como representante da categoria e no centro de suas tomadas de decisões deve o trabalhador fazer valer a sua real vontade. O que não é possível, é o Estado, por intermédio do Poder Executivo ou do Poder Judiciário interferir sempre para o bem ou para mal, apenas tendo por parâmetros direitos individuais." (TRT 2ª Região Data de Publicação: 29.2.2008 — Relator: Carlos Roberto Husek — Autos 01087-2005-035-02-00-8 RO — ANO: 2006 — 4ª Turma.)

"**EMENTA: AÇÃO TRABALHISTA PÚBLICA DIREITOS METAINDIVIDUAIS. DIREITOS DIFUSOS COLETIVOS E DIREITOS INDIVIDUAIS HOMOGÊNEOS. DANOS COLETIVOS.** A sociedade moderna edificou-se sobre a liberdade, a produção, o consumo e o lucro. A pós-modernidade luta para inserir o homem neste quarteto, isto é, nestes quatro fios com os quais se teceu o véu do desenvolvimento econômico global. Produção em massa, consumo em massa, trabalho em massa, lesão em massa, tudo isso a desafiar um típico processo trabalhista para a massa, concentrando o que está pulverizado, e que, em última análise, nada mais é do que um processo em que se procura tutelar direitos metaindividuais, também denominados de coletivos em sentido amplo, transindividuais, supraindividuais, globais, e tantos outros epítetos, mas todos com a marca indelével da lesão em massa, que é o seu núcleo, a sua alma, a sua essência, ou o seu diferencial. A evolução do dano moral no nosso sistema jurídico permite, atualmente, com base na Constituição e nas leis, que regulamentam a tutela coletiva, a reparação dos danos morais coletivos. Objetiva-se, com essa indenização, oferecer à coletividade de trabalhadores, tendo como pano de fundo a sociedade, uma compensação pelo dano sofrido, atenuando, em parte, as consequências da lesão, como também visa a aplicar uma sanção pelo ato ilícito praticado pela empresa. Na hipótese, as lesões perpetradas aos direitos laborais implicaram violação a princípios constitucionalmente assegurados, como o da cidadania, da dignidade da pessoa humana e do valor social do trabalho, que se encontram assegurados nos arts. 1º, incisos II, III e IV; 5º, incisos XXXV, XLI; e art. 170, *caput* e inciso VIII, todos da Constituição da República. Em face da relevância desses bens objeto de garantia e, da amplitude coletiva das práticas ilícitas, restou configurada a lesão aos interesses transindividuais, pertencentes a toda a sociedade, que ultrapassam a esfera de interesses meramente individuais de cada pessoa lesada. Configurada a lesão aos interesses transindividuais, portanto, que é o que se demonstrou e provou, torna-se pertinente a reparação do dano moral coletivo, independentemente do ressarcimento de danos morais individuais a serem perseguidos por cada titular de direito violado, em sede de ação trabalhista individual singular ou plúrima." (TRT 3ª R. Quarta Turma 00372-2007-006-03-00-2 RO Relator Luiz Otávio Linhares Renault DJMG 8.3.2008.)

"**EMENTA: SUBSTITUIÇÃO PROCESSUAL. DIREITOS TRABALHISTAS INDIVIDUAIS E HOMOGÊNEOS. SINDICATO. LEGITIMIDADE CONSTITUCIONAL. MODERNIDADE NA SOCIEDADE DE CONSUMO.** Os direitos trabalhistas, timbrados pela individualidade e homogeneidade, são autônomos e integram o patrimônio de cada empregado, isoladamente, tanto que podem ser objeto de ação individual singular ou plúrima. Por questões de economia e de celeridade processual, assim como para fins de desconsideração da sua autoria — proteção aos empregados, ainda que por perda temporária de suas identidades — o sindicato pode e deve atuar como substituto processual, uma vez que, para o exercício desse direito público de natureza essencialmente subjetiva, está autorizado pelo art. 8º, inciso III, da Constituição Federal, que pela sua clareza e objetividade, em linguagem concisa e precisa, não deixa margem à dúvida quanto a essa importante legitimidade extraordinária ou anômala, que, a cada dia, vai se tornando mais ordinária e normal, pois atende plenamente aos interesses da sociedade pós-moderna, lastreada no consumo, sem que se possa falar em prejuízo a quem quer que seja: empregados, empregadoras e Estado. As formalidades processuais, basicamente, só se justificam para uma garantia: ampla defesa e contraditório." (TRT 3ª Região — 5ª turma — Relator Luiz Otávio Linhares Renault, DJ 7.6.2008 — 00992-2007-059-03-00-7.)

"**EMENTA: RECURSO ORDINÁRIO. AÇÃO DE CUMPRIMENTO. SUBSTITUIÇÃO PROCESSUAL. DIREITOS INDIVIDUAIS HOMOGÊNEOS. REGISTRO DE CONTRATO DE TRABALHO. PAGAMENTO DE ADICIONAL NOTURNO.** A substituição processual prevista no inciso III do art. 8º da CF confere legitimação extraordinária ao sindicato para defender os interesses difusos, coletivos em sentido estrito e individuais homogêneos de toda a categoria não mais restrita aos associados. Os direitos individuais homogêneos estão previstos no inciso III do art. 81 da Lei n. 8.078/1990 (Código de Defesa do Consumidor) e são definidos como aqueles direitos de pessoas ou grupos (coletividade) determinados ou determináveis que compartilham prejuízos individualizados e diferenciados de origem comum. Os direitos de pagamento de adicional noturno e de reconhecimento do vínculo empregatício dos trabalhadores que não teriam o contrato de trabalho anotado na CTPS não apresentam homogeneidade. Isso porque no exame desses pleitos prevaleceriam as questões individuais sobre as comuns. É inegável que o Juízo teria de atentar para as peculiaridades de cada relação jurídica mantida pelos interessados com a empresa, o que apenas tumultuaria a instrução processual. Por isso, o ente sindical não tem legitimidade para ajuizar ação coletiva reclamando vínculo de emprego e pagamento de adicional noturno para os empregados." (TRT 2ª Região — RO 02156-2005-043-02-00-5, 12ª Turma, DJ 13.6.2008.)

"**EMENTA: SUBSTITUIÇÃO PROCESSUAL. ALCANCE. DIREITOS INDIVIDUAIS HOMOGÊNEOS** — Os direitos individuais, homogêneos ou não, são suscetíveis de postulação pelo Sindicato, na condição de substituto processual. Tal abrangência está consagrada no mais atual assento jurisprudencial do Supremo Tribunal Federal que reconheceu ao Sindicato legitimidade para atuar na defesa de todos e quaisquer direitos subjetivos e individuais e coletivos dos integrantes da categoria por ele representada. Dessarte, 'a jurisprudência deste Supremo Tribunal Federal firmou-se no sentido da ampla legitimidade dos sindicatos para atuar na defesa dos direitos subjetivos individuais e coletivos de seus integrantes'. (AI-AgR 453031 / SP — SÃO PAULO AG.REG. NO AGRAVO DE INSTRUMENTO Relator(a): Min. CÁRMEN LÚCIA, STF)." (TRT 3ª Região 00440-2004-099-03-00-5 RO Data de Publicação: 27/01/2009 Órgão Julgador: 7ª Turma Relator: Convocado Antônio Gomes de Vasconcelos.)

"**EMENTA: SENTENÇA. INTERPRETAÇÃO DE SEU COMANDO. FUNDAMENTOS E DISPOSITIVO SÃO A MEDIDA DA COMPREENSÃO. AMBOS SE COMPLEMENTAM E SE INTERCALAM PARA QUE A DECISÃO NÃO SE CALE DIANTE DO FORMALISMO.** A sentença condenatória deve ser fielmente cumprida em consonância com os seus propósitos maiores, fruto que é da vontade Estatal, em substituição à vontade dos particulares. Os fundamentos da sentença e o dispositivo são partes de um todo — um não sobrevive sem o outro. A intelecção do comando exequendo deve ser extraída da unidade sentencial, direcionada para a mais ampla e justa solução definitiva do conflito, assim como para a efetividade processual. O processo não é marcado por uma lógica matemática. Seus filamentos são a lógica jurídica, perante a qual deve prevalecer a razoabilidade, base para qualquer princípio que se queira instrumental, célere, e econômico. Sem arranhão ao contraditório, a interpretação mais razoável deve ser aquela que torna a sentença o mais útil possível. Concentração na discussão do direito, expansão dos efeitos da sentença, quando se trata de substituição processual, espécie de tutela metaindividual."(TRT 3ª Região AP 01705-2005-018-03-00-9 — Publicação 20.7.2009 — Relator Luiz Otávio Linhares Renault — 4ª Turma.)

"**EMENTA: SUBSTITUIÇÃO PROCESSUAL. AJUDA-ALIMENTAÇÃO E PLANO DE SAÚDE COMPARTILHADO. CONTRATOS SUSPENSOS.** A suspensão do contrato de trabalho importa na inexigibilidade, tão somente, das obrigações principais do contrato, quais seja, a de prestar trabalho e a de pagar salários. Assim sendo, remanesce, mesmo o período de suspensão do pacto laboral, a obrigação da empresa de fornecer ao obreiro a ajuda-alimentação e o plano de saúde previstos nas normas coletivas da categoria." (TRT 3ª Região — 00175-2008-034-03-00-3 RO Data de Publicação: 6.9.2008 Órgão Julgador: Quinta Turma Relatora: Convocada Adriana Goulart de Sena.)

"**EMENTA: AÇÃO MOVIDA PELO SINDICATO DA CATEGORIA. SUBSTITUIÇÃO PROCESSUAL AMPLA. DIREITOS HOMOGÊNEOS X HETEROGÊNEOS.** A legitimidade dos Sindicatos, para atuação como substitutos processuais, é ampla e está ancorada no art. 8º, inciso III, da Constituição da República, superada, inclusive, a histórica concepção marcadamente individualista de titularidade processual, presente no CPC pátrio, que há muito deixou de ser essencial. O ordenamento jurídico (mormente após o cancelamento da Súmula n. 310 do TST, que na prática sufocava a substituição processual), autoriza que os interesses individuais também sejam objeto de profícua avaliação jurisdicional, moderna tendência em termos de processo que, além de desafogar o judiciário auxilia na efetivação da justiça social. Aliás, para mais ainda fundamentar a ilação de que está autorizada por lei expressa, a atuação ampla das entidades sindicais dos trabalhadores em hipótese de substituição processual no Processo do Trabalho, relembre-se que somente assim será possível inibir a estratégia tradicional de banalização dos conflitos de configuração essencialmente coletiva pela técnica de sua fragmentação em "demandas átomo" (na expressão de KAZUO WATANABE), o que dificulta o acesso dos empregados à Justiça ainda no curso da relação de emprego e compromete a eficiência da própria Justiça Laboral. E dúvida não há, lado outro: o conceito de direito individual homogêneo confunde-se com o de direito coletivo *lato sensu*, como brilhantemente já explanou o Ministro Lélio Bentes Corrêa: '(...) De acordo com o art. 81, parágrafo único, da Lei n. 8.078/90, esses direitos e interesses metaindividuais são assim definidos: Parágrafo único. A defesa coletiva será exercida quando se tratar de: (...) III — interesses ou direitos individuais homogêneos, assim entendidos os decorrentes de origem comum. (...) os direitos individuais homogêneos são aqueles cujo titular é perfeitamente identificável e cujo objeto é divisível e cindível, tendo uma origem comum'. Portanto, eventuais restrições outrora preconizadas hoje não podem vingar ante os termos irrestritos da Constituição (art. 8º, III) e do próprio Código de Defesa do Consumidor." (TRT 3ª Região 00840-2004-099-03-00-0 RO Data de Publicação: 18.10.2008 Órgão Julgador: Quarta Turma Relator José Eduardo de Resende Chaves Júnior.)

Legitimidade

"**EMENTA: O SINDICATO OBREIRO É PARTE LEGÍTIMA, POR SUBSTITUIÇÃO PROCESSUAL**, PARA REPRESENTAR O TRABALHADOR EM PLEITOS POR CONTA DO REAJUSTE SALARIAL." (TRT 2ª Região Relator Designado Plínio Bolívar de Almeida Autos n.: 02950014334 Ano: 1995 Turma 10ª DJ: 28.6.1996.)

"**EMENTA: SUBSTITUIÇÃO PROCESSUAL. LEGITIMIDADE ATIVA DO SINDICATO.** Possui o Sindicato legitimidade *ad causam* para, em nome de seus associados, propor ação visando o recebimento de multa convencional, por ter a reclamada descumprido norma relativa à formação da CIPA e o envio de cópias das atas à entidade sindical. A parte prejudicada, a quem reverterá a multa, são os empregados e não a entidade, o que legitima a ação do Sindicato." (TRT 2ª Região Relator: Sérgio Prado de Mello — Autos n.: 02950336447 ano: 1995 6ª Turma — DJ 18.6.1997.)

"**EMENTA: SINDICATO. LEGITIMIDADE PARA PROPOR AÇÃO CIVIL PÚBLICA.** Constituindo o sindicato associação profissional incumbida da representação, nos níveis administrativo e judiciário, dos interesses gerais da respectiva categoria ou profissão liberal (CLT, art. 513, *a*), e elevado ao *status* constitucional de defensor dos direitos e interesses coletivos ou individuais da categoria, inclusive em questões judiciais ou administrativas (CF, art. 8º, III), clara desponta sua legitimidade para a propositura de ação civil pública, desde que cumprido o requisito da existência há pelo menos um ano." (TRT 2ª Região Relatora: Wilma Nogueira de Araújo Vaz da Silva Autos n.: 02960068399 Ano: 1996 Turma 8ª DJ 19.6.1997.)

"**EMENTA: SUBSTITUIÇÃO PROCESSUAL. CONVENÇÃO COLETIVA NÃO SUBMETIDA AO CRIVO DO TRIBUNAL. LEGITIMIDADE DO SINDICATO.** O princípio da livre negociação assegurado às partes pela Constituição Federal de 1988, torna legítima a substituição processual para postular em juízo reajuste salarial avençado em convenção coletiva que não foi submetida ao crivo do Tribunal." (TRT 2ª Região Relatora Lenir Antunes dos Santos Proença Autos n.: 02980124600 Ano: 1998 Turma: 6ª DJ: 12.3.1999.)

"**EMENTA: SINDICATO. ILEGITIMIDADE PARA FIGURAR NO POLO PASSIVO DA AÇÃO RESCISÓRIA.** O sindicato, agindo como substituto processual, não pode figurar no polo passivo de ação rescisória, haja vista que o direito alcançado pelo réu na qualidade de substituto processual não lhe pertence, pois passa a integrar o patrimônio dos seus substituídos. Assim, o fato de o Sindicato substituto exercer a representação não o qualifica para que seja legitimado para estar no polo passivo da presente demanda, pois efetivamente não é o titular do direito." (TRT 2ª Região Relatora Vânia Paranhos Autos n.: 01684/1998-9 Ano 1998 SDI DJ 21.1.2000.)

"**EMENTA: SINDICATO.** Legitimidade para agir como substituto processual. A legitimidade ativa do sindicato para substituir a categoria não existe de modo genérico, mas somente quando prevista em lei. Apelo que se nega provimento." (TRT 2ª Região Relatora Vera Marta Publio Dias Autos n.: 02990278421 Ano: 1999 Turma: 10ª DJ: 21.7.2000.)

"**EMENTA: Ilegitimidade de parte: sindicato autor (substituição processual).** Fere elementar princípio processual a tentativa de ser o sindicato autor substituído, em qualquer fase do processo, mormente na de execução, por pessoas naturais que, por se sentirem prejudicadas, vez que não devidamente substituídas, pretendam ingressar no polo ativo da ação." (TRT 2ª Região Relatora: Rosa Maria Zuccaro Autos n.: 18810-2002-902-02-00-8 Ano 2002 Turma: 2ª DJ 10.9.2002.)

"**EMENTA: Sindicato. Substituição processual. Ação de cumprimento. Legitimidade.** O sindicato profissional detém legitimidade ativa para, atuando como substituto processual, ajuizar ação de cumprimento de cláusula inscrita em acordo ou convenção coletiva de trabalho. A Lei n. 8.984/95 atribui à Justiça do Trabalho competência material para julgar os dissídios que tenham origem no cumprimento das convenções e acordos coletivos e reconheceu a legitimidade dos sindicatos para propor a ação correspondente. Nesse sentido foi alterada a redação do Enunciado 286 do C. TST." (TRT 2ª Região Relatora Wilma Nogueira de Araújo Vaz da Silva Autos n.: 20010282518 Ano: 2001 Turma: 8ª DJ: 10.12.2002.)

"**EMENTA: SUBSTITUIÇÃO PROCESSUAL.** O art. 8º, III, da Carta Magna, legitima a atuação do Sindicato como substituto dos integrantes da categoria, enquanto pluralidade de membros e interesses genericamente considerados, não cogitando da substituição de apenas alguns trabalhadores. Procedimento tumultuário que resvala em ilegitimidade de parte e que, ao invés de reunir múltiplas ações em uma única, está a multiplicar ações individuais, desatendendo a finalidade do instituto e assoberbando ainda mais a máquina judiciária." (TRT 2ª Região — Relatora Catia Lungov Autos n.: 01091-2003-464-02-00-2 Ano: 2004 Turma 7ª DJ: 10.3.2006.)

"**EMENTA: AÇÃO CIVIL PÚBLICA. LEGITIMIDADE. LIMITES.** O sindicato profissional é parte legítima para postular em favor de seus representados, independentemente de filiação, mas não em relação a outra categoria. Contudo, a correção do excesso não implica declarar ilegítima a parte, mas sim restringir a legitimidade aos limites da efetiva representação sindical." (TRT 2ª Região — Relator: Sergio Winnik Autos n.: 02187-2005-001-02-00-4 Ano 2006 TURMA: 4ª DJ: 10.11.2006.)

"**EMENTA: RECURSO ORDINÁRIO. SINDICATO. LEGITIMIDADE *AD CAUSAM*. SUBSTITUIÇÃO PROCESSUAL AMPLA DA CATEGORIA.** Já não mais predomina o entendimento de que a legitimação extraordinária do Sindicato para atuar como substituto processual encontra obstáculo na tradição do ordenamento jurídico pátrio que é no sentido de que somente o titular do direito é dotado da legitimação ativa e que só excepcionalmente o terceiro pode pleitear direito alheio, necessitando de autorização de lei para tanto, nos termos do art. 6º, do CPC. Decisões do C. Supremo Tribunal Federal, especificamente no caso dos Sindicatos, são de que estes têm legitimidade extraordinária para atuar em

Juízo em nome da categoria que representam e que seu direito de atuar como substituto processual é autônomo, não mais tendo lugar interpretações que limitam o alcance do inciso III, do art. 8º da Constituição Federal, porquanto indiscutível que em questões constitucionais aquele Tribunal Superior tem a última palavra. O art. 8º, III, não trata de representação, mas de autêntica substituição processual *ex lege*, por força direta e incondicionada da própria Constituição Federal. Assim decidiu no Mandado de Segurança n. 20.936-DF, o Ministro Sepúlveda Pertence." (TRT 2ª Região — Revisor Carlos Francisco Berardo Autos n.: 01002-2006-074-02-00-5 Ano 2007 Turma 11ª DJ 10.7.2007.)

"**EMENTA: SINDICATO. SUBSTITUIÇÃO PROCESSUAL. LEGITIMIDADE ATIVA. ART. 8º, III, DA CONSTITUIÇÃO FEDERAL.** Diante da atual interpretação jurisprudencial do art. 8º, III, da Constituição Federal, pelo C. TST, que cancelou sua Súmula n. 310, mercê do entendimento firmado pelo excelso STF, a respeito, tem-se por legítima a substituição processual do sindicato autor quando postula direitos individuais homogêneos em favor dos substituídos. Recurso ordinário a que dá provimento." (TRT 2ª Região Relatora Anelia Li Chum Autos n.: 02093-2001-302-02-00-2 Ano: 2007 Turma 5ª DJ 6.7.2007).

"**EMENTA: DIREITO COLETIVO. PROCESSUAL DO TRABALHO. SINDICATO. LEGITIMIDADE ATIVA. CATEGORIA DIFERENCIADA.** Nos termos do art. 511, § 3º, CLT, categoria diferenciada é aquela que tem regulamentação específica do trabalho, diferente dos demais empregados da mesma empresa, o que lhe faculta convenções ou acordos coletivos próprios. É o caso dos enfermeiros, de forma que tem legitimidade ativa o Sindicato dos Enfermeiros do Estado de São Paulo para ajuizar ação em face do empregador, visando o cumprimento das convenções e acordos coletivos entabulados, desde que firmados com o sindicato patronal do empregador. Recurso não provido." (TRT 15ª Região Autos 01010-2005-106-15-00-0 RO publicado em 17.8.2007 Relatora Luciane Storel da Silva).

"**EMENTA: SINDICATO. AÇÃO COLETIVA. LEGITIMAÇÃO EXTRAORDINÁRIA. DIREITO INDIVIDUAL. INTERVALO INTRAJORNADA USUFRUÍDO PARCIALMENTE. COBRANÇA. ILEGITIMIDADE.** Ente sindical é parte ilegítima para pleitear, em substituição processual, o pagamento relativo ao período não usufruído do intervalo intrajornada, pois direito eminentemente individual. Ausência de legitimação extraordinária." (TRT 2ª Região — Relator Rosa Maria Zucaro RO00418-2005-005-02-00-0 Ano: 2006 Turma: 2ª DJ: 16.10.2007).

"**LEGITIMIDADE ATIVA DOS SINDICATOS. SUBSTITUIÇÃO PROCESSUAL AMPLA. DIREITOS INDIVIDUAIS HOMOGÊNEOS.** A leitura do art. 8º, III, da CR, evidencia-nos a legitimidade dos Sindicatos para a defesa dos direitos e interesses coletivos ou individuais da categoria, pelo que, assegurada restou a substituição processual ampla, vindo em bom momento, portanto, o cancelamento da Súmula n. 310 do C. TST. A limitação de atuação dos Sindicatos na propositura de ações coletivas encontra-se na contra-mão da história, visto que as demandas de massa permitem o acesso ao Judiciário de forma rápida e uniforme, desafogando-o de milhares de reclamatórias individuais. No pleito em que reivindica para os substituídos o pagamento de verbas trabalhistas não quitadas pelo empregador e asseguradas por força do contrato de trabalho, não está o Sindicato a defender direito coletivo, mas direitos individuais homogêneos, não se podendo sequer cogitar da necessidade de autorização dos substituídos, apresentação de rol, pré-autorização assemblear ou qualquer restrição ao legítimo direito de representação da categoria. E, em se tratando de direito individual homogêneo, está ele inserto nos direitos da categoria, ainda que o seja de pequena fração dela, como no caso dos autos. Ademais, tal interpretação atende à garantia fundamental estabelecida por meio do inciso LXXVIII, do art. 5º, da CR, que dispõe sobre a razoável duração do processo e dos meios que garantam a celeridade de sua tramitação." (TRT 3ª R Sétima Turma 00728-2007-099-03-00-2 RO Relator Emerson José Alves Lage DJMG 1.4.2008 P. 20).

"**EMENTA: SUBSTITUIÇÃO PROCESSUAL — SINDICATO PROFISSIONAL — LEGITIMIDADE ATIVA.** A Constituição vigente rompeu com o modelo liberal individualista das Cartas que a precederam, optando claramente por uma tendência de universalização da tutela jurisdicional e de maior acesso à ordem jurídica justa. Nesse sentido, o art. 8º, inciso III, garantiu aos sindicatos 'a defesa dos direitos e interesses coletivos e individuais da categoria, inclusive questões judiciais ou administrativas'. Irrefutável, pois, a legitimidade do sindicato autor para postular em juízo, através de ação, como substituto processual, os direitos individuais homogêneos (art. 81, III, do CDC) dos substituídos, decorrentes da não observância de cláusula convencional. A tutela coletiva não é apenas permitida, mas recomendável, haja vista propiciar numa única ação a efetivação dos direitos de todos os trabalhadores lesados, sendo, por isso, garantidora dos princípios constitucionais da isonomia, da igualdade, do acesso à justiça, da inafastabilidade da tutela jurisdicional, da dignidade da pessoa humana e do valor social do trabalho." (TRT 3ª R Primeira Turma 00722-2007-099-03-00-5 RO Relator Fernando Luiz Gonçalves Rios Neto DJMG 11.4.2008.)

"**EMENTA: SUBSTITUIÇÃO PROCESSUAL. LEGITIMIDADE DO SINDICATO. DIREITOS INDIVIDUAIS HOMOGÊNEOS.** O cancelamento da Súmula n. 310 do TST decorreu do entendimento de que o art. 8º, inciso III, da Constituição da República autoriza o sindicato a atuar como substituto processual de toda a categoria, quando fundar o pedido em direito individual homogêneo, conforme esclarecido no julgamento do processo CTST-E-RR-175.894/1995, pelo C. Tribunal Pleno Relator Min. Ronaldo Leal, DJ 10.10.2003). A teor do art. 81, III, da Lei n. 8.078/90 (Código de Defesa do Consumidor), consideram-se direitos individuais homogêneos os decorrentes de origem comum. É essa 'origem comum' que confere semelhança, mas não igualdade aos direitos, recomendando, assim, a defesa conjunta. E mais, a homogeneidade implica, em termos processuais, que a prova a ser produzida para demonstrar o fato constitutivo do direito dos substituídos é também comum (isto é, impessoal com relação aos interessados). Na hipótese vertente, verifica-se que o Sindicato ingressou com a presente ação, postulando o reconhecimento da natureza salarial da parcela 'auxílio-alimentação', de modo que possa gerar reflexos sobre FGTS, férias + 1/3, 13º, RSR, entre outros. Ora, sendo assim, é evidente a origem comum deste pleito, qual seja, a análise do estatuto ao qual estão vinculados todos os empregados, sejam da ativa ou aposentados. A individuação da situação dos substituídos através do rol carreado aos autos é suficiente para facilitar o exame às provas e apreciar a demanda."(TRT 3ª Região — Processo : 01108-2007-078-03-0-0 RO — Data de Publicação: 3.6.2008 — Órgão Julgador: Turma Recursal de Juiz de Fora — Relatora Ana Maria Amorim Rebouças.)

"**EMENTA: SUBSTITUIÇÃO PROCESSUAL. LEGITIMIDADE *AD CAUSAM* DO SINDICATO.** O art. 8º, III, da Constituição da República por si só confere legitimidade ativa aos sindicatos para 'a defesa dos direitos e interesses coletivos e individuais da categoria, inclusive em questões judiciais ou administrativas', o que afasta a interpretação limitativa do instituto da substituição processual que era emprestada pelo inciso I do antigo Enunciado n. 310 do TST, já cancelado. Ademais, os arts. 1º, IV, e 21 da Lei da Ação Civil Pública (n. 7.347, de 24.7.85) mandam aplicar o procedimento previsto nos arts. 81 a 104 do Código de Defesa do Consumidor (Lei n. 8.079, de 11.9.1990) às ações que visem à defesa coletiva de qualquer outro interesse difuso ou coletivo, inclusive os interesses individuais homogêneos (assim entendidos os decorrentes de origem comum). Está assim autorizada por lei expressa a atuação de forma ampla das entidades sindicais dos trabalhadores como seus substitutos processuais, no Processo do Trabalho, nas assim denominadas *macro-lesões trabalhistas*."(RO 00023-2007-059-03-00-6 — TRT 3ª Região, 5ª Turma, Relator José Roberto Freire Pimenta — DJMG 13.9.2008.)

"**EMENTA: LEGITIMIDADE ATIVA DO SINDICATO PARA PARTICIPAR DA RELAÇÃO PROCESSUAL EM DEFESA DE EMPREGADOS INTEGRANTES DA**

CATEGORIA PROFISSIONAL. SUBSTITUIÇÃO PROCESSUAL AMPLA. DESNECESSIDADE DE AUTORIZAÇÃO EXPRESSA DOS SUBSTITUÍDOS. DISCIPLINA CONTIDA NO INCISO III, DO ART. 8º DA CARTA MAGNA *VERSUS* NORMA INSCRITA NO ART. 5º, XXI. A legitimidade do sindicato autor para atuar como substituto processual está assegurada no art. 8º, inciso III, da Constituição da República. A comparação desse dispositivo legal com a disposição constitucional do inciso XXI do art. 5º leva à conclusão de que se o sindicato tivesse legitimação para representar apenas os associados, quando por estes autorizado, a regra do art. 8º, inciso III, seria inócua, em face da prerrogativa ampla que a outra norma já confere, ao dispor sobre a representatividade das entidades associativas em geral. Certamente as associações tratadas pelo art. 5º, inciso XXI, da Carta Política não se confundem com a associação profissional ou sindical, com regência específica no art. 8º, sendo que a exigência de procuração e/ou autorização dos substituídos desnaturaria a própria substituição processual. Aliás, com maior amplitude, a Lei n. 8.078/90 dispôs expressamente, em seu art. 3º, que: 'As entidades sindicais poderão atuar como substitutos processuais dos integrantes da categoria'. A substituição é, portanto, mais ampla que a representação e não foi limitada — quer pela Constituição, quer pela lei — à especificação das hipóteses de sua exercibilidade. Eventuais restrições outrora preconizadas hoje não podem vingar ante os termos irrestritos da Constituição (art. 8º, III)." (TRT 3ª Região 00534-2008-134-03-00-0 RO Data de Publicação: 21.2.2009 Órgão Julgador: Quarta Turma Relator: Júlio Bernardo do Carmo.)

"**EMENTA: ADICIONAL DE INSALUBRIDADE. LEGIMITIDADE ATIVA DO SINDICATO PARA PROPOR AÇÃO NA CONDIÇÃO DE SUBSTITUTO PROCESSUAL OU A AÇÃO CIVIL PÚBLICA.** A ação civil pública destina-se à proteção dos direitos ou interesses metaindividuais. Estes se referem à proteção do gênero humano enquanto em situação de dano, cujos efeitos atinge indiscriminadamente um conjunto não identificável de pessoas da comunidade. Os direitos e os interesses metaindividuais não têm, portanto, como destinatário o homem considerado individualmente. Tais direitos ou interesses são, na técnica jurídica, classificáveis segundo o grau de generalidade como individuais homogêneos, coletivos e difusos. A ação civil pública presta-se à defesa de tais direitos coletivos (*lato sensu*). Conforme autoriza o art. 129, § 1º, CF/88, estão os sindicatos também legitimados a propor ações civis públicas para a defesa desses direitos considerados no plano das respectivas categorias, porque, ainda que no campo restrito destas, se podem localizar direitos individuais homogêneos e os direitos coletivos (art. 81, parágrafo único, CDC e art. 6º, VII, LC 75/93). Excepcionalmente, com base na representatividade da categoria, o sindicato pode ajuizar inclusive ações civis públicas para a tutela de interesses difusos, caso em que ela alcançará não somente a categoria mas resultará em benefícios para toda a sociedade. Daí resulta que 'no que diz respeito aos interesses individuais homogêneos, a legitimidade *ad causam* dos sindicatos dar-se-á nas mesmas hipóteses em que puder atuar na condição de substituto processual (CF, art. 8º, III)' (LEITE, Carlos Henrique Bezerra. *Ministério Público do Trabalho*. SP: LTr, p. 242). Refere-se a hipótese destes autos à lesão de interesse individual homogêneo, uma vez que resulta da petição inicial que os substituídos vinculam-se por fato comum correspondente ao exercício do seu labor em condições insalubres. Os direitos reclamados têm, portanto, origem comum. Em consequência, a legitimidade do sindicato autor para o ajuizamento da presente demanda sustenta-se em duplo fundamento: a) pela via da ação civil pública conforme a autorização decorrente do que dispõe o art. 81, do CDC c/c com art. 129, § 1º, CF/88 e art. 6º, VII, LC 75/93; b) pela via da substituição processual cuja legitimação decorre do disposto no art. 8º, III, da CF/88 e art. 195, § 2º, CLT, que prevê expressamente a legitimidade do sindicato para ajuizar ação para reclamar o direito ao adicional de insalubridade e periculosidade na condição de substituto processual. A eleição de uma ou outra via decorre do mero arbítrio da entidade sindical, desde que atendidos os respectivos pressupostos, conforme a conveniência e os objetivos a serem alcançados. No presente caso, os efeitos práticos de uma e de outra são exatamente os mesmos. A qualificação do direito em questão como individual homogêneo autoriza também a via da ação civil pública." (TRT 3ª Região — 00063-2008-037-03-00-1 RO Data de Publicação: 11.3.2009 Órgão Julgador: Turma Recursal de Juiz de Fora Relator: Convocado Antônio Gomes de Vasconcelos.)

"**EMENTA: SUBSTITUIÇÃO PROCESSUAL. DIREITOS TRABALHISTAS INDIVIDUAIS E HOMOGÊNEOS. SINDICATO. LEGITIMIDADE CONSTITUCIONAL. MODERNIDADE NA SOCIEDADE DE CONSUMO.** Os direitos trabalhistas, timbrados pela individualidade e homogeneidade, são autônomos e integram o patrimônio de cada empregado, isoladamente, tanto que podem ser objeto de ação individual singular ou plúrima. Por questões de economia e de celeridade processual, assim como para fins de desconsideração da sua autoria — proteção aos empregados, ainda que por perda temporária de suas identidades — o sindicato pode e deve atuar como substituto processual, uma vez que, para o exercício desse direito público de natureza essencialmente subjetiva, está autorizado pelo art. 8º, inciso III, da Constituição Federal, que pela sua clareza e objetividade, em linguagem concisa e precisa, não deixa margem à dúvida quanto a essa importante legitimidade extraordinária ou anômala, que, a cada dia, vai se tornando mais ordinária e normal, pois atende plenamente aos interesses da sociedade pós-moderna, lastreada no consumo, sem que se possa falar em prejuízo a quem quer que seja: empregados, empregadoras e Estado. As formalidades processuais, basicamente, só se justificam para uma garantia: ampla defesa e contraditório. TERCEIRIZAÇÃO. RESPONSABILIDADE SUBSIDIÁRIA. SÚMULA N. 331, IV, DO TST. Por ter-se beneficiado do labor dos empregados substituídos, de forma direta, através da prestação de serviços em terceirização, a tomadora de serviços deve ser responsabilizada, subsidiariamente, pelas obrigações decorrentes do contrato de trabalho celebrado pelas prestadoras, nos termos da Súmula n. 331, IV, do TST, independentemente dos serviços prestados serem essenciais ou não à sua atividade-fim. A responsabilidade subsidiária caracteriza-se mesmo se o contrato de empreitada ou de prestação de serviços ajustado entre as Reclamadas obedecer aos critérios legais e não for portador de vícios em decorrência da chamada culpa *in contrahendo*, nas suas modalidades específicas *in eligendo* e *in vigilando*." (TRT 3ª Região — RO00707-2008-030-03-00-7 — 4ª Turma — DJ 23.3.2009 — Relatora Adriana Goulart de Sena.)

"**EMENTA: SUBSTITUIÇÃO PROCESSUAL. SINDICATO. LEGITIMIDADE EXTRAORDINÁRIA AMPLA.** A legitimação extraordinária é autorizada ao sindicato pelo art. 8º, inciso III, da CF/88. Está assente o entendimento no sentido de que o preceito constitucional assegura a ampla legitimidade ativa *ad causam* dos sindicatos para atuarem como substitutos processuais na defesa de interesses e direitos coletivos e individuais homogêneos das categorias que representam, sem a necessidade de prévia autorização dos seus integrantes, já que a legitimação, no caso, decorre de lei. No âmbito do TST, a matéria não comporta mais dúvida, tendo em vista o cancelamento da Súmula 310, que anteriormente era limitativa à substituição processual pelo sindicato. A legitimação assim conferida é importante, pois permite maior efetivação de direitos e garantias assegurados aos laboristas, mesmo porque afasta a tensão para os trabalhadores que advém do ajuizamento de ação trabalhista individual na vigência do contrato de trabalho, o que, na maioria das vezes, inibe o empregado de acionar o Judiciário." (TRT 3ª Região 1208-2007-135-03-00-6 RO DJ 9.3.2009 Órgão Julgador: Oitava Turma Relatora Cleube de Freitas Pereira.)

Liquidação — Execução

"EMENTA: MANDADO DE SEGURANÇA. SUBSTITUIÇÃO PROCESSUAL. CONCILIAÇÃO REALIZADA EM PROCESSO NA FASE EXECUTÓRIA, PELO

SINDICATO E PELA EXECUTADA, COM A CLÁUSULA DE RESPONSABILIDADE DOS ACORDANTES PELOS HONORÁRIOS DO ASSISTENTE TÉCNICO CADA QUAL INDICADO. FIXAÇÃO DE RESPONSABILIDADE DOS SUBSTITUÍDOS PELOS HONORÁRIOS ADVOCATÍCIOS. RETENÇÃO DAS VERBAS RESPECTIVAS PELO SINDICATO SUBSTITUTO PARA PAGAMENTO DO ASSISTENTE E DO ADVOGADO. IRRESIGNAÇÃO DE UM DOS SUBSTITUÍDOS COM A REFERIDA RETENÇÃO. É lícito ao Sindicato Substituto deduzir os valores e pagar os profissionais em face dos termos do acordo, devidamente homologado, e como consequência da representação processual ampla, conferida pela legitimação anômala (art. 8º/III/CF). Trata-se de obrigação acessória que a lei impõe ao Sindicato substituto, (que a assuma) para operacionalizar a atuação, em juízo, na defesa dos direitos coletivos ou individuais da categoria. O Sindicato não age, portanto, *pro domo sua*. Segurança que é concedida ao Sindicato." (TRT 2ª Região MS- Relator Carlos Francisco Berardo Autos n.: 11722-2005-000-02-00-1 Ano 2005 SDI DJ 3.4.2007.)

"**EMENTA: SENTENÇA EM AÇÃO DE SUBSTITUIÇÃO PROCESSUAL — NATUREZA GENÉRICA** — A sentença coletiva proferida em sede ação de substituição processual, proposta por sindicato da categoria, tem natureza genérica, nos termos do art. 96 do Código de Defesa do Consumidor. A individualização da extensão dos direitos e respectivos valores poderá e deverá ser feita por ocasião da liquidação de sentença." (TRT 3ª Região 00806-2008-034-03-00-4 RO Data de Publicação: 21.2.2009 Órgão Julgador: Quarta Turma Relator José Eduardo de Resende Chaves Júnior.)

Litisconsórcio

"**EMENTA: SUBSTITUIÇÃO PROCESSUAL DO SINDICATO E LITISCONSÓRCIO ATIVO. DIFERENCIAÇÃO ENTRE AS FIGURAS PROCESSUAIS.** A legitimação ativa para agir (quando se fala em substituto processual) decorre da afirmação, na inicial, de um direito coletivo *lato sensu*, ou da afirmação de um direito em face de um titular de um direito coletivo *lato sensu*. O elemento essencial que permite a substituição processual é existência de matéria de índole coletiva e não o número de litigantes no processo. Essa a questão-chave para a distinção entre ações plúrimas e ações coletivas. Não basta, portanto, que no polo ativo ou passivo se concentre mais de uma pessoa para que a ação seja denominada coletiva e, sim, que a matéria litigiosa seja revestida de um interesse público coletivo. No caso, o pedido formulado na inicial é de natureza estritamente individual, sendo a lesão ali anunciada de ordem pessoal (verbas rescisórias!), não autorizando o manejo da substituição processual, que supõe a existência de direitos coletivos. Falece ao Sindicato legitimidade para agir na qualidade de substituto processual, porquanto visa a defender interesses particulares e pessoais dos substituídos (e não interesses da categoria profissional), o que pode ser obtido por meio de ação trabalhista típica, com a utilização do litisconsórcio ativo." (TRT 15ª Região Autos 896-2008-024-15-00-0 Relatora Mariane Khayat.)

Litispendência

"**EMENTA: A RECLAMATÓRIA PROPOSTA PELO EMPREGADO** ANULA A SUBSTITUIÇÃO PROCESSUAL ATRAVÉS DO SINDICATO, PODENDO O INTERESSADO PROMOVER DIRETAMENTE A DEFESA DE SEUS DIREITOS." (TRT 2ª Região Relator: Plínio Bolívar de Almeida Autos n.: 02940365061 Ano 1994 Turma 10ª DJ 21.6.1996.)

"**EMENTA: SUBSTITUIÇÃO PROCESSUAL. AUSÊNCIA DE LITISPENDÊNCIA.** O FATO DE LITIGAR O SINDICATO DA CATEGORIA CONTRA A MESMA EMPRESA NÃO IMPEDE

QUE O EMPREGADO POSTULE INDIVIDUALMENTE O DIREITO, RESULTANDO A MEDIDA AUTÔNOMA COMO DEMONSTRAÇÃO DE DESISTÊNCIA QUANTO AO RESULTADO DA AÇÃO COLETIVA." (TRT 2ª Região Relator Gualdo Formica Autos n.: 02960099103 Ano 1996 Turma 7ª DJ 28.8.1997.)

"**EMENTA: SUBSTITUIÇÃO PROCESSUAL. AÇÃO PROPOSTA PELO SUBSTITUÍDO. LITISPENDÊNCIA.** A substituição processual é espécie de legitimação extraordinária, que refoge à ortodoxia processual, vez que, embora seja o sindicato formalmente parte, é do substituído o direito que se pleiteia. Portanto, o autor será forçosamente atingido pelas decisões proferidas naquelas ações, razão pela qual é iniludível a ocorrência de litispendência, não se podendo novamente pleitear aquilo que já foi objeto de ação anterior. É certo que o substituído, no exercício regular de sua faculdade de disposição de seus direitos privados, pode desistir da reclamação ajuizada pelo sindicato substituto, independentemente da anuência deste. Porém, a desistência deve ser expressa e manifestada nos autos do processo do substituto, já que o nosso sistema caracteriza como litispendência a existência de reclamação posterior a uma idêntica e não como presunção de renúncia à anterior." (TRT 2ª Região Relatora Wilma Nogueira de Araújo Vaz da Silva Autos n.: 02980388682 Ano 1998 Turma 8ª DJ 28.9.1999.)

"**EMENTA: Substituição Processual. Ação genérica e ação individual. Ausência de litispendência. Efeitos da coisa julgada *erga omnes*:** Tendo conhecimento da ação genérica proposta pelo Sindicato, como substituto processual, o reclamante em ação individual ou plúrima deve requerer, em 30 dias, a suspensão do processo, sob pena de não se sujeitar aos efeitos *erga omnes* ou *ultra partes* da decisão a ser proferida na ação coletiva, a despeito de na hipótese não se induzir a litispendência. Aplicação analógica dos arts. 81 e 104, do Código de Defesa do Consumidor." (TRT 2ª Região Relator João Carlos de Araújo Autos n.: 00413/1996-4 Ano: 1996 SDI DJ 26.5.2000.)

"**EMENTA: LITISPENDÊNCIA. SUBSTITUIÇÃO PROCESSUAL.** A interposição de reclamatória individual, na persecução de direitos já postulados numa ação coletiva pelo sindicato da categoria, não configura a litispendência tratada no art. 301 do CPC, pois o substituto processual não é o titular do direito, mas o substituído. Por conseguinte, deve prevalecer a vontade individual, consubstanciada na legitimação ordinária." (TRT 2ª Região Relator José Mechango Antunes Autos n.: 19990521835 Ano 1999 Turma 8ª DJ 20.3.2001.)

"**EMENTA: Litispendência. Substituição Processual.** Induz litispendência o fato de o reclamante ajuizar ação individual postulando os mesmos direitos vindicados em ação proposta pelo Sindicato da categoria profissional, na qualidade de substituto processual, com a mesma causa de pedir, cujo instituto pode ser arguido a qualquer tempo, antes do trânsito em julgado, quando então haveria coisa julgada, porém, com o mesmo objetivo de extinção do feito sem julgamento do mérito. Inteligência dos arts. 267, V e § 3º e 303 do CPC." (TRT 2ª Região Relator Décio Sebastião Daidone Autos n.: 01721-2000-371-02-00-6 Ano 2003 Turma 3ª DJ 5.7.2005.)

"**EMENTA: JUSTIÇA GRATUITA.** Coincidindo a pretensão recursal com os termos deferidos na decisão de 1º grau, carece (necessidade + utilidade) a parte de interesse para recorrer. LITISPENDÊNCIA. Hipótese de substituição processual pelo sindicato. Não há como se afastar a ocorrência de litispendência quando materializada a tríplice identidade (partes, pedido e causa de pedir), afigurando-se a inegável repetição de ação anteriormente proposta pelo substituto." (TRT 2ª Região Recurso Ordinário — Autos n.: 01825-2005-446-02-00-3 Ano 2006 Turma 2ª DJ 30.10.2007 Relator Luiz Carlos Gomes Godoi.)

"**EMENTA: RECURSO ORDINÁRIO DA RECLAMADA. LITISPENDÊNCIA. AÇÃO COLETIVA E DISSÍDIO INDIVIDUAL. SUBSTITUIÇÃO PROCESSUAL. VIOLAÇÃO DO ART. 267, § 4º, DO CPC. NÃO VERIFICADA.** O empregado, ao propor a ação individual, desiste, automática e legitimamente, de prosseguir no feito em que figura como substituído na ação proposta pelo sindicato, em que não há decisão de mérito. O art. 104 do Código de Defesa do Consumidor se aplica subsidiariamente ao processo do trabalho, já que presentes os requisitos: omissão e compatibilidade (CLT, art. 769), ao preconizar que não induz as ações coletivas aos efeitos da litispendência para as ações individuais, apontando para a exclusão automática, em relação aos autores destas, do alcance dos efeitos da ação coletiva. Recurso desprovido, no particular.

RECURSO ORDINÁRIO DA RECLAMANTE. ADICIONAL DE INSALUBRIDADE BASE DE CÁLCULO. REMUNERAÇÃO. Não obstante o C. TST, quando do julgamento do processo n. 272/2001-079-15-00.5, em 5.5.2005, por seu Tribunal Pleno, tenha decidido, por unanimidade, manter inalterada a Súmula n. 228, este não é o entendimento prevalecente nesta E. 5ª Turma. Com efeito, desde que não se trate da hipótese de 'salário profissional', exceção prevista na Súmula n. 17 do TST, o adicional de insalubridade deve incidir sobre a remuneração da empregada. Ressalvo, por fim, entendimento pessoal e submeto-me ao entendimento desta E. Turma. Recurso conhecido e provido, no particular." (TRT 15ª Região — Autos 01172-2006-116-15-00-6 ROPS publicado em 3.10.2008. Relator José Antônio Pancotti.)

"**EMENTA: AÇÃO INDIVIDUAL E AÇÃO COLETIVA. INEXISTÊNCIA DE LITISPENDÊNCIA.** A litispendência, nos termos do art. 301, §§ 2º e 3º do CPC somente se verifica quando se reproduz ação em curso, com as mesmas partes, mesma causa de pedir e mesmo pedido, o que não se verifica quando ajuizada ação coletiva pela Associação dos Funcionários Aposentados do banco do Estado de São Paulo — AFABESP —, representante dos empregados do reclamado. A legitimidade extraordinária conferida ao Ministério Público e às associações de classe, como na presente hipótese, para propositura de ação civil pública ou ações coletivas (art. 82 do Código de Defesa do Consumidor, aplicável subsidiariamente ao processo trabalhista por força do art. 769 da CLT) tem por objetivo facilitar o acesso à Justiça e não criar obstáculo ao trabalhador que opta pelo exercício individual do direito de ação constitucionalmente garantido (art. 5º, inc. XXXV da Constituição Federal em vigor). O art. 104 da Lei n. 8.078/90 preconiza que as ações coletivas não induzem litispendência para as ações individuais. A higidez do pronunciamento jurisdicional, isento de eventual contradição com outros julgados, é garantida pela lei sob comento, cujo art. 103 estabelece os contornos da coisa julgada no âmbito da coletivização de direitos. Ainda que assim não fosse, caso os autores recebessem algum tipo de pagamento em razão da ação civil pública intentada, caberia àquele que o efetuou noticiá-lo como causa extintiva da obrigação, por simples petição." (RO01674-2005-070-02-00-4 — TRT 2ª Região — 4ª Turma — Relator Paulo Augusto Câmara — DJ 7.10.2008.)

"**EMENTA: LITISPENDÊNCIA. SINDICATO. SUBSTITUIÇÃO PROCESSUAL.** Nos termos do art. 8º, inciso III, da Constituição Federal, os sindicatos têm legitimidade para ajuizar ação, em benefício dos integrantes da categoria, na qualidade de substituto processual. A repetição da ação pelo empregado substituído com o mesmo pedido e causa de pedir da ação ajuizada anteriormente pelo Sindicato, e não constando dos autos a comprovação de desistência dos substituídos naquela ação, é de se ter por caracterizada a litispendência, nos termos do § 2º do art. 301 do CPC, o que impõe a extinção do pedido sem julgamento de mérito — art. 267 inciso V do CPC." (TRT 15ª Região — Autos 00050-2008-043-15-00-9 — publicado em 17.4.2009 — Relator Luiz Antônio Larazim.)

Prática Antissindical

"**EMENTA**: Ação civil pública. Prática antissindical. Danos morais. Claramente demonstrado nos autos a prática antissindical da empresa reclamada, mediante coação aos seus funcionários para a desistência de ações ajuizadas pelo sindicato, bem como para o desligamento da entidade, enfraquecendo o sindicato e, por conseguinte, enfraquecendo a defesa dos direitos de seus funcionários e de toda a respectiva categoria profissional. A prática da reclamada é altamente reprovável, sendo razoável o valor a título de danos morais constante da condenação, considerando, além da função reparatória, o caráter educativo e punitivo da indenização por danos morais." (TRT 4ª Região — Autos 0090500-63.2007.5.04.121 — publicado em 9.12.2009 — Redator Francisco Rossal de Araújo).

Prescrição

"**EMENTA: SUBSTITUIÇÃO PROCESSUAL ABRANGENDO ASSOCIADO DO ENTE SINDICAL, A RECLAMAÇÃO AJUIZADA INTERROMPE A FLUÊNCIA DA PRESCRIÇÃO DE DIREITOS A ELE PERTINENTES.**" (TRT 2ª Região — Relatora Maria Aparecida Duenhas Autos n.: 02940470469 Ano 1994 Turma 10ª DJ 12.7.1996.)

"**EMENTA: SINDICATO. SUBSTITUIÇÃO PROCESSUAL. PROTESTO JUDICIAL PARA INTERRUPÇÃO DA PRESCRIÇÃO.** O art. 8°, inciso III, da CR/88 conferiu ao sindicato legitimidade para atuar como substituto processual na defesa de direitos e interesses coletivos ou individuais da categoria. Essa legitimação extraordinária independe da chancela pessoal do substituído ou de legislação ordinária, uma vez que tal autorização deriva da própria Constituição, de forma ampla e irrestrita, para defesa de quaisquer interesses, individuais, difusos ou coletivos. Tanto assim que o Plenário do Tribunal Superior do Trabalho terminou por cancelar a Súmula n. 310 que restringia o campo de atuação das entidades sindicais, prevalecendo o entendimento de que o art. 8º, inciso III, da Constituição assegura à entidade sindical a substituição de todos os integrantes da categoria, sendo desnecessária a apresentação de rol dos substituídos e a autorização de assembleia. Em matéria justrabalhista, são amplamente conhecidas 'duas formas de prescrição', a prescrição bienal e a prescrição quinquenal. A primeira se conta para frente, a partir da extinção do contrato, oferecendo ao titular do direito o prazo de dois anos para provocar o Estado-juiz, enquanto que a segunda se conta retroativamente, da data do ajuizamento da ação, impedindo que o direito patrimonial oriundo de atos e fatos anteriores aos cinco anos contados daquela data possam surtir efeitos jurídicos. Assim, diante da clara possibilidade de violação ao texto do inciso XXIX do art. 7º da Constituição, deve-se concluir que o prazo de cinco anos continua seu fluxo inexorável, fulminando, a cada dia, os direitos oriundos de atos e fatos anteriores ao último quinquênio. Na verdade, em matéria trabalhista, a interrupção só tem efeitos para os contratos extintos, permitindo que o titular provoque o Judiciário no último dia do segundo ano após a extinção e, com isso, adquira novo lapso prescricional de dois anos. Para aquele cujo contrato de trabalho esteja em vigor, de nada valerá protestar, visto que o prazo prescricional trabalhista, 'o bienal', ainda não está em andamento. Assim, por fundamentos diversos daqueles lançados na sentença, visto que reconheço a legitimidade ativa do sindicato para protestar judicialmente como substituto dos membros da categoria (art. 8º, III, CR), mantenho a prescrição tal como pronunciada em primeira instância, isto é, considerando prescritas as pretensões para os lapsos contratuais anteriores a 04 de março de 2003."(TRT 3ª Região — 00159-2008-052-03-00-2-RO — Turma Recursal de Juiz de Fora — Relator Heriberto de Castro.)

Rol de Substituídos

"**EMENTA: LEGITIMIDADE ATIVA DOS SINDICATOS. SUBSTITUIÇÃO PROCESSUAL. NECESSIDADE DE APRESENTAÇÃO DE ROL DOS SUBSTITUÍDOS.** A leitura do art. 8º, inciso III, da Constituição da República deixa patente a legitimidade dos Sindicatos para a defesa dos direitos e interesses coletivos ou individuais da categoria, assegurando a substituição processual ampla. A limitação de atuação dos Sindicatos na propositura de ações coletivas encontra-se na contramão da história, visto que as demandas de massa permitem o acesso ao Judiciário de forma rápida e uniforme, desafogando-o de milhares de reclamatórias individuais. No pleito em que reivindica para os substituídos o pagamento de diferenças salariais decorrentes de reajuste previsto em instrumentos coletivos, não está o Sindicato a defender direito coletivo, mas direitos individuais homogêneos, não se podendo cogitar da necessidade de apresentação de rol, ou qualquer restrição ao legítimo direito de representação da categoria. Ademais, tal interpretação atende à garantia fundamental estabelecida por meio do inciso LXXVIII do art. 5º da Lei Fundamental que dispõe sobre a razoável duração do processo e dos meios que garantam a celeridade de sua tramitação." (TRT 3ª Região 00013-2007-057-03-00-8 RO Data de Publicação: 4.11.2008 Órgão Julgador: Sexta Turma Relator: Emerson José Alves Lage.)

"**EMENTA**: A substituição processual pelo Sindicato a seus associados só é admissível mediante amparo legal em hipóteses restritas, como dos arts. 195, § 2º, e 872, parágrafo único, da CLT, do art. 3º, § 2º, das Leis ns. 6.708/79 e 7.238/84, do art. 8º da Lei n. 7.788/89 e do art. 3º da Lei n. 8.073/90." (TRT 2ª Região Relator Plínio Bolívar de Almeida Autos n.: 19990354076 Ano 1999 Turma 1ª DJ 1.8.2000.)

"**EMENTA: AÇÃO DE CUMPRIMENTO. SINDICATO SUBSTITUTO PROCESSUAL. INGRESSO DOS SUBSTITUÍDOS. POSSIBILIDADE. SEGURANÇA CONCEDIDA.** Têm os substituídos direito líquido e certo de ingressarem em ação movida pelo sindicato, visto serem titulares do direito material debatido em juízo." (TRT 2ª Região — MS — Relator: Plínio Bolívar de Almeida Autos n.: 00825/2001-0 Ano 2001 SDI DJ 29.1.2002.)

"**EMENTA: SUBSTITUIÇÃO PROCESSUAL E MANDATO LEGAL**. Erro de escolha sanável. CF, art. 8º, III, e CLT, arts. 513, *a*, e 791 da CLT. O fato do sindicato apresentar-se como substituto processual, abrindo a ação em seu nome e apresentando em apartado o rol dos substituídos, ao invés de abrir a ação em nome dos trabalhadores e colocando-se na condição de mandatário legal, constitui erro sanável que não prejudica a utilidade do processo, nem o direito legal de defesa da reclamada. A extinção do processo para que um novo seja instaurado com a simples troca de identidade é um retrocesso que pode ser descartada pelo juiz, caso a caso, se o procedimento o permitir." (TRT 2ª Região Relator Designado: Luiz Edgar Ferraz de Oliveira Autos n.: 01685-2003-432-02-00-9 Ano 2004 Turma 9ª DJ 30.9.2005.)

" **EMENTA: SUBSTITUIÇÃO PROCESSUAL. SINDICATO. DEPÓSITOS DE FGTS NÃO RECOLHIDOS. DIREITO INDIVIDUAL HOMOGÊNEO. ADMISSIBILIDADE. DESNECESSIDADE DE INDIVIDUALIZAR VALORES E EMPREGADOS, POIS A SENTENÇA É COLETIVA.** Reconhecimento da existência da dívida, pela reclamada, não afasta a lide, se mantido o inadimplemento — ademais, o fundamento sentencial de que as postulações deverão ser individuais atenta contra o desiderato legal de evitar atomização de demandas, a busca da adequada e efetiva tutela dos direitos, enfim, contra os princípios da economia e da celeridade processual — Inteligência dos arts. 8, III, CF-88, 25, da Lei n. 8.036/90, 81, III, 83 e 97 do CDC." (TRT 2ª Região — Relatora: Ivani Contini Bramante Autos n.: 02568-2004-075-02-00-9 Ano 2005 Turma 6ª DJ 23.3.2007.)

"**EMENTA: RECURSO ORDINÁRIO. ART. 460, PARÁGRAFO ÚNICO DO CPC.** Ausência de indicação, pelo sindicato autor, dos empregados da reclamada que careciam de registro. Impossibilidade de Sentença Condicional." (TRT 2ª Região — Relator Carlos Francisco Berardo Autos n.: 00719-2006-042-02-00-5 Ano 2007 Turma 11ª DJ 3.4.2007.)

"**EMENTA: AÇÃO COLETIVA. SUBSTITUTO PROCESSUAL. INDIVIDUALIZAÇÃO DE SUBSTITUÍDOS.** Em se tratando de ação coletiva, não há que falar em apresentação do rol de substituídos na fase cognitiva do processo, porquanto a sentença proferida abrange a todos os substituídos, indistintamente, isto porque persegue o sindicato autor direitos individuais homogêneos, ou seja, decorrentes de origem comum (art. 81, inciso III do Código de Defesa do Consumidor), portanto, de forma coletiva e abstrata, motivo pelo qual a prestação jurisdicional deve ser entregue de forma coletiva e não individualizada. Com efeito, julgada a ação coletiva, cuja natureza é declarativa, somente na fase de execução é que devem ser individualizados os substituídos, oportunidade em que serão identificados os detentores do direito reconhecido judicialmente, conforme a situação específica de cada um." (TRT 2ª Região Relatora Odette Silveira Moraes Autos n.: 00829-2005-034-02-00-1 Ano 2007 Turma 4ª DJ 18.5.2007.)

"**EMENTA: SUBSTITUIÇÃO PROCESSUAL. SINDICATO. NECESSIDADE DE ROL DE SUBSTITUÍDOS.** O sindicato, quando atua como substituto processual, defendendo direitos próprios em benefício de empregados de determinada empresa não pleiteia em abstrato direitos da categoria e deve, para tornar efetiva eventual decisão de mérito, individualizar os beneficiários, instruindo a petição inicial com o rol de substituídos, ou trazendo-a aos autos quando instado a fazê-lo." (TRT 15ª Região Autos 01416-2007-034-15-00-5 RO Relator Nildemar da Silva Ramos.)

"**EMENTA: INCLUSÃO DE SUBSTITUÍDOS NA CONTA DE LIQUIDAÇÃO.** Hipótese em que não há no comando judicial determinação para a exclusão de substituídos da conta de liquidação, mas tão somente a dedução dos valores comprovadamente pagos sob o mesmo título em ações individuais ajuizadas. Agravo de petição do exequente provido." (TRT 4ª Região, AP 01949-1993-732-04-00-5, 8ª T., Rel. Flávia Lorena Pachecco, 21.6.07.)

Transação

"**EMENTA: TRANSAÇÃO FEITA PELO SINDICATO. DIREITOS INDIVIDUAIS.** O sindicato não pode transacionar direitos individuais do empregado. Não tem qualquer valor a transação nesse sentido. A negociação deve dizer respeito a direitos coletivos." (TRT 2ª Região Relator Sérgio Pinto Martins Autos n.: 20000437179 Ano 2000 Turma 3ª DJ 8.1.2002.)

"**EMENTA:** O acordo celebrado pelo Sindicato de Classe, quando atuando na qualidade de substituto processual, não produz efeito com relação ao substituído quando este expressamente não tenha anuído aos termos do acordo. Não se cogita, no caso, de ato nulo, mas sim de ato inexistente, vez que não pode o Sindicato praticar qualquer ato que implique em disponibilidade de direito do qual não é titular." (TRT 2ª Região Relatora Maria Inês Moura Santos Autos n.: 20000370376 Ano 2000 Turma 1ª DJ 15.1.2002.)

Tutela Inibitória

"**EMENTA: AÇÃO CIVIL PÚBLICA. TUTELA DE CARÁTER INIBITÓRIO. MANUTENÇÃO DO CUMPRIMENTO DAS NORMAS DE SAÚDE E SEGURANÇA DO TRABALHO.** Se as provas constantes nos autos revelam o comportamento negligente da empresa no cumprimento das normas de saúde e segurança do trabalho, induzindo ao temor de que o seu comportamento lesivo volte a ocorrer, deve ela ser compelida à manutenção de seus deveres legais e constitucionais. Tais normas, relacionadas à saúde e segurança do trabalhador, devem ser continuamente cumpridas, e as obrigações da empresa, por serem de trato sucessivo, não se esgotam com medidas isoladamente adotadas. Nessa hipótese, é cabível e necessária a tutela inibitória para evitar que a conduta lesiva adotada pela empresa volte a se repetir. Só assim será possível a garantia da efetividade da tutela jurisdicional, tão almejada pelo ordenamento jurídico. Esta é a inteligência do art. 5º, XXXV, da CR/88, que garante a apreciação pelo Poder Judiciário de lesão ou ameaça a direito e torna expresso o princípio geral da prevenção, inerente a qualquer ordem jurídica que se preocupe em efetivamente garantir os direitos." (TRT 3ª Região — 7ª Turma — RO 01366-2005-050-03-00-9 — Relator Des. Emerson José Alves Lage, DJ 4.3.08.)

"**EMENTA: AÇÃO CIVIL PÚBLICA DANO MORAL COLETIVO TERCEIRIZAÇÃO FRAUDULENTA. TUTELA INIBITÓRIA.** Ensinam Luiz Guilherme Marinoni e Sérgio Cruz Arenhart que '(...) se o ordenamento jurídico não prevê tutela inibitória e, ao mesmo tempo, afirma a existência de um direito não patrimonial, ele está apenas, e infelizmente, enganando os cidadãos, pois na realidade está admitindo que todos podem lesar tal direito desde que se disponham a pagar por ele, o que é muito conveniente quando se sabe que, nesse caso, o agressor do direito somente teria de desembolsar algum dinheiro que fosse condenado e executado, e isso ocorreria, na melhor das hipóteses, depois de longos anos de batalha judicial'. Cabe, outrossim, ao Poder Judiciário, por meio da ação mandamental, antecipar-se a eventuais descumprimentos das obrigações de não fazer impostas, constrangendo o empregador, desde já, a abster-se de contratar empregados, por meio de terceirização fraudulenta, que assegurem a plena eficácia do comando exequendo. Para tal, determina o art. 84 do CDC, aplicável à tutela dos direitos difusos e coletivos, que o juiz concederá a tutela específica da obrigação ou, se procedente o pedido, determinará providências que assegurem o resultado prático equivalente ao do adimplemento. Ainda, segundo os /S/S3º c/c /S/S4º do referido dispositivo, sendo relevante o fundamento da demanda e havendo justificado receio de ineficácia do provimento, é lícito ao juiz impor multa diária ao réu, independentemente de pedido, fixando prazo razoável para o cumprimento do preceito." (TRT 3ª Região — TRT-RO-00305-2008-082-03-00-1 Relator Paulo Maurício Ribeiro Pires.)

Índice Onomástico

Índice Alfabético Remissivo